Peter Meyer Reiseführer: Landeskunde & Reisepraxis

BREMEN

pmv

Peter-Meyer-Reiseführer-Leser möchten verstehen, was sie sehen. Toleranz und Herzlichkeit sind ihnen wichtig, Wanderlust und Aktivitätendrang wollen sie so umweltschonend wie möglich ausleben. Sie sind vielseitig interessiert und neugierig auf Neues. Deshalb finden Sie hier zu allen Bereichen des Lebens authentisches Hintergrundwissen über Ihr Reiseland sowie ausführliche reisepraktische Informationen.

Über die Herausgeberin

Sabine Gorsemann ist Lehrerin an einem Bremer Gymnasium und wissenschaftliche Mitarbeiterin im Fachbereich Sprach- und Literaturwissenschaften an der Universität Bremen, arbeitete als Studienreiseleiterin und verfasste mehrere Reiseführer über den skandinavischen Raum. Der Blick als reisende Fremde und das Schreiben sind ihr also vertraut. Doch wie nähert man sich der eigenen Stadt? Und wie kann man sie den (reisenden) Fremden näher bringen? Diese und ähnliche Fragen stellte sie ihren Studentinnen und Studenten mit der Intention, einen Stadtführer zusammenzustellen, der sowohl den Reisenden wie auch den Bleibenden von Nutzen und dabei vergnüglich sein soll. Der Peter Meyer Verlag hat das Experiment mit dem »Exotischen« gewagt: Voilà, hier ist das Ergebnis!

PETER MEYER REISEFÜHRER

BREMEN

Entdeckerhandbuch für Stadt und Umland

VON SABINE GORSEMANN (HRSG.)

pmv

4. Auflage, Frankfurt am Main 2005

PETER MEYER VERLAG

INHALT

Über die Kunst, richtig nach Bremen zu reisen

Polemisch vermerkte Kurt Tucholsky über die »Kunst, falsch zu reisen«: »Wenn du reisen willst, verlange von der Gegend, in die du reist, alles: schöne Natur, den Komfort der Großstadt, kunstgeschichtliche Altertümer, billige Preise, Meer, Gebirge – also: vorn die Ostsee und hinten die Leipziger Straße. Ist das nicht vorhanden, dann schimpfe.«

Besucher Bremens können nicht »falsch gereist sein«: die *Natur* um Bremen ist flach, moorig, durchzogen von Entwässerungsgräben, saftig grün im Sommer, grau im Winter; die *Großstadt* bietet als *Komfort* Hotels, Cafés, modernste Straßenbahnen, Entbindungsanstalten, Feuermelder, Schnellstraßen, Parkuhren; an *Altertümern* haben wir Bremer mit dem Ratskeller den ältesten städtischen Weinkeller Deutschlands (1408), noch älter ist allerdings der Bleikeller; ein Studententicket für die Stadt und »umzu« ist derzeit der *billigste Preis*, allerdings nur in der (teuren) Einschreibgebühr enthalten; das Watten*meer* fängt bei Bremerhaven an, mit dem Müll- und dem Hexen*berg* hat Bremen auch zwei eminente Erhebungen … vorn ist die Nord*see* und hinten die Söge*straße* mit ihren beliebten Schweinen. Kein Grund also zum Schimpfen!

Ob wir aber auch dem bissigen *Heinrich Heine* zu recht widersprechen können? »Es gibt nichts Langweiligeres auf dieser Erde als die Lektüre einer … Reisebeschreibung – außer etwa das Schreiben derselben.« Und so wandte er sich an den geneigten Leser mit einem weisen Ratschlag: »… kann ich Dir, lieber Leser, in den nächsten Kapiteln nicht viel Unterhaltung versprechen. Wenn Du Dich bei dem ennuyanten Zeug, das darin vorkommen wird, langweilst, so tröste Dich mit mir, der all dieses Zeug sogar schreiben musste. Ich rate Dir, überschlage dann und wann einige Seiten, dann kömmst Du mit dem Buche schneller zu Ende – ach, ich wollt, ich könnt es ebenso machen!«

Soll ich das kokettierend von uns Autoren auch behaupten? Nein, schon deshalb nicht, weil viele auf ganz unterschiedliche Weise die Stadt Bremen in diesem Buch entdecken lassen: Da werden die Leser »bierernst« ins Schlepptau des klassischen Rundgangs genommen oder ins 17. Jahrhundert entführt, da geht es in entfernte Winkel der Stadt oder auf dem Fahrrad um sie herum, per Rad nach Worpswede oder per Boot die Wümme entlang, und an anderer Stelle wird mit etwas Wehmut an die Straßenblockaden gegen Preiserhöhungen und die Gründung der Bremer Reformuniversität erinnert …

Die Lehrenden und Lernenden im universitären Projekt »Tourismus«, die für dieses »Entdeckerhandbuch« verantwortlich zeichnen, wollten auf keinen Fall »ennuyieren«, langweilen. Manchem ist es beim Schreiben sicher langweilig geworden, zum wiederholten Male Orts-, Zeit- oder Wegangaben zu überprüfen und die dafür notwendigen einfallslosen Sätze neu zu formulieren. Aber der Leser kann ruhig »einige Seiten überschlagen« und das Buch gerade dazu gebrauchen, wenn es ihn denn ausgerechnet nach Bremen verschlagen hat, das eine oder andere Vergnügliche oder auch Notwendige an der Stadt bei passender Gelegenheit herauszufinden.

Die Autoren und die Herausgeberin wünschen viel Spaß in Bremen, ebenso viel Freude bei der Lektüre dieses Stadtführers und viel Nutzen von dem »ennuyanten Zeug«.

P.S. Sollte Ihnen dieser *Peter Meyer Reiseführer* gefallen haben, so scheuen Sie sich nicht, den Verlag weiterzuempfehlen – und uns zu schreiben. Schicken Sie uns doch einfach Ihre Anregungen, Korrekturen und eigenen Bremer Entdeckungen.

Peter Meyer Verlag
– Bremen –
Schopenhauerstraße 11
D-60316 Frankfurt am Main

Über die Autoren

Als Autoren haben folgende Lehrenden und Absolventen der Sprach- und Kulturwissenschaften der Universität Bremen an dem vorliegenden Buch mitgewirkt:
Prof. Dr. Wendula Dahle, Alexandra Damm, Dr. Sabine Gorsemann, Dr. Diethelm Knauf, Uwe Ramlow.

Als weitere Mitautoren haben folgende **Studentinnen und Studenten** des Seminars »Bremen als Reiseziel«, ↗ Das Reiseführer-Projekt, mitgewirkt: Kristina Boeck, Dieter Brand-Kruth, Verena Charisius, Bernd Fiedler, Stephanie Gay, Markus Haake, Nathalie Heredia, Cornelia Heising, Sandra Wykhoff, Maike Hoyer, Ingrid Klappan, Bozena Krawzyk, Carola Krüger, Gabi Kusch, Sabine Lenthe, Ina Luckhardt, Barbara Meyerhof, Rahel Mieden, Barbara Pannewick, Lucia Pöthig, Manuela Ralli, Birgid Reuter, Annette Schneider, Uta Steinmetz, W. Ludwig Tegelbeckers, Reina Tholen, Petra Toppat-Badou, Marlies Voigt, Rosemarie Weidanz und Andrea Zebrowski.

GESTERN & HEUTE

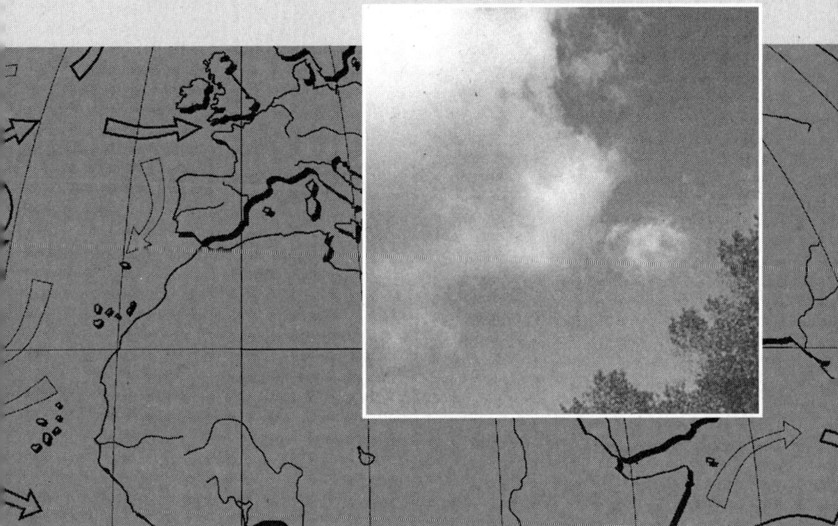

EINE STADT AM RANDE VON MARSCHEN UND MOOREN

Älter als alle geschichtlichen Zeugnisse, die die Existenz des Ortes selbst belegen, ist sein Name. In der ersten schriftlichen Erwähnung im 8. Jahrhundert wird die den lang gestreckten Dammrücken des rechten Weserufers »verbrämende« Handelssiedlung schon Bremun genannt – ein Name, der üblicherweise mit »am Rand« übersetzt wird.

Eingerahmt von *Geestrücken* öffnet sich um die Unterweser und ihre Zuflüsse herum das weite, flache Tiefland aus *Marschen* und (ehemaligen) *Mooren* zur Nordseeküste hin. Der Ursprung dieser Landschaft geht auf das Wirken der Eiszeiten zurück, deren Gletscherbewegungen überall um Nord- und Ostsee weite, leicht hügelige Moränenfelder aus ungeschichteter Gesteinsfracht zurückließen, die heute in der so genannten *Geest* an die Oberfläche treten. Schmelzwasserströme wuschen breite, flache Niederungen aus diesem Gelände aus: Es entstanden Urstromtäler wie das der *Weser-Aller.* In diesen weiten Niederungen schufen später die Flussläufe durch ständige Verlagerungen große, teils vermoorte Auen. Auch das Meer nagte an den flach auslaufenden Küsten und drang zeitweilig bis an den Geestrand vor. Zwischen ihm und der heute von Deichen geschützten Küstenlinie liegt die wesentlich tiefer gelegene *Marsch,* halb Land, halb Meer: Durch die regelmäßige Überflutung mit Meerwasser, das auch über die tidenabhängigen Flüsse wie *Unterweser, Hamme* und *Wümme* landeinwärts drang, lagerten sich organische und mineralische Substanzen ab, auch feiner Sand sank zu Boden und sorgte für das allmähliche Anwachsen des Grundes über den mittleren Hochwasserstand hinaus. Ein nach Jahrhunderten messbarer Prozess der Verlandung, immer wieder jedoch unterbrochen von Sturmfluten. Dennoch war der schwere fruchtbare Boden der Marsch, wenn das Meersalz ausgewaschen war, ausgezeichnet für den Ackerbau geeignet und zog bäuerliche Siedler an. Städte hingegen findet man im Marschenland kaum; warum also Bremen in einem solchen Naturraum entstand, muss besondere Gründe gehabt haben:

Zum einen verlockte die hochwassersichere Lage im Schutz eines nacheiszeitlichen Dünenrückens, der sich etwa 30 km lang parallel zur Unterweser hinzieht und im Bereich der heutigen Altstadt besonders nahe an den Fluss heranreicht, die ersten Siedler, sich ausgerechnet hier niederzulassen. Zum anderen erreichte die Weser genau hier ihre Tidegrenze, was den Fluss gut schiffbar machte: Mit auflaufendem Wasser konnten Schiffe landeinwärts und mit ablaufendem Wasser wieder in Richtung Nordsee segeln.

Wasserdurchtränkt: Die Moore rund um Bremen erzählen von der Urgeschichte

Dies war schon so, als hier, im sächsischen Gebiet am Rande des Frankenreiches, noch keine Geschichte geschrieben wurde. Spätestens aber bei der Auswahl des Platzes für eine Missions- und Verwaltungsstation der Franken im unterworfenen Sachsen wurde diese günstige natürliche Lage interessant. Seehäfen konnten nur an wenigen Stellen der verkehrsfeindlichen Wattenküste eingerichtet werden, so dass Orten mit seeschifftiefem Wasser in historischer Zeit schon bald eine hohe Bedeutung zukam, die sie zu Hafenstädten heranwachsen ließ. Schließlich spielten für die frühen Handelswege Furten eine große Rolle, und für die Weser befand sich eine letzte Übergangsmöglichkeit vor den sumpfigen Ufern der Unterweser nahe der heutigen Altstadt.

Bremens Eintritt in die Geschichte

Über die Anfänge der Stadtgeschichte sind, immer auf der Suche nach griffigen Daten, die sich so wunderbar für Jubiläen und andere Feiern der Tradition eignen, schon immer viele Vermutungen angestellt worden. Die Vergangenheit fügt sich allerdings oft nicht diesem Wunsch heutiger Stadtväter und verliert sich spurlos im Dunkel der Vorgeschichte.

Bremens Anfänge liegen in der Zeit der Herrschaft *Karls des Großen.* Dessen ererbtes Frankenreich endete um 770 im Nordosten kurz hinter Köln. Östlich der Rheins erstreckte sich bis zur Küste das Siedlungsgebiet der Friesen, Sachsen und Chauken. Um die Weser herum bildeten Sachsen offenbar die Führungsschicht der bäuerlichen Siedler und unterhielten bereits intensive Kontakte zum benachbarten Staat der Karolinger. Karl eroberte und missionierte in den Sachsenkriegen das Territorium bis zur Nordseeküste und schloss es dem Frankenreich an. Der König setzte als Vertreter seines Einflusses Hochadel und Bischöfe ein, unter anderem auf der Düne am Weserufer. Erstmals erwähnt wird ein Platz des Namens *Bremun* im Zusammenhang mit den Sachsenkriegen: Die 860 verfasste Lebenschronik des ersten Bremer Bischofs *Willehad* berichtet vom Aufflackern der Kämpfe und der Ermordung mehrerer Mönche an diesem Ort im Jahre 782. Auch wenn sich eine Urkunde, wonach Bremen 788 Bistum wurde, als Fälschung erwies, so war doch die Kirche zu dieser Zeit bereits als eine Art Vorhut der Missionierungsbestrebungen Karls präsent. Die Einrichtung eines festen Bischofssitzes auf der Weserdüne wird allerdings erst auf das frühe 9. Jahrhundert datiert.

Wie auch immer der Platz sich entwickelte, von dem aus nun die Kirche wirkte, eine Stadt wird er nicht gewesen sein. Hatten sich weiter südlich noch Rudimente der antiken römischen Stadtkultur erhalten, auf denen die fränkischen Verwaltungszentren gründen konnten, so gab es im Lebensraum der bäuerlichen Sachsen keine solche Tradition. Ländliche Lebens- und Siedlungsformen herrschten im frühen Mittelalter in ganz Mitteleuropa wieder vor, die entstehende Feudalgesellschaft mit der

Grundherrschaft als wesentlichem politischen und ökonomischen Element hatte noch keinen Bedarf für städtische Zentren entwickelt. Der geringe Handel wurde weitgehend von Wanderkaufleuten betrieben, die nur zeitweilig an Verkehrsknotenpunkten eines weitmaschigen Routennetzes wie Bremun ihre Waren feilboten.

Das Regiment der Kirchenfürsten: Bremen und die Erzbischöfe

Bereits Mitte des **9. Jahrhunderts** wurde Bremen unter *Ansgar* Erzbistum. Der »Apostel des Nordens«, der lange Zeit in Skandinavien missionierte, war 845 vor den Wikingerüberfällen aus seinem Bistum in Hamburg geflohen. Drei Jahre später übernahm er das Amt in Bremen. Seinem Nachfolger *Rimbert* gelang es in der Folge, die Macht des Bremer Erzstuhls weiter zu festigen. Von der geschwächten Zentralgewalt des 814 zerfallenen fränkischen Großreichs, dem ostfränkischen *Arnulf*, ließ er sich Münz-, Markt- und Zollrecht bestätigen. Auch die Missionierung des Nordens wurde von Bremen aus wieder aufgenommen, gleichzeitig suchten Nordmänner die Siedlungen an den europäischen Küsten und schiffbaren Flüssen heim.

Von den säkularen politischen Strukturen in dieser frühen Zeit ist wenig überliefert. Weder über das Verhältnis der sächsischen Grundherren zum fränkischen Hochadel im Umland, noch über die Lebensbedingungen der vermutlich wenigen Bewohner der kleinen Siedlung Bremen lässt sich Genaueres aussagen. Das ostfränkische Reich, das ab dem 10. Jahrhundert aufgrund der gemeinsamen Sprache als deutsch bezeichnet wird, ist in dieser Zeit vom konkurrierenden Dreigestirn der Macht – König, Kirche, Hochadel – geprägt. Die während des Niedergangs des karolingischen Königshauses erstarkten Stammesherzöge wählten 919 mit *Heinrich dem Vogler* einen Sachsenherzog aus ihren Reihen zum König, dessen Sohn *Otto* – 962 in Rom zum Kaiser gekrönt – durch seine Reichskirchenpolitik auch auf Bremen Einfluss nahm: Der 937 eingesetzte bremische Erzbischof *Adaldag,* langjähriger Gefolgsmann Heinrichs und Ottos, profitierte von den Bestrebungen der Krone, die Reichskirche als Gegenpol zu den Herzögen zu stärken. Hohe Zuwendungen und volle Immunität (Ausübung der Gerichtsbarkeit) machten die Kirche zur Verfechterin der Reichseinheit. Adaldag erreichte in dieser Epoche die Übertragung sämtlichen königlichen Besitzes im bremischen Erzbistum an die Kirche, die damit uneingeschränkte Herrscherin über das Territorium wurde.

Die Markturkunde von 965 – ein Jahrtausend danach als offizielle Geburtsstunde Bremens gefeiert – überträgt Markt-, Zoll- und Münzrecht sowie Gerichtsbann an das Erzstift und gewährt den ansässigen Kaufleuten denselben Schutz wie in königlichen Orten. Das Erzstift als Verwaltungs- und Kirchenzentrum wuchs in der Folgezeit allmählich zur Siedlung heran, der Dombau wurde begonnen, das Domgebiet wegen der anhaltenden Wikingerzüge befestigt. Das Marktrecht wurde 1035 um zwei Jahrmärkte erweitert.

1043 trat der ehrgeizige Erzbischof *Adalbert* sein Amt in Bremen an. Als Getreuer des nun salischen Kaiserhofes hielt er den sächsischen Adel des Umlandes, der gegen die Zentralgewalt aufbegehrte, nieder. Riesige Schenkungen, die seine Grundherrschaft bis Stade, Friesland und Westfalen ausdehnten, waren der Dank König *Heinrichs III.* Auch auf kirchlichem Gebiet vergrößerte Adalbert die Bedeutung Bremens, besonders durch die Einbeziehung ganz Skandinaviens mitsamt Island und Grönland in das bremische Erzbistum. Wenn auch die Kontakte zu Teilen der nordischen Kirche nur gering waren, so wurde doch Bremens Bedeutung als Hafen auch durch diese Kirchenpolitik gefördert. Ein »nordisches Rom« nennt der Chronist *Adam von Bremen* etwas pathetisch die Stadt zu seiner und Adalberts Zeit. Mit dem Herrschaftsantritt *Heinrichs IV.* fand nicht nur die Machterweiterung der Krone, sondern auch diejenige des Erzbistums in Bremen einen vorläufigen Abschluss: Die Herzöge erzwangen 1066 Adalberts Sturz, und der Erzbischof konnte erst nach großen materiellen Zugeständnissen im folgenden Jahr wieder in seine Position zurückkehren. Ein zeitweiliger wirtschaftlicher Niedergang ist in Bremen die Folge gewesen.

Wie Adalbert, so war auch dessen Nachfolger *Liemar* in die Reichspolitik verwickelt: Er stand im Investiturstreit auf Seiten des Königs und wurde deshalb vom Papst Gregor VII. seiner kirchlichen Ämter enthoben und exkommuniziert. 1077 ging er als Berater und Unterhändler Heinrichs mit diesem nach Canossa. Doch auch nach Heinrichs Etappensieg über die päpstlichen Ansprüche musste der Erzbischof Machtverluste im eigenen Herrschaftsbereich hinnehmen, darunter den Verlust der Vogteirechte und damit der höheren Gerichtsbarkeit. Die nordische Mission endete mit der Gründung des Erzbistums Lund. Mit dem im Wormser Concordat zurückgewonnenen Einfluss des Papstes auf die deutsche Reichskirche sank auch der Einfluss der Krone zugunsten der weiter erstarkenden Herzöge, die unter dem welfischen *Heinrich dem Löwen* und dem Staufer *Friedrich Barbarossa* um die Vorherrschaft im Reich kämpften. Im Einflussbereich des Welfen erfuhr auch das bremische Erzstift eine Zeit der Unruhen, in deren Verlauf weite Gebiete und mit ihnen die meist bäuerlichen Untertanen mehrfach den Besitzer wechselten.

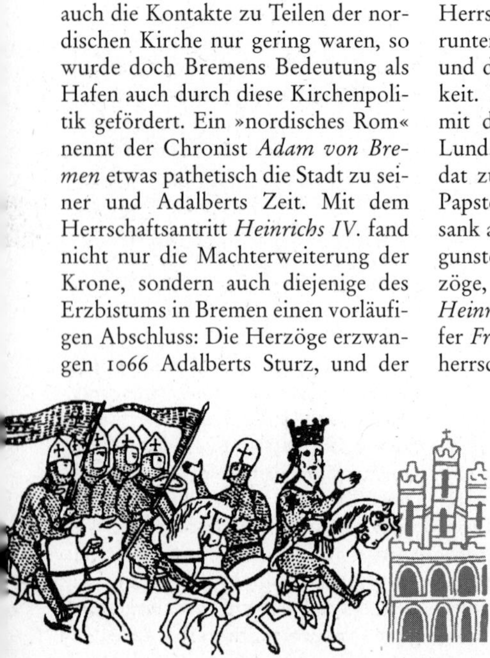

Friedrich Barbarossa auf dem Kreuzzug, 1189

Der Stedingerkrieg

Während die Stadt unter dem Regiment der Kirchenfürsten langsam Gestalt als Handels- und Hafenort annahm, war das umliegende Marschenland bis zu **Beginn des 12. Jahrhunderts** weitgehend unbesiedelt. Dann begann mit der Ansiedlung friesischer und holländischer Bauern eine Phase der Binnenkolonisation, in deren Verlauf das Oberneuland, das Hollerland sowie das weit ins Oldenburgische reichende Stedingerland urbar gemacht wurden. Die zunächst freien Bauern, die nun das Land zu beiden Ufern der Unterweser eindeichten, entwässerten und bebauten, wurden jedoch mit zunehmendem Erfolg ihrer Wirtschaft zum Objekt der Machtbegierden der angrenzenden Herrscher. Die zunächst erfolgreiche Weigerung der Stedinger, dem bremischen Erzbischof *Gerhard II.* Abgaben zu leisten, führte zum kompromisslosen Kampf. Gerhard verbündete sich in diesem »**Stedingerkrieg**« jedoch nicht nur mit dem benachbarten oldenburgischen Grafen, sondern suchte erstmals in der bremischen Geschichte die Unterstützung des Stadtbürgertums. Hilfreich war auch die Kreuzzugsbewegung, die Bremen als Ausfahrthafen der Kreuzfahrer erreicht hatte. Gerhard II. betrieb erfolgreich die Verketzerung der Stedinger und rief zum Kreuzzug gegen sie auf, unterstützt durch das päpstliche Versprechen, dass den Kreuzfahrern derselbe Ablass gewährt würde wie bei einem Zug ins Heilige Land. Die Bürger Bremens erhielten im Gegenzug zur finanziellen Hilfe und Bereitstellung von Schiffen erstmalig vertraglich festgelegte Freiheiten und Privilegien gegenüber dem Erzbistum. Der Beginn der Emanzipation des Stadtbürgertums wurde somit erkauft mit der Niederschlagung der bäuerlichen Freiheitsbewegung. In zwei Feldzügen wurden die Stedinger 1233–34 vernichtend geschlagen und das Land verwüstet. Es fiel mitsamt der überlebenden Bewohner an die oldenburgische Grafschaft und das bremische Erzstift. Gerhard II. hatte als letzter unumschränkter Kirchenfürst zwar nach außen hin seine Machtposition behauptet, doch wuchs in der städtischen Bürgerschaft von innen her bereits eine Konkurrenz heran.

Rat, Gemeinde, Kaufleute: Die Stadt im Mittelalter

Im Zusammenhang mit der Besiedlung der Wesermarschen tritt zum ersten Mal die Bürgerschaft, die *cives bremenses*, öffentlich in Erscheinung, indem sie sich **1159** beim Erzbischof gegen die Einengung der Bürgerweide durch die bäuerlichen Neusiedler wendet. Als Folge wird das Weideland der Stadtbürger vertraglich festgelegt. In den welfisch-staufischen Machtkämpfen ergreifen die Bürger bereits eigenständig Partei gegen *Heinrich den Löwen*. Nach dessen Sturz 1180 erlangt die Stadtgemeinde eine erste vertragliche Anerkennung als öffentliche Instanz; ihr wird die Verfügung über die »Hanse«, eine von den Kaufleuten erhobene Abgabe, zugebilligt und die erzbischöfliche Liegegebühr für Schiffe erlassen. 1186 werden die Stadtrechte der Bürgerschaft durch Kaiser *Barbarossa* bestätigt und ausgedehnt. Die persönliche Freiheit für Leibeigene »nach Jahr und Tag« in der Stadt ist unter anderem in dieser Urkunde verfügt.

Vom Aufblühen der Stadt …

Das **13. Jahrhundert** ist vom Aufblühen der Städte geprägt. Nur vom Stedingerkrieg unterbrochen, hält in der Folge der Zuzug nach Bremen weiter an. Die Stadt wurde zum Zentrum der mit dem Handel verbundenen Handwerker, Kaufleute siedelten sich zunehmend fest in der Stadt an und organisierten den sich ausweitenden Fernhandel nun von ihren Stammsitzen aus. Krämer handelten auf regelmäßigen Markttagen mit der Stadt- und Landbevölkerung, auch die expandierende Kirchenverwaltung machte sich als Wirtschaftsfaktor bemerkbar. Neue Kirchen und Klöster wurden im 12. und 13. Jahrhundert in Bremen gestiftet. Um den *Liebfrauenkirchhof* herum befand sich der Marktplatz, von den Buden der Krämer und Handwerker umgeben, zum Fluss hin von den Gebäuden des ältesten *Rathauses* mit der Schreibstube und dem Sitz der Gewandschneider (Tuchhändler), zur Domimmunität hin von *Gerichtshaus* und *Gefängnis* begrenzt. Auf erzbischöflichem Territorium befand sich auch das *Palatium*, Sitz des Stadtvogtes, des obersten Verwalters der Siedlung. Zur *Obern-*, *Langen-* und *Sögestraße* hin, also dort, wo heute die »City« ist, lagen die Wohnquartiere, in denen reiche Bürger um 1300 die ersten Ziegelhäuser zu errichten begannen. Dennoch bestanden auch weiterhin die meisten Behausungen aus Holz oder aus mit Lehm verputztem Flechtwerk. Die Wohntürme der Oberschichtfamilien, aus Natursteinmauern errichtet, ragten daraus hervor. Zum heutigen *Schnoorviertel* hin befand sich der flache Weserarm *Balge*, der geschützte Hafenplatz der frühen Siedlung.

… und der organisierten »Weisheit«

Im 13. Jahrhundert begann die Befestigung der Weserufer an der Schlachte, was bald größeren Schiffen das Anlegen ermöglichte, die zuvor auf dem Fluss geleichtert wurden. Eine erste Holzbrücke überspannte seit der Mitte des Jahrhunderts die Weser auf der Höhe der Domsheide, und das Stadtgebiet war inzwischen auch von einer festen Mauer mit Toren umgeben, die eine ältere Wallanlage ersetzte. Wenigstens etwa 10.000 Menschen werden um diese Zeit innerhalb dieses Mauerrings gelebt und gearbeitet haben. Nur Kaufleute, Grundbesitzer und Handwerksmeister galten jedoch als Bürger; aus ihren Reihen konstituierte sich **der Rat,** *Wittheit* genannt, die politische Vertretungsinstanz der Stadt. Nichtbürger, zu denen Handwerksgesellen, Tagelöhner und Stadtarme gerechnet wurden, besaßen keinerlei öffentlichen Einfluss, wenn auch die Gesellen danach strebten, wie umgekehrt der Rat die Meister auszuschließen versuchte. Die Geistlichkeit, wozu neben den Kirchenherren, Priestern und Mönchen auch alle Bediensteten und Verwalter der Kirche gezählt wurden, waren ebenfalls von der Stadtverwaltung ausgeschlossen. Erzbischöflicher Vogt und bürgerlicher Rat standen einander konkurrierend gegenüber. Nach den Zugeständnissen Gerhards II. gelang es keinem Erzbischof wieder, unumschränkt über die Stadt zu herrschen.

Aber auch die Bürger waren keine homogene Gruppe. Die wenigen mit Grundbesitz zu Reichtum gekommenen Familien, die die Mitglieder des Rats aus ihren eigenen Reihen auswählten, ohne die Bürgerschaft an der Wahl zu beteiligen, wurden zeitweilig aus der Stadt vertrieben (Vertreibung der »Geschlechter« 1304). Eine gesetzliche Umstrukturierung ermöglichte daraufhin kurzzeitig auch Kaufleuten und Handwerksmeistern prinzipiell die Ausübung des Ratsherrenamtes. Die Amtsinhaber auf Lebenszeit mussten jedoch erhebliches Vermögen aufbringen, so dass die Ratsmitgliedschaft letzlich auf die wohlhabenderen Bürger beschränkt blieb. Diese entwickelten bald ein Selbstbewusstsein, das sie gesellschaftlich neben die adelige Ritterschaft wie auch die höhere Geistlichkeit stellte. Auch blieb ihr Einfluss nicht auf das Stadtgebiet beschränkt. Da viele Bürger ohnehin Grundbesitz in den von Parzellisten – Tagelöhnern und Kohlhökern – besiedelten Vorstädten besaßen, fiel diese Region bald in ihre Verwaltung. Auch im erzbischöflichen Umland, das sich zwischen Weser und Elbe bis zur Küste erstreckte, gewann das Bürgertum Einfluss auf die Stiftsritter, erlangte Aufsichtsrechte über Deich- und Wegebau und Mitsprache bei der Einsetzung von Richtern. Besonders die Weser als Weg zum Meer und zu den Handelsposten in West- und Nordeuropa hatte für die Bürgerschaft lebenswichtige Bedeutung. Nachdem bereits 1221 der Erzbischof auf seinen Weserzoll hatte verzichten müssen, rang der Rat mit den friesischen Häuptlingen an der Wesermündung um den Schutz der Schifffahrt.

Handel und Hanse: Das Wirtschaftsleben

Als Blütezeit in der Entwicklung des mittelalterlichen Bremen gilt das **späte 14. und beginnende 15. Jahrhundert.** Zuvor hatte die Pest stark unter der Stadtbevölkerung gewütet. Zwar beruhte auch im 14. Jahrhundert der Reichtum der bremischen Ratsaristo-

Die Pest wütete auch in Bremen: Der Medicus schneidet eine Pestbeule auf

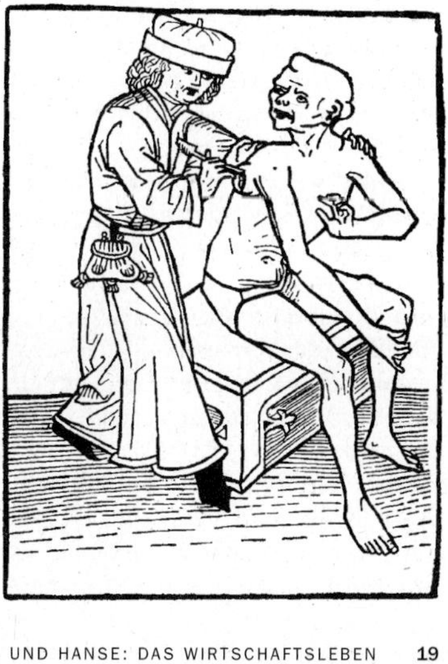

kratie noch in erster Linie auf dem Grundeigentum, doch spielte der Fernhandel für die Wirtschaft eine zunehmende Rolle. Bremer Kaufleute unterhielten lange vor dem Beitritt zur Hanse intensive Geschäftsbeziehungen mit Norwegen und einen eigenen Stützpunkt in Bergen. Hering, Stockfisch und Holz wurden gegen Getreide und Bier gehandelt. Mehrfach verliehen norwegische Herrscher den Bremern Privilegien, so etwa 1295 besonderen Schutz für ihre Schiffe und Zollermäßigung. Allerdings verstieß die Politik des »Kaufmanns«, wie sich die Bremer Gilde der Fernkaufleute nannte, auch mehrfach gegen Boykottbeschlüsse der Hanse gegen die Norweger, was die Bremer in Lübeck in gleichem Maße unbeliebt machte wie in Bergen beliebt. Ein erneuter Bruch eines Handelsembargos 1358 – diesmal gegen Flandern – brachte Bremen den erzwungenen Beitritt zur Hanse ein: Der Rat musste wohl oder übel eine Gesandtschaft zur »Tagfahrt« (Hanseversammlung) nach Lübeck schicken, die sich dort schwere Vorwürfe und die Androhung direkter Maßnahmen gegen bremische Kaufleute anzuhören hatte.

In der nun folgenden **Zeit der Hansezugehörigkeit** musste Bremen also am Strang des Städtebundes mitziehen, so beispielsweise Koggen in den Krieg gegen den dänischen König *Valdemar Atterdag* schicken, der den hanseatischen Einfluss zurückdrängen wollte. Im *Frieden von Stralsund* konnte die Hanse 1370 ihre Privilegien verteidigen, zugleich zeigte sich in dieser militärischen Aktion, dass der Bund von einer Handelsorganisation zum halbstaatlichen Machtinstrument geworden war. Bremen war nun in die Politik des Niederhaltens anderer Konkurrenten um den Handel einbezogen und Bremer Kaufleute profitierten davon. Sie betrieben Zwischenhandel, indem sie Fisch und Holz aus Bergen oder Tuche und Gewürze aus Brügge über die Weser nach Westfalen weiterverkauften. Im Gegenzug wurden Getreide und Wein in Bremen gestapelt, also in der Stadt zum Verkauf angeboten, die übrige Ware ging auf die Weiterreise. Für die Produktion der Fernhandelsgüter war Bremen kaum von Bedeutung, eine Ausnahme stellt das hier gebraute und nach Norwegen exportierte Bier dar.

Der Seehandel muss sich auch auf das damit verbundene Handwerk ausgewirkt haben. Schiffbau war eines davon; die »Hellingstrate«, wie die *Böttcherstraße* im Mittelalter hieß, weist auf die archäologisch belegten Werft- und Hafenanlagen hin. Ob hier um 1400 auch die Kogge gebaut wurde, die man 1962 im Weserschlamm beim

Ein Kaufmann wird an Land gerudert

Neustädter Hafen fand, kann nur vermutet werden. Sicher aber ist, dass das Schiff werftneu war, als es sich wahrscheinlich während einer Sturmflut vom Helgen losriss, ziellos über den Fluss trieb und strandete.

✹ **Tipp:** Die Hanse Kogge ist heute im Schifffahrtsmuseum in ↗ Bremerhaven zu sehen.

Das neue Selbstbewusstsein wird in Stein gehauen

Nachdem die Stadt sich als Wirtschaftszentrum konsolidiert hatte, begannen sich Handwerker und Krämer hier wie überall in Zünften zu organisieren und damit weitere Konkurrenz auszuschließen. Die *Ämter,* wie die **Bremer Zünfte** genannt wurden, regelten nicht nur die wirtschaftlichen Belange ihrer Mitglieder wie die Qualitätsüberwachung, sondern spielten in den vier bremischen Pfarrbezirken auch eine gesellschaftliche und soziale Rolle. Ihre Sprecher berieten auf kommunaler Ebene selbstständig über Zunftangelegenheiten.

An der **Wende zum 15. Jahrhundert** begann sich die ratsfähige Oberschicht der Stadt mit Symbolen ihres Erfolgs zu umgeben: Der steinerne *Roland* wurde als Sinnbild bürgerlicher Rechte und städtischer Freiheit dem Erzbischof vor die Nase gestellt – ein hölzerner Roland war von dessen Anhängern im politisch unruhigen Jahr 1366 verbrannt worden. 1405 begann der Bau des *Rathauses,* ebenfalls in unmittelbarer Nähe des erzbischöflichen Palatiums. Bezeichnenderweise ließ man nicht den kirchlichen Stadtgründern, sondern Karl dem Großen und seinen Kurfürsten Denkmäler an der Fassade setzen. Mitte des Jahrhunderts errichtete der »Kaufmann« sein neues Versammlungshaus, den *Schütting* gegenüber vom Rathaus und komplettierte damit das damalige Ensemble der Macht um den Marktplatz.

Um 1400 begannen erneut Kämpfe um die Unterweserregion, die nach jahrelang hin- und herwogenden Bündnissen zwischen Bremern, Friesen und Oldenburgern in die Verfügung der Stadt kam. Der Bremer Rat konnte sich um 1420 mit Recht als Territorialherr über weite Gebiete im erzstiftigen wie oldenburgischen Gebiet fühlen und hatte mit dem Erfolg gegen die friesischen Seefahrer auch den Partnerstädten der Hanse einen Dienst erwiesen, denn die Handelsschiffe hatten schwer unter den Überfällen und Kaperfahrten der Küstenbewohner gelitten. Doch war der Begriff der Seeräuberei nicht nur auf die friesischen Schiffer anwendbar: Die Hanse und mit ihr die Bremer Kauffahrer zahlten in gleicher Münze zurück, als zwei Jahrzehnte später mit Holland um die Macht in der Ostsee gestritten wurde.

Die ständigen Scharmützel kosteten Geld, welches der Rat sich einer alten Gewohnheit folgend gern in Form einer Sondersteuer, dem *Schoss,* von den Bremern zurückholte. Dies führte um 1430 zu Unruhen, in deren Verlauf wieder einmal gegen den Rat und seine Verfassung aufbegehrt wurde. Die Angelegenheit eskalierte, als die Hanse Bremen den Ausschluss für den Fall androhte, dass der Rat entmach-

Straßenfeger auf Stelzenschuhen, 1434

tet würde. Dies geschah, der Bürgermeister *Johann Vasmer* wurde von den Bürgern als Verräter verurteilt und hingerichtet. Die Reichsacht wurde über die Stadt verhängt, der geflohene Rat fand Verbündete unter den Braunschweiger Herzögen, und nach einigen Jahren war seine alte Position wieder hergestellt. Hohe Sühnezahlungen mussten an den Kaiser und die Familie Vasmers geleistet werden. Auch errichtete die Stadt ein Kreuz für den ermordeten Bürgermeister – die Straße *Beim Steinernen Kreuz* (im Ostertor) und die dort aufgestellte Kopie des Gedenksteins für Vasmer erinnern noch heute an die damaligen Ereignisse.

Die **zweite Hälfte des 15. Jahrhunderts** kennzeichneten wirtschaftliche und politische Rückschläge: Das Haus Oldenburg stellte ab 1448 den dänischen König *Christian,* im Stammland hielt dessen Bruder *Gerd* seine Nachbarn durch immer neue Angriffe in Atem. Neue Militärtechniken – Kanonen und Söldnerheere – überstiegen die Möglichkeiten kleiner Regionalherrscher oder einzelner Hansestädte; zunehmend gewannen die Fürstentümer wie das von Braunschweig-Lüneburg auch im norddeutschen Raum an Einfluss. Bremen wurde bis zum Beginn der Reformation aus der Unterweserregion zurückgedrängt.

Reformation und Revolution

Die **Reformation** setzte in Bremen 1522 mit dem Besuch des Augustinermönchs *Heinrich von Zütphen* ein, der als Anhänger Luthers auf Einladung Bremer Bürger in den Stadtgemeinden predigte. Dies musste zwangsläufig zum Konflikt mit dem damaligen Erzbischof *Christoph* führen, der schon seit einiger Zeit das Bistum Verden als Residenz der bürgerlichen Stadt vorzog. Bemühungen, den ehemaligen Augustinermönch verketzern zu lassen, wie ein Jahr zuvor mit Luther durch das Wormser Edikt geschehen, hätten für Bremen, das ihm Zuflucht gewährte, die Reichsacht bedeuten können. Der Rat wandte sich an die Stadtgemeinden und suchte deren Zustimmung zum Widerstand gegen das Auslieferungsverlangen, das Erzbischof Christoph wiederholt aussprach. Rat und Gemeinden stellten sich gegen den Kirchenherrn; in den folgenden Jahren kam es zu keinen durchgreifenden Erfolgen der erzbischöflichen Front, da diese in landesherrlichen Angelegenheiten mit dem Herzogtum Sachsen-Lauenburg in Fehde lag. So konnte der Rat allmählich darangehen, lutherische Pfarrer in den Stadtgemeinden anzustellen. Bald wurde nur noch im Dombezirk nach der alten Tradition gepredigt. Zütphen verließ Bremen 1524 und wurde im selben Jahr in Dithmarschen als Ketzer verbrannt.

Landesweit stellte sich jedoch bald heraus, dass der **lutherische Glaube** und die Kritik an den Verhältnissen in der alten Kirche nicht mehr zurückzudrängen waren; der Reichstag in Speyer überließ es 1526 den Reichsständen, in Glaubensdingen selbst zu entscheiden. Als Landstand war Bremen zwar offiziell an die Entscheidung des Erzstiftes gebunden, doch reichte dessen Macht nicht mehr zu einer praktischen Durchsetzung in der Stadt, die für sich Reichsunmittelbarkeit forderte und dem *Schmalkaldischen Bund* der evangelischen Reichsteile beitrat. In der Folge ließ der Rat die beiden Klöster schließen, *St. Katharinen* wurde Bremens erste Lateinschule, *St. Johannis* ein Spital.

Der Aufstand der 104 und die Neue Eintracht

Mit dem neuen Glauben ging eine allgemein erkennbare Tendenz zur Auflehnung gegen die patrizische Oberschicht von seiten der Stadtbevölkerung einher. In Bremen war der exklusive Zugriff einiger Mächtiger auf die Bürgerweide der Anlass, an dem sich **1530 der Volkszorn** entzündete. Die Bürger verlangten, dass die Rechtmäßigkeit der Landaneignung nachgewiesen werden solle und reagierten auf die Hinhaltetaktik des Rats mit einem Volksaufstand. Der verdächtigte Landbesitzer, der Komtur des Deutschordens, *Rolf von Bardewitsch,* wurde ermordet, die Komturei geplündert. Es bildete sich ein Bürgerausschuss, mit dem der Rat nun bereit war zu verhandeln. Es konnte jedoch keine Lösung erzielt werden, woraufhin in einer Volksversammlung auf dem Marktplatz der »**Ausschuss der Hundertvier**« zusammengestellt wurde. Er war von Anfang an in der Frage gespalten, ob der Rat abgesetzt werden sollte, errang jedoch in zähen Auseinandersetzungen seine Anerkennung als Mitbestimmungsorgan auf allen Ebenen des öffentlichen Lebens und stellte den Rat damit vor eine neue verfassungsrechtliche Situation. Einige Ratsherren verließen die Stadt, um von der Burg Bederkesa aus quasi als Exilregierung nach Bremen hineinzuregieren. Sie machten unmissverständlich deutlich, dass eine Beteiligung der Hundertvier an der Macht für sie nicht in Frage kam. Als die Ratsseite 1532 zu einer Eskalation bereit war, entschied sich die Anhängerschaft unter dem Druck dieses Ultimatums gegen die Hundertvier, deren Wortführer schließlich ihr Scheitern eingestanden und damit einen Bürgerkrieg verhinderten. Das von der Wittheit 1534 verfasste Stadtrecht, die »**Neue Eintracht**«, stellt eine konsequente

Wiederherstellung der alten Herrschaftsverhältnisse dar; die Vollmacht der Wittheit hielt sich so bis in die napoleonische Zeit.

Der neue Glaube festigt sich

Karl V., der bekanntlich über ein Reich herrschte, »in dem die Sonne nicht untergeht«, befand sich in außenpolitischen Verstrickungen mit Frankreich und dem Osmanischen Reich, wozu er die Unterstützung aller Reichsteile benötigte. Der *Nürnberger Religionsfrieden* von 1532 verschaffte den evangelischen Gebieten eine Atempause. So erlangte in dieser Phase denn auch der bremische Rat 1541 – gegen beträchtliche Geldbeträge – eine weit reichende urkundliche Bestätigung seiner Privilegien durch den Kaiser und damit die endgültige Unabhängigkeit vom Erzstift. Wenige Jahre später war Bremen im *Schmalkaldischen Krieg* wieder Belagerungsobjekt der kaiserlichen Truppen, die jedoch an den verbesserten Befestigungsanlagen scheiterten und bei Nienburg in der *Schlacht von Drakenburg* geschlagen wurden. Während damit – und schließlich im Augsburger Religionsfrieden 1555 – der evangelische Glauben neben dem katholischen durchgesetzt war, begannen innerhalb der protestantischen Fraktion **Glaubensstreitigkeiten**. In Bremen sind sie verbunden mit Bürgermeister *Daniel von Büren d. Jg.* und dem Domprediger *Albert Hardenberg*, der als ein Schüler Melanchthons und Anhänger Zwinglis und Calvins die Debatte um theologische Detailfragen entfachte. Der Religionsstreit setzte sich über seine eigene Amtszeit hinaus fort und brachte Bremens Annäherung an die niederländische reformierte Glaubensrichtung des Calvinismus – die Religion der Kaufleute.

Nach Jahrzehnten der religiösen Wirren begann sich die reformierte Gesellschaft Bremens gegen **Ende des 16. Jahrhunderts** zu festigen. Das Stadtbild veränderte sich durch die mit dem Bau der *Stadtwaage* 1587 eingeleitete Weserrenaissance, die in den folgenden Jahren in der Gestaltung des *Rathauses* und zahlreicher Bürgerhäuser zum Ausdruck kam. Kirchenbauten dieser Richtung fehlen hingegen völlig, da der strenge, reformierte Glauben jeden Schmuck der Gotteshäuser ablehnte.

Die ständische Gesellschaft hatte bis zum Dreißigjährigen Krieg einen gewissen Stillstand erreicht, in dem es zu keinerlei bedeutenden Veränderungen der Machtverhältnisse kam. Die Ratsherrschaft wurde zunehmend durch rechtliche Abhandlungen verfeinert, die »Elterleute des Kaufmanns«, die Vorsitzenden der Kaufmannsgilde, strebten ohne großen Erfolg zur politischen Einflussnahme, die zumeist zünftige Mittelschicht war in sich streng hierarchisch organisiert, und die »Ämter« bestimmten das Leben ihrer Mitglieder weit über die Arbeit hinaus. Für die Angehörigen des untersten Standes wurde das Leben durch eine *Akzise* verteuert, mit der der Warenumschlag besteuert wurde und die damit den Schoss (Vermögenssteuer) als Haupteinnahmequelle ablöste.

Die Auflösung der Städtehanse berührte den bremischen Fernhandel nicht entscheidend, die traditionellen Handelsbeziehungen nach Skandinavien, Holland und England blieben bestehen und bildeten eine wesentliche Wirtschaftsbasis der Stadt, die um 1600 etwa 20.000 Einwohner zählte. Hingegen verteuerte sich der Handel mit den deutschen Ländern vermehrt durch Zollgrenzen. Das geistige Leben Bremens in dieser Epoche spielte sich neben den Pfarrgemeinden im Wesentlichen im Umfeld der *Lateinschule* ab, die zu einer fast universitären Akademie mit den vier klassischen Fakultäten erweitert wurde und zahlreiche Schüler aus reformierten Gebieten anzog.

Stadtansicht von 1604

Die Freie Reichsstadt: Von Schweden bedroht, von Franzosen besetzt

Als 1618 weit entfernt von Bremen im habsburgischen Südosten des Reiches Kämpfe zwischen evangelischen (böhmischen) Landständen und dem katholischen (Habsburger) Kaiser Ferdinand II. den **Dreißigjährigen Krieg** einleiteten, war Bremen mit nahe liegenderen Problemen befasst. Die zunehmend versandende Weser erschwerte den Warentransport in die Stadt, so dass unter *Johann van Valkkenburgh* mit der Anlage des *Vegesacker Hafens* begonnen wurde. Die ebenfalls von dem niederländischen Ingenieur geleitete Anlage der Neustadtfestung wurde erst im Verlauf des Krieges energischer vorangetrieben.

Ein regionaler Konflikt mit dem Haus Oldenburg um dessen Anspruch auf Weserzoll sollte jedoch die bremische Politik im Dreißigjährigen Krieg entscheidend prägen: um die kaiserlichen Privilegien der Oldenburger auszugleichen, war die Stadt zur Neutralität gegenüber dem Kaiser gezwungen, sollte der Zollstreit nicht von vornherein verloren gegeben werden. Auch in den Bemühungen um Reichsunmittelbarkeit war der Bremer Rat auf die kaiserliche Unterstützung angewiesen, zumal während der Kriegsjahre verschiedene Regionalherrscher die Stadt in ihren Machtbereich einzugliedern versuchten. Ab 1623 wurde Norddeutschland Schauplatz der Kämpfe zwischen katholischer Liga und dänischen Truppen. Nach dem Zurückdrängen der Dänen geriet das Erzbistum unter den Druck der gegenreformatorischen kaiserlichen Partei, die im Restitutionsedikt von 1629 die Rückgabe aller nach 1552 evangelisch gewordenen Güter an die katholische Kirche betrieb. Das Eingreifen des schwedischen Königs *Gustav Adolf* diente dem offiziell propagierten Ziel, den Protestantismus im norddeutschen Raum zu stützen, und so wurde das Erzbistum Bremen schließlich im Westfälischen Frieden in ein säkularisiertes **Herzogtum unter der Herrschaft Schwedens** (das damit Sitz und Stimme im deutschen Reichstag erhielt) umgewandelt. Zwei Jahre zuvor hatte die Stadt jedoch bereits die Anerkennung als freie Reichsstadt vom Kaiser erhalten, was aus dessen Gegnerschaft zur schwedischen Großmacht zu erklären ist. Die Schweden unternahmen immer wieder Versuche, auch die Stadt in ihre Verfügungsgewalt zu bringen. Die Vorstöße gegen bremische Besitzungen und Rechte endeten erst mit Schwedens Niederlage im *Nordischen Krieg* 1719, mit der das Herzogtum dann an das mit der britischen Krone verbundene Kurfürstentum Hannover fiel.

War die Stadt auch während der Wirren des 30-jährigen Krieges ein vergleichsweise sicherer und friedlicher Ort geblieben, so hatten doch hohe Verteidigungskosten, Versorgungsmangel, Not und Krankheit auch innerhalb der Stadtmauern das Leben geprägt. Der Rat erließ 1623 eine erste allgemeine Konsumsteuer, die die unteren Bevölkerungsschichten hart traf. Die Pest wütete wenige Jahre später, Handelsschiffe konnten die Stadt während der verschiedenen Belagerungen der Weser nicht erreichen, die oldenburgischen Zollrechte verteuerten zudem die Handelswaren, Flüchtlinge aus der von marodierenden Soldatenhaufen zerstörten ländlichen Umgebung suchten Schutz in den Stadtmauern. Ein Teil von ihnen wurde in der **Neustadt** angesiedelt, die um 1650 etwa 3000 Bewohner, größtenteils Handwerker, kleine Händler und Tagelöhner, zählte.

Kolonialwarenhandel reichlich, doch der Reichtum bleibt aus

Die **zweite Hälfte des 17. Jahrhunderts** war von Unruhen in der Bürgerschaft besonders im Zusammenhang mit der Besteuerung sowie zunehmender Armut und Verschärfung der Handelsbedingungen durch den aufstrebenden Merkantilismus der Großmächte bestimmt. Weltpolitik und -wirtschaft wurden weitab der unzähligen kleinen deutschen Reichsstände gemacht, so schien die Zeit in der ersten Hälfte des 18. Jahrhunderts auch in Bremen stillzustehen.

Im Schatten der Kurfürstentümer sowie der Kolonialmächte behielt die bremische Wirtschaft ihre Grundstruktur aus Seehandel zwischen europäischen Nachbarstaaten und deutschem Hinterland sowie aus Handwerk für den Bedarf des direkten Umlandes bei. Die andernorts einsetzende Industrielle Revolution blieb in der alten Hansestadt zunächst aus. Die **Einflüsse der Aufklärung** begannen um 1770 sich im öffentlichen Leben der Stadt auszuwirken. Die Gründung der physikalischen Gesellschaft, zu der auch der Astronom *Wilhelm Olbers* gehörte, fällt in diese Zeit, die Oberschicht begann sich nun auch in Bremen für die naturwissenschaftlichen und literarischen Neuerungen ihrer Zeit zu interessieren.

Für den Handel und damit die bremische Wirtschaft insgesamt ging der stärkste Impuls von der Unabhängigkeit der nordamerikanischen Kolonien aus. Nach 1784 begann ein zunehmender Schiffsverkehr mit Baltimore und Boston. Die Mengen der Kolonialwaren, die in Bremen umgeschlagen wurden – darunter vor allem Kaffee, Tabak, Reis und Zucker – wuchsen stetig an. Um die Wende zum 19. Jahrhundert zählte die bremische Handelsflotte etwa 180 Schiffe, die nicht nur die Nordamerikaroute befuhren, sondern nun auch nach Südostasien segelten. In der Folgezeit blühten die Werftindustrie und die Tabakmanufaktur in Bremen auf. Waren 1789 kaum 20 Handelsschiffe aus den USA in Bremen eingelaufen, so stieg ihre Zahl im Verlauf eines Jahrzehnts auf jährlich etwa 80.

Die handelspolitischen Interessen bestimmten auch das bremische Verhalten in den der Französischen Revolution folgenden **Koalitionskriegen**. Als Reichsstadt war Bremen zur Unterstützung der anti-französischen Koalition verpflichtet, der es in Form von Zahlungen nachkam, um zugleich dem Handelspartner Frankreich gegenüber neutral zu erscheinen. Dieses Bemühen um Neutralität schlug sich **1803** im *Reichdeputationshauptschluss*, der eine territoriale Neuordnung des deutschen Reiches bezweckte, positiv nieder. Bremen konnte als eine der wenigen Reichsstädte diesen Status behalten und seine Besitzungen entlang der Weser vergrößern; der leidige Oldenburger Weserzoll wurde ebenfalls abgeschafft. Doch verhinderten die guten Beziehungen zu Frankreich nicht die Besetzung der Stadt durch napoleonische Truppen nach dem Zusammenbruch Preußens im Jahre 1806. Die französischen Regimenter, die wechselnd Quartier in Bremen bezogen, hatten vor allem die Einhaltung der Kontinentalsperre gegen Großbritannien zu überwachen. Die Handelshemmnisse und Kosten der Besatzung lösten eine Wirtschaftskrise aus, die Staatsverschuldung stieg in astronomische Höhen. 1810 wurde Bremen der **Verwaltung des französischen Kaiserreichs** unterstellt und blieb es bis zur Niederlage der Großen Armee, die 1813 den Widerstand in den napoleonisch besetzten Gebieten weckte und auch in Bremen die Franzosenzeit beendete. Geblieben sind aus diesem siebenjährigen Zwischenspiel administrative und juristische Modernisierungen, von denen die Abschaffung der alten feudalistischen Strukturen im Deutschen Reich ausgingen.

»Die Stadt selbst ist im Ganzen genommen gut gebauet, obgleich noch viele Häuser nach alter Sitte mit dem Giebel in die Straßen gerichtet sind ... Die lange Straße und der Damm sind die schönsten, und hier siehet man prächtige Gebäude ... Die Straßen sind für die Menge Menschen und für ihren Betrieb zu enge. Man muss sich in manchem im eigentlichen Sinne durchdrängen, und dabei einen unausstehlichen Geruch von Käsen, Thran, Seefischen usw. aushalten. Dies kann keine Polizei abändern, denn es sind Handelsartikel ... Handel ist hier das Element, in welchem die Menschen leben, wie der Fisch im Wasser.«

Ein Zeitgenosse über Bremen im 19. Jahrhundert

VOM BEGINN DES 19. JAHRHUNDERTS BIS 1945

Im Sommer 1815 wurde Bremens Selbstständigkeit auf dem Wiener Kongress anerkannt. Neben Hamburg, Lübeck und Frankfurt war die Hansestadt damit eine der insgesamt vier »freien Städte« Deutschlands. Während die sieben Jahre der französischen Herrschaft einige – aus der Perspektive der Bremer Oberschicht gänzlich unwillkommene – Modernisierungen auf dem Gebiet der Verwaltung und der Justiz mit sich gebracht hatte, so deutete in der darauffolgenden Zeit nichts auf den kurz bevorstehenden Aufbruch in die Moderne hin. Vielmehr glich das Erscheinungsbild Bremens im Großen und Ganzen dem des 18. Jahrhunderts.

Die durch die Franzosen aufgehobene so genannte Verfassung Bremens, die »**Neue Eintracht**«, war unmittelbar nach der Befreiung wieder in Kraft gesetzt worden, so dass die bremische Gesellschaft wieder ihr über Jahrhunderte tradiertes ständisches Gepräge zurückerhielt. Grob vereinfachend kann man die rund 40.000 Einwohner Bremens um 1820 in **vier Stände** unterteilen: 1. Bürgermeister, Senatoren, Promovierte; 2. Älterleute, Kaufleute, übrige Gelehrte; 3. Zunfthandwerker, geringere Kaufleute, Kramer; 4. Schulmeister, unzünftige Handwerker, Altflicker, Pfuscher, Domestiken, Knechte und Ungelernte. Die Angehörigen der drei ersten Gruppen stellten etwa zwei Fünftel aller Bremer – von diesen bildete wiederum ein Drittel den Kern des bremischen Patriziats. Die Oberschicht hatte sich im Areal um Marktplatz, Domsheide, Domshof bis hin zum Wall sowie in der vorderen Obern- und Langenstraße niedergelassen. In den Nachbarstraßen lebte das Bürgertum. Der übrige Teil der Bevölkerung verteilte sich vor allem auf die Straßenzüge, die nordwestlich des Stadtkerns auf St. Stephani zuliefen, sowie auf die Neustadt. Besonders das Stephaniquartier, aber auch Teile des Buntentors waren die Elendsviertel Bremens, in deren dunklen Gängen und engen Hinterhöfen ungefähr ein Viertel der Einwohner unter schlimmen Bedingungen leben mussten.

Nach der Zwangspause durch Kontinentalsperre und französische Besetzung kam es bald wieder zu einem stürmischen Aufschwung des bremischen **Freihandels**. Nicht nur die Anzahl der Schiffe, sondern auch deren Größe wuchs. Da das Fahrwasser der Weser durch Versandung fortwährend flacher wurde, konnten große Schiffe kaum noch Vegesack, den Seehafen Bremens, erreichen. Neben diesem Problem gab es noch das ständige Ärgernis Oldenburg: jede Berührung des linken, oldenburgischen Weserufers durch Handelsschiffe wurde mit hohen Zollabgaben belegt. Einer Idee des Bürgermeisters *Johann Smidt* folgend, schlug man schließlich zwei Fliegen mit einer Klappe: Ungefähr 45 Kilometer weserabwärts wurde ein neuer bremischer Seehafen angelegt. 1830 konnte nach nur dreijähriger Bauzeit der **Bremer-Haven** eingeweiht werden.

Zigarrenmacher, Schiffsbauer und Auswanderer

Von Industrieller Revolution wollte man im Bremen der 1840er Jahre nichts wissen – man setzte auf Schifffahrt und Freihandel, und auch jedes für den Binnenhandel förderliche Arrangement mit dem Deutschen Zollverein wurde abgelehnt. Somit waren es zwei Industrien, die in enger Verschränkung mit dem Handel das Bild bremischen Gewerbes prägten: die Zigarrenfabrikation und der Schiffsbau.

Die **Zigarrenarbeiter** stellten den größten Teil der Arbeitnehmerschaft Bremens. Sie galten als ein *»unruhiges und unsolides Element, bei dem das Wirtshauslaufen und der Verbrauch von Branntwein sowie das Randalieren auf Straßen und Plätzen und das Feiern des ›Blauen Montags‹ besonders unangenehm«* vermerkt wurde. Der Zigarrenmacherberuf war der erste Beruf, der in Bremen ein reines Lohnverhältnis ohne soziale Absicherung darstellte und dadurch Eigenarten aufwies, die erst später als Merkmale des Industrieproletariats problematisiert werden sollten.

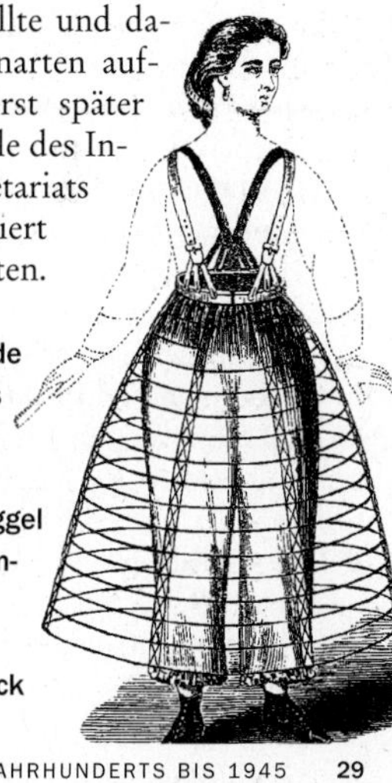

Die neue Mode des Reifrocks machte den Frauen den Tabakschmuggel leicht: Sie banden sich die Tabakbündel unter den Rock

Der Konjunktur des Handels folgte beinahe zwangsläufig die Konjunktur des **Schiffbaus**. Für mehrere Jahrzehnte war Vegesack der bedeutendste Schiffsbauplatz in Europa. Die Werften Bremens und Bremerhavens waren vergleichsweise klein, doch auch hier baute man Seeschiffe. Profitierend von den Folgen der Industriellen Revolution, die im übrigen Land stattfand, entwickelte sich das **Geschäft mit den Auswanderern** überaus lukrativ. Es ist nicht ohne Ironie, dass gerade hierin die Ursprünge der Transatlantik-Passagierfahrt lagen: 375.000 Menschen verließen zwischen 1832 und 1851 von Bremen ihre Heimat – eine Vergnügungsreise war es für keinen. *Friedrich Engels* besuchte während seiner Bremer Lehrjahre 1841 ein Auswandererschiff. Im »Morgenblatt für gebildete Leser« kommentierte er den Anblick: *»Wie Pflastersteine auf der Straße aneinandergepackt«* lagen diejenigen dort, die ihre letzte Hoffnung in die Auswanderung gelegt hatten: *»das Volk, vor dem man den Hut nicht zieht«*. Dem bremischen Reeder war dies freilich einerlei. Für ihn waren die Auswanderer ein willkommener – weil zahlender – Ersatz für den Ballast, mit dem er mangels Ausfuhrware sein Schiff nach Amerika schicken musste. Er verdiente nun doppelt und konnte so mühelos die Frachttarife der in- und ausländischen Konkurrenz unterbieten.

✹ **Tipp:** Die Ausstellung »Aufbruch in die Fremde« befasst sich eingehend mit dem Thema Auswanderung, ↗ Bremerhaven.

Aufbruch in die Moderne

Sein altes Erscheinungsbild hatte Bremen auch am Ende der **1840er Jahre** nicht verloren, die Stadt lag räumlich immer noch in den Grenzen des Mittelalters. Doch erste Ansätze einer Urbanisierung waren schon spürbar. Zwischen 1802 und 1830 waren die Festungswerke, die die Stadt umgaben, in *Wallanlagen* umgewandelt worden. Stadttore und Festungstürme wurden nach und nach abgebaut; 1817 befuhr das erste Dampfschiff die Weser; 1838 wurde die *Große Balge* unterirdisch kanalisiert; seit 1840 gab es Droschken, bald darauf auch erste Pferde-Omnibusse; 1843 wurde beim Bischofstor das neue Stadttheater eröffnet – vis-à-vis bezog im gleichen Jahr Bürgermeister Smidt sein Haus an der *Contrescarpe:* unter den so genannten angesehenen Leuten kam nun das Wohnen »extra muros« in Mode, eine für die Stadtentwicklung nicht unwichtige Tendenz.

Besonders wichtig für Bremens technischen Fortschritt war das Jahr **1847:** Am 1. Januar eröffnete die »Aktiengesellschaft Bremer Telegraphenverein« die erste elektrische Telegrafenlinie Bremen – Bremerhaven. Einem Vegesacker Kapitän war der Nachbau des englischen Originals geglückt, Bremen konnte ab sofort in nie geahnter Schnelligkeit mit dem Seehafen korrespondieren. Am 19. Juni erschien die zweite große Neuerung jenes Jahres: Nach 17-tägiger Atlantikpassage lief das erste Übersee-Dampfschiff, die »George Washington«, in Bremerhaven ein und nahm bald darauf den Postdampfer-

Die Dampfschifffahrt beschleunigt das allgemeine Tempo

dienst zwischen Amerika und Europa auf.

Regelmäßigen Eisenbahnverkehr zwischen Bremen und Hannover gab es ab Dezember 1847. Am 14. November erschien im Bahnhof, der in anderthalbjähriger Bauzeit am Südende der Bürgerweide entstanden war, zum ersten Mal eine Lokomotive mit zwei Personenwagen. *Die ganze Probefahrt war, den 1½-stündigen Aufenthalt auf den verschiedenen Bahnhöfen abgerechnet, in drei Stunden ohne den geringsten Unfall zurückgelegt*, berichtete tags darauf die »Weser-Zeitung«.

Revolution und Gegenrevolution

Wie alle deutschen und westeuropäischen Länder erlebte Bremen im **Frühjahr 1848** revolutionäre Unruhen, die die Machthaber, in diesem Fall den Senat, in Angst und Schrecken versetzten. In Bremen kam es zur Gründung des *Vereins republikanischer Bürger*, der mit der Unterstützung großer Teile der Bevölkerung vom Senat die Zusage auf freie Wahlen, umfassende Reformen in Justiz und Verwaltung sowie die Einsetzung einer neuen, demokratischeren Verfassung mit Pressefreiheit erzwang. Doch im Siegestaumel machte das Volk den verhängnisvollen Fehler, nicht die alten Senatoren gegen republikanisch Gesinnte auszutauschen.

Am 8. März 1849, dem Jahrestag der Revolution, wurde die neue Verfassung in der bremischen Volksvertretung, der »Bürgerschaft«, angenommen. Vor dem Gesetz waren nun alle Staatsbürger gleich und die Gewaltenteilung zwischen Senat, Bürgerschaft und richterlichen Behörden war zumindest zu großen Teilen gewährleistet. Im gleichen Monat wählte die Frankfurter Nationalversammlung den preußischen König *Friedrich Wilhelm IV.* zum Haupt einer konstitutionellen Monarchie. Dass dieser die Kaiserwürde jedoch ablehnte, bedeutete das abrupte Scheitern aller demokratisch-unitarischen Hoffnungen auf einen deutschen Nationalstaat mit einer einheitlichen Verfassung. Stattdessen erging nun, 1851, die Aufforderung nach einer »Revision der Verfassung« an die einzelnen Bundesstaaten. Die alten Bremer Senatoren kamen dieser Aufforderung gerne nach und ignorierten vielfach die bestehende Verfassung. Viele Vertreter der Bevölkerung und der »Bürgerschaft« kämpften fortan gegen den Senat und für den Erhalt der Verfassung von 1849.

Eine exponierte Rolle im **Kampf um die Verfassung** spielte der Pastor der Liebfrauenkirche, *Rudolph Dulon.* Innerhalb der »linken« Bürgerschaftsmehrheit war er der führende Kopf, der die Verelendung der unteren Schichten thematisierte. Zur Verbreitung seiner Ideen hatte er zwei Zeitschriften gegründet, die zu Foren radikaler Angriffe gegen Staat und kirchlichen Pietismus wurden. Dulon, von Anhängern der alten Ordnung als »Jakobiner im Talar« bezeichnet, wurde im März 1852 durch den Senat von seinem Amt suspendiert – die »Bürgerschaft« votierte vergeblich dagegen. Noch im gleichen Monat wurde die Verfassung von 1849 aufgehoben. Nachdem zur Unterstützung des Senats ein Bundeskommissar in Bremen eingetroffen war, wurde auch die »Bürgerschaft« aufgelöst und ein *Achtklassenwahlrecht* erlassen. Dieses gab der Ober- und ständischen Mittelschicht, zu Lasten der »Straße«, viele ihrer früheren Privilegien zurück. Von nun an wurden alle fortschrittlichen Kräfte offen verfolgt, auch Dulon musste fliehen. Ein durch den Senat an Stelle der »Bürgerschaft« eingesetzter Konvent sanktionierte eine neue Verfassung, die am ehernen Vorbild der »Neuen Eintracht« ausgerichtet war. Sie trat im Februar 1854 in Kraft und behielt fast unverändert bis 1918 Gültigkeit – die Reaktion hatte bis auf weiteres gesiegt.

Zwischen Revolution und Kaiserreich

Eine für den städtebaulichen Wandel Bremens bedeutsame Errungenschaft der Revolution war die **Aufhebung der nächtlichen Torsperre,** die 1848 in Kraft trat – erstmals konnten die Bremer aus Altstadt und Vorstadt den Silvesterabend gemeinsam verbringen. Hatten die außerhalb der Stadtmauer gelegenen Vororte die Altstadt bisher wie ein Gürtel umlagert, wuchsen Vor- und Altstadt nun zusammen, wobei dem *Herdentorsteinweg* die Bedeutung einer zentralen Verbindungsachse zukam. Die großzügigen Wohn- und Geschäftshäuser der Herdentorvorstadt, darunter zahlreiche Hotels und Gasthöfe, wurden charakteristisch für das entstehende Stadtbild.

Insgesamt wuchs die Einwohnerzahl Bremens von rund 50.000 im Jahr 1848 auf knapp 83.000 im Jahr 1871 an. Zu den wesentlichen stadtplanerischen Neuerungen dieser Phase zählte die Umgestaltung der *Bürgerweide,* die ab 1866 durch den Lübecker Landschaftsgärtner *Ludwig Benque* in den *Bürgerpark,* verwandelt wurde – neben den Wallanlagen entstand so die zweite große städtische Grünanlage. Im Altstadtbereich entwickelte sich die *Obernstraße* zur ersten Einkaufs-

und Ladenstraße Bremens. Am Markt fielen etliche Patrizierhäuser dem Bau der 1864 fertig gestellten *Börse* (heute steht an ihrer Stelle das Haus der Bürgerschaft) zum Opfer. Von 1854 an erhielten die Straßenzüge von Alt- und Bahnhofsvorstadt Gasbeleuchtung. Das erste zentrale *Wasserwerk* – die »Umgedrehte Kommode« auf dem Stadtwerder – nahm 1873 den Betrieb auf. Einen großen Fortschritt bezüglich der öffentlichen Hygiene bedeutete die Anlage von Abwasserkanälen und öffentlichen Pissoirs.

Die für das damalige Deutschland typische wirtschaftliche Entwicklung in Handwerk und Industrie fand in Bremen nicht statt. Bremen war, der Vorteile im Außenhandel wegen, nicht dem **Deutschen Zollverein** beigetreten. Bremische Produkte mussten daher, dies war der Nachteil, verzollt werden, sollten sie im Gebiet des Zollvereins verkauft werden. Viele bremische Betriebe begegneten der Problematik mit einer Verlagerung der Produktion in das Zollinland: die an sich bremische Industrialisierung fand somit im Umland statt, z.B. in *Hemelingen, Achim, Delmenhorst, Grohn* und *Blumenthal.*

Gleichzeitig blieb Bremen dadurch von den sozialen Problemen, die andernorts die Industrielle Revolution begleiteten, zunächst verschont. Antrieb der Wirtschaft und Entwicklung Bremens waren Handel und Verkehr. Um 1850 war der **Welthandel** in einem Aufschwung begriffen, der beispiellos war und dessen Grundlagen, die neuen Verkehrsmittel, in Bremen und Bremerhaven zusammenliefen: Bahnstrecken an die Weser und an die Nordsee wurden 1860 und 1862 in Betrieb genommen und damit ein unmittelbarer Umschlag zwischen Eisenbahn und Schiff ermöglicht. Ein wichtiger Impuls für Handel und Verkehr war nach wie vor das Auswanderergeschäft, das sowohl durch die politischen Verfolgungen der Nachrevolutionszeit als auch durch die entstehende industriebedingte Armut erneut blühte. Der *Norddeutsche Lloyd,* 1857 gegründet und Synonym für Reederei und Personenschifffahrt, erlangte Weltruf.

Die Arbeiter organisieren sich

Die Anfänge der bremischen Sozialdemokratie fallen ins Jahr 1864, als der wandernde Tischlergeselle *Gustav Deckwitz* die Ideen *Ferdinand Lassalles* nach Bremen brachte. Von Lassalle autorisiert, gründete Deckwitz die bremische Fraktion des »Allgemeinen Deutschen Arbeitervereins«, die hauptsächlich aus Handwerkern bestand, die sich wegen der vorangegangenen Auflösung der Innungen und ihrer Privilegien neu organisieren mussten. Unterschiedliche Positionen in punkto Streik und Gewerkschaften führten relativ schnell zu einer ersten Spaltung der neuen Bewegung. Der »Lassalle-Flügel« des Vereins lehnte Gewerkschaften rundum ab. Dagegen sah der Flügel um *Jean Baptiste Schweitzer,* der in Bremen letztlich die Überhand behielt, in den Gewerkschaften Kampforganisationen gegen das Kapital und gründete so den »Arbeiterschaftsverband«. Weitere Spaltungen und Zusammenschlüsse folgten. Auf der liberalen Seite der Arbeiterbewegung widmete sich der bislang apolitische Verein »Vorwärts« zunehmend politischen Themen. Im Zusammenspiel mit den *Hirsch-Dunkerschen Gewerkvereinen*, deren Maxime der vermittelnde Ausgleich zwischen Kapital und Arbeit war, bildeten sich bremische Ortsvereine. Um 1865 kam es in Bremen zu ersten **Streiks**, die »erste organisierte Arbeitseinstellung in Bremen« führten die Hemelinger Zigarrenmacher durch. Doch bis 1870 hatten die Arbeiterorganisationen – auf Bremen bezogen – noch keine großen Erfolge errungen. Das politische Bewusstsein und die Einheit der Arbeiterschaft waren, gleich dem Zustand der Industrie, in Bremen noch rückständig.

Bremen zur Gründerzeit

Im preußisch-österreichischen Streit um die Vorherrschaft in Deutschland verhielt sich Bremen berechnend: Da das eigene Wohlergehen nur auf Seiten der Führungsmacht gesichert werden konnte, blieb man buchstäblich bis zur letzten Sekunde »neutral«, um letztlich an der Seite Preußens in den Krieg gegen Österreich einzutreten – wohl wissend, dass Bremen sonst Gefahr laufen würde, von Preußen annektiert zu werden. Nach dem preußischen Sieg kam es im August 1866 zur Konstituierung des **Norddeutschen Bundes**, dem Bremen beitrat. Bismarck, als Kanzler, garantierte die bremische Selbstständigkeit innerhalb des Bündnisses – Bremen verlor sie dennoch zu großen Teilen, denn in wichtigen Verfassungs- und Gesetzesfragen hatte man sich nun dem Bund und damit der preußischen Zentralgewalt anzupassen. Mit der Gründung des Deutschen Kaiserreichs 1871 verlor Bremen innerhalb der konstitutionellen Monarchie weiter an Eigenständigkeit und musste sich fortan den Normen der Reichsgesetzgebung unterordnen.

Eine der Folgen war, dass in Bremen für Reichstagswahlen zwar das allgemeine, gleiche, direkte Wahlrecht, für die Bürgerschaftswahlen jedoch das archaische Achtklassenwahlrecht galt. Während daher bei den Wahlen zur bremischen Bürgerschaft das Achtklassenwahlrecht den verschiedenen »Liberalen« Bremens immer die Mehrheit der Abgeordneten garantierte, ließen die Ergebnisse der Reichstagswahlen konträre Tendenzen erkennen. Die von Wahl zu Wahl ansteigenden Stimmenanteile der Sozialdemokraten und deren Vereinigung zur *Sozialistischen Arbeiterpartei Deutschlands* erschienen dem bürgerlichen Lager bald als Bedrohung – es war Bismarck, der die Unruhe instrumentalisierte. Wie schon nach 1848 gelang es der preußischen Seite auch in der Zeit von 1875–78 wieder, im reaktionären Sinne Stimmung zu machen. Nachdem man hier zuvor vergleichsweise tolerant mit den Sozialdemokraten umgegangen war, kam es nun auch in Bremen zu Feindseligkeiten und Diffamierungen. Der Erlass des Bismarckschen so genannten *Sozialistengesetzes* im Mai 1878 bedeutete im Reichsgebiet wie in Bremen das Ende sozialistischer Organisationen bis 1890.

Auch als Teil des neuen Kaiserreichs war Bremen nicht zu einem Zollanschluss bereit. Weiterhin bestimmten hier die Exponenten des Tabak-, Reis-, Petroleum- und Baumwollhandels die Verhältnisse in Industrie und Handwerk. Und nach wie vor siedelte sich deshalb die neu entstehende Großindustrie außerhalb Bremens an: In Bremen selbst geschah nichts, was in irgendeiner Weise dem Handel zu schaden vermochte. Entwickeln konnten sich hier lediglich solche Industrien, die für die seewärtige Ausfuhr produzierten (wie Bier), oder die der Seefahrt direkt zuarbeiteten (wie Schiffsausrüstung, Schiffsproviant). Dass – in Zeiten lebhafter Konjunktur – in Handel und Reederei Werftbetriebe eine Ausnahmestellung in der bremischen Industrie einnehmen konnten, lag gleichsam in der Natur der Sache. Die 1872 von bremischen Kaufleuten und Reedern gegründete »Actiengesellschaft Weser« entwickelte sich zu einem Großunternehmen. Der Bau größerer Seeschiffe in Bremen war allerdings ohne eine vorherige Vertiefung der Weser undenkbar.

Bremen wird wieder Seehafen

Es war das lang ersehnte Anliegen der bremischen Kaufleute, Bremen wieder an den Seeverkehr anzubinden. Die Weser, bislang ein Biotop mit Sandbänken, Inseln und Nebenarmen, sollte nun in einen »langen Schlauch mit glatten Wänden« umfunktioniert werden – ein Projekt, das ohne Vorbild war. Gewaltiger Skepsis zum Trotz wurde vom Senat der Berliner Professor für Wasserbau *Ludwig Franzius* engagiert und für dessen Werk die damals astronomische Summe von 30 Millionen Goldtalern bereitgestellt. Nachdem der Erfolg der Korrektur wahrscheinlich wurde und auch die alte Zollanschlussfrage mit der Eingliederung Bremens in das deutsche Zollgebiet endgültig geklärt war, begannen im Juli 1885 die Arbeiten zum Bau eines neuen Freihafens. Zollanschluss und Hafeneinweihung wurden im Oktober 1888 gemeinsam begangen.

Die Einwohnerzahl Bremens zwischen 1871 und 1890 stieg von rund 83.000 auf knapp 125.000 an. Das Bild der sich ständig ausweitenden vorstädtischen Wohngebiete wurde, vor allem rechts der Weser, durch das ↗ *Bremer Haus* geprägt. Einen Gegensatz zum oft als eintönig bezeichneten Erscheinungsbild der Straßen in den Neubaugebieten bildete eine große Zahl neuer öffentlicher Bauwerke. In den 1870er Jahren entstanden das *Postamt* an der Domsheide, direkt daneben das *Gymnasiums* in der Dechanatstraße sowie die *Badeanstalt* am Breitenweg. Mit der *Kaiserbrücke* (an ihrer Stelle steht heute die Bürgermeister-Smidt-Brücke) entstand 1875 eine neue Verkehrsachse zwischen Bahnhof und westlicher Neustadt. Die im Zentrum gelegenen Friedhöfe an Herdentor und Doventor wurden zu Gunsten der neuen, urbanen Infrastruktur zum Riensberg bzw. nach Walle verlegt.

Ein Kennzeichen der nun immer sichtbarer werdenden Ausdehnung der Stadt über ihre alten Grenzen hinaus war die Inbetriebnahme der ersten *Bremer Pferdebahn* im Jahr 1876. Die erste Linie führte vom Breitenweg zur Vahrer Brücke, weitere Strecken nach Horn, Hastedt, Walle und in die Neustadt folgten bis 1881. Gleichzeitig führte das Entstehen neuer Eisenbahnstrecken in Richtung Nordosten (Hamburg), Südosten (Uelzen/Berlin) und Südwesten (Osnabrück) zur Planung eines neuen Zentralbahnhofs: Der bisherige »Hannoversche« Bahnhof wich dem heutigen Hauptbahnhof, der 1889 seinen Betrieb aufnahm.

An den im Kaiserreich einsetzenden kolonialen Unternehmungen des Reiches war Bremen vor allem durch *Adolf Lüderitz* beteiligt, dessen Handelsposten ab 1883 im heutigen Namibia den Beginn einer Koloniegründung markierte. Bremische Beteiligung gab es auch an weiteren Kolonie-Erwerbungen in Togo, Neuguinea, auf den Karolinen und den Marshall-Inseln – »Leistungen«, an die seit 1932 das nach langem Streit am Rand der Bürgerweide errichtete Kolonialdenkmal, der backsteinerne *Elefant* von Friedrich Behn (1878 – 1970), erinnert.

Die Industrialisierung erreicht Bremen

Als Seehafen und Industriestandort war die Stadt nun in vollem Maße leistungsfähig geworden. Zusätzlich zum entstandenen Freihafen wurde der *Holz- und Fabrikenhafen* gebaut, um den herum sich insbesondere Industriebetriebe zur Verarbeitung und Veredelung ausländischer Rohstoffe ansiedelten. Über Bremen wurden importiert: Baumwolle, Wolle, Tabak, Kaffee, Getreide, Rübenzucker, Reis, Kunstdünger, Kohlen und Koks, Viehfutter, Holz, Metalle und seit 1902 Südfrüchte.

Eine besonders schwerwiegende Folge der Industrialisierung war die **Wohnungsnot**. Wohnungsbau und Bevölkerungszuwachs standen – bei gleichzeitig steigender Armut des zugewanderten Industrieproletariats – in keinem Verhältnis mehr zueinander. Schlagartig hatten sich durch den Zollanschluss in Bremen auch die Lebenshaltungskosten erhöht, denn viele der bisher zollfrei eingeführten Waren verteuerten sich nun drastisch. Allen voran durch *Hermann Rhein, Friedrich Ebert* und *Wilhelm Pieck* machte die Sozialdemokratische Partei die immer offener zutage tretenden sozialen Probleme zum Gegenstand der Bürgerschaftsverhandlungen. Neben der Wohnungsnot gehörten zu den Hauptthemen verstärkter Arbeiterschutz und bessere Bildung für die Unterschichten sowie Fragen zur Frauenarbeit und zum Armenwesen. Die dringendste Forderung der bremischen Sozialdemokratie galt jedoch der Abschaffung des Achtklassenwahlrechts, das den Besitzenden ihre traditionellen Privilegien garantierte.

Früher und intensiver als in anderen Großstädten wurde um die Jahrhundertwende in Bremen die **Bildung der Arbeiterklasse** gefördert, schon 1897 entstand ein »Komitee zur Veranstaltung von Volkskunstabenden«, das sich innerhalb der bürgerlichen Bildungsvereine betätigte, bis 1905 mit

Der Marktplatz vor 1914. Die Brunnenfigur wurde im Ersten Krieg eingeschmolzen

dem »Bildungsausschuss des Gewerkschaftskartells« eine selbstständige Organisation gegründet wurde. Unter anderem bot hier der Kunsthallendirektor *Gustav Pauli* den Arbeitern Ausstellungsführungen und Lehrkurse im Kupferstichkabinett an.

Eine erhebliche Vergrößerung des bremischen Stadtgebiets vollzog sich in den Jahren **1891 und 1901** durch die Eingemeindungen mehrerer Vorstädte, darunter *Walle, Gröpelingen, Schwachhausen*, *Hastedt* und *Sebaldsbrück*. Die Zahl der Einwohner Bremens wuchs von knapp 125.000 im Jahr 1890 auf etwa 245.000 im Jahr 1910 an. Unter den deutschen Städten wies Bremen damit – neben Berlin und Hamburg – den prozentual größten Bevölkerungszuwachs auf.

Mit der Fertigstellung der *Kleinen Weserbrücke* entstand **1903** eine zweite, Alt- und Neustadt direkt miteinander verbindende Straßenachse. Links der Weser wurde nun nach und nach der Wallgraben zugeschüttet. An seiner Stelle entstand der erste Teil der parkartigen *Neustadt-Anlagen*. Östlich von Hastedt wurde zwischen 1906 und 1911 eine Wehr- und Schleusenanlage errichtet, die zur Regulierung der Oberweser durch den Anschluss des Mittellandkanals an die Weser erforderlich geworden war. Zunehmender Schiffsverkehr machte zugleich ständige Erweiterungen des Hafengebiets erforderlich. Zwischen 1898 und 1906 wurde ein zweites *Freihafenbecken* angelegt, 1905 der *Werfthafen* in Gröpelingen und von

1907 bis 1910 schließlich der *Industriehafen* fertig gestellt. Anlässlich der ersten *Nordwestdeutschen Gewerbe- und Industrieausstellung* 1890 elektrifizierte man auf der Strecke Bürgerpark–Börse die Pferdebahnlinie – der erste regelmäßige Linienbetrieb der »Elektrischen« begann 1892 (Börse – Horn). Zeitlich parallel hierzu vollzog sich auch die Entwicklung der elektrischen Straßenbeleuchtung.

Bis 1914 entstanden insbesondere im Bereich der Altstadt und in der östlichen Vorstadt neue Bauwerke – darunter – zwischen Domsheide und Wall – *Gerichtsgebäude* und *Polizeihaus,* am Ostertor das heutige *Goethetheater,* am Domshof das neue *Rathaus* sowie die *Deutsche Bank* und die *Bremer Bank,* auf dem Teerhof die *Weserburg* sowie im Park-Quartier die *Gymnasien* am Barkhof und in der Hermann-Böse-Straße. In Obern- und Faulenstraße entstanden die ersten Kaufhäuser, an der Papenstraße errichtete der Norddeutsche Lloyd seinen burgähnlich gestalteten Firmensitz. Für etliche Veränderungen in der Bremer Wirtschaft war der Lloyd unter der Leitung *Heinrich Wiegands* verantwortlich, der den Handel durch neue Industrien ergänzen wollte: die *Norddeutsche Maschinen- und Armaturenfabrik,* die *Norddeutsche Automobil- und Motoren AG,* die *Norddeutsche Waggonfabrik* und die *Bremer Karosseriefabrik* wurden Zulieferbetriebe des Lloyd. Am nördlichen Rand des Industriehafens entstand ab 1908 die »Hütte am Meer«, eine Eisenhütte mit drei Hochöfen.

1. Weltkrieg, Revolution und Räterepublik

Wie fast überall in Deutschland und Europa schwamm auch in Bremen bei **Kriegsausbruch** die Bevölkerung mehrheitlich auf einer Welle des Nationalismus. Nur wenige Stimmen wurden gegen die allgemeine Kriegsbegeisterung laut. Die Tätigkeit von Bremens Senat und Bürgerschaft beschränkte sich von Kriegsbeginn an weitgehend auf die Erfüllung von Verordnungen des Bundesrats. Da dem Ausbruch des Krieges postwendend die Seeblockade folgte, brachen Schifffahrt und Außenhandel zusammen. Sehr schnell kam es zur Umstellung der Wirtschaft auf Kriegsproduktion, die, begünstigt durch Heeresaufträge, einigen bremischen Betrieben zu starker Expansion verhalf.

Ein knappes Jahr nach der russischen Oktoberrevolution kam es in Kiel zum Streik der Marinesoldaten, denen sich alsbald die Soldaten der Garnisonen und die Arbeiter der Fabriken anschlossen. Die revolutionäre Stimmung, die im Deutschen Reich um sich griff, erreichte Bremen am **6. November 1918**. Nach sowjetischem Vorbild bildete sich ein Arbeiter- und Soldatenrat, der am 14. November den bisherigen Senat als Regierungsorgan ablöste. Wie im gesamten Reich führte die Frage nach der künftigen Staatsform auch in Bremen zu immer stärker werdenden Kontroversen unter den neuen Machthabern. Im Gegensatz zur SPD, für die mit der Etablierung einer republikanisch-demokratischen Verfassung die Ziele der Revolution erreicht waren, wollten die links von ihr stehenden Parteien eine **Räterepublik** nach sowjetischem Vorbild. Am 10. Januar 1919 und mit Unterstützung der USPD proklamierte die wenige Tage zuvor in Bremen gegründete Kommunistische Partei Deutschlands die Bremer Räterepublik, die nur 25 Tage bestehen sollte. *Peter Weiss,* Sohn eines Räterepublikaners, hielt jene Tage in seiner »Ästhetik des Widerstands« fest: *»Diese Stadt … in der die verzweifelte Entschlossenheit, die Revolution weiterzuführen, mit dem Starrsinn des Althergebrachten konfrontiert wurde, lag nun als Angriffsobjekt auf den Planungstischen der Minister und Generäle. Von Ebert, dem, in der Erinnerung … Bremen besonders am Herzen lag, liefen die Direktiven an Noske.«*

Reichswehrminister *Gustav Noske* wurde vorgeworfen, er habe an Bremen ein Exempel statuieren wollen. Obwohl die Räteregierung zurücktrat und die Entwaffnung der Arbeiter zusagte, gab Noske den Angriff frei. Die Division Gerstenberg und das Freikorps Caspari schlugen die Räterepublik Bremen am 4. Februar 1919 blutig nieder.

Weimarer Republik

Die **Nachkriegsjahre 1918 – 1923** waren in Bremen von den gleichen bedrückenden Lebensverhältnissen wie andernorts geprägt. Die Handelsflotte war zerschlagen, es herrschten Hunger, Arbeitslosigkeit und Wohnungsnot. Die Kaufkraft des Geldes sank stetig, eine Entwicklung, die in der Geldentwertung von 1923 ihren negativen Höhepunkt fand. Nach einer Übergangszeit mit einer »vorläufigen Regierung« amtierte in Bremen

Artiges Posieren: Arbeiterinnen und Arbeiter der Steuerradfabrik Bauer aus Vegesack

von Januar 1920 an als erste parlamentarische Regierung eine Koalition aus Mehrheitssozialdemokraten und den bürgerlichen Parteien DDP und DVP. Eine aus dreizehn Abgeordneten bestehende Deputation arbeitete die neue bremische Verfassung aus, die im Mai 1920 in Kraft trat.

Im Jahr 1925 zählte Bremen 294.966 Einwohner. Gemessen an anderen deutschen Städten hielten sich im Bremen der Weimarer Jahre bauliche und architektonische Tätigkeiten in Grenzen. Neben der *Böttcherstraße,* die insbesondere durch ihre von *Bernhard Hoetger* gestaltete Ostseite eine städtebauliche Besonderheit darstellte, entstanden unter anderem das heutige *Haus des Reichs* an der Contrescarpe, die *Glocke* an der Domsheide, das *Postamt 5* am Bahnhofsplatz, das umstrittene Warenhaus *Karstadt* in der Obernstraße sowie das *Weserstadion.* Im Neuenlander Feld wurde der Flugplatz zwischen 1923 und 1927 zum *Flughafen* ausgebaut, an dessen Rand in der Zeit nach der Inflation mit dem Flugzeugbau ein neuer bremischer Industriezweig begründet wurde.

Im gesamten Reichsgebiet waren die Jahre **1924 – '28** eine Zeit des wirtschaftlichen Aufschwungs, vor allem finanziert durch Anleihen aus dem Ausland. Handel, Industrie und Bauwesen prosperierten. In Bremen schuf der mit Hilfe des Reichs vorgenommene Wiederaufbau der Handelsflotte neue wirtschaftliche Perspektiven. Durch die Aufträge zum Bau großer Luxusliner war der Norddeutsche Lloyd ein wichtiger Impulsgeber des Aufschwungs. Wie schon um die Jahrhundertwende machte der Lloyd durch die Ozean-Rennen um das legendäre »Blaue Band« weltweit Schlagzeilen. Die Fertigstellung der *Bremen,* des letzten Ozean-Riesen, der vor dem Zusammenbruch der Weltwirtschaft auf einer bremischen Werft entstand, war mit der anschließenden Entlassung von über 5000 Werftarbeitern bereits der Auftakt der Krise. Einer der Entlassenen, *Karl Grobe,* sprach in Anspielung auf die Ozean-Rennen sarkastisch vom »blauen Band in der Stempelkarte« der Arbeitslosen.

Zum **Katastrophenjahr** wurde für Bremen das Jahr **1931**. Industrie- und Handelsunternehmen sowie Banken brachen reihenweise zusammen, die Zahl der Erwerbslosen wuchs auf knapp 40.000 an. Deren Unterstützung beschleunigte wiederum die Staatsverschuldung. An ein Regieren ohne Notverordnungen war, wie auch im Reich, nicht mehr zu denken. Während allerdings in Berlin schon seit 1930 ausschließlich Präsidialkabinette tagten, stand der bremische Senat durchweg auf einer breiten parlamentarischen Basis.

Nationalsozialismus und »Drittes Reich«

Obwohl die NSDAP in Bremen bei allen Wahlen, an denen sie sich beteiligte, deutlich schlechter abschnitt als im Reich, standen ihre bremischen Stimmengewinne proportional in etwa im Verhältnis zu denen im gesamten Reichsgebiet. Zum Zeitpunkt der **Machtübernahme Hitlers** regierte in

Bremen (seit November 1930) eine sozialdemokratisch-bürgerliche Koalition aus SPD, DVP und Staatspartei. Bis 1933 gab es mehrere Versuche seitens der NSDAP, den Senat zu stürzen bzw. die DVP nach rechts zu ziehen. Sowohl vor als auch unmittelbar nach der Machtergreifung zeigte sich aber, dass sich eine nationalsozialistische Machtübernahme in Bremen auf verfassungsmäßigem Wege nicht bewerkstelligen ließ.

Nachdem die Reichstagswahlen am 5. März 1933 die Regierung Hitler/Papen/Hugenberg bestätigten, Bremen jedoch zu den noch nicht »gleich geschalteten« Ländern des Reichs gehörte, forderte – auf Drängen seiner bremischen Parteigenossen – tags darauf Reichsinnenminister Frick den Rücktritt der »marxistischen Senatoren« sowie die Ernennung eines nationalsozialistischen Polizeisenators. Weiter wurde gefordert, dass die Hakenkreuz- und die schwarzweißrote Reichsfahne auf dem Rathaus gehisst werden sollten. Die Flaggenfrage wurde zum äußeren Anlass für den Rücktritt der SPD-Senatoren noch am gleichen 6. März. An der Machtergreifung der Nationalsozialisten in Bremen bestand nun, trotz eines noch wenige Tage weiter existierenden bürgerlichen Rumpfsenats, kein Zweifel mehr. Erstes und zweites »Gleichschaltungsgesetz« beendeten – mit dem 28. April de facto – das Bestehen der bremischen Bürgerschaft. Bremen wurde der Reichsstatthalterschaft »Gau Weser-Ems« unterstellt, deren Sitz Oldenburg war. Bereits die Anfangszeit des Dritten Reichs stellte unter Beweis, dass die Eingliederung Bremens erfolgreich vollzogen worden war. »Säuberungen«, Pogrome, Bücherverbrennungen, Verfolgungen,

Gesche Gottfried

Die 1785 als Tochter eines Schneidermeisters geborene *Gesine Timm* ermordete rund 15 Personen ihrer nächsten Umgebung mit Mäusebutter – an erster Stelle ihren trunksüchtigen Mann, ihre Kinder, ihre Eltern und ihren Bruder, ihren Liebhaber, einen Schuldner – und versuchte weitere 30 Menschen ebenfalls mit Arsenik zu vergiften. »Ich konnte mit Lust Böses tun«, war ihre Begründung vor Gericht, nachdem sie 1828 bei einem erneuten Vergiftungsversuch erwischt worden war. Mit einem Beilhieb wurde sie am 20. April 1831 auf dem Domshof hingerichtet. Dort wurde später ein Stein mit einem Kreuz zur Erinnerung an die abscheulichen, unerklärlichen Taten der Gesche Gottfried im Boden eingelassen, die wegen ärztlicher Fehlurteile und ihrer heuchlerischen Freundlichkeit so viele Jahre unentdeckt geblieben waren. Jeder Bremer, der an diesem Stein vorbeikam, spuckte aus Verachtung für die Mörderin auf diesen Stein.

Rund 100 Jahre später meißelte eine in der Nacht unerkannt gebliebene Person etwas in den Stein: Am nächsten Tag spuckten die Bremer auf ein Hakenkreuz.

»Euthanasie« und Morde wurden auch hier zu Bestandteilen des Alltags.

Der **ökonomische Aufschwung** des nationalsozialistischen Deutschlands fand vor dem Hintergrund von Kreditwirtschaft und Aufrüstung statt. Bereits ab 1935 machten sich für die bremische Industrie die Vorbereitungen auf den Krieg bemerkbar. *Focke-Wulf* baute Schulflugzeuge für die Luftwaffe, auf der AG Weser wurden von der *Weser-Flugzeugbau-Gesellschaft* Flugzeugteile hergestellt, in den *Borgward*-Werken verfünffachte sich zwischen 1932 und '38 die Autoproduktion. Unter den von der Wehrmacht »betreuten« Betrieben waren auch die *Francke-Werke AG*, die *Atlas-Werke*, die *Deschimag*, der *Bremer Vulkan*, die *Bremer Silberwarenfabrik AG* sowie die *Lloyd Dynamowerke*.

Im November 1939 kam es zur Eingemeindung weiterer preußischer Orte in das bremische Stadtgebiet, das sich nun von Arsten bis nach Farge erstreckte. Die Einwohnerzahl Bremens wuchs auf 341.949. Obwohl zahlreiche Pläne dazu existierten, entstanden in Bremen keine nationalsozialistischen Repräsentationsbauten.

Der 2. Weltkrieg

Der Einsatz von Zwangs- und Fremdarbeitern war für die nationalsozialistische Kriegsführung von existenzieller Bedeutung. In Bremen gab es während der Kriegsjahre rund 150 Ausländerlager; die größten Industriebetriebe Bremens – darunter Borgward, die AG Weser und der Bremer Vulkan – hatten einen Fremdarbeiteranteil von 20 bis 25 Prozent, die Anzahl der in Industrie, Häfen, Landwirtschaft und zur Aufräumarbeit eingesetzten Fremdarbeiter in Bremen betrug am Ende des Krieges etwa 30.000.

Der schwerste **Luftangriff** auf Bremen fand in der Nacht vom 18. zum 19. August 1944 statt. Ein zeitgenössischer US-amerikanischer Armeebericht beschreibt das Szenario in wenigen Worten: »*The city of Bremen was bombed on the night of 18. – 19. August by the Royal Airforce. Two hundred seven Lancasters, sixty Halifaxes and five Mosquitos dropped one thousand two hundred thirty two tons of bombs on the city. No further raids on the city took place for several days following the 19. August raids due to inclement weather.*«

Flugzeuge aus bremischer Produktion waren vier Jahre zuvor an der verheerenden Luftschlacht um England beteiligt gewesen – den Rüstungsschmieden im bremischen Hafengebiet galt der britische Großangriff im August 1944. Die gesamte westliche Vorstadt wurde in jener Augustnacht zerstört, ein Viertel des gesamten bremischen Wohnungsbestandes dabei vernichtet. Als englische Truppen am 26. April 1945 Bremen einnahmen und die Kampfhandlungen eingestellt wurden, hatte Bremen 173 Luftangriffe erlebt. Insgesamt 10.000 Tonnen Bomben hatten 51 Prozent des Wohnungsbestandes, Brücken und Verkehrsmittel sowie große Teile der Häfen und der Industrieanlagen zerstört.

WAS BRINGT DER NEUANFANG?

Mit dem Einmarsch der britischen Truppen, die in den Folgejahren den nordwestdeutschen Raum verwalten sollten, trafen die US-amerikanischen Militärs ein, die Bremen und Wesermünde (Bremerhaven) als Enklave übernahmen, um von den Häfen an der Weser aus ihre weiter südlich stationierten Truppen mit Nachschub versorgen zu können.

In den Wochen nach der Kapitulation wurde aus politisch unbelasteten Bremern, vor allem der oppositionellen Führungselite am Ende der Weimarer Republik, ein Senat gebildet, der unter Aufsicht der Machthaber als regionale Zivilverwaltung fungierte. Bis 1947 unterstand Bremen sowohl britischen als auch amerikanischen Militärregierungen, die sich die Kompetenzen teilten. Ziel der bremischen Zivilregierung war es, unter alleinige US-Verwaltung gestellt zu werden, um zu verhindern, dass man dem neu gegründeten, unter britischer Verwaltung stehenden Niedersachsen zugeschlagen würde.

Waren die beschädigten und in Schutt gelegten Wohnhäuser noch vergleichsweise unproblematisch zu beseitigen, da Bremens übliche Bebauung selten mehr als zweistöckig gewesen war, so stellten die Schäden an Industrie- und Verkehrsanlagen die größere Schwierigkeit dar. Die Zerstörung der Deiche bedrohte die dicht besiedelte Region, so dass deren Reparatur lebenswichtig war. Zudem mussten die Wasserstraßen die zerstörten Transportwege über Schiene und Straße ersetzen. Auch die Häfen waren demoliert und zahllose Schiffswracks und Minen behinderten die Transporte zu Wasser. Zusätzlich verschärft wurde das Versorgungsproblem der Stadtbevölkerung durch die verwaltungstechnische Trennung vom Umland, was den Zugang zu im Krieg ausgelagerten Waren behinderte. Ohne Schwarzmarktgeschäfte, Hamstern und Kohlenklau war für Viele kein Durchkommen; auch wenn ab 1946 die Lebensmittelhilfe der Alliierten zu wirken begann.

Aus den ersten **Bürgerschaftswahlen** Ende 1946 ging erwartungsgemäß die SPD als stärkste politische Kraft hervor. Unter dem Einfluss ihres antikommunistischen Lagers, angeführt von *Kurt Schumacher*, vollzog die SPD die zunächst offene Entscheidung zu Gunsten der bürgerlichen Koalitionspartner und gegen die KPD, mit der die SPD-Genossen zunächst noch Solidaritätsgefühle verbunden hatten, was sich nicht zuletzt in der unmittelbar nach Kriegsende aktiv werdenden KGF (»Kampfgemeinschaft gegen den Faschismus«) ausdrückte. Mehrere kommunistische Parlamentsmitglieder traten zur SPD über, mit *Käthe Popall* hatte der Senat allerdings bis 1948 eine KPD-Gesundheitssenatorin.

Das Interesse der US-Armee an den bremischen Häfen führte jenseits aller Demontageabsichten der Alliierten zu deren schnellem Wiederaufbau. Die

US-Administration nahm schließlich auch das Anliegen Bremens, von Niedersachsen unabhängig zu bleiben, positiv auf und setzte es 1947 gegen die britischen Verbündeten durch. Bremen und Wesermünde, das sich wieder in Bremerhaven umbenannte, wurden somit ein eigenständiges Land.

In dem zuerst wieder funktionsfähigen Überseehafen lief ab 1946 regelmäßig eine amerikanische Frachtlinie ein, die Militärtransporte wurden vor allem über die weniger zerstörten Kaianlagen in Bremerhaven abgewickelt, und auch die unversehrt gebliebenen Anleger in Farge wurden von der US-Armee genutzt. Erstaunlich große Mengen von Seegütern wurden schon bald wieder umgeschlagen: Auf einem Bruchteil der Hafenanlagen von vor dem Krieg wurde schon 1947 wieder halb so viel im- und exportiert wie 1938, allerdings bis auf wenige Ausnahmen unter amerikanischer Flagge. Bremerhaven, der ehemalige Auswandererhafen, sah in den kommenden Jahren als »port of embarcation« die Ankunft von etwa 3 Millionen US-Militärs mit ihren Angehörigen zur Kontrolle Nachkriegsdeutschlands.

Wenngleich die Wiederherstellung der Häfen im Interesse der Besatzer sein musste, so hatte dies doch zunächst keineswegs die notwendige Regeneration der **Werftindustrie** zur Folge. In Form von Schiffen bremischer Reedereien war nach dem Krieg ein knappes Viertel der diesbezüglichen Reparationsforderungen beglichen worden. Die im Krieg nur teilweise zerstörte Werft AG Weser stand neben Flugzeug- und Motorenwerken und der Norddeutschen Hütte auf der Demontageliste, zudem war ein Schiffsbauverbot erlassen worden, von dem nur kleine Fischereifahrzeuge ausgenommen waren. Einzig die Binnenschifffahrt wurde als günstige Transportmöglichkeit im Lande geschätzt und gefördert. Für die Demontage der AG Weser von 1946 bis '48 nahmen bis zu 1500 Arbeiter etwa 3600 Maschinen auseinander, verpackten die als Reparation für die Sowjetunion gedachte Anlage und sahen schließlich zu, wie die Helling unter Aufsicht der Demontagekommission gesprengt wurde. Einige wenige Maschinen gingen in den Besitz einer Schiffsreparaturgesellschaft über und stellten den bescheidenen Grundstock einer wenige Monate nach der »Abwicklung« genehmigten Reparaturwerft dar, als die die AG Weser 1949 wieder »auferstand«.

Ähnlich erging es den beiden anderen Standbeinen der ehemaligen Bremer **Rüstungsindustrie**, der Flugzeug- und Torpedoproduktion. Letztere war jedoch nur ein Zweig des Fahrzeugproduzenten Borgward, der mit der Herstellung dringend benötigter Lkw den Demontageplänen weitgehend entging. Insgesamt gesehen wurde in Bremen wie in anderen westlichen Besatzungszonen auch die destruktive Wirtschaftspolitik der Alliierten zunehmend revidiert, um die Westzonen Nachkriegsdeutschlands in das westliche Bündnis einzugliedern. Damit wurde die Basis des »Wirtschaftswunders« gelegt.

Zeitgleich mit den **Bürgerschaftswahlen von 1947** erfolgte eine Abstimmung über die neue Landesverfassung. Die Bürger nahmen wenig Anteil an diesem Vorgang, jedenfalls fanden die sich hinziehenden Debatten der Verfassungsdeputation kaum Widerhall, wie Kommentatoren der »Bremer Nachrichten« bemängelten. Die Abweichungen gegenüber schon verabschiedeten Länderverfassungen hielten sich denn auch in Grenzen; die bedeutendste bestand wohl in einem sehr weitgehenden betrieblichen Mitbestimmungsgesetz für die Beschäftigten, das jedoch durch das Betriebsverfassungsgesetz wenige Jahre später eingeschränkt wurde. Bei geringer Wahlbeteiligung wurde per Volksentscheid die noch heute gültige Verfassung angenommen, und die Bremer mussten sich von ihrer Zeitung sagen lassen, sie verhielten sich in Sachen Politik wie »bockige Kinder«.

Entnazifizierung und Schattenwirtschaft

Die **Entnazifizierung** vollzog sich auch in Bremen in mehreren Phasen; schon früh wurden von den Alliierten einige hundert ehemalige Nazi-Aktivisten interniert. Weit mehr frühere »Parteigenossen« wurden zunächst aus öffentlichen Diensten entlassen, um nach einiger Zeit ihre Posten wieder zu bekleiden; die in der KGF zusammengeschlossenen Antifaschisten vermissten den demokratischen Neuanfang. Als relativ spät, im Mai 1947, deutsche Prüfungsausschüsse auch in Bremen die Entnazifizierung übernahmen, sorgten das allmählich erkennbare Umschwenken der Besatzungspolitik und das Verblassen eines gemeinsamen »Kriegsverliererbewusstseins« der Deutschen zu Gunsten alt-neuer Unterschiede in der kapitalistisch-demokratischen Gesellschaft dafür, dass aus ganz unterschiedlichen politischen Lagern Kritik an der Arbeit der Kommission geübt wurde. Das einflussreiche Bürgertum drängte zu den politischen und ökonomischen Hebeln der Macht zurück und sah in der Säuberungsaktion eine Verhinderung des gesellschaftlichen Wiederaufbaus. Der antifaschistische Teil der Bremer, aber auch einige führende US-Militärs empfanden die Verfahren als halbherzig und lasch. 1950 war die ganze Aktion beendet, Aufsehen erregende Fälle waren nicht zu verzeichnen.

Unter den *Potsdamer Beschlüssen* konnten sich die zerstörten Außenhandelsbeziehungen vorerst nicht neu entfalten. Nur der Baumwollhandel nahm schon früh eine Sonderrolle ein: Die Interessen einflussreicher Südstaatler in den USA, dem traditionell wichtigsten Lieferanten für die Bremer Kaufleute, reagierten auf den dringenden Bedarf an Textilien im Nachkriegsdeutschland und die dort herrschenden niedrigen Lohnkosten. Der Import schien lukrativ, und Bremen war 1946 bereits wieder Einfuhrhafen für 200.000 Ballen Baumwolle. Von dieser Tatsache ging eine symbolische Wirkung aus; jedoch war von einer Aufwärtsentwicklung der bremischen Wirtschaft vor der Währungsreform noch nicht viel spürbar, denn insgesamt galten nach wie vor die alliierten Reglementierungen und verhinderte die international nutzlose Reichsmark ohnehin jedes Einfuhrgeschäft mit dem Ausland, das nicht von alliierter Seite unterstützt wurde. Das **Schwarzmarktgeschäft** blühte. Der nahe Hafen trug mit dazu bei, dass alles, was nicht niet- und nagelfest war, den Besitzer wechselte. Die Produzenten horteten vor der Währungsreform ihre Waren; so wurde ein Lager mit 3000 Paar Schuhen, »zurückgelegt« für bessere Zeiten, entdeckt und schlug in der Presse hohe Wogen.

Die Schattenwirtschaft endete mit der Umstellung auf die **neue Währung** am 20. Juni 1948 relativ schnell. Es gab nun zu kaufen, wovon man vorher nur träumen konnte, allerdings zu Preisen, an denen Normalverdiener schnell scheiterten; beim Generalstreik im November 1948 machte sich die Enttäuschung über zunehmende »wirtschaftliche Ungleichheit« unter Führung der Gewerkschaften auf dem Domshof Luft.

Die Ratifizierung des von *Wilhelm Kaisen*, dem bis 1965 amtierenden Bremer Bürgermeister, mitgestalteten Grundgesetzes markierte 1949 endgültig den Beginn einer neuen Ära. Bremen wurde mit Gründung der BRD das kleinste Bundesland, in dem sich von Anfang an politischer Pragmatismus durchsetzte: In den fünfziger Jahren wurde die Stadt von einer Großen Koalition unter Führung der SPD regiert. Die Harmonie zwischen Sozial-, Liberal- und Christdemokraten basierte auf dem Einverständnis über die vorrangige Aufgabe, die Wirtschaft wieder in Schwung zu bringen und damit Bremens Eigenständigkeit zu festigen. Kaisen, der »Realpolitiker«, dessen Name untrennbar mit der Nachkriegsgeschichte der Stadt verknüpft ist, stellte

Die alte Weserbrücke einige Jahre nach dem Krieg

während der **Ära Adenauer** nicht nur innerhalb bremischer Politik die Integrationsfigur dar, sondern auch das verbindende Element zur CDU-Bundesregierung. Kaisen befürwortete die Zusammenarbeit mit den bürgerlichen Kräften ebenso wie die schrittweise Westintegration der Bundesrepublik, die Adenauer vollzog, und setzte sich für bremische Belange beim Bund ein. Dies zahlte sich besonders in den Kontroversen um die Länderfinanzausgleiche aus, in denen die besonders prekäre Situation der Hansestädte Bremen und Hamburg in der »Hanseatenklausel« berücksichtigt wurde. Dennoch war und ist die Klage über eine »chronische Finanzschwäche« der Dauerbrenner in der bremischen Politik. Die Annäherung von SPD und bürgerlichen Parteien ging mit der Abkehr von der KPD einher, die noch bis 1948 mit der SPD zusammen im Senat gesessen hatte. Die Abgrenzung wurde desto demonstrativer, je mehr die Gegensätze zwischen Ost und West im Kalten Krieg eskalierten. Dass das KPD-Verbot 1956 dennoch von der Bremer SPD kritisiert wurde, ist insofern auch nicht aus Gründen der Solidarität zu verstehen, sondern, wie es Innensenator *Ehlers* formulierte, weil es eine Partei interessant mache, die ohnehin auf dem absteigenden Ast sei. Man hätte es vorgezogen, den Sieg statt auf dem Umweg über das Verfassungsrecht politisch zu erringen.

Größere Differenzen der Bremer Sozialdemokraten mit der Bundespolitik entstanden 1958 im Zusammenhang mit der »Kampf dem Atomtod«-Kampagne. Adenauers Ablehnung einer von polnischer Seite in die UNO eingebrachten Initiative für ein atomwaffenfreies Mitteleuropa (Rapacki-Plan) stieß bundesweit auf Protest in SPD- und Gewerkschaftskreisen. In Bremen und Hamburg wurden Volksbefragungen zur Ächtung von Atomwaffen vorbereitet, was in der Bremer Senatskoalition zu grundlegenden Meinungsverschiedenheiten führte. Ein Bundesverfassungsgerichtsurteil verbot jedoch die Volksbefragung. Ein Jahr später war nach den Bürgerschaftswahlen die Mitregierung der CDU in Bremen vorbei, SPD und FDP bildeten in den kommenden Legislaturperioden den Senat.

WIRTSCHAFTSPOLITIK
»Erst die Häfen …«

Um 1960 lebten fast 40 % der Bremer direkt oder indirekt von den Häfen, die nach der ersten Phase des Wiederaufbaus der Vorkriegsanlagen weiter stark expandierten. Besucht man heute die alten Hafenanlagen, so findet man nur verlassene Kais und zugeschüttete Hafenbecken, und die Vorstellung, wie geschäftig-hektisch es hier vor 45 Jahren zuging, fällt schwer. Doch in den sechziger Jahren bildete der arbeitsintensive Stückgutumschlag den Kern der Hafenwirtschaft, und entsprechend hoch war der Bedarf an Arbeitskräften, den die BLG *(Bremer Lagerhaus-Gesellschaft)* als Betreiberin der Umschlagsgeschäfte in den Freihäfen anmeldete.

Als die vorhandenen Anlagen aus allen Nähten zu platzen drohten und zugleich die Nordseehäfen der Niederlande und Belgiens mit riesigen Hafenprojekten (wie dem Rotterdamer *Europoort)* für die verschärfte Konkurrenz eines gemeinsamen EWG-Marktes zu rüsten begannen, beschloss der Bremer Senat Anfang der sechziger Jahre den Bau der **Neustädter Häfen,** die bereits den sich verändernden Umschlagbedingungen Rechnung trugen. Riesige Arbeits- und Freilagerflächen umgeben die Schuppen und Kajen; sie waren weniger für Stückgut als für die ab Mitte der Dekade den Seetransport revolutionierenden Container und für technische Großanlagen konzipiert. Mit der Containerisierung ging eine unerwartet schnelle Tendenz zu immer größeren Schiffen einher. Zwar war die Weser bereits in den fünfziger Jahren von 8,7 auf 9,6 Meter Tiefgang erweitert worden, doch wies Bremerhaven mit drei Metern mehr eine bedeutend größere Wassertiefe an den Kais auf. Die Häfen an der Außenweser rückten damit wieder stärker ins Blickfeld der Wirtschaftspolitik, die bis dahin den stadtbremischen Anlagen deutlich den Vorzug gegeben hatte. So fiel denn auch nach der erfolgreichen »Testphase« des Containerumschlags im Neustädter Hafen die Entscheidung für weitere Hafenbauten zugunsten Bremerhavens, wo 1971 der erste Abschnitt des *Wilhelm-Kaisen-Terminals* fertig gestellt und 1983 der größte Umschlagplatz dieser Art in Europa eingeweiht wurde. Mit dem 1997 für eine halbe Milliarde DM fertig gestellten Container Terminal III ist nun nach 30 Jahren das bislang letzte Projekt vollendet, das Bremen einen festen Platz in der Hafenkette von Antwerpen über Rotterdam nach Hamburg sichern soll.

Bremerhaven stieg damit zum konkurrenzfähigen Hafen auf und hat auch für die Zukunft die besseren Bedingungen. Heute rollen 90 % aller Container, die im Land Bremen abgefertigt werden, dort über die Rampen.

Das **Bild der Häfen** hat sich in den letzten Jahrzehnten stark geändert: Immer kürzere Liegezeiten der riesigen Pötte, immer weniger Arbeitskräfte an Land wie auf See, immer mehr Schiffe unter »Billigflaggen«. Wenn man heute kaum deutsche Schiffe im Hafen liegen sieht, so hat das allerdings völlig andere Ursachen als in der Nachkriegszeit. Zahlreiche Reeder sind aus Kostengründen auf die Schiffsregister solcher Länder umgestiegen, die kaum handelspolitischen Einfluss auf die Eigner ausüben. So kann die Besatzung unabhängig von deutschem Tarif- und Arbeitsrecht beschäftigt werden. Seit 1989 ist mit dem *Internationalen Schiffsregister* eine »Apartheid made in Germany« institutionalisiert, die dem Ausflaggen von deutschen Schiffen dadurch entgegenwirken will, dass auch unter schwarzrotgoldener Flagge die einfachen Arbeitskräfte zu den »Dumping-Löhnen« ihrer Heimatländer entlohnt werden dürfen.

Ob diese nun legalisierte Ungleichbehandlung mehr Schiffe unter deutsche Flagge bringen wird oder nicht, ist für den Schiffsbau gleichgültig. In Bremen stellte er einen wichtigen hafennahen Industriezweig dar, der mit

In den 60ern gibt es wieder große Frachter auf der Weser

einiger Verspätung in die Phase des »Wirtschaftswunders« eintrat, da ihn bis 1951 alliierte Bauverbote und Beschränkungen behinderten. Der Boom setzte dann aber sofort ein, die Nachfrage nach Schiffsneubauten war, gefördert vom Schiffsbauprogramm Erhards, weitaus größer als die Werftkapazitäten, und nicht nur die traditionsreiche »Akschen«, wie die AG Weser genannt wurde, profitierte davon. Zahlreiche kleinere Schiffsbauunternehmen im Unterwesergebiet hatten Anteil am Aufschwung, etwa 20 im Land Bremen.

Goldene Jahre und Demontage

Die beiden **Großwerften** *AG Weser* und *Vulkan* erlebten goldene fünfziger Jahre, bevor eine weltweite Überproduktion die traumhaften Dividenden auf ein niedrigeres Niveau herunterschraubte. **Die »Akschen«** machte, nachdem sie in den 60er Jahren zu einer der modernsten Tankerwerften aufgestiegen war, ab Mitte der 70er Jahre verschiedene Schrumpfungsprozesse durch, denen die Hälfte der Belegschaft zum Opfer fiel, bevor der Hauptaktionär, der Krupp-Konzern, nach gescheiterten Fusionsplänen mit dem Vulkan 1983 die Schließung der Traditionswerft beschloss. Massive Proteste in der Bremer Bevölkerung, besonders im werftnahen Stadtteil Gröpelingen, fanden zwar beim Bremer Bürgermeister und ehemaligen »Gröpelinger Jungen«, *Hans Koschnick,* Gehör, doch seine öffentlichen Tränen änderten nichts an der Tatsache, dass unter seinem Senat der Kapazitätenabbau in der deutschen

Werftindustrie an der »Akschen« exekutiert wurde. Krupp verlegte die verbliebenen Produktionszweige in die Bremerhavener Seebeck-Werft. Das Gelände der »Akschen« wird nach dieser zweiten Demontage von kleineren Betrieben und von einigen Weiterbildungseinrichtungen genutzt. Mit dem *Pier 2* entstand eine beliebte Veranstaltungshalle. Vor allem aber soll hier der *Space Park,* eine Art Weltraum-Disneyland, im Frühjahr 2004 seine Pforten öffnen.

Auch wenn der **Bremer Vulkan** sich weniger stark auf den Großtankerbau konzentriert hatte, war auch er von den Werftenkrisen betroffen. Im Laufe der achtziger Jahre gab das Unternehmen seine Ausrichtung auf den Schiffsbau zugunsten verschiedener High-Tech-Bereiche, insbesondere der Rüstungsindustrie, auf. Anteilsübernahmen des Vulkan-Verbundes an MBB, Atlas-Elektronik, AEG und Systemtechnik Nord machten's möglich. Und diese wiederum genossen die Unterstützung einer Senatsbürgschaft über 350 Millionen DM zuzüglich Zinsendienst. Die Expansion endete 1996 abrupt mit dem »Fall Costa«: Die branchenüblich knappe Kalkulation des für italienische Auftraggeber gebauten Kreuzfahrtschiffes wurde von einem 15%igen Fall der Lira getroffen und brachte die Kreditgeber des hoch verschuldeten Konzerns zum Nachdenken. Mehr war nicht nötig, um aus einem anerkannten Schiffsbauunternehmen ein Konkurswrack zu machen. 1997 wurde der Verbund aufgelöst, noch rentable Teile gingen an neue Eigner – die Öffentlichkeit durfte Anteil nehmen am Schicksal der etappenweise entlassenen Beschäftigten, an der unendlichen Geschichte der Verstrickungen und Versäumnisse von Konzernleitung und Wirtschaftssenat sowie am Ringen der Gläubiger und Aktionäre um die Reste der Konkursmasse.

Mittlerweile hat die niedersächsische *Lürssen-Werft* den Marineschiffsbau auf dem Vulkan-Stammsitz übernommen, für den symbolischen Preis von einer Mark und belohnt mit millionenschweren Anschubfinanzierungen des Landes Bremen. Auf zur nächsten Runde …

Kaffee und Autos: Die Lieblingskinder des Wirtschaftswunders

Die bremischen Häfen ziehen jedoch seit jeher auch weniger martialische Wirtschaftszweige an – von Woll- und Tabakverarbeitung war bereits die Rede, andere klassische Importgüter wie Kaffee, Kakao, Getreide, Holz oder Baumwolle werden in Bremen nicht nur gelöscht, sondern zum Teil auch weiterverarbeitet. Ob nun von Eduscho, Melitta, HAG, Jacobs, Azul oder Dallmayr – der meiste in Deutschland getrunkene Kaffee ist in Bremen an Land gegangen und geröstet worden. Auch die Entcoffeïnierungsindustrie hat seit ihrem Pionier *Ludwig Roselius* in Bremen ein Zentrum. Heute werden etwa eine halbe Million Tonnen Rohkaffee vor allem über den Neustädter Hafen umgeschlagen.

Im Bereich der **Luftfahrtindustrie** lässt sich die Entwicklung der letzten 40 Jahre mit den Namen Focke-Wulf und Weserflug, 1963 fusioniert zu VFW *(Vereinigte Flugtechnische Werke)* und 1980 von MBB übernommen, umreißen, deren Produkte auch im Weltraum anzutreffen sind. Für den **Automobilbau** sind die Namen Borgward und Daimler-Benz zu nennen: *Carl F.W. Borgward* begründete die Automobilindustrie in Bremen schon in der Weimarer Zeit, sein Betrieb wurde ein kriegswichtiges Lieblingskind der Faschisten und später der Inbegriff des Wirtschaftswunders. Drei Einzelbetriebe bildeten 1949 die Borgward-Gruppe: Das Sebaldsbrücker Stammwerk mit der Produktion von Mittelklasse-Pkw wie dem »Hansa«, die Lkw-Fertigung im Hastedter Betrieb »Goliath« und das Lloyd-Motoren-Werk in der Neustadt, das die berühmt-berüchtigten »Leukoplastbomber« baute, die aus der Motorisierung der Nachkriegszeit als für Normalverdiener erschwingliche Kleinwagen nicht wegzudenken sind. Die gesamte Leitung der Firmengruppe lag in der Hand ihres Begründers, der von seinem Stammwerk aus seinen Automobilkonzern mit 20.000 Beschäftigten leitete und in der stark von äußeren Mängeln und Störungen geprägten Nachkriegswirtschaft als Einzelunternehmer zum fünftgrößten Automobilhersteller Deutschlands aufsteigen konnte, auch wenn sich die Kapitaldecke mehrfach als zu dünn erwies und Arbeiter wie Zulieferer auf ihr Geld warten mussten, wenn der Verkauf nicht reibungslos verlief. Arbeitsniederlegungen in den Belegschaften waren die Folge. Als Carl Borgward 1960 den Bremer Senat um einen Kredit von 50 Millionen DM anging, war die Zeit dieses Vorzeigeunternehmers der »Wirtschaftswunder-Ära« bereits vorbei und seine Produktion nicht mehr konkurrenzfähig. Ein Jahr später – Borgward war unter Federführung des Senats in eine AG verwandelt worden – war auch der staatliche Sanierungsversuch gescheitert. Das Unternehmen wurde liquidiert, und der Mythos vom Wirtschaftswunder hatte ein wenig von seinem Glanz verloren.

Teile der Konkursmasse gingen über Rheinstahl-Hanomag an die *Daimler-Benz AG,* die in geringem Umfang Transporter in Bremen fertigen ließ. Als das Unternehmen in den siebziger Jahren Pläne zur Ansiedlung größerer Produktionsanlagen schmiedete, fand es in den maßgeblichen Bremer Kreisen offene Ohren und Steuertöpfe. Während sich die Anwohner des *Naherholungsgebietes Holter Feld* zu Bürgerinitiativen zusammenschlossen und die Industrieansiedlung vor dem Verwaltungsgericht anzufechten versuchten, wurde das Holter Feld von Parzellen geräumt, aufgeschüttet, mit Eisenbahn- und Straßenanschlüssen versehen und Anfang der achtziger Jahre quasi schlüsselfertig übergeben. Heute »schaffen« 16.000 Mitarbeiter bei Daimler-Chrysler in Bremen. In dem immer wieder erweiterten Werk werden heute die C-Klasse, der SL- und der SLK-Mercedes produziert. Wer eine Bustour durch die Bremerhavener Häfen macht, kann sehen, wieso der nördliche Standort für die schwäbische Autoschmiede so interessant ist, denn tausende von Autos warten hier auf den Abtransport per »schwimmenden Hochgaragen« nach Übersee.

»... dann die Stadt«

Nachdem die Trümmer halbwegs beseitigt waren, sahen die Wiederaufbaupläne in erster Linie Straßen für Autos, ein Zentrum als verdichteter Handels- und Verwaltungsraum und aufgelockerte Wohngebiete in »moderner« Blockbebauung vor. Der Wille zur Abkehr von älteren Bautraditionen zeigte sich besonders in dem Verbot, im Zentrum für Neubauten die Giebelform zu verwenden; dieses Verbot stieß allerdings auf so große Proteste in der Öffentlichkeit, dass es nicht aufrechtzuerhalten war. Immerhin sollte der Kaffeeunternehmer *Ronning* sein 1949 errichtetes Geschäftshaus in der Sögestraße eigentlich wieder abreißen, weil er sich nicht an diese Vorschrift gehalten hatte.

Lob gab es hingegen für die ebenfalls Anfang der 60er Jahre errichteten öffentlichen Gebäude wie Schul- und Kindergartenneubauten: *»In den von Licht und Luft durchfluteten Räumen kann sich der freie Geist entfalten, ohne den eine demokratische Gemeinschaft nicht leben kann«*, formulierte es der damalige Bausenator emphatisch. Die flachen, großzügig aufgeteilten Gebäude mit vielen Fenstern, grünen Innenhöfen und straßenferner Lage entsprachen dem Zeitgeist, der auch architektonisch jede Erinnerung an kasernenhaften Zwang tilgen wollte. Das *Berufsbildungszentrum* mit seinen verglasten Wendeltreppenaufgängen an der Stirnseite jedes Traktes sowie den Dachterrassen stellt ein aufwändigeres Beispiel dieser Phase der Baugeschichte dar.

Auf weniger Begeisterung stießen die Pläne der gemeinnützigen Wohnungsbaugesellschaft *Gewoba* für das Wohnen auf der »grünen Wiese«. Der Gewoba-Aufsichtsrats- und SPD-Fraktionsvorsitzende *Richard Boljahn* setzte das Konzept der »Stadt-Landschaft« mit weit auseinander stehenden Mehrfamilienblocks und vereinzelten Hochhäusern als »Kulminationspunkten« in riesigen Neubaugebieten wie der 1961 eingeweihten *Neuen Vahr* durch. Schwieriger umsetzbar war dieses Konzept in Gebieten wie der in Schutt und Asche liegenden westlichen Vorstadt, die aus unzähligen kleinen Bremer Häusern bestanden hatte. Hier setzten sich unterschiedliche Wohnvorstellungen durch: Neben straßenweise errichteter Eigenheimbebauung entstand die aufgelockerte Hochhausbebauung, nachdem ein Restgebiet 1952 enteignet worden war, wobei nur knapp die Hälfte der verbleibenden 3000 Besitzer freiwillig verkauft hatten. Erst viel später wurden die Vorteile der traditionellen zweigeschossigen Bremer Häuser wiederentdeckt, und heute ist die »Verdichtung« der Vahr und anderer Stadtteile in der Diskussion, um urbanes Leben in diese Schlafstädte zurückzubringen.

An stadtplanerischen Senatsbeschlüssen entzündeten sich mehrfach die Gemüter, so gegen Ende der sechziger Jahre am »**Baulandskandal**«, in dem die vielfältigen Verflechtungen zwischen Politik und Baugeschäft zu Tage traten und der Boljahns Rücktritt nach sich zog. Wenige Jahre später stand die geplante »Mozart-Trasse« im Rampenlicht: eine Stadtautobahn sollte quer durch das alte Wohnviertel Ostertor gelegt werden, was das Ende des Quartiers bedeutet hätte. Bürgerinitiativen wurden in der östlichen Vorstadt aktiv, doch auch innerhalb der SPD schieden sich die Geister, auf der einen Seite der »Neue Heimat-Flügel« mitsamt Bürgermeister Koschnick, auf der anderen eine rebellische Gruppe um *Peter Willers* und *Olaf Dinné,* die später der SPD den Rücken kehrten und Mitbegründer der Bremer Grünen Liste (BGL) wurden. Die Proteste hatten zunehmend Erfolg, nachdem sich der SPD Ortsverein Altstadt ebenso hinter Dinné und Willers stellte wie im Beirat Mitte die Oppositionsparteien FDP und CDU.

Der Senat nahm schließlich 1977 Abstand von dem Trassenbau und befürwortete die Sanierung des inzwischen durch Spekulation arg heruntergekommenen Viertels. Auch zwei riesige Hochhausprojekte in der Innenstadt wurden verhindert, beim Demonstrativ-Bauvorhaben **Osterholz-Tenever,** dem »Klein-Manhattan« von Bremen, blieb der Protest hingegen erfolglos (↗ Die neuen Siedlungen in Bremens Osten). Gegen die Pläne für eine weitere, gigantische Trabantenstadt im Hollerland gab es nur einen Teilerfolg, denn ein beträchtliches Stück des Naturraumes wurde als Gewerbegebiet freigegeben, was den jahrzehntelangen Vorkämpfer für ein Naturschutzgebiet Hollerland, *Gerold Janssen,* dazu veranlasste, Anfang '95 das ihm für sein Engagement verliehene Bundesverdienstkreuz an den grünen Umweltsenator Ralf Fücks zurückzugeben.

Mit der Straßenbahn fing es an

Doch wurde Bremen auch von anderen gesellschaftlichen Strömungen berührt: Zwar lag die Hansestadt zu Beginn der Studentenbewegung noch in provinzieller Ruhe, doch wurde sie mit den **Straßenbahn-Unruhen** von 1968 jäh daraus geweckt: Aufgerüttelt von Vietnamkrieg und Notstandsgesetzgebung kam es zu einer zunehmenden Politisierung auch der bremischen Jugend. Aus heutiger Sicht wirken die Ereignisse des Januar '68 wie aus dem Nichts entstanden, doch bildeten damals die geplanten Fahrpreiserhöhungen der Bremer Staßenbahn AG den »*Funken, der das Fass zur Explosion brachte. … All der Hass dieser Jahre auf die uns drangsalierenden Erwachsenen, sei es zu Hause, in den Betrieben oder in den Schulen: hier kam er zum Ausbruch*«, beschreibt ein ehemaliger Schülervertreter rückblickend die damalige Stimmung. Aus einer Besetzung der Straßenbahnschienen mit einer Handvoll Schüler am Tage der Fahrpreiserhöhung wurde im Verlauf einer knappen Woche eine Massendemonstration, die durch das rigorose Eingreifen der Polizei am vierten Besetzungstag nur neuen Zulauf erhielt. Tausende meist junger Bremer versammelten sich auf dem neuralgischen Verkehrsknotenpunkt Domsheide, auf dem Markt und dem

Die neuen Siedlungen in Bremens Osten

Am 12.8.1961 wurde die **Neue Vahr** unter dem beschönigenden Motto »Wir sind alle eine Familie« festlich eingeweiht. Sie ist Teil der städtebaulichen Entwicklungsachse, entlang der sich Bremen nach dem Krieg ostwärts ausdehnte. Fünf Kilometer vom Stadtzentrum entfernt entstanden hier zwischen 1957 und 1962 10.000 Wohnungen im sozialen Wohnungsbau, eine einheitlich geplante Neubausiedlung nach dem Konzept der Gartenstadt – damals das größte geschlossene Bauvorhaben in der Bundesrepublik. Die Neue Vahr sollte eine Stadt in der Stadt, fern vom Lärm und Verkehr der Arbeitsstätten sein. Wesentliches Element dieses Konzeptes war die »Nachbarschaftsidee«: in fünf so genannten Nachbarschaften zu je 2000 Wohnungen, mit Einkaufszentrum, Schule, Kirche sowie Spielplätzen und verschiedenen Grünhöfen ist die Vahr aufgeteilt. Die geografische Mitte bildet das Einkaufs- und Kommunikationszentrum *Berliner Freiheit* mit Wochenmarkt, Bürgerhaus und Altentagesstätte. Hier ragt auch das 24-stöckige Hochhaus des finnischen Stararchitekten *Alvar Aalto* (gest. 1976) auf, dessen geschwungene Fassade einen Kontrast zu den umliegenden vier- bis achtgeschossigen Wohnblöcken bildet.

Die »Neue Sachlichkeit« hat überall Pate gestanden: Locker auf baumbestandenen Grasflächen verteilt ordnen sich die schlichten Gebäude nicht entlang der Verkehrswege an, bilden trotz ihrer Höhe keine Straßenschluchten. Die großen Grünflächen bieten Platz zum Spielen, und die verschiedenen Gemeinden, das Bürgerzentrum und die *Bude* (Jugendzentrum in der Vahr Nord) bieten einige Möglichkeiten zur Freizeitgestaltung. Heute leben hier etwa 28.000 Menschen, ein Großteil sind Arbeiterfamilien.

Nähert man sich Bremen auf der Autobahn, so wird man kurz hinter dem Bremer Kreuz von der Skyline eines Viertels überrascht, das von den Einheimischen auch »Klein-Manhattan« genannt wird. Provokant erheben sich hier Wohntürme in den Himmel, und als »Demonstrativbauvorhaben«, mit Zuschüssen des Bundesbauministeri-

Domshof. Am siebten Tag der spontanen Aktion nahm Bürgermeister Koschnick auf dem Marktplatz vor etwa 10.000 Zuhörern die Forderung der Demonstranten entgegen; die Fahrpreiserhöhungen wurden teilweise zurückgenommen.

Der Verlauf der Ereignisse ist nur verständlich vor dem Hintergrund der damals herrschenden Grundstimmung von Aufbruch und politischem Widerstand gegen jede als repressiv verstandene »Autorität«. Wie anderswo auch, so nahmen auch in Bremen

Die Neue Vahr um 1960

ums gefördert, wurde der Stadtteil **Osterholz-Tenever**, ein »... ambitioniertes Modell städtischen Wohnens der Zukunft«, auch geplant. Hier sollten in den 70er Jahren knapp 5000 Wohnungen für »mobile Bewohner« gebaut werden. Gemeint waren junge Familien oder Singles, die quasi auf dem Sprungbrett des Erfolgs in Osterholz-Tenever wohnen würden. Die »Baustoffehrlichkeit« sollte die aufstrebende, dynamische Lebenseinstellung der Bewohner widerspiegeln, jedoch nach Vollendung des ersten Bauabschnitts hatte die dynamische Zielgruppe sich anderweitig entschieden. Da finanzschwächere Wohnungssuchende die Mieten nicht zahlen konnten, standen die Wohnungen erst einmal leer, und die *Neue Heimat Bremen* reduzierte die Planung auf 2600 Wohnungen.

So wurde Osterholz-Tenever eine Gegend, in der das Sozialamt die Wohnungen verteilt. Mehr schlecht als recht wurschteln sich die Bewohner durchs Leben, die Statistiken über sozialen Status und Kriminalität in diesem Stadtteil sprechen Bände. Der Zustand der Treppenhäuser und jener grässlichen Gänge, die von außen zu den Wohnungseingängen führen, zeugt weniger von Aufbruchstimmung, als von blinder Wut oder Resignation der Jugendlichen, die sich hier abgeschoben und vergessen fühlen. 1990 wurde mittels eines städtischen Sanierungsprogramms optisch nachgebessert. So mancher triste Betonklotz hat eine neue Fassade vorgesetzt bekommen, Arkaden und helle Eingangsbereiche geben den Wohntürmen etwas mehr Flair. Drinnen sorgt vielfach ein Portier dafür, dass Müllabladen, Fußballspielen und Dealen anderswo stattfinden als in den Fluren »ihres« Hochhauses. Zumindest äußerlich ist Tenever wohnlicher geworden.

in der noch diffusen »Ursuppe« der frühen Studentenunruhen viele politische und soziale Bewegungen ihren Ausgang: Kinderläden und WGs wurden ebenso gegründet wie die neue Frauenbewegung und Aktion § 218, DKP und »K-Gruppen«, am linken Flügel der SPD formierte sich eine ökologische Bewegung, und mit der Gründung der *Reformuniversität* bekam Bremen 1971 eine Institution, die als ein direktes Resultat der Studentenbewegung anzusehen ist. Die Hochschullehrer waren teils selbst in dieser Bewegung groß geworden, und die Universität stand später noch lange in dem Ruf einer »roten Kaderschmiede«, auch wenn das politische Leben sich auch hier längst auf »normal Null« eingependelt hatte.

Atomkraft? Nein Danke!

Die in den siebziger Jahren entstehende **Anti-AKW-Bewegung** profitierte ebenfalls von der Kompetenz und dem politischen Engagement Bremer Professoren, vor allem des Kernphysikers *Jens Scheer*. Für Bremen war besonders das 1972 geplante AKW in Esenshamm an der Unterweser bedrohlich nah, und die erste Auseinandersetzungsphase mit dem Thema Atomkraft verlief in Bremen parallel zu dessen Bau. Die »Bürgeraktion Küste« und der »Arbeitskreis gegen radioaktive Verseuchung«, ab 1976 die »Bremer Bürgerinitiative gegen Atomkraftanlagen« (BBA) führten einen langwierigen politischen Kampf gegen die Errichtung von Esenshamm: Infostände, Unterschriftenaktionen, Diskussionsveranstaltungen und ein sich über 6 Jahre hinziehender Prozess sensibilisierten zwar eine breite Öffentlichkeit in der Region für die Problematik, hatten letztlich aber nur den Erfolg, dass das Atomkraftwerk 1977 mit reduzierter Leistung ans Netz ging. Bis in die achtziger Jahre blieb die noch heute bestehende BBA das Sammelbecken der Bremer Anti-AKW-Bewegung, doch allmählich erwuchs der Bürgerinitiative von verschiedener Seite Konkurrenz. Die ernüchternde Bilanz aus Ein-Punkt-Aktionen wie Esenshamm oder Brokdorf bereiteten das Feld für die großen, bundesweit oder international agierenden »Bewegungsunternehmen« wie BUND, Greenpeace oder WWF, auf der parteipolitischen Seite delegierten viele Atomkraftgegner ihren Protest an die seit 1979 im Bremer Parlament vertretenen grünen Abgeordneten.

Noch vor der Gründung eines grünen Bundesverbandes zogen 1979 in Bremen zum ersten Mal vier »Öko-Politiker« als Abgeordnete in ein Landesparlament ein. Die **Bremer Grüne Liste** (BGL) war eine Gründung der SPD-Abtrünnigen um Dinné, in der sich Mitglieder aus Friedens- und Umweltinitiativen zusammenfanden. Von Anfang an vertrat die Grüne Liste allerdings eher die bürgerlichen Teile dieser Bewegung und die bei derWahl erfolglosere »Alternative Liste« das linke Spektrum.

Dennoch war der Einzug der vier Grünen in die Bremer Bürgerschaft ein Ereignis, das die dort etablierten Parteien ordentlich aus der Ruhe brachte – zunächst jedenfalls. In der darauf folgenden Legislaturperiode, als bereits fünf Abgeordnete der nun als Landesverband etablierten Grünen zurückkehrten, hatte sich die anfängliche Aufregung gelegt, zumal die Grünen begannen, die ideologische Auseinandersetzung mit einstigen Mitstreitern der Friedens- und Anti-Atomkraftbewegungen, die dem sozialistischen Lager zuneigten, mit zunehmender Schärfe zu führen. Schon 1982 kam es anlässlich der Ostermarsch-Abschlusskundgebung auf dem Marktplatz zur offenen Konfrontation, da die Grünen mit *Rudolf Bahro* einen Redner gewählt hatten, der als erklärter Antikommunist mehr auf die anwesenden Kommunisten als die beiden in Genf über Atomwaffen verhandelnden Supermächte abzielte. Mehr Einigkeit hatte zwei Jahre zuvor bei der öffentlichen Rekrutenvereidigung anlässlich des 25. Jubiläums des NATO-Beitritts im Weserstadion geherrscht, das auf Wunsch des damaligen Bundespräsidenten *Karl Carstens* und unter Zustimmung Koschnicks inszeniert wurde. Nachdem es vor dem Weserstadion zu gewalttätigen Auseinandersetzungen mit der Polizei gekommen war, erhitzten sich die Gemüter, wie Kritiker bemerkten,

Bremen in Zahlen

Das Bundesland Bremen, das auch »Freie Hansestadt Bremen« heißt, ist ein Zwei-Städte-Staat, bestehend aus den Stadtgemeinden *Bremen* und *Bremerhaven,* die etwa 60 km voneinander entfernt inmitten des Bundeslandes Niedersachsen liegen. Mit 404 km² ist Bremen das kleinste Bundesland Deutschlands. Der Großteil des Territoriums entfällt auf stadtbremisches Gebiet, nur etwa 20 % auf Bremerhaven. Bremen ist, vereinfacht gesagt, etwa doppelt so lang wie breit und zieht sich in seiner größten Ausdehnung 38 km an der Weser entlang. Von den etwa 663.000 Einwohnern lebt eine gute halbe Million in der Stadtgemeinde Bremen, 123.000 in Bremerhaven. Mit 1637 Einwohner je km² ist das kleine Land extrem dicht besiedelt, der Bundesdurchschnitt liegt bei 230 Einwohner je km². Jeder 10. Bremerhavener und jeder 12. Bremer hat eine ausländische Staatsangehörigkeit, darunter am häufigsten die türkische, und das oft schon in der zweiten Generation. Im Land Bremen sind 14,2 % Menschen arbeitslos gemeldet.

Hochwasserschutz: Der überwiegende Teil des Landes liegt zwischen weniger als einem und 2 m über Normalnull, nur die schmalen Dünen- und Geestrücken erreichen im Stadtzentrum etwa 10 und in Bremen-Nord zwischen 20 und 30 m Höhe. 15 % der stadtbremischen Fläche liegen hochwasserfrei, der Rest wird durch etwa 115 km lange Deichstrecken vor Strumfluten aus der nahen Nordsee und Hochwasser der tidenabhängigen Unterweser geschützt.

Das norddeutsche Wetter präsentiert sich mit milden, ausgeglichenen Temperaturen, jedoch viel Wind und nicht unbeträchtlichen Niederschlägen, im Jahresmittel 700 mm. Die Durchschnittstemperatur liegt zwar sowohl für Bremen als auch für Bremerhaven bei etwa 9 – 10 °C, doch machen sich die 60 km Entfernung zum Meer für die Stadtgemeinde Bremen bereits in größeren Sommer- und Winterextremen bemerkbar, während in Bremerhaven die See noch nivellierender wirkt. ◀

mehr am Verhalten der Demonstranten als am militaristischen Anlass der Auseinandersetzungen.

In demselben Jahr begannen auch in Bremen Rüstungsgegner Unterschriften für den »Krefelder Appell« zu sammeln; in der Hansestadt unterzeichneten 100.000 Menschen, also etwa 20 % der Bevölkerung, die Abrüstungsforderungen. Auf Antrag von SPD und Grünen sprach sich die Bürgerschaft als einziges Landesparlament gegen die Stationierung der Mittelstreckenraketen aus, die dann Ende 1983 in Bonn beschlossen wurde.

Ökonomie contra Ökologie

Die neue Phase der Politik führte zu einer Rückbesinnung von Abrüstungsgegnern auf die Rolle, die Bremen mit seinen Häfen und seiner Industrie im Rahmen des internationalen Rüstungsgeschäftes innehatte. Auf einer Kundgebung gegen den **Golfkrieg 1991** bezeichnete Bürgermeister *Klaus Wedemeier* in seiner Rede die Rüstungsindustriellen, die mit Waffenlieferungen an den Irak das UN-Embargo unterlaufen hatten, als »kriminelle Schwerverbrecher«. Er musste sich daraufhin von Anwesenden der Heuchelei bezichtigen lassen, die ihr Interesse an einem Verbot jeglicher Waffenlieferungen mit dem des Bürgermeisters, das sich gegen politisch nicht genehme Waffenlieferungen richtete, verwechselten.

Im gleichen Jahr errangen die Grünen bei der Bürgerschaftswahl genug Stimmen, um mit zwei Senatoren in die Regierungskoalition einzuziehen. Die SPD hatte jedoch 12,8 % der Stimmen verloren, so dass nicht die erwartete rot-grüne Koalition zustande kam, sondern eine »Ampel« unter Beteiligung der FDP, die im Februar 1995 nach einem Streit des liberalen Wirtschaftssenators mit dem grünen Umweltsenator um einen Formfehler bei der Anmeldung einiger Naturschutzgebiete bei der EU-Komission die Zusammenarbeit aufkündigte, obwohl im »Kampf zwischen Ökonomie und Ökologie« das Primat der ersteren nie ein ernsthafter Streitpunkt war.

Bei den notwendigen Neuwahlen flogen die Liberalen aus dem Parlament, und die »Roten« und »Schwarzen« zeigten in einer großen Koalition, dass diese Farben gut zusammenpassen. *Henning Scherf* (SPD) und *Hartmut Perschau* (CDU) verwarfen auch nach den Wahlen 1999 und 2003 eine mögliche Koalition mit den Grünen und setzten die Zusammenarbeit fort. Die FDP war in Bremen erneut gescheitert – allerdings sitzt sie mit einem Bremerhavener Abgeordneten im bremischen Landesparlament. Ebenso gibt es nun in der äußerst rechten Ecke des Parlaments ein Vertreter der DVU, der aus Bremerhaven abgesondert wurde, bisher in der Öffentlichkeit aber eher unerwähnt bleibt (SPD 40, CDU 29 und Grüne 12 Sitze).

TYPISCH BREMEN

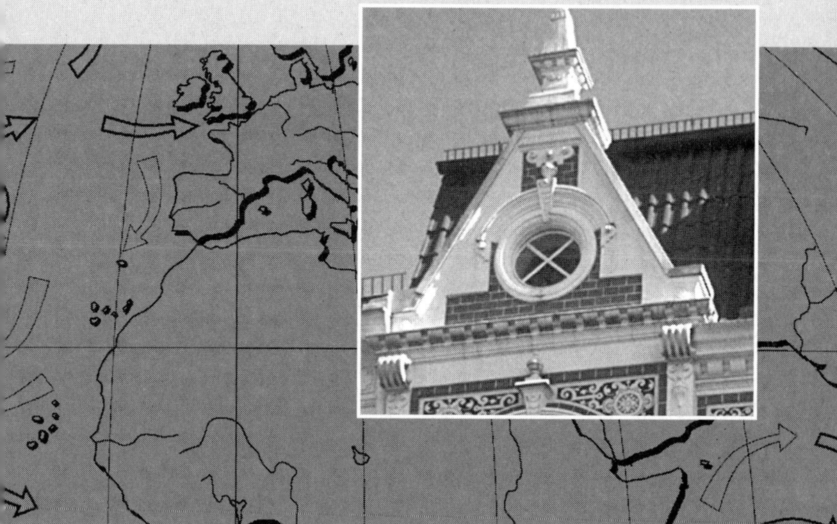

WAS FÄLLT IHNEN ZU BREMEN EIN?

Die Antwort auf diese Frage fällt recht vielfältig aus: Hafenstadt und »Schlüssel zur Welt« oder auch »lang gezogenes Dorf mit Straßenbahn«. Bremer seien reserviert und zugeknöpft, und doch sind sie wieder ganz anders, wenn es heißt: »Ischa Freimaak«. Vielen fällt zu dem Stichwort Bremen auch die Universität ein, sei es als ehemalige »rote Kaderschmiede« oder als Hochtechnologiezentrum. Aber vier bestimmte Figuren kennt wohl jeder im Zusammenhang mit Bremen: die Bremer Stadtmusikanten. Dass diese auch unter dem Aspekt »Migration und Auswanderung« zu sehen sind, zeigt unser erster Artikel zu »Typisch Bremen«.

BREMEN – SCHLÜSSEL ZUR WELT

... so will es die werbewirksame Interpretation des Stadtwappens. Regionale oder nationale Engstirnigkeit passt so wenig zur ökonomischen Bestimmung einer alten Handels-, Schifffahrts- und Hansestadt wie zu der eines modernen High-Tech- und Space-Lab-Zentrums. Bremen – weltoffen und tolerant?

Bremen wählte den Umgang mit anderen Ländern und fremden Menschen zu seiner ökonomischem Bestimmung. Die Handelsbeziehungen mit Amerika und Asien haben eine lange Tradition, Auswanderung prägte Geschichte, Geschäftsleben und Infrastruktur, Zuwanderung war wirtschaftlich unverzichtbar, gab kulturelle Impulse und veränderte das Bild der bremischen Bevölkerung.

Zugezogene und Auswanderer

Migration gehört seit eh und je zur Existenz der Menschen. Sesshaftigkeit ist ein Privileg der Reichen und der Alten. Diese Tatsache spiegelt sich in vielen Legenden, Sagen und Mythen – auch in Bremen. Wer kennt sie nicht, die **Bremer Stadtmusikanten?** »Etwas Besseres als den Tod findest du überall« rät der Esel in dieser Geschichte dem Hahn: »Zieh lieber mit uns fort, wir gehen nach Bremen.« Die vier Tiere, Esel, Hund, Katze und Hahn, sind sozial am Ende. Aus Altersgründen werden sie aus dem Arbeitsprozess gedrängt, sie sind ausgestoßen, verachtet, rechtlos: auf der Flucht. Entsprechend werden sie von den Gebrüdern Grimm als »Landesflüchtige« bezeichnet. Am Ende ihrer aktiven Zeit im Erwerbsleben wird die Aussicht auf eine permanente Stelle als Stadtmusikant in Bremen zur Lebensperspektive. Ziemlich unbestimmt heißt es zunächst vom Esel: »Er machte sich auf den Weg nach Bremen: Dort, so meinte er, könnte er ja Stadtmusikant werden.« Dem Hund sagt er schon deutlich: »Ich gehe nach Bremen und werde dort Stadtmusikant.« Der Katze schließlich verspricht er: »Da kannst du ein Stadtmusikant werden.«

Typisch Bremen: »Bremer Haus« aus dem Anfang des 20. Jahrhunderts

Hoffnung auf ein ruhiges Leben ohne existenzielle Unsicherheit, ohne den Zwang, sich auf Wanderschaft begeben zu müssen, um sein Leben zu fristen, das symbolisiert Bremen in diesem Märchen. Nur ein Märchen?

Eine andere Geschichte berichtet von den **Sieben Faulen.** Die ließen im Stephaniviertel, einem häufig überfluteten und deshalb wenig ertragreichen Gebiet direkt an der Weser, ihren armen alten Vater allein eine kümmerliche Hofstelle bewirtschaften. Sie liebten es, zu schlafen und auf der Bank zu sitzen und die Füße von sich zu strecken, so der Volksmund. Nach einer Zeit waren sie es leid: »Wir wollen aber arbeiten, und da wir in der Heimat allenthalben zurückgewiesen sind, so gehen wir morgen in die weite Welt«. Nach etlichen Jahren kommen sie zurück, haben gelernt, wie man Entwässerungsgräben und Deiche anlegt, Brunnen bohrt und kennen neue Methoden der Landbestellung. All das verbessert ihren Ruf bei den Alteingessenen keineswegs: Eigentlich seien sie nur zu faul, um hart zu arbeiten. Nun, ihr Wohlstand mehrt sich, in gleichem Maße steigt die Missgunst der Nachbarn. So ist die Sage von den Sieben Faulen auch ein Lehrstück über den Umgang mit dem Fremden: Die Einheimischen beäugen das Fremde, Neue, auch wenn es noch soviel Nutzen bringt, mit großem Misstrauen. Für sie zählt das Althergebrachte, die Tradition, mehr. Um sich wirklich auf Neuerungen einzulassen, müssten sie ihre kollektive Mentalität in Frage stellen.

Migranten = Wirtschaftskraft?

Jenseits der Mythen und Legenden gehörten Fremde in der historischen Wirklichkeit über Jahrhunderte zum Bremer Alltag wie zum Bremer Stadtbild: Kirchliche und säkulare Repräsentationsbauten wurden durch Architekten und Handwerker aus ganz Europa gebaut, ebenso die ersten Häfen und die Befestigungen der Wallanlagen. Schifffahrt und Schiffsbau waren internationales Geschäft, die Besatzungen der Handelsschiffe und der Walfänger waren geradezu »multiethnisch«, genauso die Belegschaften der Werften. Die Industrialisierung Bremens kam ohne Arbeitskräfte aus Osteuropa nicht aus, bei der Bremer Wollkämmerei, der Waller Jute oder beim Vulkan-Werk arbeiteten Tschechen, Polen, Russen. Zur Aufrüstung und Kriegsproduktion »benötigte« auch die Bremer Industrie während des Zweiten Weltkrieges Zwangsarbeiter aus allen Teilen Europas. Und auch das »Wirtschaftswunder« der Nachkriegszeit wäre ohne den Einsatz und die Tatkraft der angeworbenen »Gastarbeiter« aus Griechenland, Italien, Spanien, Portugal, dem ehemaligen Jugoslawien und der Türkei nicht denkbar gewesen. Angesichts dieser Geschichte ist es nur folgerichtig, dass eines unserer wichtigsten Wahrzeichen, »unser« *Roland,* auch ein Fremder ist: Dieser Ritter Karls des Großen war Franke, Franzose oder Spanier, wenn man zu solch frühen Zeiten überhaupt von Nationalitäten sprechen kann.

Ein Rückblick auf die Anfänge des Auswanderergeschäfts kann anhand

Demo: Kampf für Gleichberechtigung und gegen den alltäglichen Rassismus

einiger Zahlen seine Wirtschaftskraft verdeutlichen: Sieben Millionen Auswanderer verließen über Bremen und Bremerhaven den alten Kontinent. In den Jahren von 1832 bis 1850, in achtzehn Jahren also, wanderten etwa 360.000 Deutsche über die bremischen Häfen in die USA aus. Von 1850 bis zur Jahrhundertwende waren es etwa drei Millionen – eine Steigerung auf das Dreifache. Ab 1880 registrierte man in Bremen zusätzlich eine Million durchreisender Ausländer, bis zum Ersten Weltkrieg ließen sich über drei Millionen Menschen aus Polen, dem Baltikum, aus Ungarn und vom Balkan an der Weser einschiffen; allein im Jahr 1913 war es eine Viertelmillion. Um 1900 wurden bis zu 600 Menschen am Tag durch Bremen geschleust. Wahrlich ein Potenzial für große Gewinnspannen! Auswanderung war ein riesiges Geschäft geworden, ohne das die wirtschaftliche Entwicklung Bremens sicher einen ganz anderen Verlauf genommen hätte.

Die Wirklichkeit sieht traurig aus

Im öffentlichen Leben der Stadt Bremen waren die Auswanderer, vor allem die fremdländischen, weniger gern gesehen. Es gibt ein Foto von der Ankunft osteuropäischer Auswanderer am Bremer Hauptbahnhof. Es zeigt, wie sie unverzüglich zu Kolonnen zusammengestellt und von Polizei zu ihren eigens für sie reservierten Quartieren geleitet werden. Im Stadtteil *Findorff*, 10 Minuten Fußweg vom Bahnhof entfernt, wurden 1907 die so genannten Auswandererhallen gebaut, um die wachsende Zahl der Emigranten unterbringen zu können. Hier war Platz für 2400 Menschen; dazu gab es Kochgelegenheiten und Kirchen der verschiedenen religiösen Gruppen.

So scheint der Umgang Bremens mit den Auswanderern geradezu paradigmatisch gewesen zu sein: Als »Geschäftsmasse« werden sie zuvorkommend behandelt, es gibt in den Auswandererschlafhallen sogar fließend Kalt- und Warmwasser, ansonsten aber werden sie reglementiert, selektiert, kaserniert, aus dem Leben Bremens ferngehalten.

Juden als Fremde

Eine Gruppe hatte besonders unter Missachtung und Ausgrenzung zu leiden, obwohl es aufgrund ihres jahrhundertelangen Kontaktes zu den Deutschen, zu denen sie sich zählten, schon wieder problematisch ist, von Fremden zu sprechen: die Juden. Seit der Eingemeindung *Hastedts* im Jahr 1802 gehörten auch jüdische Familien zu Bremen, doch Bremen lehnte ihre Eingliederung über Jahrzehnte hinweg ab. Beispiele des Bremer Antisemitismus sind die Äußerungen des damaligen Bürgermeisters Johann Smidt, die Juden passten nicht nach Bremen, da ihr Benehmen und Handeln immer etwas Fremdartiges enthalte, das sich auch dem ungeübten Auge beim ersten Anblick zeige.

Der Rat unterband den Zuzug der Juden nach Bremen auch dann noch, als sie in Deutschland nach 1848 die Bürgerrechte erhalten hatten. Die Bürgerschaft revidierte den Gleichstellungsgrundsatz 1855 durch die feinsinnige Unterscheidung zwischen bremischen Juden und solchen fremder Herkunft.

Bremen verzeichnete als Folge dieser Politik immer einen vergleichsweise sehr geringen Anteil von selten mehr als 0,2 Prozent jüdischer Bewohner. Im Kaiserreich und besonders während des Ersten Weltkrieges verstärkte sich die Judenhetze, und die Parole »Schlagt alle Juden tot« wurde nicht erst im Nazi-Reich verbreitet, in dem sie allerdings mit fürchterlicher Konsequenz verwirklicht wurde.

Der Umgang mit Fremden heute

Der Umgang mit Fremden hat auch noch im Nachkriegs-Bremen dunkle Seiten. Menschen, die sich hier niederlassen wollten, die hier als Arbeitskräfte gebraucht wurden, sahen sich Vorurteilen, Ablehnung, Diffamierung und Gewalttätigkeit ausgesetzt. Das galt für die Ost- und Südosteuropäer, die die Textilindustrie mit aufbauten, für die so genannten Gastarbeiter, und es gilt in besonderem Maße für Asylsuchende heute, die aufgrund der Einwanderungs- und Aufnahmepolitik Deutschlands nicht einmal ihre »Nützlichkeit« für diese Stadt reklamieren können.

Deutschland heute versteht sich als »Nicht-Einwanderungsland«. Das führt zu der grotesken Situation, dass beinahe sechs Millionen Menschen nicht-deutscher Nationalität in einer de facto Einwanderungssituation in einem Nicht-Einwanderungsland leben. Zu Beginn des neuen Jahrtausends hatten ungefähr 12 % der Menschen, die in Bremen wohnten, lernten und arbeiteten, nicht die deutsche Staatsbürgerschaft. Von den 540.330 Einwohnern waren 66.096 Ausländer; die größten Gruppierungen sind dabei Türken (25.619), Polen (4299) und Menschen aus dem ehemaligen Jugoslawien (6251).

Wer sind »die Bremer« eigentlich? Ein multikulturelles Gemisch verschiedener Klassen, Religionen, Generationen und Ethnien. Das war früher so und ist heute nicht anders.

Aus dem Leben der Bremer Straßenbahn

Door wo de Bahn in de St.-Jürgen-Straat anholln deit, in'n August 1913

Door stah ik nu un warde, warde up de neue Elektrische. Hett sik ja veel daan un ännert in de letzt Johrn hier bi us in Bremen. Mien Gedankens gaht trüch bet medde de achziger Johrn, wo de eerst Peerde-Bahn över dat Plaster rummeln dä. Dat weer di noch'n Tiet! Överall Peerdeappels. Un Hemmann seggt, damols harr dat nu wiß un wohrhaftig nich nödig daan, so'n Peerde-Bahn hier intorichten. He meent, wiß harr Bremen as Hannelsstadt jummers'n wichtign Rull speelt – uk as da in de Weltwirtschaft de grote Kriis geev – man nu gliek so'n Bahn rein för Jux un Schandudel, dat harr nich nödig daan. Oh, wat bün ik to de Tiet for'n glücklichen Minschen west. Wenn ik nu bloß noch an denk, wo fein as dat weer, wenn ik mit Emma Nahmeddags na Horn rutfohrn bün, na dat lütt Gasthuus door. Un so heff ik ja uk mien Hemman kennenlehrt. Wat war he smuck, wenn he bi Wind un Weer up'n Perron stunn. Mennigmaal hebbt wi door stahn, begriesmuult un in'n Regen. Up de Peerde-Bahn kunnst di uk nich jummers verlaten, mit de Pünktlichkeit harr se dat nich so genau. Vundaag is ja up de Bremen Straten keen Peerde-Bahn mehr to sehn. Anfang von de neunziger Johrn keem ja de »Elektrische« un denn hett sik doch allerlei ännert. Ik weet noch, wo froh as mien Bröders weern. Nu müssen se nich mehr von Bremen na Walle hen lopen, wenn se in'n Hafen up Arbeit müssen. Is doch'n fein Sach, wat se sik utklamüsert hebbt. De Elektrische schall na all de Dörper rund um Bre-

Ein Sommerwagen der Pferdebahn Bremen – Horn

men un umto fohrn, denn kann jedereen fix na de Stadt hen kamen. In anner Städte, so as bisspillswies in Berlin, wo dat meer in de Stadt drangenvull is, door wullt se de Lüüd butenlands Unnerkruup geven. Dat schafft denn Luft in de Stadt, seggt se. Man'n rein Vergnögen is dat mit den niemoodschen Kraam uk nich, de fohrt ja mit »elektrisch«, un överall sühst du nu de schietigen Drahtseils över de Straten. Un wo flink de Bahn an di vörbisusen deit! Kann di meist de Luft von wegblieven. Just kummt door wedder so een Elektrische mit ehr Quietschen üm de Eck! Nu kiek di dat an! Sitt doch mien Hemmann an de Kurbel un stüert de Bahn dorch de Straaten. Un mit sien flotte Mutz süht he noch liek so smuck ut as dunntomalen up den Wagen von de Peerde-Bahn. ◂

Haltestelle Domsheide, Januar 1968

Was'n hier los?, denk' ich, als ich hektisch um die Ecke bei der Domsheide komme. Menge Leute stehen in der Kälte 'rum oder sitzen sogar auf den Gleisen. So'n Mist, wo ich doch ganz dringend zu 'nem Meeting muss. Logisch, da fällt's mir wieder ein, wie konnt' ich das vergessen: die haben doch tatsächlich die Fahrpreise erhöht! Also weißte, das is' ja wohl echt 'n Ding: da mach'n se und tun se, bau'n eine Strecke nach der ander'n aus, bloß weil die neuen Stadtviertel, wie die Vahr ans Stadtnetz angebunden werden soll'n, dann leg'n se Strecken wieder still, von wegen autogerechte Stadt un' so und jetzt läuft's nich' mehr so wie se woll'n und schon will uns die Reaktion mit ihren monopolkapitalistischen Verstrickungstaktiken 'ne Preiserhöhung aufdrücken. Und wer muss es ausbaden? Wir natürlich, die Schüler. Nee, nich' mit mir. Bahn fahr'n zum Nulltarif is' angesagt, oder endlich mal 'ne U-Bahn, aber dafür is' ja kein Geld da. Und ihre blöde Ausrede mit dem Untergrund, dass der der Untertunnelung nicht standhalten würde, ich weiß nich'?! Hochwassergebiet, na und. Nix is', wir müssen uns wehren, die Zeit ist gut, um aufzustehen. Vielleicht kommt dann ja mal der andere und sagt: »Ich bin ein Bremener!« Wird ja auch schon gemunkelt, dass Bürgermeister Koschnik einlenkt … brr, is' mir kalt, bloß gut, dass ich 'n Parka anhab. ◂

Straßenbahn anno 1968 – und 1999

Straßenbahn Linie 6, November 1999

Also ich, mit Basecap auf, Skateboard unnerm Arm – megacool – rein inne 6. Hyper genial ey, dass es jetzt endlich die Verlängerung der Linie 6 zur Uni gibt. Mann, was 'n das für 'n Typ da hinter mir?! Was labert der denn für'n Stuss? Sind doch hyper spacig die Niederflurbahnen, was heißt hier: »passen nicht ins Stadtbild«, der hat doch 'n Rad ab! Das bringt's doch voll ey, man kann so mit 'm Skater rein düsen inne Bahn und brauch' den Muttis nich' mal mehr helfen beim Kinderkarre reintragen, sogar Fahrräder darf man seit '94 mitnehmen. Boa ey, is' das frustig, da vorn sitzt ja Schnulli und baggert 'ne neue Flocke an. Tja, die Bahn braucht ja nun nich' mehr solange, seit se freie Fahrt auf Fahrbahngraffitis und immer grünen Ampeln hat, da muss Schnulli sich ran halten, wenn er die abschleppen will. Oh no, jetzt kommt uns so 'ne multi olle Museumsbahn entgegen, überhaupt ey, dass es die noch gibt. Und die Alte vor mir is' völlig abgedreht und findet die auch noch »wunderschön nostalgisch«. Is' ja wohl volle Kanne out, die Touris damit durch die Gegend zu kutschieren. Naja, aber irgendwie sind die auch edel die Teile, vielleicht sollte ich mal 'ne Klassenfahrt oder was damit auf die Beine stellen, ey?! Giga-in is' ja die Hot-Line, mit der man am Wochenende alle Dissen im Umland abklappern kann. Das bringt's voll. Das is 'n feeling ey, hockste inne Bahn, heizt cool durche Gegend – die Studis können mit 'm Semesterticket sogar Busse und Bahnen im gesamten VBN-Netz nutzen – und glotzt Leute an. Man kann die ja manchmal turbo gut irritieren, wenn de dein Gegenüber ganz scharf anglotzt, setzt 'et sich garantiert woanders hin. Die Tussi dahinten, mit 'm Walkmann, die is' ja drauf, ey: volle Dröhne Mukke an, und sitzt genau unter einem der Psst-Schilder. Gleich regen sich die beiden Omis da bestimmt auf. Nee, die haben sich wohl immer noch nicht an die neuen Strapatzenbahnen gewöhnt und quatschen über die ständig überfüllten Bahnen. Und was sind das da für Macker? Touris, na sicher. Die könn' ja froh sein, dass sie nicht mehr auf die nuschelige Haltestellen-Ansage hören und nur auf das Digitalteil glotzen müssen. Geil, ey was 'n da draußen los? Massenauflauf. In Frankfurt in der fucking U-Bahn kriegt man gar nich' mit was so auf der Straße los ist. Zieh dir mal 'ne Stadtrundfahrt für 3 Maak mitte U-Bahn ... ◀

DIE GESCHICHTE VON DER REFORMUNIVERSITÄT

Das Besondere an der Bremer Universität sind ihre inzwischen legendären Gründerjahre, die ihr bis heute je nach Standpunkt die Namen »Reformuni« oder »Rote Kaderschmiede« eingetragen haben.

Es begann im Jahr 1971 …

- als Studierende und jüngere Hochschullehrer noch mit einem »blauen Band« – eins der blau gebundenen Karl-Marx-Bücher – unter dem Arm herumliefen, gleichgültig, ob aus Überzeugung oder Opportunität;
- als für eine Berufung als Lehrender die Berufserfahrung genau so wichtig wie der Doktorgrad war;
- als alle Berufungen tatsächlich noch per paritätischer Mitbestimmung erfolgten;
- als mancher Lehrende sich weigerte, Noten zu erteilen und auf die Habilitation bewusst verzichtete;
- als die Tore des Studiums sich in Bremen bundesweit für NAP-Absolventen (Nicht-Abitur-Prüfung) öffneten;
- als sich das »du« gerade zwischen Lehrenden und Lernenden als einer erhofften Gemeinschaft durchsetzte;
- als man auszog, den »Muff von tausend Jahren unter den Talaren« auszulüften,

… da wurde auch beschlossen, dass das Studium in der *Lehrerbildung* vor allem in so genannten Projekten erfolgen sollte.

Was davon ist an der »roten Uni« übrig geblieben? Zunächst einmal ist sie ihrem alten Grundsatz, keine Ordinarienuniversität zu sein, in dem Sinne treu geblieben, dass Professoren nicht in alter Herrlichkeit über Assistenten und Sekretärinnen verfügen können; selbst ihre »Doktorvater«- oder »-mutter«-Position müssen sie durch einen Promotionsausschuss kontrollieren lassen. Allerdings besteht die Vermutung, dass heute der Verzicht auf den »Mittelbau« nicht dem Gedanken der Reform geschuldet ist, sondern dass das Land Bremen damit erhebliche Kosten einspart.

Der fehlende »Mittelbau« lässt den Lehrkörper in der Tat inzwischen alt aussehen; das »Sie« hat wieder Einzug gehalten. Die Drittelparität wurde schon 1977 durch das Bundeshochschulrahmengesetz aufgehoben, es wurde eine Bremer Habilitationsordnung verabschiedet und der »Dr. habil.« ist statt der berufspraktischen Erfahrung für jede Berufung wieder Voraussetzung. Die NAP in ihrer alten Form ist abgeschafft, Projekte gibt es seit 2000 nicht mehr und Klausuren sowie Benotungen von Leistungen in allen Stufen und Fächern sind wieder zur Pflicht geworden. In der Verschulung des Studiums wurde Bremen inzwischen zum Vorreiter in der BRD. Nur einen Talar tragen auch die hiesigen Professoren nicht mehr.

Der Gedanke des Projektstudiums

Ausgangspunkt für das Projektstudium war die Überzeugung der Reformer, dass eine Universität das Wissen zu vermitteln habe, um praxisnah gesellschaftliche Probleme zu lösen: So wie für den Bau einer Brücke die Berechnungen stimmen müssen, könne auch eine Gesellschaft erst auf Grund widerspruchsfreier Analysen verbessert werden. Es komme also darauf an, das Problem zu erkennen, die theoretischen Grundlagen zu erarbeiten und zu vermitteln, um es schließlich zu lösen.

Nach der Relevanz von Problemen musste dabei nicht gefragt werden, sie lagen für die meisten Lehrenden auf der Hand, hatten viele von ihnen doch selbst die Diskussionen in der Studentenbewegung mitgetragen: Die ungleichen Chancen in einer Klassengesellschaft und die rigide Antwort der Schule, der Vietnam-Krieg als Infragestellung von Demokratie, die Verantwortung der Wissenschaft in der Entwicklung der Militärtechnik, die steigende Arbeitslosigkeit und die Alternativen anderer Wirtschaftsformen, die Bedingungen am Arbeitsplatz und die Frage der Agitation von Arbeitern, die autoritäre Erziehung mit ihren Folgen, die Doppelbelastung der Frau waren nur einige der universitätsnahen Themen.

Das Projektstudium bedeutete eine Neukonzeption nicht nur des Studienaufbaus, sondern auch eine Neubestimmung der Fachdisziplin. Es galt, sich nicht nur aus organisatorischen Gründen von einigen, sehr traditionsbeladenen Fachdisziplinen zu trennen, denn darüber hinaus schienen sie in ihrer Borniertheit auf Einzelaspekte für die Lösung von Zusammenhängen untauglich zu sein. Dieser Neuorientierung fiel beispielsweise im Germanistikstudium der gesamte altgermanistische Bereich, der früher die Hälfte des Studiums ausgemacht hatte, zum Opfer. Erst seit 1998 hat die Universität wieder einen Fachvertreter dafür. Der Verzicht auf die Altgermanistik fiel den meisten damals leicht, denn wie kann die Lektüre eines Minnelieds oder die gotisch geschriebene Bibel von Wulfila bei der Lösung von Problemen im Schulbereich helfen? Denn vor allem in der Schule sollten durch veränderten Unterricht auch weit reichende Neuerungen erfolgen.

Weil bundesweit damals von einem so hohen Lehrerbedarf ausgegangen worden war, dass man sogar von einem deutschen Bildungsnotstand sprach, hatte die Universität Bremen sich zunächst vor allem die Aufgabe einer neuen Lehrerbildung gestellt. Auch die zweite Phase der Ausbildung, die Referendarzeit, sollte hier eingebunden werden. Noch heute zeugt das vielfältige Angebot der Erziehungs- und Gesellschaftswissenschaften und ihre Gleichberechtigung zu den jeweils gewählten Fachdisziplinen von dieser Aufgabe, Lehrer anders ausbilden zu wollen als die herkömmlichen Universitäten.

»CUP« – Ein Beispiel aus den ersten Jahren der Reform

Eines der ersten großen Projekte, das für mehrere Semester geplant wurde, war »CUP«: *Curriculare Planung an der Gesamtschule.* Sein Ausgangspunkt war die Existenz von Gesamtschulen, die im Zuge der Schulreformdiskussion seit den 70er Jahren in den SPD-regierten Bundesländern gegründet worden waren. Das CUP-

Das Reiseführer-Projekt

Das vorliegende »Entdeckerhandbuch Bremen« ist das Ergebnis eines universitären Projekts, das im Sommersemester '94 konzipiert und im darauf folgenden Wintersemester abgeschlossen wurde. Das übergeordnetes Thema lautete: »Tourismus. Der/die deutsche Michel(in) auf Reisen«.

Inwiefern erfüllte es die **Kriterien eines Projekts?**

1. Es war interdisziplinär, denn die Fragestellungen verlangten Wissen aus den Disziplinen der Ökonomie, Medienwissenschaft, Wirtschaftsgeografie, Ethnologie, Kulturwissenschaft und anderer Fachbereiche.

2. Die Relevanz der Fragestellung lag auf verschiedenen außeruniversitären Ebenen, denn der Tourismus ist ein Wirtschaftszweig mit hohen Zuwachsraten und vielen neuen Berufsprofilen. Seine Probleme des Massentourismus und der Umweltzerstörung, das Verhältnis von Lohnarbeit und Freizeit werden in den Medien vielfältig diskutiert. Die Theorien über den Tourismus selbst sind höchst widersprüchlich. Der Tourist, von der Branche stark umworben, ist zugleich ein ungeliebtes Wesen, dem eine große Verantwortung für Umweltzerstörungen zugeschoben wird. Für die Ökonomie der »3. Welt« ist der Tourismus derzeit die wichtigste und oft einzige Einkommensquelle. Land und Leute werden hier häufig der Ausbeutung rücksichtslos überantwortet.

3. Die praxisorientierte Umsetzung konnte für Lehramtsstudenten in einem Unterrichtsversuch, für den 13 Schulen zur Verfügung standen, über »Tourismus«/»Darstellung der Fremde«/»Bremen als Reiseziel«/»Reiseliteratur« erfolgen.

4. Da sich das Projekt nicht nur an Lehramtsanwärter richtete, musste ein neues Element aufgenommen werden. So stellten Gastredner aus dem weiten Bereich Tourismus verschiedene Berufsfelder vom Reiseleiter bis zum Reisebuchautor vor.

Einige Teilnehmer aus dem Bereich der Kulturwissenschaften erforschten und dokumentierten den Einfluss des modernen Tourismus auf eine bislang noch abseits gelegene Gemeinde in Süditalien, ein Vorhaben, das teilweise durch den DAAD finanziert werden konnte.

Andere Projektler erforschten dagegen »näher Liegendes«: Bremen als Reiseziel. Sie konzipierten, recherchierten und schrieben gemeinsam diesen Stadtführer. Für fast alle, die an diesem Band mitgearbeitet haben, war es der erste Versuch, etwas anderes als Referate oder Protokolle zu verfassen. Die Vorgabe, die Leser mit ihrem Interesse, Bremen für sich neu oder wieder zu entdecken, ernst zu nehmen, ihnen dazu Anregungen und Hilfestellung zu geben, machten gründliche Vor-Ort-Recherchen nötig. Dabei sollte kein für den Tourismus verklärtes Image, sondern ein reales Bild der Stadt gezeichnet werden. ◄

Projekt interessierte sich vor allem für die Bremer *Gesamtschule Ost* (GSO), die im Einzugsgebiet von Arbeiterfamilien liegt.

Zusammen mit den Lehrern erprobten die Projektstudenten in den Fächern Deutsch, Sport, Kunst und Mathematik einen anderen Unterricht mit neuen Inhalten: Die Grenzen des Fachunterrichts, der Stundenrhythmus, die Zensurengebung und damit die Klassenarbeiten wurden – wenigstens für einige Zeit – ignoriert. Die Schüler sollten »erfahren«, was und auf welche Weise im Kapitalismus produziert wird. In einem Produktionsspiel wurden in »fließender Teilarbeit« Kartons hergestellt, im Mathematikunterricht wurden Berechnungen über Produktionskosten und Gewinne erstellt, eine »Rationalisierung« wurde erdacht, und die »Theorie über den Mehrwert« wurde anschließend sogar nach einem modernen Märchen, »Die Krügelsteiner und die Räuber«, in einem Schattenspiel den Eltern vorgeführt. Schließlich wurde dieses Projekt im Auftrag des WDR auch noch in einer 45-minütigen Dokumentation festgehalten.

Daneben erfolgte inneruniversitär die theoretische Aufarbeitung über die Kritik der politischen Ökonomie, die Sozialisation in der Schule, die Methoden der Unterrichtsplanung und -vermittlung, das Rollenspiel, und rückblickend wurde natürlich auch das Projekt selbst evaluiert.

Das Projektstudium heute

Die durch ein neues Bremer Hochschulgesetz von außen gesetzten Anforderungen, die staatlichen Prüfungsordnungen, die Verfügung, dass interdisziplinäre Arbeit der Lehrenden nur mit Bruchteilen der Stunden anzurechnen sei, die erneute Orientierung der Professoren an dem Profil der Fachwissenschaft selbst statt an gesellschaftlichen Fragestellungen sowie die veränderten beruflichen Chancen sind die hauptsächlichen Faktoren, die zunächst zur Reduzierung der Projektorientierung im Studium führten. Neue senatorische und inneruniversitäre Studien- und Prüfungsordnungen haben im Jahr 2000 schließlich auch dieses Relikt beseitigt. Insofern hat dieses »Entdeckerhandbuch Bremen« einen universitätshistorischen Wert.

Das Projektstudium bot die Chance einer Innovation, nach deren Resultaten sich auch andere Universitäten erkundigen. Es wurde den Lehrenden immer wieder die Chance gegeben, interessante Fragestellungen und Ergebnisse in die Ausbildung hineinzutragen. Das Studium und den Lehrbetrieb machte es abwechslungsreicher, allerdings nicht leichter. Ermutigt durch den guten Erfolg dieses Bremen-Reiseführers, wurden zwei weitere Bände konzipiert und innerhalb der Ausbildung veröffentlicht: »Im Land der Moore und Deiche« und das erste Lesebuch über »Helgoland«, an denen sogar einige Autoren des Bremenbuches wieder mitarbeiteten. Derartige Vorhaben stehen jedoch inzwischen im Gegensatz zu den jungen Studierenden. Diese rufen nämlich nach mehr reglementierenden Studienordnungen, überschaubaren Wis-

Unter Schwerelosigkeit: Der Bremer Fallturm

Der 146 m hohe Fallturm des *Zentrums für Angewandte Raumfahrttechnologie und Mikrogravitation* (Zarm) ist auf dem Campus der Universität Bremen wohl kaum zu übersehen. Seitdem 1990 die Anlage des inzwischen international anerkannten Labors in Betrieb ging, werden hier täglich bis zu 3 Abwürfe gezählt, insgesamt schon mehr als 3000. Das Experiment ist in einer bis zu 2 m langen und 500 kg schweren Kapsel integriert, die durch eine frei im Turm stehende Vakuumröhre hinabfällt. In der Kapsel herrscht beinahe Schwerelosigkeit (Mikrogravitation). Ihr Flug dauert circa 4,5 Sekunden im Freifall über etwa 110 m, bis sie während des circa 0,2 Sekunden langen Bremsvorganges in einen 8 m hohen, mit feinen Styroporkugeln gefüllten Bremszylinder eintaucht. Seit Juli 2001 wird die Kapselflugzeit mit Hilfe des senkrechten Parabelfluges auf 9 Sekunden verdoppelt. Dies geschieht dadurch, dass die Experimentierkapsel aus einem Abwurfschacht, der sich unterhalb der Bremskammer befindet, in die Turmspitze katapultiert wird. Zur Nachrichtenübertragung dient ein Lasermesssystem, das bis in die Spitze des Fallturmes reicht. Mit an Bord sind eine Video- und eine Hochgeschwindigkeitskamera, die bis zu 6000 Bilder in der Sekunde aufnehmen kann. Die meisten der durchgeführten Experimente stammen aus der Grundlagenforschung, wobei das zentrale Arbeitsfeld der Mikrogravitationsforschung die Fluidmechanik ist. Zum anderen werden z.B. Modelle von Verbrennungsvorgängen unter Schwerelosigkeit erforscht, die für die Fahrzeugindustrie von großer Bedeutung sind. Aber auch die chemische Industrie und die Biologen zeigen großes Interesse an Versuchen von z.B. Polymerisationsvorgängen und dem Verhalten von Einzellern unter Mikrogravitation. Außerdem entwickelten die Zarm-Forscher für den Turm völlig neue Messtechniken.

Das Funktionsprinzip von Falltürmen ist die Kompensation der Schwerkraft durch die Trägheit und damit die Simulation der Schwerelosigkeit. Diese Kurzzeitexperimente – zwei bis drei Flüge am Tag bei einem Flugpreis von 2600 Euro – sind eine kostengünstige Alternative bzw. Ergänzung zur bemannten Raumfahrt. Das Zarm kooperiert mit internationalen Forschungsinstituten aus nahezu allen Erdteilen. Es wurde durch das *Land Bremen,* den *Senator für Bildung und Wissenschaft,* den *Bundesminister für Forschung und Technologie* bzw. die *Deutsche Agentur für Raumfahrtangelegenheiten* (DARA) sowie durch drei Bremer Unternehmen finanziell unterstützt. Die jährlichen Betriebsausgaben lassen sich vollständig durch Einnahmen aus den Flügen finanzieren.

senskompendien, fachwissenschaftlicher Disziplin und sehen in den heutigen außeruniversitären Arbeiten nur die Notwendigkeit von Praktika als Vorbereitung auf die Berufswelt.

Doch auch heute werden immer wieder Vorlesungen mit ungewöhnlichen Fragestellungen angeboten, auch wenn dahinter nicht mehr die Überzeugung steht, damit die Welt verändern zu können. Da viele Veranstaltungen öffentlich sind, können sich Gäste gern einmal oder auch mehrmals dorthin »verirren«, und zwar im wahrsten Sinne des Wortes: Es ist bis heute eine Kunst, in der Bremer *Alma Mater* Raum und Zeit einer Veranstaltung herauszufinden (↗ Kleiner Wegweiser durch den Uni-Dschungel).

Der Bremer Fallturm

WENN BREMEN FEIERT

Die Fünfte Jahreszeit

In den letzten beiden Oktoberwochen stellt sich ganz Bremen auf seine fünfte Jahreszeit ein: Es ist Freimarkt. Der Bremer Freimarkt unterscheidet sich von anderen bekannten Vergnügungsjahrmärkten, weil sich die ganze Stadt daran beteiligt. So gibt es kaum eine Firma, die keinen Betriebsausflug zum **Freimarkt** macht, und nur den wenigsten scheint er vollkommen egal zu sein. Ob diese Verbundenheit der meisten Bremer mit dem Freimarkt auf seine nun bald tausendjährige Geschichte zurückzuführen ist, mag dahingestellt sein, sicher wird aber im Jahr 2035 »Tausend Jahre Bremer Freimarkt« mit einigem zusätzlichen Jubiläumsrummel begangen werden. Denn für den 16. Oktober 1035 kann das Abhalten eines Marktes in Bremen erstmals schriftlich nachgewiesen werden.

In diesem Privileg wurde die Stadt berechtigt, zweimal im Jahr einen Markt abzuhalten. Der vor dem *St. Willehadsfest* (8. November) war wichtiger als der vor *Pfingsten,* denn er fiel in die Zeit nach der Ernte. Der Jahrmarkt, der um die Liebfrauenkirche stattfand, war damals ein reiner Warenmarkt, zu dem aber auch viel »fahrendes Volk« angereist kam: Quacksalber und Wunderheiler versuchten ihre Arzneien unters Volk zu bringen, Gaukler und Akrobaten, Sänger und Musikanten die Besucher zu erheitern, indem sie ihnen Kunststücke vorführten, Neuigkeiten aus anderen Gegenden oder Spottgedichte über die Herren der Obrigkeit erzählten. Die aus unterschiedlichen Schichten stammenden Spielmannsleute wurden – aufgrund ihres Herumreisens der sozialen Kontrolle und der Bürgerpflicht entzogen – missachtet und vom gesellschaftlichen Leben ausgeschlossen. Die weltliche und kirchliche Obrigkeit fürchtete sich vor ihnen, da sie aufgrund ihrer Erfahrung in anderen Städten und Ländern vergleichen und somit Kritik üben konnten. Auch der Bremer Rat ließ daher die Verfasser von Spottliedern hart bestrafen.

Bremen entwickelte sich unterdessen zu einem Handelszentrum. Um 1400 beschloss der Rat, den heutigen Marktplatz, ehemals ein stark abschüssiges Gelände, zu befestigen und zu planieren. Roland und altes Rathaus entstanden, der *vrye markede*, wie er 1382 erstmals offiziell genannt wurde, dehnte sich weiter aus. Im Unterschied zu den sonstigen mittelalterlichen Handelseinschränkungen konnte auf den freien Märkten jeder Händler, egal woher er kam, verkaufen, was er wollte. Der Bremer Jahrmarkt wurde somit zu einem wichtigen Wirtschaftsfaktor, zu dem Händler und Käufer aus dem gesamten, von der Niederelbe bis Friesland reichenden Bistum kamen. Im 18. Jahrhundert wandelte sich das Gesicht des Marktes. Es gab zahlreiche neue Manufakturerzeugnisse, vor allem Textilien, mit denen viele jüdische Kaufleute aus Hamburg handelten. Sie waren vor dem Rathaus postiert, und es bürgerte sich der Name des »Judenmarktes« ein.

In den letzten 200 Jahren entwickelte sich der Freimarkt vom reinen Waren- hin zum Vergnügungsmarkt. Die ersten Ansätze hierzu findet man schon am Ende des 18. Jahrhunderts, als verstärkt Schankbuden aufgestellt wurden. Die ansässigen Gasthöfe beköstigten die vielen Besucher jetzt nicht mehr allein. Eine weitere Änderung war, dass durch den Reichsdeputationshauptschluss 1803 viele deutsche Grenzen verändert wurden. Von nun an gehörte der Dom und das erzbischöfliche Territorium der Stadt, und so konnte der Domshof mit als Jahrmarktsfläche einbezogen werden. Als Anfang des 19. Jahrhunderts die ersten Karussells entstanden, wurden die »alten« Spielleute verdrängt. Wer sich keine Fahrgastgeschäfte leisten konnte, verschwand allmählich vom Marktgeschehen. Der Besitzer des ersten Bremer Karussells war 1809 der Gastwirt und Holzhändler Wilhelm Pohlmann. Doch die neuen Schausteller mussten mobil sein, um ihre bald immer aufwändiger werdenden Karussells auf verschiedenen Märkten aufstellen zu können.

Ab der Mitte des 19. Jahrhunderts gesellten sich immer mehr Schießbuden und Karussells zu den Honigkuchen- und Waffelbäckern, drei bis vier Jahrzehnte später wurde die Bockwurst zum beliebtesten Imbiss auf dem Freimarkt. Damals fiel während des Markttreibens sogar der Nachmittagsunterricht aus; klar, dass die Kinder – und nicht nur die – lange für den Rummel sparten.

Zur Jahrhundertwende vergrößerte sich der Markt so sehr, dass der

Er nimmt's gelassen: Der Roland mit Freimarkt-Dekoration

Platzmangel um Marktplatz, Domshof und Liebfrauenkirchhof zu einem drängenden Problem wurde. Als der Rat daraufhin 1913 den Umzug des Freimarktes auf das Gelände an der Gustav-Deetjen-Allee (heutige Bürgerweide) beschloss, wehrten sich die Bremer heftig. Der Freimarkt wurde in einer großen Zeremonie symbolisch »begraben«, denn man war sich sicher, der Umzug bedeute den Untergang des Marktes. Der Erste Weltkrieg aber verhinderte die geplante Verlegung – und auch den Freimarkt. Zur Zeit der Weimarer Republik wurde der Markt auf dem Neustädter Grünenkamp abgehalten, 1934 wurde er endgültig auf die *Bürgerweide* verlegt. Sein befürchteter Tod trat nicht ein, denn nach der Unterbrechung durch den Zweiten Weltkrieg kam mit dem Wirtschaftsaufschwung die Freimarktsstimmung wieder. Die Verbundenheit der Städter mit »ihrem« Freimarkt war ungebrochen.

Der Freimarkt heute

Recht neu ist der Brauch, den Freimarkt auf dem Marktplatz feierlich und mit vielen Menschen gemeinsam zu begrüßen. Viel Platz für die Besucher ist aber rund um den mit Lebkuchenherz geschmückten Roland nicht, denn hier ist dann der **Kleine Freimarkt** aufgebaut, der mit den altertümlichen Fahrgastgeschäften und vielen Imbiss- und Waffelbuden recht nostalgisch ist. Angrenzend findet hinter der Liebfrauenkirche ein **Historischer Markt** statt. Für »zwei Taler« Eintritt können sich die Besucher ansehen, wie der Markt im Mittelalter gewesen sein könnte. Eine weitere neue Erfindung ist der **Freimarktsumzug**. 1968 erstmals zu Werbezwecken vom Verkehrsverein arrangiert, findet er immer am zweiten Samstag des Freimarktes statt. Da der Umzug unter keinem Motto steht, kann sich jede der zahlreichen Gruppen aus Bremen und »umzu« auf ihre Weise präsentieren. Wenn das Wetter mitspielt, umsäumen tausende Zuschauer die Straßen, um den karnevalistisch anmutenden Umzug zu bestaunen.

Der Freimarkt in der zweiten Oktoberhälfte ist noch heute ein Volksfest, zu dem viele Besucher auch aus anderen Städten kommen, und dennoch ist er ein Fest der Bremer. Zu keiner anderen Jahreszeit sind die Bremer so ausgelassen, es wird oft ordentlich gefeiert. Und sollte jemand einmal zu sehr über die Stränge geschlagen haben, so hat er immer eine Entschuldigung parat, denn: »Ischa Freimaak!«

Die Eiswette

Einmal im Jahr so um die Mittagszeit haben viele Bremer auf einmal viel Zeit. In kleinen Grüppchen ziehen sie zum Osterdeich. »Papa, aber der Schneider kann doch gar nicht über die Weser gehen, der ertrinkt doch!« sagt ein Kind zu seinem Vater. »Wie will der Schneider das denn anstellen?« fragt ein anderes. Es geht um die Frage »geiht« die Weser oder »steiht« sie? Alle Zuschauer wissen dies bereits durch einen kurzen Blick auf den Fluss, auf dem Boote der *Deutschen Gesellschaft zur Rettung Schiffbrüchiger* (DGzRS) auf- und abfahren. Aber einige wollen diese schwer wiegende Entscheidung nicht so schnell treffen. Aber fangen wir lieber von vorne an:

Wie kommt es, dass sich in Bremen stets am 6. Januar ein paar Männer in altmodischer Kleidung zusammenfinden, um zu prüfen, ob die Weser zugefroren ist oder nicht? Es geht um eine Wette. Die eine Hälfte der Männer – und zwar ausschließlich – wettet, dass die Weser »steht«, die andere Hälfte, dass sie »geht«. Da es heutzutage aber höchst unwahrscheinlich ist, dass die Weser zufriert, werden die Stimmen ausgelost. Um 1829 war die Weser jedoch noch nicht begradigt, und die Chancen der Wettgegner standen ungefähr gleich. Die *Eiswette* ist die Schöpfung eines um 1800 entstandenen wettlustigen Junggesellenclubs, der das eingesetzte Geld bei »Schürmann« in Horn in einen »Braunkohl mit Zubehör« umsetzte. In den zwanziger Jahren des 19. Jahrhunderts kam es zum Krieg der Griechen gegen die Türken, unter dessen Auswirkungen der bremische Handel arg litt, und die Freunde wetteten um den Zeitpunkt des Kriegsendes. Als die Bremer nach dem Friedensschluss ihre Waren ausschiffen wollten, »stand« die Weser. So wettete man darum, ob der Strom am 1. Januar eisfrei sei und die Schiffe auslaufen könnten, um an dem großen Nachkriegsgeschäft teilnehmen zu können, oder nicht. Die Weser war offen, und die Verlierer mussten den Gewinnern am 12. Januar 1829 ein Kohlessen ausgeben. Das erste *Eiswettessen.* Von nun an wurde jedes Jahr auf die Schiffbarkeit der Weser gewettet, um an ihre Bedeutung zu erinnern.

Geiht sie? Oder steiht sie?

Und was geschieht heute an jedem 6. Januar um zwölf Uhr am Osterdeich? Das Zeremoniell könnte als Sinnbild für bremische Gründlichkeit und Zuverlässigkeit gewertet werden. Die Weser muss genau »untersucht« werden, schließlich hängt der Gewinn einer Wette davon ab. An Heiterkeit soll es der Zeremonie nicht fehlen, dafür sorgt zunächst eine kleine Kapelle, die bei jedem Wetter ihre »Weisen« spielt, bevor der Zeremonienmeister die Zuschauer begrüßt. Ihm folgen – immer von der Kapelle begleitet – die zylinderschwenkenden Herren des Präsidiums. Sie nehmen mit dem Rücken zur Weser am Ufer in einem Halbkreis Aufstellung, gefolgt von den *Novizen* und den *Heiligen Drei Königen,* denn auch sie sollen Zeugen des Geschehens sein, ebenso zwei weitere Honoratioren, der *notarius publicus* und mit ihm der *Wundarzt,* die in der Mode des frühen 19. Jahrhunderts gekleidet sind. Es beginnen die Reden. Wer hier Hochrangiges erwartet, wird enttäuscht: Das Ganze gleicht einem lustigen Laienschauspiel. Nach einer Weile stellen die hohen Herren fest, dass der Schneider wieder einmal zu spät kommt. Im letzten Moment schafft er

Jahrmarktstrubel und Attraktionen: Die Bremer lieben ihre Feste

es dann meist doch noch. Er ist unschwer an seiner Kleidung und dem alten Bügeleisen, das er in der Hand trägt, zu erkennen. Nachdem er sich mit den merkwürdigsten Ausreden entschuldigt und wortreich vielerlei Begebenheiten der Bremer Politik ins Lächerliche gezogen hat, eröffnet der Präsident die Eisprobehandlung: Der Wundarzt prüft das Gewicht des Schneiderleins, es muss exakt 99 Pfund auf die Dezimalwaage bringen. Der Arzt überzeugt sich dann noch mit seinem Zeigefinger von der richtigen Temperatur des Bügeleisens. Die Voraussetzungen der Wette sind damit erfüllt und der Schneider erklärt sich bereit, mit dem Bügeleisen zu Fuß die Weser zu überqueren. Er bekommt eine Flasche *Eiswettkorn* als Lohn ausgehändigt und geht zum Ufer. Alle sind gespannt, was er wohl machen wird, doch er besteigt ohne Zögern ein bereit stehendes Boot, um fröhlich winkend davonzufahren! Der Präsident stellt fest, dass diese Art der Weserüberquerung nicht den Bedingungen entspreche und fordert die anwesenden Herren des Präsidiums nun auf, den Zustand der Weser durch Steinwurf zu ermitteln. Gesagt, getan – die Männer drehen sich um und werfen begeistert die Steine ins Wasser. Da sie alle versinken, trifft der Präsident die von allen akzeptierte Entscheidung: »De Werser geiht!«.

Das obligatorische große **Eiswettfest** findet mit 275 Eiswettgenossen und Gästen, insgesamt über 600 Män-

Feste & Veranstaltungen rund ums Jahr

Aktuelle Auskunft gibt die *Bremer Touristik-Zentrale*, ✆ 0421/30800-0 oder 19433, www.bremen-tourism.de

Flohmarkt : an der Weserpromenade, Sa 8 – 14 Uhr.

Frühstück auf der Weser: So 10.30 – 13 Uhr ab Hal över (Osterdeich), ✆ 30800-50.

Januar, Februar, März

6. Januar: *Eiswette*, Osterdeich, 12 Uhr.

Anfang Januar: *Bremen Cup,* Volleyballturnier der Frauen in der Stadthalle.

Mitte Januar: *Sechs-Tage-Rennen* in der Stadthalle.

Ende Januar: *Hallenfußballturnier* des SV Werder in der Stadthalle.

Musikschau der Nationen; Volksmusik bis Pop und Jazz in der Stadthalle.

2. Februar-Wochenende: *Pferdesport-Festival* in der Stadthalle, Spring- und Dressurreiten.

Februar: *Bremer Karneval* mit Umzug, Sambaklänge begleiten den Zug durch die City und das Ostertor-Viertel. Weitergefeiert wird am Abend beim großen Ball im Schlachthof.

In der Woche vor und nach Ostern: *Osterwiese* auf der Bürgerweide, 13 – 23 Uhr, Karfreitag geschlossen.

Ostersamstag: *Osterfeuer* am Weserstrand beim »Café Sand« mit Tanz, Musik und Feuerwerk.

April, Mai, Juni

Mai – September: *Kajenmarkt* an der Schlachte. Er bildet eine Erweiterung des Flohmarktes an der Weserpromende mit dem Flair des berühmten Hamburger Fischmarktes – nur kleiner. Sa 10 – 16 Uhr.

Die Bremer Stadtmusikanten – Freilufttheater auf dem Liebfrauenkirchhof jeden So um 12 und 13.30 Uhr.

30. April – 1. Mai: *Tanz in den Mai*. Ob von den Cafés oder den Parteien organisiert, der Mai wird in mehreren Zelten mit viel Live-Musik und Tanz begrüßt, u.a an der Fähre Hal Över.

An einem Samstag im Mai: *Loggermarkt* ab 8 Uhr an der Weseruferpromenade und Hafenrandzone in Vegesack.

City-Lauf Bremen–Vegesack: Verschiedene Distanzen werden ab der Gerhard-Rohlfs-Straße über die Strandpromenade gelaufen.

Vegesacker Frühjahrsmarkt: eine Woche lang zwischen 13 und 23 Uhr auf dem Aumunder Marktplatz.

Ende Mai/Anfang Juni: *Hafenfest* in Vegesack. Drei Tage lang buntes Pro-

nern, am dritten Samstag im Januar mit deftigem Kohl- und Pinkelessen im Congresszentrum statt. Die Öffentlichkeit ist ausgeschlossen. Bier ist verpönt, man trinkt nur Wein und den Eiswettkorn. Im Gegensatz zu einst bezahlt heute aber nicht mehr der Verlierer dem Gewinner die Mahlzeit, sondern jeder zahlt selbst. Dass die Veranstaltung in hohem Ansehen steht, liegt an ihrem tatsächlichen Zweck: Der eigentliche Nutznießer ist die Deutsche Gesellschaft zur Rettung Schiffbrüchiger, der die alljähr-

gramm in maritimen Rahmen: von Schiffsbesichtigungen bis Shanty-Chören am ältesten Binnenhafen Deutschlands.

Wochenende um den 21. Juni herum: wird am Weserstrand in den *Mitsommer* getanzt.

Um Pfingsten: *Breminale,* 5 Tage lang Kunst und Kultur zum Anfassen auf den Osterdeichwiesen nach der Devise »umsonst und draußen« mit Musik aus verschiedenen Kulturregionen, populärer Musik und Blues in Zelten und auf offenen Bühnen.

Juli, August, September

Im August: *Internationaler Bremer Sommer:* Handwerkliches und Kulinarisches, Musik und Folklore aus allen Teilen der Welt auf dem Marktplatz und Liebfrauenkirchhof.

Vegesacker Markt, eine Woche lang mit Karussells und vielen Verkaufsbuden.

Anfang September: Sa und So *Hafenfest* am Lankenauer Höft: Zahlreiche Segelschiffe machen im Neustädter Hafen fest. Kutterpullen und Jahrmarktstimmung.

Maritime Woche zuvor gibt Gelegenheit, verschiedene Hafenbetriebe und -einrichtungen kennen zu lernen.

Im September: *hafa Bremen* (Haushalt und Familie): Die Traditionsausstellung unter den Messen, 9 – 18 Uhr, Bürgerweide, Stadthalle.

Musikfest Bremen, Festival klassischer Musik von Renaissance bis Avantgarde.

September/Oktober: *Euro Classics,* 3 Tage Reitturnier in der Stadthalle.

Oktober, November, Dezember

In der 2. Oktoberhälfte: *Bremer Freimarkt,* zwei Wochen lang tobt der Jahrmarktsrummel täglich 13 – 23 Uhr, Fr und Sa – 24 Uhr auf der Bürgerweide.

2. Samstag nach der Freimarkt-Eröffnung: *Freimarktsumzug* mit über 100 Wagen, Kapellen und Vereinen, die ab 12 Uhr durch die City ziehen.

Im November: *Kabarettfest MosKITO* im KITO in Vegesack, © 654848.

Ende November/Dezember: *Weihnachtsmarkt-Ausstellung* u.a. der Kunsthandwerker in der Unteren Rathaushalle.

Weihnachtsmarkt in der Innenstadt rund um den Marktplatz: Do vor dem ersten Advent bis 23.12. Mo – Fr 15 – 20.30 Uhr, Sa 10 – 19, So 11.30 – 19.30 Uhr.

Weihnachtsmarkt auch in Vegesack.

lich auf dem Fest gesammelten beträchtlichen Spendengelder zu Gute kommen.

Die Schaffermahlzeit

Die Schaffermahlzeit ist ein ebenso traditionsreiches Fest wie die Eiswette, allerdings ein früher wie heute umstrittenes. Zunächst war die Mahlzeit eher ein feuchtfröhliches Trinkfest, mit dem die jährliche Rechnungsablage der »Alten Seefahrt«, der Verbindung der bremischen Schiffer, gefeiert wurde. Abgerechnet wurde immer gegen Ende des Winters, da so die Schiffer, die im Sommer auf See waren, daran teilnehmen konnten. So wurde dieses ehemals auch in anderen Hafenstädten bekannte Mahl zur Feier der Ablage gleichzeitig zum Abschiedsessen der Kapitäne, die danach in See stachen. Seit 1561 war das Haus der »Alten Seefahrt« Schauplatz der von Kaufleuten und Schiffsreedern ausgerichteten Veranstaltung; da sie den Seeleuten die Mahlzeit bezahlten, wurden sie »Schaffer«, also »Essen Gebende« genannt. Im Laufe der Zeit wurde die Mahlzeit aufwändiger und umständlicher, es wurden Gäste geladen. Ehrbare Leute nahmen Anstoß an dem derben Fest, weshalb Bürgermeister Mindermann 1756 die Schaffermahlzeit zu verbieten suchte; in den calvinistischen Moralkodex jener Zeit passte ein ausschweifendes Festgelage nicht. Die Vorsteher und Mitglieder der Seefahrt wehrten sich nach Kräften. Eins ihrer Argumente war, dass bei Abschaffung das Interesse der Kaufleute an der Seefahrt nachlassen könnte. Ein anderes, dass die Sammlung, die für die Armen der Seefahrt gemacht wurde, ausfallen und somit den Ärmsten geschadet würde. Nach langem Hin und Her gab der Rat nach, seitdem wurde das Fest alljährlich gefeiert.

Auch heute sind die Teilnehmer der Schaffermahlzeit Kapitäne, Reeder, Kaufleute und Ehrengäste aus Politik und Wirtschaft. Kein Ehrengast wird zweimal geladen. Ablauf und Speisefolge der im oberen Rathaussaal stattfindenden Feierlichkeit ist streng vorgegeben: Ein rund fünfstündiges Mahl, bei dem sowohl das Bremer Kükenragout wie auch Stockfisch serviert wird. Die einzelnen Gänge sind von Reden unterbrochen. Die Schaffermahlzeit ist wie das Eiswettessen eine reine Männerangelegenheit. Das Fest wird jedes Jahr am zweiten Freitag des Februar im Festsaal des alten Rathauses begangen. Beinahe ebenso regelmäßig finden aber auch Demonstrationen gegen diese Selbstdarstellung der »Kapitäne« aus Politik und Wirtschaft vor dem Rathaus statt.

ANNÄHERUNGEN AN BREMEN

Die folgenden Vorschläge zeigen gleichermaßen typische wie ungewöhnliche Schauplätze des Bremer Alltags. Mit ihnen kann man sich der Stadt langsam sowohl nähern wie auch Distanz gewinnen, oder von ihr einen Querschnitt kennen lernen.

IMPRESSIONEN AUS DREI PERSPEKTIVEN

Obschon sie für Bremen sehr charakteristisch sind, bieten drei besondere Orte eine gute Möglichkeit, sich der Stadt auf eher unübliche Weise zu nähern: der *Knoops-Park* im Nordwesten an der Lesum gelegen, der Gasthof *Lankenauer Höft* im Hafengebiet und das *Lloyd-Café* in der City.

1 Auf der Anhöhe von Knoops-Park

Auf der Anhöhe von Knoops-Park erscheint die Stadt wie in weiter Ferne. Dieser gepflegte städtische Landschaftsgarten, gut 10 km nordwestlich des Zentrum an der *Lesum* gelegen, gehörte einst zum Landsitz einer wohlhabenden Kaufmannsfamilie. Er zeugt von der Sehnsucht der Städter nach natürlicher Schönheit und Distanz zum geschäftigen Alltag. Hier im Stadtteil *St. Magnus* finden sich noch weitere großbürgerliche Anklänge von Repräsentanz, Besonderheit und Reichtum; mal sind es prächtige Landsitze, mal protzige Neubauten.

Die Parkbesucher erwartet ein grandioses Panorama: Der Blick gleitet von der Anhöhe hinunter zur Lesum, über das weite Werderland bis zu den Häfen der Stadt. Eine Reihe von Gehöften, die den Deich der Lesum flankieren, ein großes Naturschutzgebiet und schließlich, im Hintergrund, Bremens großes Industrieareal um die Stahlwerke Bremen AG staffeln sich zu einem Bild, durch das im Vordergrund Segelboote ziehen.

Info: Ab Straßenbahndepot Gröpelingen (Linie 2 und 3) mit den Bussen 70/71 oder 73 bis Stader Landstraße, von dort mit der Linie 74 Richtung Vegesack bis An Knoops-Park.

Café Knoops-Park, Admiral-Brommy-Weg direkt am Lesumufer, Di – Sa 14 – 18, So 13 – 18 Uhr, ✆ 631711.

2 Zum Lankenauer Höft

Das Lankenauer Höft, mitten im Hafen der Hansestadt gelegen, bildet einen faszinierenden Aussichtsplatz. Dieser Gasthof steht am Ende einer Landzunge, die den *Neustädter Containerhafen* von den übrigen Häfen trennt und blickt über die Hafenbecken hinweg nach Gröpelingen.

Wer hier reges und lautes Treiben erwartet, wird über die Stille, die über dem Hafen liegt, verblüfft sein. Das Geschehen spielt sich wie in weiter Ferne ab: Stahlriesen aus aller Welt schieben sich fast lautlos an die Kaianlagen heran, wenden mit Hilfe flinker Schlepper, werden von diesen an die Kajen gedrückt und festgemacht. Dumpfe Laute und das Surren der Containerbrücken mischen sich unaufdringlich in die postindustriell verschlafen wirkende Szenerie.

Einige Schlepper warten an der Einfahrt zum Vorhafen auf ihre »Beute«; dort am linken Weserufer befindet sich auch ihr Liegeplatz und das kleine Dorf *Seehausen*. Schrullig trotzt es den riesigen Hochöfen der Stahlwerke Bremen auf der anderen Flussseite, die hin und wieder Flammen speien.

Dramatisch-romantisch: Abendhimmel über dem Hafen

Info: Endhaltestelle der Buslinien 24, 61 und 62 in Rablinghausen, von dort etwa 1 km zu Fuß stadtauswärts den Weseruferpark zwischen Kleingärten und dem Fluss entlang bis zur Spitze der Landzunge.

Gaststätte Lankenauer Höft, Di – So 11 – 23 Uhr geöffnet, ✆ 544191, gute Fischgerichte.

3 Das Restaurant Pur in der Lloyd-Passage

Den dritten Ausblick auf die Stadt könnte man als »Besonderheit des Alltäglichen« bezeichnen: Mitten in der Bremer Innenstadt gibt es einen Ort, an dem man das geschäftige Alltagstreiben als etwas Unwirkliches oder gar Befremdliches erleben kann: im *Restaurant Pur* im Warenhaus Galeria Kaufhof. Hier sitzt man an Deck eines imaginären Ausflugsdampfers und blickt vom ersten Stock hinunter auf das Menschenmeer in der Einkaufspassage. Geschützt hinter Glas, mit einer Tasse Kaffee, einem Cocktail oder Essen vor sich, sieht man auf die unablässig vorbeiströmenden Passanten, ihr Tummeln und Wuseln erscheint bloß als entferntes Rauschen, als Bild- und Klangtapete der Stadt. Die Geschäftigkeit verwandelt sich hier in eine beruhigende, verträumte Aufmerksamkeit, die man sonst nur an entlegenen Orten suchen würde.

Info: ***Restaurant Pur*** in der Lloyd-Passage, Straßenbahnlinie 2 und 3 Obernstraße, ✆ 15600, 9 – 24 Uhr, Fr/Sa 9 – 1 und So 10 – 24 Uhr.

SIEBEN WEGE DURCH BREMEN

Die folgenden sieben Spaziergänge durch verschiedene Viertel und die Innenstadt bieten einen guten Einstieg, um die Stadt in ihrer Vielfältigkeit kennen zu lernen.

1 Straßenbahnfahrt mit der Linie 3

Von Gröpelingen aus – ganz im Bremer Westen gelegen – durchquert die Linie 3 so unterschiedliche Gebiete wie die hafenangrenzenden Stadtteile *Gröpelingen* und *Walle,* die *Innenstadt* oder die »alternativen« Viertel *Ostertor* und *Steintor.* Die Fahrt endet am *Weserwehr* im Bremer Osten. An einzelnen, in den jeweiligen Vierteln zentral gelegenen Haltestellen lässt sich die Fahrt unterbrechen. Einzelne Orientierungspunkte verbinden charakteristische Orte und Atmosphären des jeweiligen »Stadtraumes« zu einer Route für Spaziergänger.

Info: Start an der Endhaltestelle der Linien 2, 3, 10 in Gröpelingen. Anfahrt mit der Linie 10 ab Hauptbahnhof.

2 Vielfalt in Gröpelingen

Das erste, was Bremer mit dem Stadtteil Gröpelingen in Verbindung bringen, ist die Schließung der *Werft AG Weser* 1983 und die damit einhergehende Krise des Viertels. Auf der Grenze zwischen Hafenanlagen und Wohngebiet fährt die Linie 3 beinah greifbar nah an dieser Problematik vorbei: Arbeitersiedlungen, die durch eine lange und klassenbewusste Tradition geprägt waren, verwandelten sich in Orte düsterer Arbeitslosigkeit, aus einem funktionierenden Ortskern wurde, nachdem zahlreiche Geschäftsleute aufgaben und abwanderten, ihre Läden leer zurückblieben, ein Anziehungspunkt für Spielhallen und Restpostenlager. Einige wenige alte Menschen, die seit langem hier leben, strahlen noch etwas vom ursprünglichen Stolz der Gröpelinger auf ihr »Dorf« aus. Gröpelingen – »am Ende«, wie manche meinen, oder vielleicht doch vor der Wiederauferstehung?

Die Facetten des Stadtteils sind vielfältig: Industriebrachen neben liebevoll gepflegten Kleingärten, verträumte Sträßchen vor riesenhaften Lagerhallen im Hafengebiet, dörfliche Ruhe und Tristesse neben beunruhigender großstädtischer Anonymität. Vor den Schaufenstern sanierungsbedürftiger Altbauten wird Obst und Gemüse feilgeboten, neben den Auslagen eines vom Abriss bedrohten Ramsch-Geschäftes prangt der metallene Schriftzug eines Szene-Cafés. Man findet türkische Kulturvereine und die nahen Straßen sind von türkischer Lebensart geprägt. Auch die *Fatih-Moschee* mit Minarett steht in Gröpelingen, allerdings dürfen nur die umliegenden Kirchen per Glockengeläut zum Gebet »rufen«, während dies dem Muezzin untersagt ist.

Sanierungen werden zahlreicher in Angriff genommen, seit EU-Fördermittel zum Erhalt des Lindenhofviertels fließen und zeitigen erste Resultate: Neue Einfamilienhäuser, ein repräsentativer Bibliotheksbau sowie Wein- und Buchhandlungen deuten die Entwicklung an. Das Arbeiterviertel ist am Ende auf dem Weg in die Bürgerlichkeit. Noch fühlen sich junge Leute vom gegensätzlichen Nebeneinander angezogen, und nicht zuletzt sind es die bezahlbaren Mieten, die Gröpelingen zu einem Ort machen, an dem vieles möglich ist. Das *Lichthaus* – selbstverwaltete Kunst im ehemaligen Arbeiteramt der AG-Weser – steht ebenso dafür wie die Konzerthalle *Pier 2* sowie das *Space-Park-Projekt* (↗ Kunst & Kultur)

Info: Haltestelle Use Akschen.

Spaziergang: Von der Kreuzung Liegnitz-/Ortstraße in Richtung Waltjenstraße bis »Bihwerder« (ein so genannter Gartengang mit typischen Arbeiterhäusern), ein paar Schritte zurück und vorbei an der Andreaskirche in der Danziger Straße zur Hauptverkehrsader Gröpelinger Heerstraße, rechts bis zur Lindenhofstraße und auf dieser zurück zum Liegnitzplatz. Auf der anderen Seite der Haltestelle gelegen: Lichthaus und »Use Akschen«.

3 Kleinstädtische Gemütlichkeit in Walle

Wenn die Bahn auf verkehrsreicher Hafenrandstraße Industrieanlagen, Silos und Lagerschuppen passiert hat, die dann hinter grünem Deich verschwinden, findet sich an der Elisabethstraße zuerst auch nicht viel mehr als die laute Ausfallstraße und die Reizlosigkeit von Nachkriegssiedlungen. Bei genauerem Hinsehen zeigen sich jedoch die Auswirkungen eines baupolitischen Zwist: Gegen die Pläne von SPD-Senat und gewerkschaftlicher Wohnungsbaugesellschaft bestanden viel alte Eigentümer darauf, die traditionelle Bremer Bauform beizubehalten, und so sind ganze Straßenzüge aus zweistöckigen Reihenhäusern mit schmaler Grundfläche entstanden. Jedes Häuschen hat seinen eigenen Eingangsbereich und seinen eigenen kleinen Gartenstreifen dahinter, kaum genug Platz, um einen Tisch aufzustellen und gleichzeitig Gemüse anzupflanzen – und dennoch gibt es Besitzer, die auf ein Gartenhäuschen nicht verzichten wollen.

Sollen nach Gröpelingen einladen: Neue Torhäuser an der Lindenhofstraße

»Man macht was aus sich«, auch wenn der Platz knapp bemessen ist. Weiter stadteinwärts prägt dagegen der öffentliche Wohnungsbau mit seinen typischen, mehrstöckigen Wohnblocks das Bild.

Das eigentliche – vom Kriegsbombardement weitgehend unversehrt gebliebene – Zentrum von Walle liegt jedoch um den **Wartburgplatz**. Ein stark frequentierter Waschsalon, eine im Sommer dauerbelegte Eisdiele mit Tischen im Freien und eine Parkbankgruppe, auf der sich fast immer irgendwer mit irgendwem unterhält, prägen hier das Bild. Viele Kneipen, Geschäfte, dazu ein paar Cafés gruppieren sich weitläufig um den Platz.

Ganz anders als der Wartburgplatz wirkt die **Waller Heerstraße:** Lässt Ersterer an verschlafene Kleinstadtszenen denken, so lässt hier wieder das proletarischere Gröpelingen grüßen. Läden für Sonderposten, Pinten und Imbissbuden, alles überragend der *Fernsehturm* und ein beinahe unverstellter Blick auf den Bremer Dom bilden eine unstrukturierte, großstädtische und gegensätzliche Atmosphäre.

Info: Haltestelle Elisabethstraße.

Spaziergang: Elisabethstraße, Brabantstraße bis zur Grenzzstraße, diese nach links bis zur Wartburgstraße (geradeaus Abstecher zurm Fernmeldeturm), rechts zum Wartburgplatz. Durch die St.-Magnus-Straße gehen, die auf den Steffensweg trifft. Diesen geht man nach links und an seinem Ende nach rechts in die Hansestraße, dann über die Haus-Böcker-Straße hinweg zur Haltestelle Hansator.

4 Spaziergang quer durch die City

Hat die Bahn vorbei an 50er-Jahre-Bebauung die westliche Vorstadt hinter sich gelassen, scheint die Westecke der Altstadt, das *Stephaniviertel*, vom Cityrummel unberührt zwischen der Weser und den Einfallstraßen vor sich hinzudämmern; ein unhaltbarer Zustand für eine solche »Gunstlage«, meinen heutige Stadtplaner. Am *Brill* beginnt die *Fußgängerzone*, und man könnte sagen, dass das Karstadtgebäude am Rand des *Marktplatzes* dieses neuzeitlich-kaufmännische Ensemble vom altstädtischen abgrenzt: dahinter dokumentieren *Rathaus*, *Schütting*, *Roland-Statue* und *Dom* die Tradition der Hansestadt.

Wie eine Insel liegt die City zwischen Weser und Wallgraben, und ist dennoch zu den Ufern hin abgeschottet: der »Verkehrsfluss« Martinistraße liegt zur Weser hin trennend dazwischen. Ähnlich am Wallgraben: Läden und Park sind getrennt, und für Fußgänger verbindet nur die Unterführung an der *Bischofsnadel* die Innenstadt mit den Wallanlagen. Die breiten, von den Weserbrücken kommenden Verkehrsachsen schlagen in Nordostrichtung Breschen in den alten Stadtkern und seinen ehemaligen Befestigungsring.

Info: Haltestelle Faulenstraße.

Spaziergang: Über Diepenau ins Faulenquartier, rund um die Stephanikirche und hinunter zum Weserufer, zur Bürgermeister-Smidt-Brücke hinauf, links in die Bürgermeister-Smidt-Straße bis zur großen Kreuzung Am Brill. Dann in den Fußgängertunnel hinunter, auf der anderen Seite über die Treppen zur Obernstraße und von dort geradeaus zur Haltestelle Obernstraße. An der Haltestelle Obernstraße der Linie 3 nahe Karstadt und der hier abzweigenden Sögestraße beginnt ↗ »Bremen – klassisch«.

5 Ostertor & Steintor: Das »Viertel«

Ostertor- und Steintor-Viertel kündigen sich hinter dem Wallgraben mit den mondänen Villen der Contrescarpe an. Kurz dahinter gehen die Straßenzüge schon in ein dichtes Geflecht aus kleinen Seiten- und Nebenstraßen über. Wie eine Ader durchziehen die beiden Geschäftsstraßen *Ostertorsteinweg* und *Vor dem Steintor* das bunte Nebeneinander von Wohnen, Arbeiten, Ausgehen und Einkaufen.

Das »Viertel«, wie die beiden Stadtteile meist zusammenfassend genannt werden, ist zugleich Ort für soziale Brennpunkte – vor allem die zeitweise stark präsente Drogenszene an der Sielwallkreuzung und die umstrittenen Umgangsweisen mit diesem Problem – wie auch für Versuche einer anderen Wohnkultur. Seit den siebziger Jahren hat sich hier eine Vielfalt von Lebensformen nebeneinander etabliert, von der sich etliche angezogen fühlen. Manches lässt Besucher aus dem Süden an Holland denken: das Laissez-Faire etwa oder die vielen Fahrräder, die kleinen Häuser mit ihren gardinenlosen Fenstern, aus denen am Abend einladend Licht auf die Straße fällt und die – freiwillig – einen kurzen Augenblick vom Leben der Bewohner preisgeben.

Vielleicht liegt der Reiz des Stadtteils auch in der Verbindung von Stadtleben und Dörflichkeit. Einerseits die dicht gedrängten Läden und Cafés, Kneipen, Kinos, Theater, überall und rund um die Uhr

Kleinbürgerliche Beschaulichkeit …

... und weltmännischer Baustil im Viertel. Hinter der Jugendstilfassade residiert heute das Café Engel

Fußgänger, Junkies, Autos, Radfahrer an den Hauptstraßen, andererseits die vielen stillen Orte dazwischen; vorbei an neonbeleuchteten Boutiquen kann sich der Blick in grün bewachsenen Seitengassen ausruhen.

Info: Haltestelle Theater am Goetheplatz.

Spaziergang: Den Ostertorsteinweg entlang, vom 4. Stock des Einrichtungshauses »Flamme« (Ostertorsteinweg 84) lässt sich ein Blick über die Stadt werfen. Lohnend ist das »Milchquartier«, in das man – ein paar Schritte zurück – durch Gässchen gelangt. Auf verschlungenen Pfaden, etwa durch die Alexander- oder Kreuzstraße geht's Richtung Sielwall. Jenseits durch Auf der Kuhlen und Schmidtstraße Richtung Vor dem Steintor, dort nach rechts zur Haltestelle Brunnenstraße.

6 Peterswerder – Leben zwischen Fluss und Urbanität

Auf Höhe der *St.-Jürgen-Straße* wird die Szenerie ruhiger. Zwar bleibt die Nähe zum »Viertel« spürbar, jedoch wirkt die Atmosphäre gesetzter, beschützter und auch ein wenig verträumt. *Peterswerder* ist eher ein Wohnquartier und zieht – außer wenn »Werder« spielt – weniger Menschen von außerhalb an. Eckkneipen lassen im Sommer an Frankreich denken, Cafés liegen beiläufig-selbstverständlich am Weg zwischen den Alltagsgängen der Bewohner. In vielen Seitenstraßen finden sich *Bremer Häuser* mit schmucken Glasveranden, die als kleine Gewächshäuser, ausgelagertes Wohnzimmer oder als überdachter Vorplatz für Fahrräder oder Rollschuhe dienen. Wie Visitenkarten stehen sie mal mehr förmlich, mal mehr einladend vor den Häusern. In der *Henriettenstraße* zeigen sich abgewohnte Rückseiten neben Arbeiterhäuschen – ein selten großstädtischer Kontrast zur sonst mehr idyllischen Umgebung.

Trotz seiner Unscheinbarkeit ist der **Brommyplatz** dennoch ein zentraler Treffpunkt für die Gegend. In seiner Mitte spielen Kinder im Sandkasten oder Erwachsene Boule, seine Ecken besetzen ein alter Tabakladen, eine Apotheke, zwei Kneipen. Vergleicht man den Brommyplatz mit zentralen Plätzen des Steintors, so wird etwas von den jeweils unterschiedlichen Atmosphären der Stadtteile deutlich.

Info: Haltestelle Weserstadion.

Spaziergang: Von Auf dem Peterswerder durch den Tunnel zur Weser und links am Stadion vorbei, dahinter links wieder hinauf zum Osterdeich, durch die Blankenburger Straße über die Hamburger hinweg und nach links durch die Henriettenstraße, zurück durch die Verdener zur Braunschweiger Straße und zum Brommyplatz.

7 Hastedt – an der Grenze zwischen Stadt und Land

Der Stadtteil Peterswerder geht auf Höhe der Stader Straße in das wieder mehr durch Arbeitersiedlungen geprägte *Hastedt* über. Die Bahn durchquert kleinstädtische Reihenhausbebauungen. Am Ende des Stadtteils, das auch durch eine breite Hauptverkehrsstraße signalisiert wird, liegt die Endhaltestelle *Am Weserwehr.* Hält man sich von dort aus rechts, überquert einige Ampeln und hält auf den Fluss zu, so zeigt sich das *Neue Weserwehr.* Von Gröpelingen aus gesehen liegt es ganz am anderen Ende der Stadt und markiert eine Art Grenze nach Osten.

Das Weserwehr auf dem breiten Boulevard zu überqueren, ist ein kleines Ereignis. Einerseits weil das Bauwerk aus Beton und Stahl ein wenig wie ein ingenieurtechnisches Denkmal anmutet, andererseits weil die Promenade in ihrer Großzügigkeit an berühmte weltstädtische Vorbilder denken lässt, und schließlich, weil das herab stürzende Wasser sowie der oft kräftige Wind für einen Augenblick das Meer in die Nähe holen.

Hat man die im Anschluss beschaulich wirkenden Schleusen überquert, so beginnt das *Werderland,* und man hat die Stadt – fürs Erste – hinter sich gelassen.

Info: Endhaltestelle Am Weserwehr.

Spaziergang: Siehe auch »Hüben und drüben – Tour entlang der Weser«.

BREMEN KLASSISCH

DER FRISÖR
IM SCHNOOR
Teestübchen
Teeladen

GROSSE SEHENSWÜRDIGKEITEN UND KLEINE WINKEL

Der Marktplatz, Hauptanziehungspunkt für Besucher, markiert Bremens ältesten Stadtbereich. Hier finden sich rund um den Roland die stadtgeschichtlich wichtigsten Bauwerke wie Rathaus und Dom, hier spielte sich schon immer das öffentliche Leben ab. Unser Blick auf diesen Bereich zeigt ihn unter anderem im Alltagslicht des 17. Jahrhunderts. Die an den Marktplatz angrenzende, eigenwillig gestaltete Böttcherstraße und das verwinkelte Schnoorviertel dokumentieren ihrerseits ein Stück Zeitgeschehen. Nach Norden schließt sich der zur Parklandschaft umgestaltete Wall, die ehemalige Stadtbegrenzung, und »das Viertel« mit seinen stattlichen »Bremer Häusern« an.

RUND UM DEN MARKTPLATZ

Dom → Rathaus → Kirche Unsere Lieben Frauen → Schütting → Haus der Bürgerschaft

Das 787 gegründete Bistum Bremen, 845 bereits zum Erzbistum erhoben, dokumentiert durch seine Geschichte die Auseinandersetzung zwischen Kirche und Bürgertum, das sich jedoch zunehmend zu behaupten wusste. So spiegeln die Gebäude rings um den Markt, auf dem der Roland selbstbewusst dem Dom die Stirn bietet, ein historisches Ensemble bremischer Machtverhältnisse.

Der St.-Petri-Dom

Die mächtigen, in Geschosse geteilten, nur oben durch Schallöffnungen durchbrochenen Domtürme bestimmen weithin die Silhouette der Stadt. Von außen fällt das Fehlen des sonst bei Kathedralen üblichen Mittelportals auf: In der Mitte des Unterbaus befindet sich hier stattdessen die *Westkrypta.* Die *Bronzetüren* der beiden Eingänge in den Türmen sind mit Szenen aus dem Alten (Nordtür an der Domshofseite) und dem Neuen Testament verziert. Sandsteinfiguren sind so platziert, dass Moses und David die Seiten der Nordtür schmücken, während Petrus – der Schutzpatron des Doms – und Paulus der Südtür zur Seite stehen. In der Mitte thront Kaiser Karl der Große, der als Gründer des Bistums Bremen angesehen wird. Die für den spätmittelalterlichen Bau – begonnen wurde er im Jahre 1041, fertig gestellt aber erst 200 Jahre später – typischen vergoldeten *Glasmosaike* in den Nischen zwischen den Portalen stellen »Die Kreuztragung« sowie den »Tod Christi am Kreuz« dar. Vom *Arkadengang* oberhalb des Erdgeschosses aus zeigten früher an hohen Festtagen die katholischen Geistlichen der auf dem Marktplatz versammelten Menge die Reliquien. Das *Radfenster* – Zeichen des göttlichen Zentrums – aus den Jahren 1511–18 ist umgeben von den vier Evangelisten Mathäus, Markus, Lukas und Johannes. Der Dom ist seit 1547 evangelisch-lutherisch.

Der Schnoor, Bremens historisches Herz, ist eine touristische Attraktion

BREMEN KLASSISCH

Der Dom von innen

Hält man sich nach Betreten des Doms (von Westen) ein wenig links, gelangt man in das Nordschiff, von dessen Eingangstür aus, dem **Brautportal,** der Dom gut zu übersehen ist. Durch das Brautportal hielten früher die Hochzeitsleute Einzug in die Kirche, heute wird nur das Nordportal benutzt. Über dem von Max Salzmann 1895 geschaffenen *Nordportal* stehen Figuren der klugen und der törichten Jungfrau, die aus der ersten Hälfte des 13. Jahrhunderts stammen.

Geht man dann noch ein paar Schritte zur **Arkadenwand** vor, wird trotz der gotischen Überformung der romanische Grundriss der dreischiffigen Basilika mit Vierung, Querhausflügeln und über Krypten erhöht liegenden Chören deutlich. Die gegenüberliegenden neun Arkadenbögen mit den Pfeilern der Südwand und des Mittelschiffes sowie auch Teile des Obergadens und die Krypten stammen aus salischer Zeit (1024 – 1125), als *Erzbischof Bezelin* 1042 kurz vor seinem Tode mit dem Bau der Kathedrale begann. Sein Nachfolger *Adalbert* setzte 1043 den Dombau in norditalienischem Stil fort. Um 1200 ließ *Gerhard II.* die Decken der Kirche einwölben und gestaltete den Westchor in eine Taufkapelle um. Um 1500 begann man, durch Zusammenfassung aller Schiffe und Kapellen die Basilika in eine Hallenkirche umzuformen. Das Nordschiff wurde fast zu den Ausmaßen des Mittelschiffes vergrößert und erhielt ein hochgotisches Netzgewölbe. Die Reformation setzte dem Weiterbau jedoch ein Ende, wodurch das Südschiff in seiner alten Form erhalten blieb.

Da sich die lutherische Lehre in den Bremer Kirchen durchsetzte, der Dom aber katholisch blieb, kam es zu Auseinandersetzungen mit dem Rat der Stadt, der den Bremern unter Strafe verbot, an einer katholischen Messe teilzunehmen. Das änderte sich erst, als sich die Geistlichkeit 1547 refor-

Mit dreißig Jahren zum Domtreppenfegen verdammt

Unverheiratete in Angst und Schrecken

BREMEN, 1997 (uw): Dreißigjährig in Bremen und noch immer unverheiratet? Mit diesem Makel wird in der Stadt spätestens seit 1890 aufgeräumt. Seit dieser Zeit haben die noch ledigen Männer und Frauen vor dem Dom ihren Ortstermin. Die Männer sind zum Domfegen verdammt, die Frauen müssen die Domtürklinken putzen. Damit die Opfer dabei nicht allein bleiben, spielen Freunde so lange auf einer Drehorgel, bis sich eine ausreichende Zahl von mitleidigen Zuschauern eingefunden hat. Der Besen oder das Putztuch wird erst dann aus der Hand gelegt, wenn sich jemand vom anderen Geschlecht endlich dazu erbarmt, das Geburtstagskind von der öffentlichen Pflicht »freizuküssen«. Das Fegen geht vermutlich auf ältere Hänselsitten und Prüfungen der jungen Handwerksgesellen zurück. Übrigens gilt dieser Brauch nur für Bremer. Da haben die Auswärtigen ja noch einmal Glück gehabt. ◀

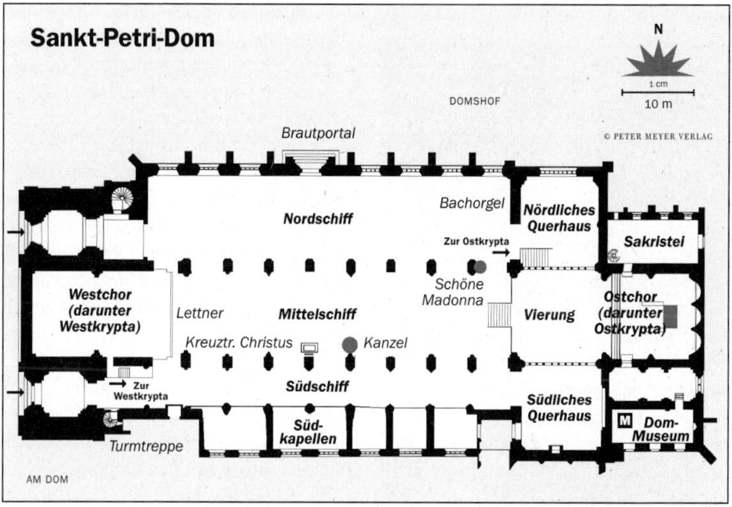

mierte und im Dom evangelisch gepredigt wurde. Als sich nach einem Kirchenstreit der Calvinismus durchsetzte, schloss man kurzerhand den lutherisch gebliebenen Dom.

1638 stürzte der Südturm ein. Die Baufälligkeit des Gotteshauses veranlasste den *Erzbischof Friedrich II.*, den späteren König von Dänemark, die Kathedrale wieder herrichten und zugänglich machen zu lassen; die in manieristischem Stil gehaltene **Kanzel**, ein Werk des dänischen Künstlers *Jürgen Kriebel*, stammt aus dieser Zeit. Die Ikonografie der Schnitzereien führt von den biblischen Urvätern ausgehend über die Propheten und Apostel zum siegreichen Christus. Der Figurenschmuck war vermutlich eine Demonstration der lutherischen Kirche gegen den bilderfeindlichen Calvinismus. Neben der Kanzel hängt der *kreuztragende Christus*, eine um 1500 entstandene westfälische Arbeit. Auch der **Sandsteinlettner** – eine Brüstung, die das Mittelschiff vom Westchor trennt – stammt aus der ersten Häfte des 16. Jahrhunderts. Das Mittelstück des Lettners zeigt die Gründung des Bistums Bremen durch Kaiser Karl den Großen und Bischof *Willehad* (742 – 814). Oberhalb des Lettners befindet sich der Westchor und dort die von *Wilhelm Sauer* 1894 gebaute **Orgel**, deren Klang bei der Restaurierung 1996 möglichst originalgetreu wieder hergestellt wurde. In den anderen **Nischen** finden sich Heiligenskulpturen und Gestalten aus der bremischen Kirchengeschichte, an den östlichen Mittelpfeilern die »Madonna« und der »heilige Rochus«, Relikte der späten katholischen Zeit. Die übrigen Pfeiler sind mit *Epitaphien*,

Portalfigur am Dom

Gedenktafeln mit den Wappen und Lebensdaten der Verstorbenen, aus dem 15. bis 18. Jahrhundert geschmückt und zeigen so auf interessante Weise die Entwicklung verschiedener Stilrichtungen von Renaissance bis Barock.

In der zweiten Südkapelle von Osten stehen Reste des alten wertvollen **Chorgestühls,** einer Schnitzarbeit von 1380. Die Wangen zeigen hauptsächlich Darstellungen aus dem Neuen Testament.

Die überragendsten Zeugnisse frühromanischer Zeit sind die Krypten. Die **Westkrypta** (zwischen den Eingangsportalen) wird heute als Taufkapelle benutzt. Die von lombardischen Steinmetzen gestalteten Kapitelle aus der Zeit Adalberts sind Urformen dieses Typs, man erkennt dreisträhnige Flechtbandornamente und mittelmeerische Palmetten. Ein Löwenkapitell steht in derselben Tradition. Das bronzene Taufbecken ist um 1230 entstanden. Vier auf Löwen reitende Gestalten symbolisieren, dass durch die Taufe die bösen Mächte bezwungen werden sollen. Das älteste Relief *Christus als Weltenrichter* aus dem Jahre 1050 hängt an der Ostwand: der doppelbärtige Schlüssel symbolisiert seine Macht über Himmel und Erde, die aufgeschlagene Bibel in der anderen Hand seine Lehre. Links ist eine Grabplatte mit drei Bischofsstäben aus dem Jahre 1035 zu sehen.

Die bislang letzte Restaurierung förderte 1972 bei Ausgrabungen im Mittelschiff erzbischöfliche Gräber mit Textilien und Beigaben zu Tage, die zum Teil im **Dommuseum** ausgestellt sind.

Info: ***Dom:*** Mo – Fr 10 – 17 Uhr, Sa 10 – 14 Uhr, So und Fei 14 – 17 Uhr.

Museum: Mo – Fr 10 – 17 Uhr (November – März 11 – 16 Uhr), Sa 10 – 13.30, So 14 – 17 Uhr. 2 €, ermäßigt 1 €.

Das Rathaus

Kurz nach 1400 beschloss die Stadt, ein neues Rathaus zu bauen, um ihren Machtanspruch auch nach außen hin durch eine repräsentative Architektur zu veranschaulichen. Das alte Rathaus befand sich an der Westseite des Marktplatzes, gegenüber der Kirche Unser Lieben Frauen. Als neuen Standort hatte man sich trotzigselbstbewusst einen Platz ausgesucht, der an das Palatium der Erzbischöfe angrenzte und in unmittelbarer Nachbarschaft des Doms lag.

Es entstand ein zweigeschossiger, rechteckiger Bau aus roten und schwarz glasierten Backsteinen. Der ebenerdige Laubengang schloss mit dem darüberliegenden Wehrgang ab, in dessen Mitte sich die Ratslaube befand. Von dieser wurden Bekanntmachungen für die Bürger verlesen.

Der einzige, aber wichtige Schmuck ist ein *Figurenzyklus* aus Oberkirchner Sandstein, der sich an den Schmalseiten über den spitzbögigen Eingangstoren in gleicher Höhe fortsetzte. Die Figuren, die in die heutige Fassade mit eingebunden sind, sind von links nach rechts Kaiser Karl der Große mit den drei geistlichen und vier weltlichen Kurfürsten, die das Reich repräsentierten; an den Seitenmauern sind Propheten und Philosophen zu sehen. Bezeichnenderweise fehlt die Figur des Landesherrn, des Erzbischofs, damit wurde die behauptete Reichsunmittelbarkeit der Stadt besonders hervorgehoben.

Die Pracht bürgerlichen Wohlstandes wurde um die Mitte des 17. Jahrhunderts an den Gebäuden des Marktplatzes sichtbar. Dazu trug auch der Rathausumbau in den Jahren 1595 bis 1618 bei. Ein der rechteckigen Fassade vorgesetzter, vertikal gegliederter **Erker,** ein so genannter *Mittelrisalit,* war die stärkste Veränderung. Von einem mit vielen Verzierungen versehenen Haupt- und zwei kleineren Seitengiebeln gekrönt, wurde er zu einem bedeutenden Denkmal der Weserrenaissance. Der Laubengang präsentiert sich nun als eine rundbögige Arkade mit toskanischen Säulen. Den Figurenzyklus zwischen den verbreiterten, über den Stürzen eckig und flachbögig gefassten Fenstern behielt man bei. Aus den Propheten an der westlichen Schmalseite (Kirche Unser Lieben Frauen zugewandt) wurden antike Philosophen, sicherlich bedingt durch den Bruch mit der christlichen Bildtradition nach der Reformation. Deutlich wird dies an den später angebrachten Namensbändern, ohne dass die Figuren verändert wurden. Der Rat sieht sich nun als alleiniger Hüter des Rechts. Beachtenswert sind die Allegorien. In den Zwickeln der Arkadenbögen spiegeln sie im ganzen gesehen bürgerliches Leben unter der Regie des Rates wider.

Die **Untere Rathaushalle** ist fast unverändert aus gotischer Zeit erhalten geblieben. Sie wird durch zwei Reihen von je zehn roh behauenen Eichenholzstützen in drei Schiffe geteilt und wirkt daher wie das *Flett* (Wohn- und Herdraum) eines niedersächsischen Bauernhauses.

Über eine *Wendeltreppe* aus dem Jahre 1532 gelangt man in die **Obere Rathaushalle,** die mit ihren gotischen Fenstern an den beiden Schmalseiten fast einem sakralen Raum gleichkommt. Sie wird heute nur noch als Fest- und Empfangssaal des Senates genutzt.

Bemerkenswert ist die stützenlose, freitragende Holzbalkendecke. Zwischen den ornamental geschmückten, schlicht behauenen Balken sind Bildmedaillons der deutschen Kaiser von Karl dem Großen bis Sigismund angebracht. Schwere alte Messingleuchter mit kaiserlichem Doppeladler und Bremer Schlüssel im Wechsel mit vier *Orlogschiffsmodellen* (Kriegsschiffe der Handelsflotte) hängen von der Decke herab. Die ältesten Modelle werden auf die Jahre 1545 und 1650 datiert. Die Miniaturkanonen des Modelles von 1650 können mit Schwarzpulver geladen werden, sie kamen in früheren Zeiten oft bei Festlichkeiten zum Salutschießen zum Einsatz.

Größter Blickfang der Südwand ist der in den Raum vorspringende Erker, in dessen oberem Raum das *Ratsarchiv* untergebracht war. Der untere, nach seiner goldenen Ledertapete die **Güldenkammer** genannte, wurde bei Beratungen genutzt. Das prächtige äußere Gehäuse um den Erker schuf der Holzschnitzer *Reinike Stolling* zwischen 1616 und 1620. Sein Geselle, unter dem Namen »Knecht Ronnich« überliefert, schnitzte zur selben Zeit die prunkvolle Wendeltreppe zum Altan. Über dem figurengeschmückten Portal zur Güldenkammer zeigt ein *Alabasterrelief* den Römer Marcus Curtius, der sich zur Rettung seiner Vaterstadt in den Abgrund stürzte. Hoch darüber steht die Justitia mit Waage und Schwert. Eine Überraschung ist jedoch die Gestalt, die der Worpsweder Künstler *Heinrich Vogeler* dem im Laufe der Zeit verwahrlosten Raum im Jahre 1905 gab: Die Güldenkammer gilt als der einzige in reinem Jugendstil geschaffene Raum in Deutschland.

Der wichtigste Platz des Saals lag an der dem Dom zugewandten **Ostseite.** Hier saßen Bürgermeister und Ratsherren auf dem alten *Ratsgestühl* (heute ausgestellt im Fockemuseum), das im Jahre 1904 durch das heutige abgelöst wurde. Unter dem auf der linken Seite befindlichen *Fresko* »Das salomonische Urteil« – 1532 von Bartholomäus Bruyn geschaffen – wurde beraten und Recht gesprochen. Fast erinnert dieser etwas höher gelegene Teil der Halle an den Ostchor des Doms, wohin sich die Geistlichkeit zurückzog.

Auf der Längsseite fällt das große **Fresko** des Gründungsaktes ins Auge: Kaiser Karl übergibt Bischof Willehad den Dom, wie er um 1500 ausgesehen hat. Die reich geschmückten Portale dieser Wand führen sämtlich in das *Neue Rathaus.*

Info: Führungen ab Eingang untere Rathaushalle (zwischen Stadtmusikanten und Ratskeller): 1.11. – 30.4. Sa/So 11 und 12 Uhr, 1.5. – 31.10 Mo – Fr 10, 11, 12 Uhr, Sa/So 11 und 12 Uhr. Änderungen bei Sitzungen o.ä. sind möglich. 4 €, ermäßigt 2 €, Karten an der Touristinformation Liebfrauenkirchhof.

Kirche Unser Lieben Frauen

Unser Lieben Frauen ist die älteste Pfarrkirche der Stadt. Sie schließt den Marktplatz nach Nordwesten hin ab. Die Rats- und Marktkirche diente der Bürgerschaft bis zum Rathausbau als Versammlungsraum und war ihr immer viel enger verbunden als dem Dom, dem Sitz des Landesherrn.

In seiner Chronik berichtet der Geschichtsschreiber *Adam von Bremen*, dass *Erzbischof Unwan* im Jahre 1020 den Bau einer Kirche außerhalb des Dombereiches anordnete. Reste dieser dem heiligen Vitus geweihten Kirche zeigt das *Felssteinmauerwerk* an der unteren Nordostwand (beim Taxistand). Aus dieser Zeit stammt der unter dem Nordschiff gelegene, älteste begehbare Raum Bremens; eine Treppe links vom Eingang führt in diese **Krypta,** in der in jüngster Zeit Fresken des 14. und 15. Jahrhunderts entdeckt und restauriert worden sind.

Unmittelbar neben diesem ersten Bau begann man im 12. Jahrhundert mit einem zweiten Bauwerk, von dem nur noch der Südturm mit seinen romanischen Rundbögen und Arkaden vorhanden ist. Aus dieser Zeit stammt der Name Unser Lieben Frauen.

Mitte des 13. Jahrhunderts entstand der frühgotische Bau, in den der Südturm der Vorgängerkirche mit einbezogen wurde. Die Kirche, die man zwischen den Türmen durch einen Vorraum betritt, ist eine dreischiffig gewölbte Hallenkirche, geprägt von vier kräftigen frei stehenden Pfeilern im »Hausstil« des vermutlichen Auftraggebers Gerhard II., der aus einer westfälischen Adelsfamilie stammte. Drei quer laufende Dächer überdecken das Langhaus. Zum Neubau der Hallenkirche gehört auch der Nordturm. Der Chor, ursprünglich kleiner, wurde Ende des 14. Jahrhunderts verlängert und bekam den heutigen geraden Abschluss. Im 15. Jahrhundert erfolgte eine Erweiterung durch ein viertes Schiff zur südlich gelegenen Marktseite hin (vom Eingang gesehen rechts). Diese Erweiterung wurde im 18. Jahrhundert durch eine Trennwand wieder aufgehoben, so dass der Kirchenraum heute fast den Eindruck von vor 700 Jahren wiedergibt. Nach außen hin entstanden mit dem Anbau die prächtigen Backsteingiebel.

Von der mittelalterlichen Ausstattung der Kirche haben nur wenige Stücke die bilderfeindliche calvinistische Phase überstanden. Ein hochbarockes *Epitaph* von 1686 – links der Halleneingangstür – zeugt von dem

Geltungsanspruch der Bürger um diese Zeit.

Die hölzerne *Kanzel* und die *Kanzeltreppe* von 1709 geben ein Beispiel von der Qualität der bremischen Bildschnitzerei. Der Kanzelkorb zeigt Darstellungen der Evangelisten und der christlichen Tugenden, den Treppenlauf ziert Blütenornamentik.

Das Kircheninnere wird heute wesentlich durch die Restaurierung bestimmt, die in den Jahren 1958 – 1965 vorgenommen wurde. Kriegsschäden an den Dächern und Gewölben wurden behoben, der Nordturm wieder aufgebaut. Durch die Freilegung der roten Backsteinflächen entspricht der strenge Kirchenraum heute nicht mehr dem ursprünglichen Zustand. Er war früher verputzt und mit Figuren und Ornamenten bemalt. Die Gestaltung der Fenster übernahm nach der Renovierung der französische Künstler *Alfred Manessier* (geb. 1911), dessen abstrakte Farbkompositionen sich um das Thema des Pfingstwunders ranken.

Info: Kirche und Krypta sind geöffnet ab dem 1.10. bis zum 31.3. Mo – Fr 10.30 – 12.30 und 14 – 16 Uhr, Sa 10.30 – 12.30 Uhr, So 11.30 – 13 Uhr. Zwischen dem 1.4. und 30.9. Mo – Fr 10 – 12.30 und 14 – 16.30 Uhr, Sa 10 – 12.30, So 11.30 – 13 Uhr. Eintritt frei.

Der Schütting – das Haus der Kaufmannschaft

Der Ausdruck *Schütting*, eventuell vom Zuschießen bzw. -schütten von Steuergeldern für die genossenschaftliche Kasse der Kaufleute abgeleitet, steht in Bremen sinngleich für die Gilde der Fernkaufleute. Der Bund der Händler war zur Zeit, als die Gebäude rund um den Marktplatz entstanden, bereits so mächtig, dass er ebenfalls dort an zentraler Stelle repräsentieren wollte: Im Machtgefüge Bremens stellte sich die Kaufmannsgilde breitbeinig neben den Erzbischof und den Rat der Stadt.

Von den beiden Vorgängerbauten ist wenig überliefert, den heutigen Schütting errichtete der Antwerpener Baumeister *Johann van Buschenaere* im Jahre 1537. Die Sandsteinverblendung war für Bremen ungewöhnlich prachtvoll und ließ erkennen, wie vermögend die Kaufleute damals waren. Das Gebäude ist bis auf den gotischen Treppengiebel zur Langenstraße hin im Zweiten Weltkrieg stark zerstört worden, nur Teile der Außenmauern waren stehen geblieben. Dennoch sieht man noch weitere Stilmerkmale aus der insgesamt 400 Jahre dauernden Bauzeit: Die klar gegliederte Renaissance-Fassade besitzt heute mittig ein Portal, das Ende des letzten Jahrhunderts im Neo-Renaissance-Stil angebracht wurde; das Motto darüber, »Buten und Binnen – Wagen und Winnen«, stammt von dem Bremer Bürgermeister und Dante-Übersetzer *Otto Gildemeister* (1823 – 1902). Es war der Leitspruch der Kaufleute (daher »draußen« und »drinnen« – wagen und (ge)winnen), die vielfach den Rat bildeten, oft auch den Bürgermeister stellten. Über den Fenstern sieht man entsprechend der Zeit des Historismus von links nach rechts die Wappen der Hansestadt *Hamburg*, der vier Hanse-Kontore *Bergen* (mit

Stockfisch und dem halben Reichsadler), *Brügge* (Doppeladler mit Stern auf der Brust), *London* (Doppeladler mit Kronreif um den Hals), *Nowgorod* (halber Doppeladler mit Schlüssel) und der Hansestadt *Lübeck*.

Der Giebel im Dach, bekrönt vom Meeresgott Neptun, zeigt in einem Relief das Bild einer hochseetüchtigen Bremer *Kogge*. Die neben dem Giebel sitzenden Meerjungfrauen wurden Ende des 19. Jahrhunderts der »Sittlichkeit« wegen entfernt. Nach dem Zweiten Weltkrieg wurden die Skulpturen wieder aufgefunden und an ihren alten Platz zurück gesetzt. All diese »Zutaten« – das Schiff, Neptun und die Meerjungfrauen sowie die Wappen der Hansekontore – symbolisieren die Beziehung des Hauses zur Schifffahrt und dem Überseehandel.

In den *Kellerräumen* befanden sich früher im Osten das Marktgefängnis, in der Mitte die Lagerräume für die Vorräte der Marktfrauen und im Westen eine Kaffeestube.

Info: Der Schütting, in dem sich heute die Handelskammer Bremen befindet, ist nicht von innen zu besichtigen.

Haus der Bürgerschaft

An der Ostseite des Marktplatzes steht an der Stelle der 1944 zerstörten Börse heute das »Haus der Bürgerschaft«, Sitz des Landes- und Stadtparlaments.

Dieser moderne Bau, von *Wassili Luckardt* 1966 fertig gestellt, war der Anlass heftiger Debatten in der Bürgerschaft und auf der Straße zwischen den Bürgern. Die einen behaupteten, das Gebäude füge sich gut ein und entspräche vor allen Dingen dem Zeitgeist, während die Gegenpartei es als einen Fremdkörper inmitten historischer Bauten betrachtete.

Die Schauseite zeigt fein gegliederte Fensterflächen, von einem Balkongitter aus Metall unterbrochen. Belebt wird die Fassade durch die vorgesetzten Stützen vor dem Erdgeschoss und die ornamentalen Brüstungsplatten vor dem ersten Stock.

Info: Eintritt und Führungen sind kostenlos, Mo – Fr 10 und 14.15 Uhr. Bei Gruppenführungen ab vier Personen mit Voranmeldung.

Der Tradition verpflichtet: Alte Apotheke am Marktplatz

BREMEN KLASSISCH

AUSFLUG INS 17. JAHRHUNDERT

Arkadenbögen des Rathauses → Marktplatz → Roseliushaus in der Böttcherstraße 6 → Martinikirche → Schlachte an der Weser → Langenstraße → Gewerbehaus am Westende der Fußgängerzone

Die folgende Entdeckungsreise ist etwas ungewöhnlich: Sie führt nämlich hinter die Kulissen der heutigen Stadt und zu jenen verborgenen Spuren, die etwas über das Leben der Bremer vor 200 Jahren verraten können.

Wer sich die Zeit nimmt, diese Geschichten aus dem Bremer Alltag des 17. Jahrhunderts an Ort und Stelle zu lesen, braucht allein für diesen Rundgang etwa anderthalb Stunden. Einschieben kann man die ausführliche Besichtigung der ↗ *Böttcherstraße,* oder man schlendert im Anschluss durch die Fußgängerzone bis in das ↗ *Schnoorviertel,* was insgesamt einen halben Tag ausfüllt.

Unter dem 2. Arkadenbogen des Rathauses

Der Ausflug in die Geschichte beginnt beim **Rathaus,** dem politischen und wirtschaftlichen Machtzentrum der alten Reichsstadt. Zu erkennen ist das 1405–'10 im spätgotischen Backsteinstil errichtete Gebäude mit seinen verzierten Dachgiebeln an seinen charakteristischen elf Arkadenbögen an der dem Marktplatz zugewandten Seite, unter dessen zweitem von links einst Gericht gehalten wurde.

Der Geschichtsschreiber *Peter Koster* berichtet in seiner Bremenchronik von einem **Mord,** der sich am 17. Dezember 1662 in der Stadt Bremen ereignet hat: Eine alte Frau mit Namen *Gesche Elmers* wurde in ihrer Kellerwohnung in der Langenstraße von der 18-jährigen Dirne *Anna Trefels* mit einem Beil erschlagen und ausgeraubt. Die Tat wurde zwar in derselben Nacht bekannt und die Stadttore wurden sofort verschlossen, dennoch konnte man der vermutlichen Täterin nicht habhaft werden. Der Fall der Gesche Elmers wurde daher schließlich vor dem Vogtgericht am Rathaus »verschrien«: Mit schauderhaften Marktgeschrei wurde das Volk zur Mithilfe bei der Aufklärung des Verbrechens aufgefordert. Die Mörderin – so berichtet Koster – befand sich wohl selbst unter den Zuschauern des »Gerüfts«. Doch konnte sie abermals fliehen, und wurde erst im Januar 1663 in Borgfeld festgenommen und der Tat überführt. Das öffentliche Vogtgericht als hohe Gerichtsbarkeit verurteilte Anna Trefels hier unter dem zweiten Arkadenbogen zum Tode durch das Beil. Das Urteil wurde am 21. Januar 1663 auf dem Galgenberg vor den Toren Bremens vollstreckt.

Peter Koster (1640 – 1711)
Der stadtbekannte Schulmeister, der in der Schule des St. Ansgari-Kirchspiels von 1668 bis zu seinem Tode tätig war, verfasste eine »Bremenchronik« über das 17. Jahrhundert, fertigte eine zweibändige Abschrift der »Renner-Chronik« und eine »Kurze Nachricht von der Stadt Bremen, Kirchen, Schulen, Klöster und Armenhäuser« an.

Einfallsreich: Jeden der Rathausbögen ziert ein anderes Motiv

Diese Geschichte des Vogtgerichts spiegelt die innerstädtischen Machtverhältnisse anschaulich wider. Während die zivilrechtlichen Angelegenheiten vor dem *Niedergericht* des Rates entschieden wurden, oblag dem alten erzbischöflichen, später königlichen Stadtvogtgericht als hoher Gerichtsbarkeit die Hegung des »peinlichen Halsgerichtes«, das so genannte *Not- und Blutgericht.* Damit besaßen zuerst der Erzbischof, später seine Rechtsnachfolger – das Königreich Schweden und das Kurfürstentum Hannover – bis ins beginnende 19. Jahrhundert hinein als Landesherren immer ein »Standbein« im Stadtgebiet. Die letzte öffentliche Sitzung des Vogtgerichts unter den Arkaden fand am 28. September 1787 statt; ein kleiner in die Klinkerwand des zweiten Rathausbogens eingelassener Stein mit dieser Datumsangabe erinnert noch heute an diesen öffentlichen Gerichtsplatz, der zwischen den nach Bedarf tagenden Verhandlungen vom Rat während der Marktzeiten an den Kleinhandel vermietet wurde. Auch heute sind die Arkaden, genauer gesagt die darunter befindlichen Sitzbänke, oft von einigen weniger vom Glück Verfolgten besetzt; Stadtstreicher haben hier einen ihrer Treffpunkte.

Marktplatz – Börse für Handel und Nachrichten

Die Geschäftigkeit auf diesem öffentlichsten aller Plätze hat bis heute nicht nachgelassen: Der Marktplatz liegt ebenso auf dem Weg vom »Verkehrsknotenpunkt« Domsheide zu den Einkaufspassagen in Obern- und Sögestraße wie an der mittäglichen Route der Büroangestellten zu ihren bevorzugten Speiselokalen, dient als Treffpunkt für Verabredungen an der Roland-Statue oder als touristischer Ausgangspunkt für einen Stadtrundgang; natürlich gestaltet sich heute das öffentliche Leben auf diesem Platz viel unverbindlicher als noch zu Zeiten des geregelten, aber schier undurchschaubaren Marktverkehrs.

Im späten 17. Jahrhundert war er vor allem ein Ort des Handels, auf dem an regelmäßigen Markttagen dreimal wöchentlich der größte Teil der städtischen Verkäufe abgewickelt wurde – abgesehen vom Fernhandel.

Während die Fleischer und Fischer ihre Plätze innerhalb des Mauerrings hatten, der das Zentrum des Marktes knapp meterhoch umgab, gruppierten sich die ansässigen Höker (Kohl- und Gemüsehändler), Obst- Käse- und Butterhändler sowie Geflügel- und Eierverkäufer außen herum; Brot – das Hauptnahrungsmittel besonders der Ärmeren – wurde in einem eigens dafür vorgesehenen *Brothaus* an der westlichen Marktfrontseite verkauft. Hier befanden sich wie heute auch die *Ratsapotheke* oder »Salbenbude«, das *Accise-Haus* (Steuerabgabe), die *Wechselbude* (Wechsel und Kontrolle der Münzen) sowie diverse Verkaufsläden, die in den an den Gebäuden hervorspringenden Kellerhälsen – Erker wie jene, unter denen schmale Treppen in moderne Andenkenläden führen –, untergebracht waren.

Nicht nur in den Rathausbögen hatten Händler ihren Platz, sondern auch in der *Unteren Rathaushalle,* die bis 1830 die Geschäfte der Kleinkrämer, Gerber und Barbiere, später Buchbinder und Bilderverkäufer beherbergte. Auf dem »Gras- und Viehmarkt«, an der östlichen Marktseite zum Domshof hin gelegen, boten Bauern aus Butjadingen und den Wesermarschen Pferde, Schafe, Rinder, Schweine sowie Viehfutter (Gras und Heu) den Stadtschlachtern und Bürgern feil; im 17. Jahrhundert war Viehhaltung in der Stadt noch üblich, auch wenn sich in vielen Verordnungen des Rates erste Maßnahmen zur Abschaffung der Viehhaltung in der engen Stadt andeuten.

Der Markt war nicht nur Handels-, sondern auch Verhandlungsort der Kaufleute, die vor dem Bau der Börse öffentliche Angelegenheiten auf dem umgrenzten Marktplatz besprachen. Auch ließ der Rat gelegentlich, vor allem während des zweimal jährlich stattfindenden ↗ **Freimarkts,** die Geschäfte von Zahnärzten, Quacksalbern und Operateuren zu, die – sehr zum Leidwesen der ansässigen Apotheker und »Chirurgis« – auf dem Markt ihre Heilkünste und Wundermittel an die Bremer zu bringen versuchten. Um die Gunst des Publikums zu erringen und den Absatz der Heilmittel zu steigern, berichtet die Chronik, schreckten die Quacksalber auch vor geradezu unglaublichen Handlungen gegen sich selbst nicht zurück: So fügte sich einst ein zwei-

fellos kräftiger reisender Medicus vor den Zuschauern mit dem Messer Schnittwunden zu, die den Heilungserfolg seines Mittelchens binnen kürzester Frist beweisen sollten. Wohl durch die Wirkung seines Auftritts angespornt, griff der Mann zum Äußersten und wollte sich geschmolzenes Blei auf seine mit Terpentin bedeckte bloße Brust gießen lassen. Dabei stellte sich der freiwillige Helfer, ein Maurer, so ungeschickt an, dass dem Quacksalber das Blei über die Schultern lief. Innerhalb von drei Tagen ist der Wanderdoktor unter wohl unsagbaren Schmerzen gestorben.

Die beiden Marktplatzszenen gehören zu einer historischen Farblithografie (von F.W. Kohl)

Die Zeit der Wunderheiler und Quacksalber ging im Bremen jener Zeit schon ihrem Ende zu, da der Rat das Markttreiben des fahrenden Volkes zunehmend unterband. In seinen zur calvinistischen Sittenstrenge neigenden Kreisen war man über die Bedeutung des Platzes als Ort für Umzüge und Feste nicht glücklich und versuchte diese zu verhindern. Erwünschte öffentliche Auftritte hingegen, wie das halbjährliche Versammeln der gesamten Bürgerschaft vor dem Rathaus zur Erinnerung an die *kundige Rolle* (das bremische Gesetzbuch) oder die öffentliche Bestrafung diverser Vergehen (z.B. Fälschen von Münzen) am Pranger oder Schandesel, wurden noch bis weit ins 18. Jahrhundert beibehalten.

Roseliushaus – Beispiel kaufmännischer Wohnkultur

Die Route führt am ehemaligen Gildehaus der Kaufleute, dem *Schütting,* vorbei in die **Böttcherstraße,** die damals in der offiziellen niederdeutschen Amtssprache »Bodekerstrate« hieß. Sie ist nach den dort seit dem Ende des Mittelalters ansässigen Fassmachern, den *Böttchern*, benannt. Hier, in unmittelbarer Nähe eines heute zugeschütteten Weserarmes, der so genannten *Balge,* hat sich um 1317 noch eine Werft befunden, die aus Gründen des Feuerschutzes aber verlegt wurde. Die Böttcher übernahmen dieses Gelände, bis der direkt an der Weser gelegene »Schlachtehafen« an Bedeutung gewann und auch die Böttcher mit ihren Werkstätten dorthin zogen.

Die Portalinschrift am **Roseliushaus** nennt das Jahr 1588 als Entstehungsdatum des Gebäudes. Das Familienwappen der ersten Bewohner, dem Kaufmann und späteren Ratsherrn *Jacob von Bobart* sowie seiner Frau *Women,* Tochter des Bürgermeisters Elert Esich, prangt am Eingangsportal. 200 Jahre lang blieb das Gebäude im Besitz der Bobarts. Obwohl an der Renaissancefassade in den 20er Jahren einige Stilveränderungen nach holländischem Vorbild vorgenommen wurden, blieb die funktionelle Bedeutung des alten Kaufmannshauses davon im wesentlichen unberührt. Typisch sind die senkrecht gereihten Luken der Warenböden. Mit Hilfe einer Seilwinde transportierten Tagelöhner das in Kisten und Säcken verfrachtete Kaufmannsgut wie Leinen, Gewürze, Baumwolle von den Fuhrwerken direkt auf die Lagerböden. Solche Verladetätigkeiten im Altstadtbereich waren alltäglich und müssen für die Vorübergehenden äußerst unangenehm, hin und wieder sogar lebensgefährlich gewesen sein.

Die Güter wurden von der Schlachte zum Wiegen zur *Stadtwaage* in der Langenstraße und anschließend in die Kaufmannshäuser transportiert, wo die Waren dann sowohl auf den Böden als auch in der Diele, die der Kaufmann von seinem Kontor im ersten Stock aus überblicken konnte, zwischengelagert wurden. Die Fernkaufleute des 17. Jahrhunderts verkörpern schon nicht mehr den im Mittelalter vorherrschenden reisenden Händler, sondern den sesshaften Handelsunternehmer. Weit blickend organisierten sie den Handel vom Kontor aus und überließen den Transport den Reedern und Frachtherren mit ihren großen Handelsschiffen.

Im Inneren des Roseliushauses ist zu erkennen, dass der Arbeitsbereich mit Diele, Kontor und Küche von den Wohnbereichen (Esszimmer, Oberlichtsaal und Schlafräume) nicht grundsätzlich geschieden ist. Arbeit und Leben bildeten eine Einheit, die sich erst allmählich auflöste. Sie wirkte auch auf das Verhältnis der Herrschaft zum Personal. Traditionell verließen die Söhne der Kaufmannsfamilien auch in Bremen nach Ablauf der Schulzeit ihren Geburtsort und strebten eine Ausbildung in einem Handelskontor in der Fremde an. So verschlug es viele Bremer Söhne nach Amsterdam, Bordeaux, Hamburg oder Lübeck, wo sie ihre meist sieben Jahre dauernde Ausbildung abschlossen, heimisch wurden und nicht selten dem väterlichen Stammsitz weitläufige Handelsbeziehungen ermöglichten. Die Kaufmannsfamilie mit ihren Kindern, mehrere auszubildende »Comtoiristen«, die Lehrlinge sowie das Hauspersonal – Diener und Mägde – haben oft unter einem Dach zusammengewohnt und eine Lebensgemeinschaft gebildet, in der die unterschiedlichen Standes- und Milieuvorstellungen der einzelnen Gruppen nur so aufeinandergeprallt sein müssen. Zwar aßen die Mägde und Hausdiener im 17. Jahrhundert, wie es vordem üblich war, schon längst nicht mehr mit an der häuslichen Tafel, sondern waren in die Küche verbannt, doch den Burschen und Bediensteten des Kontors wurde noch ihrem Rang entsprechend der Reihe nach am Ende des Tisches ein Platz eingeräumt. Gerade sie müssen aber im Hause des vornehmen Kaufmanns einen besonders schweren Stand gehabt haben. Dauernd wurden sie von ihrem Herrn für Dienste in Anspruch genommen, für die sie sich gar nicht zuständig fühlten, mussten den Torf für den Ofen im Kontor vom Boden herunterschleppen, oder den »Alten« nach seinen Ausgängen zur bestimmten Zeit abholen, um ihn mit der Stockleuchte nach Hause zu geleiten. Dann erst konnten sie sich in ihre ungeheizte Kammer auf den Boden zurückziehen, die sie zumeist mit mehreren Gleichgestellten zu teilen hatten.

Die Martinikirche von hinten: Der Vieleckchor wurde im 14. Jahrhundert angefügt

Info: Im Roseliushaus befindet sich heute ein ***Museum***, das vorwiegend Werke der niederdeutschen Kunst aus dem 16. und 17. Jahrhundert in einer ständigen Ausstellung präsentiert, ↗ Museen. Di – So 11 – 17 Uhr, 5 € Eintritt, ermäßigt 3 €.

Martinikirche – Wohlfahrt und Fürsorge

Wer die Böttcherstraße nun in südlicher Richtung verlässt, gelangt über die Martinistraße hinweg zur Backsteinkirche *St. Martini* mit ihren schön gegliederten Giebeln der vier quer gestellten Dächer und dem seitlich eingefügten wuchtigen Turm. In dem im 16. Jahrhundert an den Chor angebauten Pfarrhaus lebte der durch seine Kirchenlieder (»Lobet den Herrn«) bekannt gewordene *Johannes Neander* (1650–80), daher der Name *Neanderhaus.*

In unmittelbarer Nähe der Weser hatte »Sunt Marten« zwar immer wieder unter den Widrigkeiten von Hochwasser und Sturmfluten zu leiden, doch war der Standort dieser frühen Stiftskirche nicht willkürlich gewählt. Die um 1200 angelegte und im 14. Jahrhundert baulich stark veränderte Kirche sollte sowohl den Bewohnern als auch reisenden Kaufleuten, dem seefahrenden Schiffsvolk und fernreisenden Pilgern seelsorgerische Pflege zukommen lassen. Die daraus entstehende Tradition der Mildtätigkeit setzte sich fort, nachdem das Gebiet am Weserufer 1230 stadtbremisch wurde; als »Ollermannskarken« (Kirche der Elterleute, der Vorsteher der Kaufmannsgilde) war St. Martini bald das wohlhabenste Kirchspiel nach der Ratsherrnkirche Unser Lieben Frauen.

Das **mittelalterliche Fürsorgewesen** durch private Almosen und Spenden begann sich zur Zeit des Chronisten Peter Koster zu ändern: Er berichtet, dass der Rat im Februar 1685 die Prediger der Kirchen dazu veranlasste, während der Messe ein *Proclam* vorzutragen, in dem sie zu Spenden für ein neues Armenkinderhaus aufgefordert werden. Den Diakonen – in jener Zeit immer Kaufleute oder andere wohlhabende Bürger – wird darin die Verantwortung für die Sammlung übertragen. Die Kirchendiakone ließen nun den »Klingelbeutel« herumgehen, suchten einzelne Bürger zu Hause auf, brachten sich auf Hochzeitsfeiern, Begräbnissen und Markttagen in Erinnerung und erfüllten so diese erstmals vom Rat verfügte Aufgabe. Dieser sah offenbar deshalb Handlungsbedarf, weil in den wirtschaftlich schwierigen Jahrzehnten nach dem Dreißigjährigen Krieg die caritativen Aufgaben nahezu unerschöpflich waren: Verpflegung und Ausbildung der vielen mittellosen Kinder – etwa die Aufwendungen des Schulgeldes für die Kirchspielschulen –, Versorgung der vielen Hausarmen und Glaubensflüchtlinge, Krankenpflege und besonders bei Seuchenopfern das Organisieren ärztlicher Hilfe, Überweisung ins Pesthaus und im Todesfall Sorge für das Begräbnis.

Info: St. Martini ist zwischen Mai und September täglich 10.30 – 12.30 Uhr frei zugänglich.

Schlachte, einst Umschlagplatz für Ferngüter

Von der Martinikirche aus blickt man auf die Weser mit der Teerhofbrücke, die neue Uferbefestigung und oberhalb einen breit angelegten Straßenzug mit der angrenzenden Häuserfront ehemaliger und teilweise noch erhaltener Packhäuser. Historische Schiffe ankern an Stegen, und Lokale breiten sich im Sommer bis auf die verkehrsberuhigte Uferstraße aus. Dieses Uferensemble, nach dem Einschlagen von Befestigungspfählen *Schlachte* genannt, bildete bis zum Ausbau der Freihäfen im Jahre 1885 den bremischen Hafen und Umschlagsplatz für die Güter aus Nah und Fern. Bis zum Dreißigjährigen Krieg lag die Schlachte außerhalb der eigentlichen Stadtmauer und war von der Altstadt aus nur durch die *Schlachtepforten* zu erreichen. Mit der Befestigung der Neustadt wurde sie 1624 in den Altstadtbereich integriert.

Die **Schifffahrt auf der Weser** war mit Schwierigkeiten verbunden, da der Fluss stetig versandete; wohlhabende Bremer Kaufleute gründeten 1623 den Vegesacker Hafen, in dem die großen Seeschiffe der Grönlandfahrer und der englischen Kompagnie

Ahoi: Besichtigung des Nachbaus der historischen Hansekogge

festmachten, ihre Ladung auf *Flussleichter* umluden und nach Bremen transportierten. Hier nahm unter den wachsamen Augen des Schlachtevogts dann alles seinen geregelten Gang. Großer Andrang der Schiffe und Weserkähne vor dem Handkran und den fünf *Wuppen* – Balkenkonstruktionen, mit denen die Waren aus den Schiffen an Land gehievt wurden – führte oft zu Stauungen. Hinter der Ufermauer wurden die Waren aufgestapelt und von Lastenträgern, oft den *Maskopmännern,* und Tagelöhnern in bereitstehenden Karren transportiert. Die zu dieser Zeit aufkommenden *Packhäuser* sind Zeugen für den Trennungsprozeß des Kaufmannskontors von seinem Wohnbereich.

Auf der gesamten Hafenanlage muss den ganzen Tag über ein äußerst lebhaftes Treiben geherrscht haben. Diebstähle, Nachlässigkeiten sowie Verstöße gegen die öffentliche Moral wurden häufig beklagt und haben in diversen Proklamationen des Rates ihren Niederschlag gefunden. Immer wieder wird auf die Verunreinigung der Weser mit allem erdenklichen Müll und die damit entstehenden Schäden für den Schiffsverkehr hingewiesen. Auch sollte das im 17. Jahrhundert gerade in Mode gekommene und bei Fuhrleuten, Tagelöhnern und Lastenträgern während der Arbeit so beliebte Tabakrauchen aus Gründen der Feuergefahr verboten werden, und gelegentlich hatte es der Rat auf die vielen Wirtshäuser und Gaststuben an der Schlachte abgesehen, die selbst an Feiertagen und im Angesicht der Martinikirche während des Gottesdienstes das Gebot der Ruhe und religiösen Erneuerung missachteten.

Langenstraße, wo die High Society wohnte

An der Schlachte geht es bis zur *Ansgaritränkepforte,* auf der man nach rechts direkt auf die Langenstraße stößt. Anhand des um 1620 erbauten Kaufmannshauses **Langenstraße 28** lassen sich die Ausmaße dieser einst für Bremen so bedeutenden Straße noch erahnen, die durch Krieg, Wiederaufbau, besonders aber durch die Verbreiterung der Martini- und Bürgermeister-Smidt-Straße in ihrem Erscheinungsbild stark gelitten hat.

Hier wohnten einst Angehörige der ersten beiden Stände, Ratsherren, Kaufleute und Beamte der aufkommenden Verwaltung. Reich geschmückte Villen und Kaufmannshäuser im Stile der Weserrenaissance und des beginnenden Barocks flankierten die Straße. Das Haus Nr. 28 vereinigt Renaissance und Rokoko. Die Dachgeschosse sind mit ornamentierten Gesimsstreifen voneinander abgesetzt, die mit kleinen Miniaturobelisken und Voluten geschmückt sind, wie man sie vielfach als dekorative Elemente aus der italienischen Renaissance im 16. und 17. Jahrhundert auf die Giebelfassaden der Bürgerhäuser in Bremen übertrug. Die Vollgeschosse wurden um 1730 mitsamt der hinzugebauten *Utlucht* (erkerartiger Vorsprung) umgestaltet. Die oberen Fensterabschlüsse wurden in verspielter Rokoko-Manier leicht geschwungen gestaltet. Das aus Sandstein gefertigte Portal ist an den Seiten mit senkrecht verlaufenden Spiegelmotiven verziert.

Verglichen mit heutigen Verhältnissen waren die Straßen wesentlich beengter. Erst 1834 wurde der Straßenbau zu einer staatlichen Angelegenheit und jeder Hausbesitzer der Verantwortung für die Bepflasterung seines Straßengrundstücks enthoben. Entsprechend uneben waren die Straßen und Gassen zuvor. »Gaten«, auf der Giebelseite des Daches horizontal angebrachte Rohre, die bei Regen das Wasser sammelten und es wie aus Kübeln auf die Straßenmitte schütteten, waren bis 1734 üblich. Anbauten oder Ausluchten, aber auch Schweinekofen gehörten zum traditionellen Bild fast jeden Hauses. Sie trugen – wie Peter Koster beschreibt – entscheidend zur Verengung der Straßen bei und stellten für den Rat ein besonderes Ärgernis dar, gegen das er sogar Abriss durch seine Gewaltsknechte androhte.

Da die Bewohner der Langenstraße zu den wohlhabenden Bürgern Bremens zählten, nahmen einige wichtige Neuerungen hier ihren Ursprung. Die Hauseigentümer führten hier auf eigene Kosten gegen Ende des 17. Jahrhundert die Straßenbeleuchtung ein – vormals eine Funktion der bei Nacht durch die Straßen ziehenden *Rättelwächter* (Straßenwächter), die während ihres Rundgangs Laternen trugen und zugleich die Uhrzeit verkündeten. In regelmäßigen Abständen wurden Laternenpfähle mit großen Brennkörben oder Pfannen aufgestellt und Tran als Brennmaterial benutzt. War es bis zur selben Zeit üblich, Ascheimer wie auch Nachttöpfe einfach auf die Gassen oder in die anliegende Balge zu entleeren, so dienten wiederum zuerst in der Langenstraße hauseigene, vor dem Eingangsbereich aufgestellte große Müllkübel zur Aufnahme und späteren Entsorgung jenen Unrates. Da der Müll die Gassen oft geradezu unpassierbar machte, beschloss der Rat 1710, die Initiative der Bewohner aus der Langenstraße aufzugreifen und sie zu einer allgemeinen Verordnung der Müllbeseitigung zu erweitern.

Überquert man die Verkehrsachse Martinistraße, so lohnt sich ein Abstecher in die diesseitige Verlängerung der Langenstraße zur **Stadtwaage** von 1591 (heute Sparkassenfiliale), einem weiteren repräsentativen Beispiel für den Baustil der Weserrenaissance. Die runden Torbögen lassen noch ihren urspünglichen Zweck erkennen: In der Halle des Hauses stand eine große Waage, auf der die angelandeten Waren abgewogen wurden. Gelegentlich wurden in der Stadtwaage auch Waren zwischengelagert.

Gewerbehaus, Haus der Venus und des Merkur

Von der Martinistraße führt der Weg durch die Pieperstraße auf die Einkaufsmeile Obernstraße/Hutfilterstraße. Nach links trifft man auf den *Ansgarikirchhof* und das *Gewerbehaus,* das **ehemalige Zunfts- und Hochzeitshaus** des Krameramtes.

Auffällig an diesem Gebäude sind die (nach dem Zweiten Weltkrieg rekonstruierten) der Hochrenaissance zugeordneten beiden Giebel der Vorderfront, die darauf schließen lassen, dass es sich hier einmal um zwei eigenständige Häuser oder um ein Doppelhaus gehandelt hat. Der Giebel zur Linken wurde nach *Venus*, der Göttin des Frühlings, der Schönheit und der Liebe, benannt, der rechte nach *Merkur*, dem Gott des Handels. Überaus reich wirkt ein geschmücktes Portal, dessen korinthische Säulen einen runden Türsturz flankieren und ein kräftiges Gebälk tragen. Die beiden Gebäudehälften wirken dadurch wie zusammengeführt. Das Gebälk zeigt oberhalb zweier Löwen Justitia mit Schwert und Schale, die die Gerechtigkeit symbolisiert.

Die Gewerbekammer, deren Gründung mit der Aufhebung der alten Zunftprivilegien und der Einführung der Gewerbefreiheit von 1861 einhergeht, war Eigentümerin des Gebäudes bis zu seiner Zerstörung 1944. Seit dem Wiederaufbau 1961 ist hier die Handwerkskammer untergebracht.

Ursprünglich hatte die vermögende Gemeinschaft der Tuchhändler das Gewerbehaus 1618–21 als *Zunft- und Kosthaus* errichten lassen, um hier neben den Zunftversammlungen auch die Gelage nach den Hochzeiten und Kindstaufen veranstalten zu können. Nachdem der Rat 1624 die Trauungen in den Kirchen wegen des unerwünschten damit verbundenen Luxus verboten hatte, wurde das Kosthaus zum *Hochzeitshaus* erweitert. Von nun an fanden hier sowohl die von den Predigern vollzogenen Trauungen als auch die Festivitäten statt.

Das Zunft- und Hochzeitshaus der Tuchhändler stand nur bestimmten Familien offen, deren Kreis sich erweiterte, nachdem es 1685 aus Kostengründen an das Krameramt veräußert worden war. Traditionell dem

Die Hochzeit von Gesche Margarete Frerichs und dem Kramer Cord Ellerhorst

Donnerstag, der 28. September 1688. Prediger *Bernhard Lücken* von St. Ansgari hatte pünktlich um zwölf die Trauung zwischen dem Kramer *Cord Ellerhorst* und *Gesche Margarete Frerichs,* Tochter des allseits geschätzten Eltermanns *Burchadus Frerichs,* vollzogen, und so warteten der leitende Schaffer des Festmahls, die Türhüter, der Kapellmeister und seine Musikanten, die Köche, Diener und Mägde auf ihren Einsatz. Gleich würde sich die Hochzeitsgesellschaft aus dem unteren Teil des Hauses in den festlich hergerichteten Saal des oberen Stockwerks begeben, um das Hochzeitsmahl einzunehmen. 150 Gäste waren erschienen, und mit den Familienangehörigen und den Herren des Rats, die selbstverständlich anwesend waren, wuchs die Festtagsgesellschaft auf die stattliche Zahl von 250 Personen. Am Abend zuvor noch hatte Cord Ellerhorst, sozusagen im letzten Augenblick, die Erlaubnis erhalten, zwar nicht eine Hochzeit nach den Ansprüchen des zweiten Standes abhalten, aber doch die Anzahl der geladenen Gäste auf 150 erweitern zu dürfen.

Schaffer Johann Behrends hatte alles aufs Vorzüglichste arrangiert. Die Herrentafel im Nebenzimmer war mit dem kostbarsten Porzellan des Hauses, dem Silberbesteck und vergoldeten Bechern gedeckt, die Krüge waren mit Wein gefüllt. Hier würden nachher die Ratsherren tafeln. Die Tische für Braut und Bräutigam waren ebenso wie die der Gäste nach Geschlecht getrennt, und nach Stand, Verwandtschaft und Alter geordnet aufgestellt und gleichermaßen ansehnlich gedeckt worden, wenn auch die Gedecke auf den Standesunterschied hinweisen mochten. Wein war hier im großen Saal nicht vorgesehen, stattdessen sollte das in Fässern gelagerte Bier ausgeschenkt werden.

Endlich war von unten aus der Diele ein lautes Getöse zu vernehmen. Angeführt vom Brautpaar bewegte sich die Hochzeitsgesellschaft auf die Treppe zu, an deren Fuße vier in roter Seide und Samt, mit Gürteln und Rösekenborden bekleidete junge Mädchen standen, die einen Baldachin von Zweigen und Blumen in ihren Händen hielten, unter dem das junge Paar hindurchschreiten musste. Im gebührendem Abstand folgten die Brautjungfern, die Ratsherren und die Verwandtschaft. Oben im Bankettsaal angelangt, wurden Gesche Margarete und Cord Ellerhorst von Johann Behrends empfangen und beglückwünscht. Unterdessen hatte sich der Saal gefüllt, und der Kapellmeister machte sich daran, mit einem Tusch

dritten Stand zugehörig, gewannen einige Krämer im 17. Jahrhundert an Macht und finanziellem Einfluss und rückten teilweise in den zweiten Stand auf. Dass diese Entwicklung den gehobenen Schichten in Bremen ein Dorn im Auge war, wird an den vielen Standesverordnungen nur allzu deutlich. Gerade private Feierlichkeiten wie Kindstaufen und Hochzeiten, wo das Volk sich schon einmal über die Standesgrenzen hinwegsetzte, wurden von der Obrigkeit mit Argwohn betrachtet und unterlagen der Zensur.

das Brautpaar hochleben zu lassen. Nun durfte sich jeder, Familien- und Zunftmitglieder, Freunde, der Prediger und der Schulmeister *Peter Koster* an seinen Platz begeben, doch bevor Gesche Margarete die Anwesenden aufforderte, sich zu setzen, ließ es sich der hochgelehrte *Dr. Hageström* nicht nehmen, ein Ehrengedicht auf die Perle des Hauses Frerichs vorzutragen.
Dann begann endlich das Festmahl. Nacheinander wurden Braten, Fisch, Reis, Wurzeln und Rüben von den Dienern und Mägden aufgedeckt, während die Ratsherren noch zusätzlich mit Suppe und Wildbret geehrt wurden. Von allem war im Überfluss vorhanden. Die Kapelle spielte leise Melodien, und doch wurde bedauert, dass man aus Standesgründen auf die Trompeten, Posaunen und Dulzineen hatte verzichten müssen. Gerade sie hätten den stimmungsvollen Höhepunkt des Festes, den nach dem Bankett begonnenen Tanz auf der Diele, enorm zu steigern vermocht. ◀

DIE BÖTTCHERSTRASSE

Haus der sieben Faulen → Paula-Modersohn-Becker-Haus → Handwerkerhof → Roseliushaus → Haus des Glockenspiels/Haus Petrus → Haus Atlantis

Wahre Ströme von Touristen ziehen täglich durch die kleine Gasse an der Südseite des Bremer Marktplatzes, die mit ihrer märchenhaft und beinahe verschrobenen wirkenden Gestaltung zu den besonderen Anziehungspunkten der Stadt gehört. Die Entstehung der Straße ist untrennbar mit dem Namen des Bremer Kaufmanns und Industriellen Ludwig Roselius (1874 – 1943) verbunden.

▶ Roselius vermarktete das weltweit erste Patent zur Herstellung koffeinfreien Kaffees, das frei gesetzte Koffein verkaufte er an die Pharma-Industrie, die aus dem anregenden Mittel Herz- und Migränemedizin gewann, während sein von der 1906 gegründeten *Handels-AG* vertriebener koffeinfreier *Kaffee-HAG* weltberühmt wurde und es ihm ermöglichte, seine ehrgeizigen Pläne für die Böttcherstraße in die Tat umzusetzen.

Am Ende des 19. Jahrhunderts lebten in der Straße der Fassmacher *(Böttcher)* vor allem Handwerker und Tagelöhner unter meist ärmlichen und bedrückenden Wohnverhältnissen. Die Stadt ließ schließlich die maroden Häuser der westlichen Straßenhälfte abreißen. Roselius erwarb nach und nach alle Grundstücke und begann 1924 die ganze Gasse komplett umzubauen. 1931 war die Böttcherstraße nicht mehr wiederzuerkennen.

Die Visionen des Kaffeebarons Roselius

Inspiriert von dem heute wieder modernen Gedanken, Eigenwerbung und Kunstförderung zu vereinen, schuf Roselius mit seinen Ideen und großzügigem Finanzeinsatz eine Vielzahl gemeinnütziger und kommerzieller Einrichtungen. Das Projekt umfasste neben der Reklame für seinen Kaffee sowohl Museen, Kunstausstellungen, Bibliotheken, Club-Räume als auch Restaurants und sogar einen »Fitness«-Raum. Großes Gewicht legte Roselius vor allem auf die architektonische Gestaltung der Straße, mit der verschiedene Architekten und Künstler betraut waren. An erster Stelle ist hierbei der Bildhauer *Bernhard Hoetger* (1874 – 1949) zu nennen, dessen ungewöhnliche architektonische Arbeiten das Bild der östlichen Seite der Böttcherstraße maßgeblich prägten.

Architektur als Kunst

Fast versteckt liegt der Eingang zur Böttcherstraße am wesernahen Rande des Marktplatzes gegenüber dem Rathaus. Links am Schütting vorbei gehend, sieht man schon von weitem das markante **Eingangstor,** das den Beginn der Straße auffällig markiert. Unübersehbar prangt über dem Durchgang ein riesiges, mit Blattgold überzogenes **Relief,** das ein Motiv aus der Apokalypse zeigt: Der Erzengel Michael stößt im Kampf mit einem Drachen mit seinem Schwert bewaffnet auf die Erde nieder. Das Relief trägt den Namen *Lichtbringer* und soll metaphorisch den Sieg einer neuen Zeit über die Mächte der Finsternis zum Ausdruck bringen. Der Entwurf stammt von Hoetger und wurde 1936 nachträglich angebracht, nachdem verschiedene Kreise des Nationalsozialismus die Böttcherstraße vor allem wegen der Architektur des Bildhauers in Frage stellten. Ludwig Roselius versuchte mit dem mehrdeutigen Motiv, das auch im Sinne des Nationalsozialismus auslegbar war, die Straße zu erhalten.

Unter Arkaden wandeln

Hinter dem Eingangsportal liegt rechts das **HAG-Haus,** mit dem 1924 die Umgestaltung der Straße begann; der Entwurf des Hauses mit der durchgehenden Arkadenreihe stammt von den Bremer Architekten *Scotland & Runge,* Eduard Scotland (1885 – 1945) und Alfred Runge (1881 – 1946). Bereits hier fällt auf, dass nicht nur für das HAG-Haus, sondern für die gesamte Straße roter Backstein verwendet wurde. Roselius griff bewusst auf jenes Baumaterial zurück, das für das historische Stadtbild Bremens bis zum Ende des 18. Jahrhunderts charakteristisch war. Auch die gotisch anmutenden Staffelgiebel über den Arkaden sind eine Reminiszenz an die Stadtgeschichte. Im HAG-Haus gab es eine Probierstube sowie zwei »Propagandaräume«, in denen unter anderem über die gesundheitlichen Folgen des Koffeins aufgeklärt wurde. Heute schaut man unterm Arkadengang des in **Haus der sieben Faulen** umbenannten Gebäudes in die Auslagen verschiedener Geschäfte, in denen Liebhaber von Kunstdrucken, feiner Teesorten und guter Kinderbücher fündig werden. Das Ende der Arkaden markiert das *Casino Bremen,* durch dessen Besuch Bremengäste ihren Aufenthalt in der Stadt entweder verkürzen oder verlängern können.

Paula-Modersohn-Becker-Haus

Gegenüber liegt das von Bernhard Hoetger als künstlerisches Gegengewicht konzipierte **Paula-Modersohn-Becker-Haus**, dessen Eingangsbereich wie der Zugang zu einer Höhle wirkt. Alle Ecken und Kanten sind abgerundet, der Eingang duckt sich unter einen kupferbedeckten Ziegelvorsprung, darüber wölbt sich ein Teil der Fassade nach innen, links und rechts von reliefartig herausspringenden Einzelelementen aus Backsteinen flankiert – der Eingangsschlund scheint die Vorbeigehenden in das Haus hineinsaugen zu wollen. Überall sind die Wände von längs, schräg oder quer gestellten Ziegeln aufgerissen und verformt. Auch das Innere des Vorraumes ist plastisch durchgestaltet. Die Wände sind wellenförmig gegliedert, als ob sie sich auseinander und wieder zusammenziehen würden. Senkrecht darin eingefasste Lampen schimmern matt bläulich, was die grottenähnliche Atmosphäre des Vestibüls unterstreicht. Das Haus erweckt nicht zufällig den Eindruck einer riesigen Skulptur: Hoetgers Arbeitsweise am Bau entsprach der eines Bildhauers, denn die Modelle für seine Architektur schuf er handgearbeitet aus Gips oder Ton. Grundrisszeichnungen waren ihm fremd. Ein bremisches Architekturbüro setzte seine Modelle für ihn in baureife Zeichnungen um.

Das Paula-Modersohn-Becker-Haus wurde 1927 eingeweiht. Mit seiner unorthodoxen Gestaltung gehört es zu den Höhepunkten expressionistischer Architektur. Roselius widmete es der 1907 früh verstorbenen Worpsweder Künstlerin, mit deren Werk er vor allem durch Bernhard Hoetger in Berührung kam. Fasziniert von ihren Bildern, wurde der Kaufmann zum engagierten Sammler ihrer Werke. In der ruhigen Atmosphäre der renovierten *Ausstellungsräume* im ersten Stock lässt sich das künstlerische Schaffen Paula Modersohn-Beckers bewusst genießen. In der zweiten und dritten Etage erhält man Einblicke in das vielseitige und umfangreiche Werk des Bildhauers Hoetger, das hier von Skulpturen, Zeichnungen, Malereien, bis zu Essbestecken, Mobilar und anderen kunsthandwerklichen Exponaten reicht.

Info: Geöffnet sind die Sammlungen Di – So 11 – 17 Uhr, der Eintritt für die Modersohn-Becker- und Hoetger-Samm-

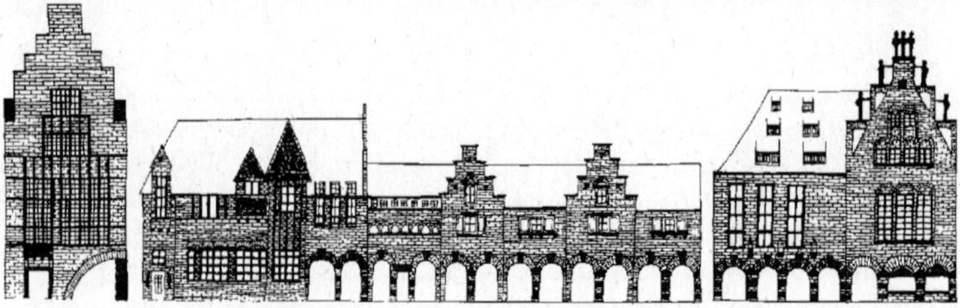

Torhaus, Robinson-Crusoe-Haus, Haus St. Petrus, Haus der Sieben Faulen

lungen und das Roseliushaus (↗ Kunst & Kultur) kostet 5 bzw. 3 €.

Der Handwerkerhof

An das Vestibül schließt sich der Handwerkerhof an. Hier befanden sich die Werkstätten einer Glasbläserei, Töpferei, Buchbinderwerkstatt, Tischlerei und Drechslerei sowie einer Silberschmiede. Die breite Fensterfront sollte den Besuchern der Straße Einblicke in die Arbeit der Werkstätten vermitteln, die den Namen *Zu den Sieben Faulen* trug, nach jenen sieben Bauernsöhnen, die sich mit allerlei originellen Erfindungen Arbeit und Leben erleichterten. Hoetger arbeitete die Figuren dieser Sage in die rechte Fassadenseite mit ein. Der daneben liegende *Brunnen* zeigt vier andere bekannte Bremer: die *Stadtmusikanten* »en miniature«.

Die Absicht Roselius' und Hoetgers, Kunst, Handwerk und Architektur in einem Gesamtkunstwerk miteinander zu verbinden, wird im Handwerkerhof besonders augenfällig. Auch heute befinden sich hier einige bei Touristen und Einheimischen gleichermaßen beliebte kunsthandwerkliche Geschäfte für Schmuck, Gläser und Töpferwaren.

Ein Glockenspiel lockt über den Ozean

Wir verlassen den Innenhof des Hauses durch den Weg unter der Terrasse, gehen links die Böttcherstraße ein paar Schritte weiter und kommen an eine Stelle, wo die Gasse sich zu einem Platz verbreitert. Links steht das **Roseliushaus,** das der Kaufmann 1902 als erstes Gebäude der Straße erwarb und 1928 als *Museum für niederdeutsche Kunst* eröffnete; zum Roselius-Haus ↗ Ausflug ins 17. Jahrhundert.

Geradeaus steht das **Haus des Glockenspiels** von 1924, gegenüber im rechten Winkel zum Platz das **Haus Petrus.** Beide Entwürfe stammen von Scotland & Runge, die die bodenständig anmutende Gestaltung des HAG-Hauses hier fortsetzten. Die Fassade des 1930 fertiggestellten Haus Petrus ist mit spitzbögig-gotisierenden Blenden, das Erdgeschoss mit einer Arkade versehen. Heute befindet sich dort ein *Restaurant.*

Der kleine Platz füllt sich nachmittags zu jeder vollen Stunde mit zahlreichen Besuchern, die ihre Blicke erwartungsvoll nach oben richten. Pünktlich öffnet sich in dem kleinen Turm zwischen dem Roselius-Haus

Paula-Modersohn-Becker-Haus, Roselius-Haus, Haus des Glockenspiels, Haus Atlantis

und dem Haus Glockenspiel eine Tür, und nacheinander kommen zehn aus Holz geschnitzte Figuren zum Vorschein, von verschiedenen Melodien des *Glockenspiels* begleitet. Roselius, der auch geschäftliche Beziehungen mit Amerika unterhielt, widmete diese Bildfolge den berühmtesten Atlantiküberquerern, zu denen er neben Lindbergh und Graf Zeppelin auch die Wikinger zählte.

Info: ***Restaurant Flett*** im Haus St. Petrus, © 320995, täglich 11.30 – 23 Uhr. Fisch und deutsche Küche, deutlich obere Preisklasse.

Legende aus Stein: Haus Atlantis

Wenn man aufmerksam durch die Böttcherstraße geht, so sieht man überall in Ecken, Nischen und Vorsprüngen immer wieder kleine Plastiken Hoetgers aufgestellt. Der unterhalb des Turmes versteckt liegende **Hoetgerhof** ist geradezu ideal, um sich aus dem Strom von Besuchern kurz auszuklinken. Ein paar Schritte weiter steht auf der rechten Seite das **Robinson-Crusoe-Haus,** von Ludwig Roselius entworfen und 1928 fertig gestellt. Es schloss mit dem 1931 fertig gestellten und ihm gegenüberliegenden **Haus Atlantis** die Umgestaltung der Straße ab. Die ursprünglich von Hoetger entworfene Fassade des Atlantis-Hauses ist nicht mehr zu sehen, da ihr 1965 eine neue, riesige Wandfläche vorgeblendet wurde. Für die Geschichte der Böttcherstraße spielte das Haus Atlantis jedoch eine derart herausragende Rolle, dass man sich seine ursprüngliche Gestaltung ins Gedächtnis zurückrufen sollte:

Roselius beauftragte Hoetger, die Legende des geheimnisvollen, friedensreichen Inselstaates, der nach Platons Überlieferung im Mittelmeer versank, in Architektur zu formen. Beim Betreten des Treppenhauses, das im Eingangsbereich auf der rechten Seite liegt, wird die künstlerische Ausführung des mythologischen Stoffes greifbar. Hier glaubt man sich in die Tiefen des Meeres versetzt. Im zylindrischen Treppenhaus erzeugen die an den Seitenwänden eingesetzten blau-weißen Glasbausteine und bläuliche Mosaikstreifen ein »mythisches Licht einer Unterwasseratmosphäre«, wie es der Bremer Schriftsteller *Heinrich Schmidt-Barrien* beschrieb. Drei schmale Pfeiler ziehen den Blick fast zwangsläufig nach oben. Um sie herum schraubt sich spiralförmig eine Treppe mit bullaugenähnlichen Glaselementen bis zum 4. Stock hinauf. Stufe für Stufe sollte das Bild des aus den Meerestiefen wieder auftauchenden Atlantis die aufwärts steigenden Besucher begleiten. Oben angekommen betritt man den **Himmelssaal**, dessen tunnelförmige Seitenwände mit Glasbausteinen durchsetzt sind und ohne Unterbrechung ins Dach übergehen. Fast immateriell wirkt dieser Raum durch das hindurchscheinende Licht, als sei man tatsächlich aus den Tiefen der Atlantis-Legende in ein leuchtendes Himmelsgewölbe gestiegen.

Info: Der Himmelssaal ist Mo 10 – 16 Uhr geöffnet. Eintritt frei.

Bernhard Hoetger blieb in der Auswahl seiner künstlerischen Mittel kaum festlegbar. Hatte er sich zuvor von den Baumaterialien der Moderne wie Stahlbeton distanziert, so griff er beim Bau dieses Hauses auf diese zurück: Das schwerelos wirkende Gewölbe ist eine Stahl- und Glaskonstruktion.

Der Aufsehen erregendste und umstrittenste Teil des für Hoetgers Zeitgenossen ohnehin schon skandalös expressionistischen Hauses war aber die **Fassade.** Über dem Eingang befand sich ein riesiger Eichenmast, an dem ein aus Holz geschnitzter Germanengott Odin wie ans Kreuz geschlagen hing. Eingefasst war er von einem Sonnenrad, in dessen Rand germanische Runenzeichen eingraviert waren. Dieser mächtige Eichenstamm nahm die gesamte Höhe der Fassade ein und endete über dem Eingang in einem wurzelähnlichen Stamm.

Der Bezug auf die germanische Mythologie war nicht zufällig. Roselius selbst hing einer obskuren Ideologie an, die in der Atlantis-Legende die kulturelle Urheimat der germanischen Völker vermutete. Den Leitgedanken zum Bau des Hauses Atlantis schöpfte er aus dem Glauben an die Überle-

Bernhard Hoetger wurde 1874 in Hoerde in Westfalen geboren. Mit 14 Jahren machte er eine Stein- und Holzbildhauerlehre. Nach dem Studium an der Düsseldorfer Kunstakademie lebte er mehrere Jahre in Paris, wo er *Paula Becker* kennen lernte. 1914 zog es ihn nach Wopswede, wo er auch architektonisch zu arbeiten begann. 1918 lernte er seinen Freund und größten Auftraggeber *Ludwig Roselius* kennen. Der Bau der Böttcherstraße wurde zum Höhepunkt im Schaffen des eigenwilligen und umstrittenen Künstlers. Sein Œuvre, das sowohl Bildhauerei, Malerei als auch Kunsthandwerk und Architektur umfasst, ist stark vom Ideal des Gesamtkunstwerks geprägt. Von den Nationalsozialisten geächtet, lebte Hoetger zwischen 1938 und '43 zurückgezogen in Berlin. 1949 starb er, weitgehend vergessen, in Interlaken in der Schweiz. Sein außerordentlich vielseitiges Schaffen wurde vor allem in den 90er Jahren wiederentdeckt und mit der Restaurierung des Hauses Atlantis entsprechend gewürdigt. ◀

Expressionismus in der Böttcherstraße: Der Treppenaufgang im Haus Atlantis

genheit der nordisch-germanischen Kultur, zu dessen Überlieferung er mit dem Bau der Böttcherstraße beitragen wollte: »ein Versuch, deutsch zu denken«. Im Himmelssaal fanden zu Beginn der 30er Jahre, von Roselius initiiert, so genannte Thing-Treffen statt, auf denen sich Kulturforscher um die Fortsetzung des geistigen Erbes nordisch-germanischer Kultur bemühten.

Die von Hoetger gestaltete Fassade wurde jedoch bald zum Politikum. Vor allem die SS-Zeitung »Das Schwarze Korps« diffamierte die Kunst Hoetgers und erklärte die Böttcherstraße als nicht zeitgemäß. Als Hitler selbst die Böttcherstraßenkultur »aufs Schärfste« ablehnte (Hannoverscher Anzeiger, 11.9.1936), spitzten sich die Angriffe auf das Haus Atlantis zu. Roselius' Projekt war ernsthaft gefährdet, schließlich war die Straße auch ein Imageträger seiner Kaffeefirma. Er, der noch 1933 seine Mitarbeiter zur Wahl Hitlers aufgerufen hatte, sah sich nun genötigt, dem Druck der Machthaber nachzugeben; das auf den Nationalsozialismus anspielende Relief des *Lichtbringers* wurde über dem Eingang angebracht. Als er weitere Veränderungen plante, wurde die Straße vom Staatsarchitekten *Albert Speer* unter Rücksprache mit Hitler 1937 unter »Denkmalschutz« gestellt: Sie sollte als warnendes Beispiel des »Kulturbolschewismus« den kommenden Generationen erhalten bleiben.

1944 wurde die Straße während einer Bombennacht bis auf das Haus Atlantis weitgehend zerstört. Roselius erlebte dies nicht mehr. Er starb 1943 in Bremen. Nach dem Krieg wurde die Straße wieder aufgebaut, die Fassade Hoetgers verschwand 1965 hinter dem Entwurf des Düsseldorfer Bildhauers *Ewald Mataré*. Wie ein zugezogener Vorhang verdeckt die neue Fassade die ursprüngliche Architektur.

Das Haus Atlantis ist 1993 umfassend restauriert worden. Es befindet sich heute in Besitz des *Holiday-Inn-Hotels*, während der Rest der Straße in den Besitz der Sparkasse übergegangen ist.

DER SCHNOOR, BREMENS HISTORISCHES HERZ

Landherrnamt → Stavendamm → Schiffer-Haus → Schnoorgasse → Wüste Stätte → Serenadenhof → Johannis-Kirche

Der plattdeutsche Name des ältesten Bremer Stadtteils soll sich von dem mittelalterlichen Wort »Snoor« für Schnur ableiten. Im Südosten der Altstadt, zwischen Altenwall, Tiefer und Balgebrückstraße, befindet sich die längste Straße der Altstadt, die Schnoor, deren Häuser wie an einer Schnur aufgereiht sind.

▶ Schon bevor sich im 13. Jahrhundert Fischer und Schiffer, später Handwerker und Händler hier ansiedelten, soll gegen Ende des 8. Jahrhunderts eine Fährverbindung über die Weser existiert haben. Um 1230 zog es auch die »Grauen Brüder« in den Schnoor. Die Franziskanermönche errichteten hier ein Kloster, das zwar im 19. Jahrhundert abgebrochen wurde, doch die im 14. Jahrhundert erbaute Klosterkirche, die heutige Propsteikirche *St. Johann,* blieb erhalten.

Ursprünglich lag dasViertel auf einer Insel zwischen der *Weser* sowie ihren Nebenarmen *Balge* – der erste Hafen Bremens – und *Klosterbalge.* Den Anwohnern war es laut Verordnung erlaubt, ihr »heimliches Gemach« in den Fluss zu schütten. Man kann sich vorstellen, welcher Gestank über den Straßen gelegen haben muss, bevor die Balge 1838 aus hygienischen Gründen zugeschüttet wurde. Vom Zuzug wohlhabenderer Bremer zeugen die für das 16. und 17. Jahrhundert typischen, großzügig verzierten, zum Teil zweigeschossigen Vorbauten, *Utluchten* oder *Ausluchten* (Ausguck) genannt. Etliche der als zusätzliche Lichtquelle gedachten Erker waren in den schmalen Straßen allerdings eher hinderlich und wurden wieder entfernt. Im 19. Jahrhundert wurde der Schnoor allmählich zu einem Viertel der Arbeiter, Handwerker und Ladenbesitzer.

Das Viertel mit den hübschen, eng verwinkelten Gassen und Häusern ist von den Zerstörungen des Zweiten Weltkrieges weitgehend verschont geblieben, und als ihm in den 50er Jahren der Abriss drohte, weil sich hier Banken und Versicherungen niederlassen wollten, konnte dieser einzigartige historische Stadtkern durch ein Gesetz der Bürgerschaft gerettet werden. So kommt es, dass der Schnoor mit seinen etwa hundert, unter Aufsicht staatlicher Denkmalpfleger aufwändig restaurierten Häusern aus den vergangenen 5 Jahrhunderten in seiner einmaligen Gesamtstruktur erhalten blieb.

Rundgang durch den Schnoor

Von der *Domsheide* aus ist der Schnoor durch die *Dechanatstraße* und rechts durch die Straße *Am Landherrnamt* schnell erreicht. Das im 18. Jahrhundert erbaute **ehemalige Landherrnamt** war der Sitz der obersten Verwaltungsbeamten des 1817 eingerichteten Landgebiets Bremen. Heute befindet sich in dem Gebäude die Schule der katholischen St.-Johannis-Gemeinde. 1982 wurde vor dem Haus ein *Mahnmal* aus schwarzem Beton für die fünf jüdischen Opfer der so genannten Reichskristallnacht vom 9. auf den 10. November 1938 errichtet. Ganz in der Nähe, in der heutigen Kolpingstraße, befand sich eine Synagoge, die in jener Nacht in Brand gesteckt wurde.

Badespaß am Stavendamm

Vorbei an der *Hochschule für Künste* auf der linken Seite führt uns die Straße Am Landherrnamt geradewegs in den historischen Altstadtkern. Ein Blick nach rechts lässt am Ende der Lange Wieren die katholische Propsteikirche St. Johann erkennen. Voraus befindet sich die traditionelle **Schnoorkrämerei** mit einer noch zum Teil erhaltenen, um 1730 bemalten Holzdecke, die erst Jahrhunderte später zum Vorschein kam, und links daneben der **Gasthof Kaiser Friedrich.** Hier vertrieben sich um 1750 die Kapitäne ihre Zeit, während sie auf Ladung für ihre Binnenschiffe an der nahegelegenen Tiefer warteten. Heute ist das Restaurant beliebter Mittagspausentreff von Angestellten der nahe gelegenen Bürogebäude.

Nun geht es hinunter zum **Stavendamm,** Name der Gasse und des kleinen Platzes geradeaus. Das Wort »damm« deutet darauf hin, dass die ursprünglich tiefer gelegene Straße wegen der ständigen Überschwemmungen künstlich aufgeschüttet wurde. »Staven« weist auf die Badestuben hin, die sich dort im Mittelalter befunden haben. Auf dem wahrscheinlich ersten Markt- und Handelsplatz Bremens ist heute ein *Brunnen* des Bildhauers Jürgen Cominotto platziert, der an das fröhliche Treiben erinnert, das hier einst stattgefunden hat. Die Badestuben, in denen sich hauptsächlich Seeleute vergnügten, waren wohl eine so lukrative Einnahmequelle gewesen, dass sogar der Erzbischof von Bremen eine solche Badestube an der Tiefer betrieb.

In den Sommermonaten lässt es sich auf dem Stavendamm herrlich draußen sitzen. Während man im *Café Tölke* seinen Eisbecher löffelt, kann man in Ruhe das hübsche **Schiffer-Haus** (Nr. 15) von 1630 betrachten. Das 1750 im Rokokostil umgebaute und bis 1972 bewohnte Häuschen zeigt auf dem Gemälde an der Vorderfront die Außenweser mit dem Rotesand-Leuchtturm. Drinnen ist das private *Schiffer-Museum* eingerichtet, das man nur mit Voranmeldung besichtigen kann.

Info: Informationen gibt das ***Schnoorarchiv,*** Stavendamm 3, ✆ 324274.

Durch die Schnoorgasse zum Serenadenhof

Wer sich an Souvenirs, Teddybären in jeglicher Größe, an Eis- und Zuckerwaren und Buddelschiffen satt gesehen hat, biegt geradewegs hier in die längste Gasse des Viertels ein:

Die hübsch verzierten Häuser der **Schnoorgasse** mit den eng verwinkelten Durchgängen dazwischen sind auch heute noch bewohnt, die Anwohner waren darauf bedacht, hier kein »Freilichtmuseum« entstehen zu lassen, weshalb auch der Zuzug weiterer Gaststätten verboten ist.

Vorbei am nostalgischen Café Tölke, an Auslagen mit Puppenstubenminiaturen, Trödel und Souvenirs, Künstlerpuppen und -marionetten, Kunsthandwerk, Papiermodellen vom Kölner Dom bis zum Eiffelturm geht's zum **Amtsfischerhaus.** Das ursprüngliche Versammlungshaus der seit 1489 zünftig organisierten *Amtsfischer* (sie hatten von Kaiser Karl V. das Privileg erhalten, »von der Brücke zu Hoya bis in die salzige See« Fisch zu fangen) stand um die Mitte des 17. Jahrhunderts in der Steffensstadt westlich der Altstadt, musste dort aber im Jahre 1938 einer neuen Weserbrücke weichen. Die historische Sandsteinfassade von 1759 wurde geborgen und hier als Frontseite einer *Gaststätte* wiedererrichtet. Die Plastik *Fipps, der Affe* von Peter Lehmann und aus Wilhelm Buschs gleichnamiger Geschichte ziert seit 1980 die Seitenwand desselben Hauses.

Direkt gegenüber steht das älteste **Wohnhaus** des Viertels, **Nr. 15,** das – entgegen einer anders lautenden Inschrift – im Jahre 1512 errichtet wurde. Man nimmt an, dass das Kellergeschoss sogar bis ins 13. Jahrhundert zurückdatiert. Gleich daneben findet man einen *Drehorgelverleih,* der besonders während des alljährlichen Freimarkts und anlässlich des nostalgischen ↗ *Domtreppenfegens* viel Kundschaft bekommt.

Das im Jahre 1621 erbaute **Wohnhaus Nr. 9** präsentiert im Giebel eine kostbare *Sonnenuhr* aus dem späten 18. Jahrhundert. Daneben hat ein *Pfeifendesigner* seine Werkstatt; ein kleiner Abstecher durch sein Haus (Nr. 8) führt in das idyllische Gässchen *Hinter der Balge:* hier scheint die Zeit wirklich stehen geblieben zu sein.

An der Ecke Schnoor 39/Spieckerbartstraße findet man etwas zurückversetzt den **Ottjen-Alldag-Brunnen** zur Erinnerung an den Bremer Heimatdichter *Georg Droste* (1866 – 1935). Während der blinde Korbflechter bei der Arbeit den Kindern Geschichten aus seiner Jugendzeit erzählte, schrieb seine älteste Tochter die teils plattdeutschen Erzählungen nieder. Drostes Erzählungen über den Bremer Jungen *Ottjen Alldag* sichern ihm bis heute einen Platz in Bremer Bücherregalen. Die 1963 von *Claus Homfeld* geschaffene Bronzeplastik zeigt Ottjen Alldag, in den Fäden des Schicksals – oder den Mastbaum einer Kogge? – verstrickt. An der gleichen Ecke befindet sich das 1974 gegründete *Snoor-Huus,* ein Institut zur Pflege der niederdeutschen Sprache.

Nun geht es – links oder rechts am Snoor-Hus vorbei – zur **Marterburg** weiter, deren Name aus dem Wort »Mattenburg« enstanden ist: Die Maßeinheit für Mehl, welches hier gelagert wurde, betrug *1 Matte*, etwa 30 kg. Links in Richtung *Wall* stehen am Rande des historischen Schnoor-Viertels beachtliche, postmoderne Wohn- und Geschäftshäuser aus dem Jahre 1985.

Nach rechts der Straße Marterburg folgend, kommt man – an mehr oder weniger kuriosen Läden und dem 1630 erbauten *Concorden-Haus* vorbei – zu einer lebensgroßen **Bronzefigur,** die an das Bremer Original **Heini Holtenbeen** (1835 – 1909) erinnert. Während seiner Lehrzeit soll er aus einer Ladeluke eines Packhauses gefallen und seitdem gehbehindert gewesen sein, daher sein Spitzname »Holzbein«. Heini Holtenbeen war durch seine kauzige, schlagfertige Art stadtbekannt und wusste stets, sich seinen Lebensunterhalt zu »leihen«, wie er die Almosen nannte, von denen er überwiegend lebte. Der »Schnoor-Verein Heini Holtenbeen e.V.« in seinem ehemaligen Wohnhaus im Schnoor 7 erinnert auch heute noch an den 1909 verstorben Lebenskünstler.

Rechts am *Packhaus-Theater* vorbei geht es nun zur **Wüsten Stätte,** der Straßenname entstand vermutlich nach einem verheerenden Brand 1659, nach dem der Platz lange Zeit wüst und unbebaut blieb. Hier stehen die beiden einzig erhaltenen *Packhäuser* des Viertels. Das eine wurde 1976

Mal voller Trubel, mal idyllisch ruhig: Die Schnoorgasse

BREMEN KLASSISCH

Auf dem Weg ins Café: Der Lebenskünstler Heini Holtenbeen

lien, Fossilien und Schmuck, Teestübchen und Fachhandel für nostalgische Blechdosen und -schilder niedergelassen haben, grenzt an den ebenso puppenstubenartigen **Serenadenhof.** In diesem idyllischen Innenhof hat sich das besonders in der wärmeren Jahreszeit beliebte und überfüllte *Katzencafé* angesiedelt. Zwei Durchgänge führen zur Hauptstraße Schnoor zurück. Links in Richtung Stavendamm geht es nun am Schiffer-Haus vorbei und durch die Hohe Straße zur Propsteikirche St. Johann.

zum Theater umfunktioniert. An der Fassade des anderen steht in einer halbrunden Nische eine **Holzplastik des Jacobus Major** aus dem Jahre 1660. Der Schutzheilige der Pilger erinnert an Bremens Tradition als Einschiffungshafen für die Wallfahrer auf ihrem Weg nach Santiago de Compostela im spanischen Galicien. Das **St. Jakobus Packhaus** beherbergt die interaktive Ausstellung *ZeitRaum*, in der sich Bremens Geschichte erleben lässt.

Info: *ZeitRaum*, ✆ 2772780, April – Oktober täglich 10.30 – 20 Uhr, November – März 11 – 18 Uhr geöffnet, Eintritt 6 €, ermäßigt 4 €.

Der winzige Platz mit den schmalen, aneinander gedrängten Häusern, in denen sich Kunsthandwerkstätten und -galerien, ein Laden mit Minera-

St.-Johannis-Kirche

Es wird vermutet, dass sich die 1241 erstmals urkundlich erwähnten Franziskaner bereits um 1225 in Bremen fast gleichzeitig mit den Dominikanern niedergelassen haben. Als Bettelmönche wurden sie wegen ihrer grauen Kutten auch die »Grauen Brüder« genannt. Ihre Ordensregeln verpflichteten sie zu Armut, Besitzlosigkeit und dazu, durch die Stadt und Nachbarortschaften zu ziehen, um Gaben und Spenden für ihren Lebensunterhalt zu sammeln. Im Zuge der Reformation wurde 1528 das Franziskanerkloster geschlossen, und den Mönchen waren sämtliche Zeremonien untersagt. Danach diente das Kloster lange Zeit als Armen- und Krankenhaus, bis es im Jahre 1834 wegen Seuchengefahr abgerissen wurde. Mit dem Bauschutt der Klostergebäude hat man die Straße um 4 m erhöht, um die alljährlichen Überschwemmungen der Weser einzuschränken. Die ehemalige Klosterkirche wurde während der Reformation Eigentum des Stadtrates. Dieser überließ die Kirche zeitweilig den protestantischen Hugenotten, die als Religionsflüchtlinge aus dem katholischen Frankreich in Bremen aufgenommen wurden und somit die Kirche der vertriebenen Katholiken bekamen. Pläne, die zeitweilig als Lagerraum benutzte Kirche zu einem Packhaus umzubauen, wurden letztlich nicht verwirklicht. Ab 1816 konnte die katholische Gemeinde St. Johannis wieder übernehmen, der erste Gottesdienst war jedoch erst im Jahre 1823 möglich, da umfangreiche Renovierungsarbeiten vorgenommen werden mussten, die durch ständige Überschwemmungen behindert wurden.

Die im 14. Jahrhundert errichtete, rein gotische dreischiffige Hallenkirche ist die letzte erhaltene Klosterkirche in Bremen. Wahrscheinlich ist sie auf dem Fundament einer älteren Basilika aus dem 13. Jahrhundert erbaut worden. Als Bettelordenskirche besitzt sie keinen Turm, sondern nur einen Dachreiter, der 1875 neugotisch verändert wurde. Im Zweiten Weltkrieg brannte das gesamte Dach ab, das Innere blieb aber weitgehend verschont. Nach dem Krieg bekam St. Johannis einen 19 m hohen kupfernen Dachreiter mit drei Glocken. Die letzte Renovierung der Kirche fand im Jahre 1994 statt.

Der schmucke, von zwei achteckigen Treppentürmchen umgebene *Westgiebel,* in dessen Spitze sich eine Kreisblende mit gemauertem Sechseckstern befindet, stellt ein bemerkenswertes Beispiel norddeutscher Backsteingotik dar. Er ist in drei übereinander liegenden Stockwerken durch Flach- und Stromschichten unterteilt, wobei die einzelnen Geschosse durch paarweise angeordnete Spitzbogenblenden gegliedert sind. Die eher schmucklosen Längswände sind durch schlichte Strebepfeiler gekennzeichnet, und lediglich durch das reiche Maßwerk der Fenster wird die Backsteinfassade belebt. Die *Fenster* wurden in den 50er Jahren neu verglast. Sie zeigen Szenen der Stadtgeschichte und der katholischen Kirche in Bremen.

Das kaum veränderte **Kircheninnere,** gekennzeichnet durch ausdrucksvolle Schlichtheit, entsprach völlig den Ordensregeln der Bettelmönche. Die hellen, hoch aufragenden Wände und Säulen der gotischen Kirche verstärken zudem die beeindruckende Wirkung des Raumes. Die einzigen schmückenden Elemente im Inneren sind naturalistische Blattwerkornamente an Kapitellen und Schlusssteinen. Die plastischen Kunstwerke wie die um 1600 entstandene *Pietà* wurden fast ausschließlich nach dem Zweiten Weltkrieg erworben.

Info: Die Kirche ist täglich 8 – 19 Uhr geöffnet.

EIN SPAZIERGANG INS UND DURCHS »VIERTEL«

Wallanlagen → Contrescarpe → Villa Ichon → Ostertorsteinweg → Landweg → Rutenstraße → Beim Steinernen Kreuz → Am Dobben → Rutenberg Villa → Mathildenstraße

Für den nächsten klassischen Stadtrundgang geht es ostwärts aus der Stadt heraus und über die Wallanlagen hinweg ins Oster- und Steintorviertel, von allen Bremern zusammenfassend »das Viertel« genannt. Es gehört heute vor allem wegen seiner Vielzahl an unterschiedlich und abwechslungsreich gestalteten »Bremer Häusern« zu den attraktivsten Lebensräumen der Stadt.

▶ Vom Marktplatz aus quer über den Domshof geht es zunächst zum *Bischofstor*, das die Grenze zwischen Stadt und Vorstadt markierte. Entlang der **Bischofsnadel** gelangt man durch die Wallanlagen an das noch erhaltene **Stadttor** aus der ersten Hälfte des 19. Jahrhunderts. Dieser Weg aus der Stadt heraus gehört heute den Fußgängern und Fahrradfahrern, im Mittelalter war dieser Durchgang dem Bischof und seinem Gefolge vorbehalten. Reisende beklagten sich bis zur Aufhebung der Torsperre Mitte des 18. Jahrhunderts oft über das frühe abendliche Schließen der Tore, weil sie sich dann außerhalb des Walls eine Herberge suchen mussten.

Die **Wallanlagen,** die sich rings um das Stadttor erstrecken, dienten als Festungsgürtel, der die gesamte Stadt ringsum nach außen abschloss. Nach den Plänen des Niederländers *Valckenburgh* baute man im 17. Jahrhundert das riesige Bollwerk aus Wällen und Wasser, um das Zentrum militärisch zu sichern. Viele Bremer nutzten den Wallgürtel bereits zur Mitte des 18. Jahrhunderts auf ihre Art: er wurde als Spazierweg, Gemüsegarten, Viehweide oder gar als Müllplatz zweckentfremdet. 1802 beschloss die Stadtverwaltung, den Bastionskranz abzutragen und nach dem Vorbild des englischen Landschaftsgarten umzuwandeln. Nun entstand nach den Plänen der Landschaftsgärtner *Christian Bosse* und *Isaak Altmann* eine abwechslungsreiche Parklandschaft mit sanften Hügeln, unregelmäßig gepflanzten Baumgruppen und einem sich weich hindurchschlängelnden Wassergraben. Die erste öffentliche Grünanlage Bremens, die dem romantischen Naturbild jener Zeit entsprach, war entstanden.

Seit ihrer Umwandlung in eine Parklandschaft gehörten die Wallanlagen zur bevorzugten Wohn- und Flaniermeile des gehobenen Bürgertums, das es nun aus der Enge der Altstadt an den Rand des luftigen Landschaftsparks zog. Die *Contrescarpe* (ursprünglich: rückwärtige Böschung einer Befestigungsanlage) bot ihnen sowohl intime Privatheit als auch Nähe zur Natur.

Contrescarpe: Nobeladresse für die ersten »Bremer Häuser«

Wir überqueren die Brücke und wenden uns auf der Contrescarpe nach rechts. An der Ecke zur *Kohlhökerstraße* liegen die ersten Bremer Häuser, sie stammen aus der Zeit um 1850. Beispielhaft für diese Zeit ist das Eck-

Klassisch & typisch: Bremer Haus mit Säulen & Schnörkeln

haus an der **Contrescarpe 36,** das ab 1853 von einem Bremer Kaufmann bewohnt wurde. Die Fassade des Hauses ist weiß verputzt und in einem für diese Zeit typischen, schlichten Klassizismus gestaltet. Die antiken Vorbilder zeigen sich in den Pilastern des Zwischengeschosses, die mit korinthischen Kapitellen nach oben abgesetzt sind. Das Walmdach und die überdurchschnittliche Breite des Hauses verrät noch die in dieser Zeit an der Contrescarpe ausklingende Tendenz zum freistehenden Haus, obwohl es mit den rechts angrenzenden Häusern bereits zum Reihenhaus zusammengefasst ist. Das Obergeschoss mit den drei Doppelfenstern ist noch im Originalzustand erhalten, während das Untergeschoss mit der nachträglich angebauten Terrasse verändert wurde. Eine Galerie zeigt hier Ausstellungen zeitgenössischer Kunst mit wechselnden Programmen.

Rechts daneben liegen zwei spiegelgleiche Entwürfe aus dem Jahr 1852, die das Bremer Haus mit seinen klassischen Gestaltungsmerkmalen jener frühen Zeit zeigen. Die – hier allerdings überdurchschnittlich – großen Vorgärten waren weit verbreitet und gehörten zum äußeren Erscheinungsbild des Bremer Hauses. Der Hauseingang **Contrescarpe 35** ist zudem mit einem kunstvoll gefliesten Boden mit Mosaikelementen ausgestattet. Große Rhododendronbüsche säumen den Eingangsbereich und vermitteln einen harmonischen Übergang zwischen Haus und Landschaft. Das Souterrain ist vom Hauseingang links über eine separate Treppe zu erreichen, auch dies ein Charakteristikum.

Wegen des feuchten Untergrunds durch einen hohen Grundwasserspiegel wurden die Häuser so flach wie möglich auf dem freien Gelände gebaut. Nach vorn wurde die Straße aufgeschüttet und das Wohngeschoss

Das Bremer Haus

Zur Mitte des 19. Jahrhunderts, als die Stadt sich mit Macht über ihre mittelalterliche Begrenzung ausdehnte, verbreitete sich in der östlichen Vorstadt ein besonderer Haustyp, der als das »Bremer Haus« in die Architekturgeschichte einging. Während in Großstädten wie Berlin oder Hamburg vielfach mehrgeschossige Mietskasernen mit dunklen Hinterhöfen entstanden, baute man in Bremen in der Regel ein- bis maximal dreigeschossige Einfamilienreihenhäuser. Mit tiefer liegendem Souterrain, in dem die Küche untergebracht und das zumeist von außen über eine Treppe und einen separaten Eingang erreichbar ist, prägt dieser Haustyp noch heute das Bild von Ostertor- und Steintorviertel. Bremer aller Gesellschaftsschichten wohnten bzw. wohnen in diesen Häusern, die seit den 70er Jahren vor allem Wohngemeinschaften für sich entdeckten, da die Aufteilung der Räume für diese Lebensform besonders attraktiv ist: Die Stockwerke mit ihren vielen Zimmern sind nicht voneinander abgetrennt und bieten alternativen Großfamilien genügend Platz. Geht man abends durch die Straßen der östlichen Vorstadt, so sieht man durch die oft gardinenlosen Fenster in hell erleuchtete Souterrains, die ihrer Größe wegen vielfach als Wohnküche genutzt werden. Hier ist das Zentrum vieler WGs, wo man sich trifft, zusammen kocht oder bis spät in die Nacht in geselliger Runde zusammen sitzt. ◀

um einige Stufen erhöht angelegt, während das nach vorn kellerartige, nach hinten aber ebenerdige Souterrain Küche und Wirtschaftsraum beherbergte. Ebenfalls typischerweise schließt sich an der Rückseite ein großer Garten an. In den siebziger Jahren des 19. Jahrhunderts kamen *Wintergärten* in Mode, wie jener noch im Original erhaltene am Haus Nr. 35 mit seinen Eisengussverzierungen und den Blumenkästen. Die Entwürfe beider Häuser stammen von dem Architekten *Lüder Rutenberg*, der maßgeblich an der Verbreitung des Bremer Hauses beteiligt war.

Ein paar Schritte die Contrescarpe entlang sieht man auf der linken Seite mit der **Nr. 22** ein etwas zurückgesetztes, großzügigiges Gebäude. Es war wie viele andere in der ersten Hälfte des 19. Jahrhunderts ursprünglich ein Sommersitz. Bis 1848 war die Vorstadt rechtlich noch nicht der Stadt gleichgestellt, und die stadtmüden Bürger umgingen dieses Gesetz, indem sie ihre Häuser formal als Zweitwohnsitze auswiesen. Zu jener Zeit war dieses Haus noch eingeschossig, wurde aber 1866 durch den Architekten *Heinrich Müller* auf zwanzig Meter Breite erweitert und aufgestockt. Der Eingang ist nach dem Vorbild eines antiken Portikus mit einem Dreiecksgiebel monumental gestaltet und betont den großbürgerlich-repräsentativen Anspruch des herrschaftlichen Landhauses, das dem Stil einer großen Villa sehr nahekommt. Unter dem Dach befanden sich allein zehn Kammern für das Hauspersonal. Von der ursprünglichen Innenausstattung sind die Fußböden und der Kamin aus Marmor sowie die holzvertäfelten Wände im Erdgeschoss erhalten, die blauen Seidentapeten im Musikzimmer hingegen leider nicht. Der Bremer Senator Lürmann bewohnte das Haus, in dem sich heute die Dienststelle des Senators für Inneres befindet.

Villa Ichon

Entlang der Contrescarpe, die sich kurvenreich dem Verlauf des Wallgrabens anpasst, gelangen wir zum **Ostertorsteinweg** und überqueren diese stark befahrene Straße zum gegenüberliegenden Platz des Goethetheaters. Rechts daneben liegt die Villa Ichon, die sich nahtlos in die vornehme Bebauung der Contrescarpe einreiht. Das Haus entstand 1843 und wurde von dem namhaften Bremer Architekten *Johann Georg Poppe,* der auch das pompöse Wasserwerk »umgedrehte Kommode« auf der südlichen Weserseite entwarf, 1871 umgestaltet. Die Fassade unterscheidet sich durch den Überfluss an Ornamenten von der Schlichtheit der ersten Bauten. Der Trend zu historisierenden Architekturzitaten prägte zu dieser Zeit die Fassaden. Den Rokoko-Sandsteinerker übernahm Poppe aus einem abgerissenen Patrizierhaus der Innenstadt und fügte ihn als geschichtliches Zierstück nachträglich hinzu.

Auf dem Weg um das Haus herum sieht man, dass der Architekt es mit drei Schaufassaden ausgestattet hat und an der Rückseite noch einen Turm anfügte. Hier blicken wir auf die Terrasse eines Restaurants, das in einer italienisch gestalteten Gartenanlage mit Springbrunnen liegt. Die aufgestellten Skulpturen des Bildhauers *Gerhard Marcks*, Leihgaben des nebenan liegenden ↗ *Gerhard-Marcks-Hauses*, sorgen zusätzlich für ein stilvolles Ambiente.

Die *Innenausstattung* des Hauses ist zwar lediglich in Fragmenten erhalten geblieben, doch ein Blick auf die Marmorsäulen, Stuck- und Holzdecken, Parkettböden und Friesmalereien lassen den Aufwand und den Geschmack bürgerlichen Wohnens in der zweiten Hälfte des 19. Jahrhunderts erahnen. 1968 sollte die Villa für den Bau eines riesigen Wohnhauses abgerissen werden. Die Stadt kaufte sie jedoch, und seit 1984 wird das restaurierte Haus vor allem vom *Verein Villa Ichon* für Ausstellungen und kulturelle Veranstaltungen genutzt.

Info: Interessierte können das Haus Mo – Fr 11 – 19 Uhr besichtigen.

Die bunte Welt des Viertels

Zurück auf dem Goetheplatz geht es nun in östlicher Richtung den **Ostertorsteinweg** entlang, die Flaniermeile des Viertels, das mit seinen teilweise schrillen Szenen und Kulturen neben tiefer Biederkeit ein kreativer Mikrokosmos vielfältiger Lebensstile ist.

Wir überqueren den Ostertorsteinweg wieder und biegen bei der ersten

Gelegenheit links in die *Wulwesstraße* ein. Gleich wieder links beginnt der **Landweg**, der mit seiner Breite von gerade drei Metern so unauffällig wirkt, dass man meint, seine Anwohnern wollten unentdeckt bleiben. Wie in zahlreichen schmalen Seitenstraßen des Viertels wirken auch hier die Bremer Häuser mit ihren Vor- und Hintergärten wie kleine verträumte Oasen in der Stadt, vermitteln die Atmosphäre eines gemütlichen und intimen Wohnquartiers.

Anders als an der großbürgerlichen Contrescarpe wurde diese Straße von unterschiedlichen sozialen Schichten bewohnt. Hier begegnet man verschiedenen Typen des Bremer Hauses, sowohl dem dreigeschossigen als auch dem einstöckigen Arbeiterhaus. Handwerker, Zigarrenmacher, aber auch Leute aus dem Mittelstand ließen sich hier nieder. An der gemischten Zusammensetzung hat sich nichts geändert: Die individuell gestalteten Fassaden und Hauseingänge sind Zeichen unterschiedlicher Lebensart alteingesessener »Ostertorscher«, hinzugezogener Künstler und Freaks.

Am Anfang der Straße sehen wir auf der rechten Seite den kleinsten Haustyp: eingeschossig, ohne Vorgarten und Souterrain. Dass sich die links befindlichen Häuser in der Fassadengestaltung wie ein Ei dem andern gleichen, ist kein Zufall, denn viele sind zu dieser Zeit hintereinander in Serie gebaut worden, zumeist von Maurern, die nach Einführung der Gewerbefreiheit aus den mittellalterlichen Zünften entlassen waren. Viele versuchten sich nun als Bauunternehmer, die auf eigenes Risiko Häuser und Straßen anlegten. Das hatte Konsequenzen für die Fassadengestaltung, bei der aus Kostenersparnis auf Individualität verzichtet und die Ornamentik durch Zementgussschablonen seriell gefertigt wurde, was am durchlaufenden, die Fassaden miteinander verbindenden Fries zum Ausdruck kommt. Die Häuser wirken wie aus einer »maßgeschneiderten Architekturkonfektion«, was dem Beginn des industrialisierten Bauvorganges auch ästhetisch entspricht. In der Mitte der Straße sehen wir links eine Reihe von neuen Häusern, gebaut nach der missglückten Verkehrsplanung einer mehrspurigen Autotrasse, deren Verlauf über die Weser und quer durch das Ostertor geplant war. Viele Bewohner verkauften nach und nach ihre Häuser, doch andere setzten sich erfolgreich zur Wehr: Aus der »Mozart-Trasse« wurde nichts, der Abriss der alten Häuser war allerdings nicht rückgängig zu machen.

Wir biegen nun rechts in die **Rutenstraße.** Hier wird die Straße wieder breiter, die Vorgärten größer, und die Häuser wirken vornehmer. Wie die meisten Straßen im Viertel ist sie in freier Spekulation gebaut worden. Vielfach gingen nach 1850 risikofreudige Maurer ohne festen Kundenauftrag frisch ans Werk und zogen – so wie hier – innerhalb kürzester Zeit ganze Straßenzüge oder Baugruppen hoch. Um das Arbeitstempo der Beschäftigten zu steigern, wurden nun mancherorts Akkordlöhne gezahlt. Finanziert wurde diese Spekulation mit einer speziellen bremischen Kreditvergabe, die den Eigentümern günstige Vorfinanzierungen ohne Eigenkapital ermöglichte. Rutenberg, der Erbauer dieser Straße, beteiligte sich engagiert an der Häuserproduktion und prägte wie kein anderer das Bild der östlichen Vorstadt. Von seinen elf ursprünglichen Entwürfen sind noch neun erhalten. Die Häuser Nr. 1 bis 3 entsprechen mit einem fast quadratischen Grundriss und dem in die Mitte gesetzten Eingang einer frühen Sonderform des Bremer Hauses.

Am Ende der *Rutenstraße* betreten wir nach rechts mit der **Kohlhökerstraße** eine der ältesten Vorstadtstraßen Bremens. Bis zur ersten Hälfte des 19. Jahrhunderts lebten hier vor allem Gemüsebauern, eben die *Kohlhöker*, die ihre Produkte auf dem städtischen Markt verkauften. Nach der Aufhebung der Torsperre verschwanden nach und nach die kleinen Parzellen der Bauern. Aus der ärmlichen und spärlich besiedelten Vorstadtstraße wurde ein gutbürgerliches Quartier. Die zugezogenen Bürger veränderten das Straßenbild mit den vornehmen Fassaden von Grund auf, und bald lebten hier viele Bremer Senatoren, wie Gröning, Pauli oder Lampe, und der Konsul des französischen Kaiserreiches. Immer wieder entdeckt man neue Details an den abwechslungsreich gestalteten Häusern.

Die Kohlhökerstraße endet an der Kreuzung zur *Wulwesstraße* und *Albrechtstraße* auf der rechten Seite mit einem dreigeschossigen Haus, das mit seinen vier rundbögigen Fenstern eine romantische Variation der Fassadengliederung darstellt. Ein gusseiserner Wintergarten, der 1872 neben den Hauseingang gesetzt wurde, ist unter dem Dach mit filigranen, spiralförmigen Eisenverzierungen geschmückt.

Verspielte Biederkeit: Glaseinsatz einer Bremer Haus-Tür

Auf der Bremer-Haus-Route zu Rutenbergs Villa

Geradeaus spazieren wir nun die Straße **Beim Steinernen Kreuz** entlang, am Gedenkkreuz für Bürgermeister Vasmer vorbei, begeben uns links in die *Kreftingsstraße* und stoßen auf den **Dobben,** der im letzten Jahrhundert ein Verbindungsgraben zwischen Torfkanal und Weser war. Hier endete 1861 die Bebauung mit Bremer Häusern. In rasantem Tempo hatten in etwa fünfzehn Jahren die städtischen Reihenhäuser die ehemals ländliche Vorstadt verändert. Auf Drängen der Bauunternehmer wurde nun der Dobbengraben zugeschüttet, um auch jenseits des Kanals weiterbauen zu können. Gemessen am Tempo mittelalterlichen Bauens dehnte sich Bremen geradezu explosionsartig aus. 1874 war schließlich auch das jenseits des Dobben beginnende *Steintorviertel* vollständig bebaut.

Das etwas klobig und protzig wirkende Gebäude aus rotem Backstein und gelbem Sandstein, **Dobben 91,** war **Rutenbergs Wohnhaus**. Im Unterschied zur großen Zahl der von ihm entworfenen Bremer Häuser schuf er für sich selbst eine herrschaftliche Villa, die sich in Größe und Gestaltung deutlich von ihrer Umgebung absetzen sollte. Im Obergeschoss ließ er einen dreizehn Meter langen Ballsaal einrichten. Seit 1979 ist die Villa Sitz des *Ortsamts Bremen-Mitte und östliche Vorstadt.*

Am Dobben nach links und an der nächsten Kreuzung rechts gelangen wir in die hier beginnende *Humboldtstraße* und kommen, wieder links abbiegend, in die ab 1869 entstandene **Mathildenstraße,** die Rutenberg seiner Frau Mathilde widmete. Hier residierte das Bremer Großbürgertum, was in der Größe der Häuser und in der aufwändigen Fassadengestaltung zum Ausdruck kommt. Auch die Innenausstattung der Häuser war dem kultivierten, teuren Geschmack ihrer Bewohner angepasst. Treppen, Türen oder Holzvertäfelungen waren nicht selten aus Mahagoni gefertigt, Wände mit Textiltapeten bespannt, Decken mit Stuck verziert oder bemalt. Die Ornamentik der Fassaden ist feiner gearbeitet als an den meisten Bremer Häusern. Auch die Bremer Presse jener Zeit sparte nicht mit Lob über die »hübschen und geschmackvoll verzierten Häuser«.

Die Besitzer, vielfach Kaufleute, hatten in der Regel ihr eigenes Hauspersonal, das in kleinen Kammern unter dem Dach wohnte. Das Souterrain war der Wirtschaftsbereich der Bediensteten, in dem gekocht und gewaschen wurde. Im ersten Stock befand sich der Salon, das Empfangszimmer des Hausherrn, im Zwischengeschoss lagen die Schlafräume der Familie. Während viele Arbeiterhäuser vor allem im Bremer Westen mit mehreren Familien überbelegt waren, entsprach das Bremer Haus hier in der Straße tatsächlich einem – allerdings herrschaftlichen – Einfamilienhaus.

Der Bau dieser Straße markiert den zeitlichen Höhepunkt der Häuserspekulation. 1875 brach der gesamte Wohnungsmarkt in Bremen zusammen: Eine gewaltige Überproduktion an großen und teuren Bauten war schuld. Zwei Drittel aller bauunternehmerischen Maurer gingen dabei bankrott, Haus um Haus wurde zwangsversteigert. Rutenberg, Motor der »Bremer-Haus-Bewegung«, berührte die Krise nicht mehr, denn sein Engagement in einer Bremer Bierbrauerei hielt ihn finanziell weiterhin obenauf.

Info: Wer noch weiter wandern möchte, kann sich von »Kunst im öffentlichen Raum«, ↗ Kunst & Kultur, leiten lassen.

BREMEN VIELFÄLTIG

GRÜNE INSELN UND ALTE VIERTEL

Außerhalb der »klassischen« Altstadt finden sich zwischen Stadt und Umland gelegene erholsame Parks – allen voran Bremens »grüne Lunge«, der Bürgerpark – und interessante urbane Viertel, die man zu Stadtbesichtigung und Naherholung gleichermaßen nutzen kann. So liegt links des Flusses Bremens zweitältester Stadtteil – und heißt Neustadt. Er bietet mit den Wegen über die Werderinsel einen interessanten »Kombi-Rundgang«. Findorff und Vegesack sind ebenfalls stark mit dem Fluss bzw. mit Wasser verbunden: Findorff entstand auf moorigem Terrain, und Vegesack, das ziemlich eigenständige Zentrum von Bremen-Nord, besitzt den ältesten befestigten Hafen Deutschlands.

DER BÜRGERPARK

Als dieser größte Bremer Park unter der Anleitung und Planung des Landschaftsgärtners *Wilhelm Benque* (1814 – 1895) vor etwa 140 Jahren entstand, gehörte er zu den ersten Volksgärten des Reiches, den alle Gesellschaftsschichten nutzen konnten. Zu den Besonderheiten der Anlage gehören die vielen exotischen Baum- und Straucharten, die Bremer Händler von ihren Fahrten nach Übersee mitbrachten. Sie erst machten aus der ehemaligen »Bürgerweide«, auf der die Bürger einst ihr Vieh weiden ließen, einen Park. Großzügig wurde er im Laufe der Jahrzehnte mit Pavillons, Brunnen, Brücken und Bänken ausgestattet. Seen und Wasserzüge führen in weiten Schwüngen durch den Nordteil des Parks, so dass der Besucher vom Boot wie von den Wegen aus viele malerische Ansichten genießen kann. Erhaltung und Pflege der Anlage werden wie einst durch Spenden und heute vor allem durch die *Bürgerparklotterie* finanziert, die einmal im Jahr ihre Losbuden in der Innenstadt aufbaut.

Citynahe Ländlichkeit: Der Grüngürtel der Wallanlagen umgibt die Altstadt, doch in der Mühle wird heute Kaffee statt Korn gemahlen

Rundgang durch den Park

Jenseits der *Hollerallee* erreicht man den Park an der Mittelachse der symmetrisch angelegten *Zentralanlage.* Der **Hollersee** mit dem gegenüberliegenden *Parkhotel* ist von Rhododendren, Azaleen und Linden umgeben, eingerahmt vom *Wandelpark,* den kleine Wege durchziehen. Die Anlage ist durch mehrere Plastiken geschmückt, darunter *Musik und Tanz* des Bildhauers Diedrich Samuel Kropp von 1885, auf der Ostseite den Bronzefiguren *Hirsch und Afrikanischer Wasserbock,* die der Münchner Bildhauer Theodor Georgii zwischen 1909 und 1910 schuf.

Die Hauptperspektive des Parks verläuft hinter dem Parkhotel bis zum Meiereigebäude weit hinten. Die Ränder der Parkwiese sind stark eingebuchtet, so dass vor der Baumkulisse ein interessantes Licht- und Schattenspiel zu sehen ist. Die Illusion einer noch größeren Weite entsteht durch die Anordnung unterschiedlich großer Eichengruppen, die den großzügigen Wiesenraum gliedern und die räumliche Tiefe unterstreichen. Die Schneise, gebildet aus der großen *Park-* und der kleineren *Meiereiwiese* dahinter, wird unterbrochen vom Bogen der hohen *Melchersbrücke,* über die die Querachse des Parks verläuft.

Für unseren Rundgang sind zunächst die Wege rechter Hand der Zentralanlage interessant. Hier spaziert man am tempelförmigen *Niemitzbrunnen* von 1878 und dem **Schwanenteich** vorbei, der malerisch vor einer abwechslungsreichen Baumkulisse in einer sanft modellierten Wiese liegt. Scharf links in den *Franzosenweg* einbiegend geht man in Richtung **Schweizerhaus.** In dem ebenfalls von Bürgern gestifteten Haus von 1871 hat die Verwaltung des Bürgerparkvereines ihren Sitz. Ein Waldweg führt an der *Buchensicht* entlang, zwischen deren beeindruckendem Baumbestand sich eine blumenreiche Wiese erstreckt.

An einem mit Schwarzkiefern begrenzten Rasenplatz treffen sich etliche unterschiedlich breite Wege: der frühere Fahrdamm, auf dem heute vor allem Radler auf dem Weg zur Universität, aber auch Reiter unterwegs sind, die Parkpromenaden und verschlungene Waldwege. Benque diente damals der Central Park in New York als Vorbild für dieses Wegenetz. Auf dem Pfad durch das Nadelgehölz gelangt der Spaziergänger zur *Römischen Bank*, aus Oberkirchener Sandstein in antiker Form nach Plänen August Töpfers 1898 geschaffen.

Jenseits eines Hügels ist die **Heine-Bank** zu erblicken. Dieses dem Dichter Heinrich Heine gewidmete, 1904 von Hans Lassen gestaltete Jugendstilwerk trägt in der Mitte der Rückenlehne ein bronzenes Flachrelief mit einem Portrait des Dichters und zwei Bronzetafeln mit den Versen »In der Fremde 3«. Durch den Eichenhain gelangt man zur Querachse des Parks, wo rechts jenseits des Wasserzugs der *Laubengang* von 1887 einen schönen Blickfang darstellt.

Wege zum leiblichen Wohl

Über die Asphaltstraße und eine Brücke hinweg geht es in den nördlichen Teil des Parks und auf gewundenem Weg direkt in den *Parkwald,* vorwiegend aus Buchen, zwischen deren silbrig glänzenden Stämmen sich oft Eichhörnchen und Waldvogelarten wie Buchfinken, Eichelhäher, Spechte und Meisen tummeln. Das im Park heimische Rehwild tritt zur Dämmerung auf die Wiesenflächen hinaus und ist dann von der **Meierei** aus gut zu beobachten. Das mit reichen Holzarbeiten verzierte Gebäude im Schweizerhausstil war einst ländlicher Milchausschank mit eigener Kuhherde und ist heute *Café-Restaurant* mit gehobener Gastronomie. Der Blick von der Terrasse über die zentrale Wiesenschneise bis zum Parkhotel und den Domtürmen dahinter gehört zu Bremens großartigsten Ansichten. Vorbei am *Meiereigarten* und *-see* und über zwei Brücken von 1912 erreicht man das **Waldschlösschen,** 1890 als größter Pavillon errichtet und heute *Ausflugslokal und Biergar-*

Großzügige Weite und wohl dosierte Idylle wechseln sich im Bürgerpark ab

ten. Auf der so genannten *Waldbühne* finden außerdem gelegentlich Jazzkonzerte statt.

Tiere, Wasser und kleine Bälle

Entlang gewundener Wasserwege lässt sich ein Bogen zur Westseite des Parks schlagen, vorbei an der nach dem Bremer Dichter Heinrich Bulthaupt benannten *Bulthaupt-Bank* von 1909, nahe einer Brücke im Kastanienhain gelegen, zum **Wildgehege,** mit dem reetgedeckten *Wildhaus.* Jede Generation von Bremern hat hier ihre ersten Zoo-Eindrücke gesammelt. Neben heimischen Tieren können auch Zebras, Känguruhs, viele Vogelarten und Zwergrassen von Ziegen und Schafen beobachtet werden.

Über eine kleine Anhöhe und eine weitere Brücke trifft man wieder auf die Querachse, und kommt zum **Emmasee.** Gräfin Emma soll der Sage nach Stifterin der Bürgerweide gewesen sein. Zwischen Azaleen und Rhododendren, Silberlinden und rot blühenden Kastanien befindet sich die *Emmabank*, 1868 aus Sandstein errichtet. Sie hat eine geschlossene Rückwand, und zwei vorgezogene Seitenflügel umschließen einen nach vorn geöffneten Innenraum. Nachdem die ringförmigen Wasserzüge mit Teichen, Buchten und Inseln angelegt waren, wurde am Emmasee ein **Bootsanleger** eingerichtet. Auch heute kann man in der Saison am See Ruderboote ausleihen und vorbei am **Kaffeehaus** und einer **Minigolfanlage** den Park vom Wasser aus erkunden. Benques Absicht, eine abwechslungsreiche Kulisse romantisch-malerischer Bilder herzustellen, wird noch heute deutlich. Auch Enten, Bläss- und Teichhühner wissen die Wasserzüge zu schätzen.

Auf dem Weg zurück, vorbei am *Dyckhoffpavillon* mit kupfernem, schön geschwungenem Dach, trifft man auf den Platz des **Marcusbrunnens.** Das Werk Diedrich Kropps bestand ursprünglich aus einem zweischaligen Bronzebrunnen, der in einer flachen Sandsteinschale ruhte, umgeben von Pferden und Skulpturen. Im Zweiten Weltkrieg wurden die Skulpturen und die oberste Schale des Brunnens abgenommen und eingeschmolzen. Die **Rundfahrten des Kremserwagens** (Brauereiwagen mit Pferden) starten von hier aus durch den Park.

Der Stadtwald im Norden

Der Bürgerpark wurde später um den Stadtwald nördlich der Bahnlinie Richtung Hamburg erweitert. Im nordöstlichen Teil der Anlage steht ein *Aussichtspavillon* des Architekten Gabriel von Seidl von 1910. Auf einer Anhöhe im Osten befindet sich das *Aufseherhaus* und dicht daneben die **Finnbahn,** auf der zahlreiche Jogger ihre Runden drehen. Die Wegeführung und Bepflanzung des Stadtwaldes wurde mehrmals geändert und ist seit Bestehen der *Universität* auf deren Erreichbarkeit hin umgestaltet worden.

Praktische Informationen

Parkverwaltung, Schweizerhaus, ✆ 342-070, Mo – Fr 8 – 17 Uhr. Weitere Informationen ↗ »Sport & Freizeit«.

Wildgehege, ganzjährig, freier Eintritt.

Minigolf am Emmasee, ✆ 3498880. Schön und idyllisch gelegen, einige Bahnen sind doppelt vorhanden. April – Oktober, außer bei Regen 10 – 20 Uhr, Sa und So 11 – 20 Uhr. 3 €, 1,50 €. Eisverkauf.

Bootsverleih am Emmasee: ✆ 0173/2326435, Kaution 20 €, maximale Leihzeit 2 Stunden, für die Strecken im Bürgerpark ausreichend. April – September 14 – 18 Uhr (außer bei starkem Regen), 30 Minuten 6 €, jede weitere halbe Stunde 4 €.

Kremser-Rundfahrten: Nur Mi und nur für Gruppen bis 25 Personen nach Anfrage bei der Parkverwaltung, 30 €/Fahrt.

Musik-Veranstaltungen der Waldbühne zwischen Mai und September: Informationen beim Verkehrsverein oder der Parkverwaltung im Schweizerhaus.

Jazzkonzerte in der Waldbühne, Sonntag vormittags und nach Vorankündigung.

Gaststätten im Park

Kaffeehaus am Emmasee, ✆ 344241, Di – So 11 – 22 Uhr.

Meierei im Bürgerpark, ✆ 3408619, Di – So 12 – 24 Uhr, Küche 12 – 14.30 Uhr und 18.30 – 22 Uhr, Januar bis März So ab 18 Uhr geschlossen.

Park Restaurant im Park Hotel, ✆ 340-8556, Mo – So 12 – 14.30 Uhr und 18 – 22 Uhr große Karte, 14.30 – 18 Uhr und 22 – 24 Uhr kleine Karte.

Haus am Walde, Kuhgrabenweg 2, ✆ 212765, täglich 10 – 24 Uhr (Küche 12 – 14 und 18 – 22 Uhr).

Waldbühne/Waldschlösschen, geöffnet Mo – Sa ab 11 Uhr, So ab 10 Uhr; ✆ 217415. Kaffee und Biergarten, kleine Gerichte.

WEITERE OASEN

Rhododendron-Park

Der Kaufmann *Willy Rickmers* legte gegen Ende des 18. Jahrhunderts in der *Horner* Vorstadt – östlich von Bürgerpark und City und heute durch den Autobahnring begrenzt – einen mit Eichen, Buchen und Eschen bestandenen, von schmalen Wasserläufen durchzogenen Wildpark an, der 1911 als *Rickmers-Park* in den Besitz der Stadt überging. In ihm begann 1936 die Anlage des Rhododendron-Parks, initiiert von einer gleichnamigen Gesellschaft und dem Gartenbauamt zum Zweck der Rhododendronzucht. Schon am Eingang in der Marcus-Allee ist der Charakter des »immergrünen« Parks zu erkennen: Die Brücke am Eingang ist von Rhododendren umsäumt, und am Vorplatz vorbei gelangt der Besucher zu einer größeren Gruppe Azaleen. Besonders von April bis Juli ist der Park eine wahre Augenweide und »Nasenfreude«, wenn die etwa 1500 Arten von Rhododendren und Azaleen in voller Blüte stehen (Zeit der Hochblüte: 20. Mai plus/minus 5 Tage).

Im Park eingebettet liegen der *Botanische Garten*, ein *Stein- und Heidegarten* mit Schildkröten-Terrarium und das *Botanica* mit tropischen Arten des Rhododendrons in ihren natürlichen Lebensräumen. *Café* und *Spielplatz* ergänzen das Angebot dieser blumenreichsten Parkanlage der Stadt.

Die Wasserkanäle *(Fleet)* gehören zu einem alten Entwässerungssystem.

Info: ***Rhododendron-Park, Botanischer Garten,*** Marcusallee 60, © 361-3025. Freiland täglich 7.30 Uhr – Sonnenuntergang geöffnet.

Anfahrt: Ab Hauptbahnhof Straba 4 Richtung Lilienthal oder Oberneuland bis Bürgermeister-Spitta-Allee, von dort zum Eingang Marcus-Allee.

Azaleenmuseum, am Deliusweg 20.3. – 1.5. ***Fuchsienschau*** 15.6. – 3.10. beide täglich 10 – 16 Uhr.

Botanica: © 36189755. Täglich 9 – 18 Uhr, 9 €, ermäißgt 6 €.

Rhododendron-Café, © 3304919, täglich 10 – 18 Uhr, von Oktober bis März montags geschlossen.

Parks in Oberneuland

In Oberneuland, nordöstlich der City, bieten sich mehrere Parkanlagen zum Spazierengehen an, die sich an der Oberneulander Landstraße aneinanderreihen. Zwar wurden einige von ihnen, so der *Hoffmannsche Park,* für private Wohnanlagen genutzt, haben aber trotzdem ihren typischen Parkcharakter erhalten können. Besucht man heute diese Parks, erscheinen sie wie natürlich gewachsen, aber alle sind erst durch menschliches Zutun entstanden. So pflanzten die ansässigen Bauern zu bestimmten Anlässen (Geburt eines Kindes, Hochzeit usw.) Bäume, reiche Städter schätzten diese ländliche Region seit 1880 zunehmend und sorgten ebenfalls für üppige Anpflanzungen.

Info: Ab Hauptbahnhof mit dem Nahverkehrszug Richtung Rotenburg bis Bahnhof Oberneuland (stündlich), durch die Hodenberger Straße erreicht man das gleichnamige Landgut (nahe Klinik Hohenkamp) und die Oberneulander Landstraße, von dort nach links (Westen) erstrecken sich die Parks bis zum Heinekens Park.

Bus 33 (Domsheide – Sebaldsbrück), bis Kapitän-König-Weg für Heinekens Park bzw. Am Querkamp für Höpkens Ruh.

Heinekens Park

... kurz vor der Oberneulander Heerstraße zeichnet sich besonders durch sein großartiges doppeltes Oval eines *Heinbuchen-Heckentheaters* im vorderen Teil aus. Im jetzt davon abgetrennten privaten Park steht ein *altes Herrenhaus*, umgeben von Rhododendronbüschen und Marmorfiguren. An der Straßenfront befindet sich das frühere *Hofmeierhaus* mit einem säulengetragenen Vordach. Der Geldadel baute damals hier große Herrenhäuser. Hatte dort vorher ein Bauer gewirtschaftet, blieb er manchmal als Hofmeier in seinem Haus. Heute bewohnt ein Fotograf diese Wohnstätte an der Straßenfront und stellt darin ab und zu moderne Kunst aus.

Der Park wurde zwischen 1832 und '37 unter Senator Johann Heineken von den Landschaftgärtnern *Isaak Altmann* und *Wilhelm Benque* geschaffen. Der vordere Teil mutet beinahe südländisch an, so steht nahe der kleinen Eingangspforte beispielsweise eine *Nyssa* mit blanken Blättern, am Weg zum Heckentheater eine schön gewachsene *Sumpfzypresse,* die blaue *Atlantische Zeder* und *Zirbel-Kiefern* sind ebenfalls dort zu finden. Die »Krinte« steht direkt am Moorteich, ihr eigentlicher botanischer Name lautet *Kanadische Felsenbirne*. Oberneuländer brachten sie aus Kanada mit. Sie tauften den Baum *Krinte,* da er korinthenartige Früchte trägt. Hinter dem Heckentheater sind Rhododendronbüsche und Azaleen in der Mehrzahl.

Höpkens Ruh

... ist wohl der bekannteste Park in Oberneuland. Er enstand zwischen 1799 und 1825. Schon als *Jacob Friedrich Schultz* ihn damals anlegen ließ, war er mit all seinen kleinen Hügeln, dunklen Teichen, Wasserläufen mit hohen Brücken und sich idyllisch schlängelnden Wegen eine Sehenswürdigkeit. Der letzte Besitzer, Johann Höpken, vererbte den Park der Gemeinde, allerdings mit der Auflage, nichts an dem Landschaftsgarten zu verändern, aber eine *Gaststätte* als zusätzlichen Anziehungspunkt für die Stadtbremer darin zu errichten. Im Mittelpunkt von Höpkens Ruh steht ein *Obelisk,* ein beschrifteter Gedenkstein mit den Namen von vier Naturforschern, die bekannte Parkgärten anlegten.

Höpkens Ruh ist durch den **Muhles Park** vergrößert worden und gehört gemeinsam mit dem gegenüberliegenden **Ichon-Park** zu den größten öffentlichen Grünanlagen der Stadt.

Im **Park der Klinik Hohenkamp** an der Oberneulander Landstraße hinter der Kirche befinden sich zwei angedeutete Balustraden, umgeben von weißen Bänken und steinernen Figuren. Sie stellen den *Kleinen Kavalier und seine Tanzpartnerin* dar, ihr Schöpfer ist unbekannt. Daneben liegt von einem Wassergraben umgeben das **Gut Hodenberg,** ein Landhaus von 1787.

Wasser ist in Oberneuland aber nicht nur ein Beiwerk für Gärten und Parks, sondern ein allgegenwärtiges Element. Regelmäßig wurde das Sumpfland durch Fleete entwässert. Zu den teils prachtvollen Anwesen reicher Bremer führen schmale Brücken. Die Parklandschaft wird zur Stadt hin durch Wiesen und Ackerland begrenzt. Im Nordosten schließen sich die Wümmewiesen an.

Landgasthof Höpkens Ruh, Oberneulander Landstraße 69, ✆ 205853, Di – So 12 – 24, Küche 12 – 22 Uhr. Herrlich im Park gelegen, gehobene Preise.

Landhaus Siedenburg, Oberneulander Landstraße 43, ✆ 2575688, täglich 12 – 24 Uhr.

DIE NEUSTADT

So paradox es klingen mag, die auf der linken Seite der Weser liegende »Neustadt« ist ein recht alter Stadtteil Bremens. Seit dem 16. Jahrhundert wird auf dieser Weserseite Bier gebraut, ein Jahrhundert später Kaffee geröstet und heute verarbeiten so bekannte Unternehmen wie Beck & Co., Kraft Jacobs Suchard und Hachez am linken Weserufer die auf dem Wasserwege angelieferten Rohstoffe weiter. Die Attraktivität der Neustadt als industrieller Standort ist für die Anwohner mit Nachteilen verbunden. Der »Duft« des Hopfens, Kaffees oder der Schokoladenschmelze mischt sich mit dem Gestank und Lärm der großen Zubringerstraßen Neuenlander und Oldenburger, zwischen denen sich mancher Neustädter eingekeilt fühlt.

Als Bremer zieht man nicht über die Weser …

Ihren Anfang nahm die Neustadt als Befestigungsanlage, die im Dreißigjährigen Krieg errichtet wurde, um der verwundbaren Wasserseite der Stadt Bremen vom linken Weserufer aus einen wirksamen Schutz gegen Angreifer zu bieten. Später mauserte sich die Neustadt zur ersten Vorstadt des alten Kerns, und damit war der Name besiegelt. Um dieses neue Gebiet zu beleben, wurden die Bewohner in spe mit günstigen Bedingungen angelockt: Der Senat beschloss im Jahre 1642, die Grundstücke auf neustädtischem Boden verbilligt abzugeben. Außerdem erhielten die Neusiedler das Bürgerrecht umsonst und wurden von bestimmten Steuern befreit. So siedelten sich hauptsächlich Angehörige ärmerer Bevölkerungsschichten und Handwerker an. Im 18. Jahrhundert galt es unter den wohlhabenden Altstadtbewohnern als schick, eine Gartenanlage am Deich der Neustadt zu besitzen, von wo aus man nachmittags an der Weser entlang zu Ausflugscafés spazierte. Auch heute noch lädt das linke Weserufer Flaneure wie Jogger zum Luftholen im Grünen ein.

Die Zeiten, in denen es als unfein galt, sich auf der linken Weserseite niederzulassen, sind lange vorbei. Wo früher Arbeiter in so genannten Gängen aus dicht gedrängten, extrem schmal gebauten und dunklen Reihenhäusern in erbärmlichen Verhältnissen lebten, wohnen heute Angestellte der umliegenden Firmen, Akademiker oder Studenten. Hier finden sich Mietskasernen nach »Berliner Art« wie an der *Friedrich-Ebert-Straße*, mit denen Bauunternehmer zwischen 1908 und 1910 den Versuch unternahmen, das großstädtische Etagenhaus für bürgerliche Mittelschichten auch in Bremen einzuführen, und schlichte bis scheußliche Wohnblocks der 50er Jahre (wie in der *Osterstraße).* Doch die Neustadt hat auch Straßenzüge mit gepflegten Bremer Häusern zu bieten, beispielsweise die *Nettelbeckstraße*, das *Flüsseviertel* nahe dem *Delmemarkt* oder die *Kornstraße* mit dem Doppelhaus *Nr. 89/91.* In der Nachkriegszeit mussten viele der typischen Wintergärten dem Pragmatismus der Hausbesitzer weichen, die den fragilen Vorbau zu vermietbarem Wohnraum ausbauten. Viele Häuser sind heute auch in einen Kachelpanzer gekleidet, wodurch der Reiz der ornamentalen Fassade zerstört wird.

Rundgang durch die Neustadt

Teerhof → Weserburg → Neuer Markt → Weserdeich → Deichschart → Buntentorsteinweg → Dunkakshof → Werderufer → Neustadtswall → Hochschul-Mensa

Für den folgenden Spazierweg von der Altstadt über die Weser in die Neustadt benötigt man etwa zwei bis zweieinhalb Stunden.

Der Teerhof und die Weserburg

Teerhof nennt sich die Spitze der lang gestreckten Werderhalbinsel, die man über die *Bürgermeister-Smidt-Brücke* erreicht. Das **Doppelstück** des Bildhauers *Ulrich Rückriem*, ein aus zwei unbearbeiteten grauen Granitblöcken bestehendes Ensemble, markiert seit 1991 den Eingang zum Vorplatz der **Weserburg**. In diesem Gebäude einer ehemaligen Bremer Kaffeerösterei befinden sich zwei wichtige Institutionen der Bremer Kunstszene: 1982 fand die *Gesellschaft für aktuelle Kunst (GAK)* dort ihren Ausstellungsort und 1991 wurde das Sammlermuseum für zeitgenössische Kunst, das *Neue Museum Weserburg,* der Öffentlichkeit übergeben. Vielleicht sind Ihnen schon von der Brücke aus die großen weißen Buchstaben an der Außenmauer der *Packhauszeile* aufgefallen. Es ist eine Arbeit des amerikanischen Konzeptkünstlers *Lawrence Weiner* aus dem Jahre 1991, die sich auf das konzeptionelle und geologische Fundament des Museums bezieht:

Having been built on sand
with another base (basis) in fact.
»Auf Sand gebaut
tatsächlich (aus) auf anderem Grund.«

Hinter der Weserburg-Durchfahrt öffnet sich der Hof des neu bebauten **Teerhofs.** Dieses Gelände zwischen Weser und kleiner Weser kann auf eine lange Geschichte verweisen. Schon vor der Stadtgründung um 800 befand sich hier eine Furt, später im Mittelalter ein sicherer Lagerplatz für alles brennbare Material. In kleinen Werften wurden Schiffe gebaut und *kalfatert:* Die Planken der Schiffsrümpfe wurden mit flüssigem Teer abgedichtet – daher der Name. Im 18. Jahrhundert stand hier das einzige Bremer Arbeitshaus, in dem »Arbeitsunwillige«

zum Säckenähen oder Korbflechten gezwungen wurden. Auch das im Rokoko-Stil erbaute Wohnhaus des bekannten Bremer Bildhauers *Theophil Wilhelm Frese* befand sich auf dem Teerhof. Aus dessen Werkstatt stammt neben verschiedenen bedeutenden Fassaden in der Bremer Innenstadt, z.B. die der heutigen Sparkasse am Markt, die Skulptur des kleinen Roland auf dem Neuen Markt. Vor dem Bau der Häfen standen hier – gegenüber der *Schlachte* – Pack- und Geschäftshäuser der Bremer Kaufleute. Die Waren wurden per Schiff angeliefert und mit Flaschenzügen in die riesigen Lagerräume der Packhäuser gehievt. Von dort wurden sie später mit Pferdekutschen abtransportiert.

Den Bombennächten des Zweiten Weltkrieges fielen fast alle Gebäude zum Opfer, und nur die Weserburg wurde im Stil der spitzgiebeligen Packhäuser wieder aufgebaut und zunächst weiterhin von Bremer Kaffeefirmen genutzt. Nachdem die Stadt das Gelände in den 70er Jahren erwarb, begann eine lange Ära von Ausschreibungen für seine Neugestaltung. Seine günstige Lage in Stadtnähe und als Bindeglied zwischen Alt- und Neustadt rückte den Stadtplanern zunehmend ins Bewusstsein. Die Vorschläge für eine Nutzung pendelten zwischen Hochhaus-Bebauung und Grünanlage. Schließlich fiel die Wahl auf den Entwurf eines dänischen Architekturbüros. Eine eigens für die Bebauung gegründete Teerhof-Gesellschaft erwarb das Gelände und überwachte den weiteren Verlauf der Gestaltung. Der Umbau der Weser-

Trutzig wie eine Burg, doch der »Wassergraben« diente der Verbindung statt der Abwehr

burg in ein Museum, die Errichtung der in rotem Klinker erbauten beiden Häuserzeilen mit Luxus-Eigentumswohnungen, die Konstruktion einer Fußgängerbrücke zwischen Altstadt und Teerhof und der Bau des *Gästehauses* der Universität Bremen sind abgeschlossen. Die erhoffte Ansiedlung interessanter Geschäfte und Lokale in der ebenerdigen Ladenzeile kam jedoch nicht in Gang. Ganz anders jenseits der Teerhofbrücke, wo sich entlang der neu gestalteten Weserpromenade ↗ *Schlachte* zahlreiche Gaststätten etabliert haben.

Vom Neuen Markt zur Deichschart

Um zur Neustadt zu gelangen, geht man nun über die rechter Hand gelegene Fußgängerbrücke am Wehr der kleinen Weser. Parallel zur Straße *Am Deich* geht es einen Fußweg am Ufer entlang nach links, mit einem schönen Blick auf die Türme des Bremer Doms und der Martinikirche. Der **Neue Markt,** den man ein paar Schritte weiter rechts durch die Brautstraße jenseits der verkehrsreichen Westerstraße erreicht, hat gleich zwei Sehenswürdigkeiten zu bieten: Der mit Pferdeköpfen versehene *Brunnen* weist auf die frühere Verwendung des Platzes als Pferdemarkt hin und hat ein durch Goldverzierungen veredeltes Pendant in der Altstadt, am oberen Ende der Sögestraße. 1785 wurde dann der Schweinemarkt aus der Altstadt an diesen Ort verlegt; von nun an mussten sich die Neustädter mit der Geruchsbelästigung abfinden. Der schmucke Altstadtkern dagegen war von der »Schweinerei« befreit. Dafür wurde ein »Bruder« des *Roland* auf dem Neuen Markt aufgestellt, der seit 1821 diesen Namen trägt. Die wesentlich kleinere, stämmig wirkende und farbige Statue von *Theophil Frese* ziert einen öffentlichen Brunnen, der im 19. Jahrhundert die Wasserversorgung des Stadtteils sicherte. Die Statue wurde 1737 von der ersten Bürgerkompanie gestiftet, um den städtischen Rechten der Neustadtsbewohner symbolisch Ausdruck zu verleihen.

Durch die *Kleine Annenstraße* erreicht man die Hauptverkehrsachse *Friedrich-Ebert-Straße,* überquert sie und wendet sich nach links Richtung Fluss. Von der Brücke geht es nach rechts unter Platanen auf dem *St.-Pauli-Deich* entlang, der sich bald in den Fußpfad **Weserdeich** verwandelt. Der Blick fällt zwischen Bäumen hindurch auf ein monumentales Gebäude auf der gegenüberliegenden Wasserseite: der **Alte Wasserturm**, im Volksmund auch »umgedrehte Kommode« genannt. Das burgartige Bauwerk, von *Johann Georg Poppe* 1871 errichtet, stellt einen der Gotik nachempfundenen Festungsturm mit Zinnen und kleinen Türmchen dar. 1962 wurden die zierlichen Ecktürme wegen Einsturzgefahr gekürzt. Nach wie vor werden hier in 39 m Höhe 1700 Kubikmeter Wasser gespeichert, die bei Stromausfall in das Versorgungsnetz eingespeist werden und dann den Druck erzeugen. Im angrenzenden Wasserwerk wird allerdings seit 1983 kein Weserwasser mehr aufbereitet, das Wasser stammt vielmehr aus dem

Harz und dem Grundwasserwerk Wildeshausen.

Nach etwa 300 m durchs Grüne führt eine Treppe vom Deich hinunter zur **Städtischen Galerie im Buntentor,** ein 1992 eröffneter Ausstellungsort für Bremer Künstler in den alten Gemäuern eines Brauhauses. Hier probt auch die *Musikerinitiative Bremen* (MIB) für ihre Jazzauftritte und hat die zuvor in der Weserburg ansässige *Graphothek*, eine Mitte der 70er Jahre entstandene Einrichtung zum Verleih von Bildern, ihren Standort bekommen. Nebenan ist ein nettes Bistro in das ehemalige *Sudhaus* gezogen. Weiter den Weserdeich entlang trifft man auf die Brücke am **Deichschart,** die über die Kleine Weser zum *Werder* führt. Nein – hier geht es nicht zu »Werder«, sondern der Begriff bezeichnet die Flussinsel zwischen der Weser und dem *Werdersee,* die dem Fußballverein seinen Namen gab.

Info: ***Städtische Galerie im Buntentor,*** Buntentorsteinweg 112, © 3615826, 36159136. Di, Mi und Fr 10 – 16 Uhr, Do 10 – 18, So 11 – 18 Uhr, Eintritt 2 €, ermäßigt 1 €.

Essen & Trinken: ***Sudhaus,*** Buntentorsteinweg 120, © 5578130, Mo – Fr 11 – 23, Sa bis 24 und So ab 10 Uhr. So bis 14 Uhr Brunch, werktags Mittagstisch. Freundlich-helles Ambiente.

Buntes Tor und blauer Montag

Während gegenwärtig Kaffee und Bier im Zentrum der Wirtschaftstätigkeit der Neustadt stehen, war es in der Mitte des 19. Jahrhunderts der Tabak. Eine Reminiszenz an diese Zeit ist die

Skulptur *Die Zigarrenmacher* von Holger Voigts (1983) am Buntentorsteinweg, Ecke Kirchweg. Man erreicht sie, indem man durch den Deichschart nach rechts den Buntentorsteinweg quert. Ganz im Gegensatz zu den lärmenden Hauptstraßen und deren großen Mietskasernen im Zentrum der Neustadt herrscht in dieser Ecke eine fast noch dörfliche Stimmung. Noch heute wird das Quartier »**Zigarrenmacherviertel**« genannt. Diese Berufsgruppe war in der Mitte des 19. Jahrhunderts in der Hansestadt weit verbreitet, bevor die Tabakindustrie wegen (noch) niedrigerer Lohnkosten nach Westfalen, Thüringen und Baden abwanderte. 1847 arbeitete jeder zwölfte Bremer in dieser Branche, der Großteil von ihnen links der Weser hauptsächlich in Kleinbetrieben mit bis zu zehn Beschäftigten oder in Heimarbeit. Die Arbeitsbedingungen waren erbärmlich, es gab weder eine soziale Sicherung noch hatte der Arbeitgeber besondere Verpflichtungen gegenüber den Arbeitern zu erfüllen, Verträge wurden jeweils nur für Montag bis Samstag abgeschlossen. Es gab also genug gute Gründe, gegen diese Verhältnisse aufzubegehren, und so wurde unter anderem die Vorlesetradition, die bis dahin der »Verbesserung der Arbeitsmoral« gedient hatte und die die Arbeiter aus eigener Tasche bezahlten, zu klassenkämpferischen Zwecken »missbraucht«: Man ließ sich Marx und Engels vorlesen. Da viele Arbeiter nicht lesen und schreiben konnten, gründeten sie 1846 den Arbeiterbildungsverein »Vorwärts«, der nicht nur Wissenslücken füllen, sondern in verschiedenen später eingerichteten Versicherungskassen auch finanzielle Hilfe im Krankheits- oder Invaliditätsfall leisten wollte. Das Selbstbewusstsein der Arbeiter ging sogar so weit, dass sie sich eigenmächtig einen blauen Montag genehmigten, dem manchmal ein blauer Dienstag folgte. Bei einem derartigen Mut zum Ungehorsam wundert es nicht, dass die Zigarrenmacher 1848 das Hauptkontingent der Revolutionäre bildeten (↗ Geschichte).

Auch heute zeugen einige kleine, geduckte Häuschen in dieser Gegend noch von dem Leben der Arbeiter, die die Wirtschaft Bremens bis 1900 maßgeblich vorantrieben. Besonders sehenswert ist der **Dunkakshof,** der knapp 100 m weiter stadtauswärts rechts vom *Buntentorsteinweg* abzweigt. Folgt man dem schmalen, teilweise unbefestigten Weg um die Ecke, findet man sich plötzlich in einem vermeintlichen Parzellengässchen wieder, in dem aber »echte« Wohnhäuser stehen, die von außen betrachtet scheinbar höchstens ein Zimmer bergen können. Kaum zu glauben, dass hier die Zigarrenmacher mit ihrer gesamten Familie hausten. Der Dunkakshof ist der einzige noch existierende jener *Gangwohnungen,* die im Bremen des 19. Jahrhunderts recht zahlreich waren. Die eingeschossigen, aneinander gereihten Wohnungen standen sich in zwei Reihen gegenüber, nur durch einen 2 m breiten Gang voneinander getrennt. Der Dunkakshof mit seinen elf Kleinhäusern ist nach einem Korbmacher benannt, der sie erbauen ließ.

Beim Spaziergang über den **Buntentorsteinweg** weiter stadtauswärts stößt man – neben dem *Schnürschuh-Theater* – bei **Nr. 143** auf die Kneipe *Geelbeen.* »Gelbbeine« wurden die Tabakschmuggler genannt, die in der Zeit, als das **Bunte Tor** noch als Zollgrenze zur Altstadt fungierte, die Tabakblätter unter die Hosen um die Beine schnürten, um in der Neustadt ihr Geschäft damit zu machen. Der Tabaksaft färbte ihre Beine gelb und sie hatten ihren Spottnamen weg. Auch Frauen und Kinder beteiligten sich in großer Zahl an dem lukrativen Schmuggelhandel. Erst 1888 versiegte diese Erwerbsquelle, da Bremen an das deutsche Zollgebiet angeschlossen wurde.

Rund um den Neustadtswall

Es geht wieder zurück, jetzt rechts durch den *Deichschart* zur Kleinen Weser. Über die Brücke führt eine Abkürzung zum »Viertel« halb rechts durch ein mit Holzhäuschen und reichlich Gartenzwergen bestücktes Parzellengebiet zu den Werder-Ausflugslokalen *Kuhhirten* und *Café Sand* und der *Weserfähre Hal över* (Deichschartweg – Zum Kuhhirten – Fährweg). Unser Weg führt jedoch nach links auf der begrünten Werderseite an der **Kleinen Weser entlang** – vorbei an zwei Objekten der »Kunst im öffentlichen Raum«: der Stahlskulptur mit dem Titel *Balance* von Jan Meyer-Rogge (1991), die ein

Stahlrohr auf zwei großen Halbkreisen buchstäblich balanciert, und der an einen Bohrturm erinnernden 9 m hohen Holzskulptur *Roter Zwerg* des Künstlers Gunther Gerlach von 1986.

An der *Wilhelm-Kaisen-Brücke* geht es nach links auf der Friedrich-Ebert-Straße zum *Leibnizplatz* am **Neustadtswall,** dem Pendant zum alten Stadtwall auf der anderen Flussseite. Die lange vernachlässigten und verwahrlosten Befestigungsanlagen wurden – ähnlich wie in der Altstadt – zu einem Grüngürtel umgewandelt, der sich, eingeschlossen von den Straßenzügen *Neustadtswall* und *Neustadtscontrescarpe*, vom Leibnizplatz bis zum *Neustadtsbahnhof* zieht. Die so genannte *Neustadtsanlage*, am Leibnizplatz gelegen, wird durch ein Geschenk eines Bremer Kaufmanns an die Stadt verziert: den *Zentaurenbrunnen* des Architekten Eduard Gildemeister (1848 – 1946). Auf einer Verkehrsinsel weist die Skulptur der *Gaukler* von Christoph Fischer auf das nahe Theater am Leibnizplatz, den Veranstaltungsort der »bremer shakespeare company«. In der theatereigenen Kneipe *Falstaff* herrscht bei Kleinkunst, Kabarett oder Dichterlesungen eine fast privat anmutende Atmosphäre. In dem kleinen Parkstück gegenüber, zwischen *Friedrich-Ebert-* und *Schulstraße*, deren Name übrigens auf die ursprüngliche Funktion des heutigen Theatergebäudes hinweist, regt die Stahlskulptur *Königsdrama* von Martina Mrotzeck den kunstinteressierten Spaziergänger zum Nachdenken an: Eine weibliche und eine männliche Figur sitzen, einander den Rücken zukehrend, auf einer Bank, deren Füße sie mit ihren eigenen Beinen bilden.

Am Neustadtswall ist die Grünanlage von Hallenbad und den Gebäuden der Hochschule Bremen zerstückelt. Gegenüber liegt hinter trist wirkender Fassade versteckt der Kulturtreffpunkt *Modernes,* einige Meter weiter trifft man rechts auf die Cafeteria und Mensa der Hochschule. Mit ihrem galerieartigen Aufbau und der sich harmonisch einfügenden Vorplatzgestaltung vermittelt sie zwischen dem Hauptgebäude in klassizistischem Stil (von Hugo Wagner, 1906) und dem in den 60er Jahren entstandenen Hochschultrakt mit seinen trostlosen Betontafelelementen. Nun ist die Langemarckstraße erreicht, die nach rechts zum Ausgangspunkt zurück führt.

HÜBEN UND DRÜBEN – TOUR ENTLANG DER WESER

Wilhelm-Kaisen-Brücke → Weserstadion → Jürgenshof → Neues Weserwehr → Fährweg → Café Sand → Olbers-Planetarium → Wilhelm-Kaisen-Brücke

Für den insgesamt etwa 12 km langen Weg sollte man zu Fuß etwa drei Stunden veranschlagen; er ist – besonders mit kleineren Kindern, für die es auf dem Weg einige Attraktionen gibt – auch als Radtour möglich, und lässt sich gut mit dem Neustadt-Rundgang kombinieren.

▶ Vor der **Wilhelm-Kaisen-Brücke**, von der Domsheide aus gesehen, führt ein Fußweg parallel zur Straße »Tiefer« nach links, oberhalb der Anleger einiger Binnenschiffe. Bei der nächsten Gelegenheit geht man schräg rechts den Deich hinunter und nun direkt an der Weser entlang. In Höhe des Sielwalls liegt der *Anleger der »Hal Över«*, die kleine, knallbunt bemalte Fähre selbst kreuzt meist auf dem Wasser, um Parzellisten, Radler, kleine und große Fußgänger zum gegenüberliegenden Weserstrand und zurück zu befördern (↗ (Reise-)Alltag).

Doch auch das **diesseitige Ufer** ist bei Erholung Suchenden beliebt: Jeder Sonnenstrahl veranlasst eine Vielzahl bunt gemischter Leute, teils »Viertel-Freaks«, teils alternative Mittelständler, mit Kind und Hund auf dem grünen Grashang alle Viere von sich zu strecken oder auf den Bänken einen Plausch zu halten. Ein Stückchen weiter sieht man links auf dem Deich das *Bürgerhaus Weserterrassen* und daneben das *Café Ambiente*, das bis 1984 die letzte Arbeitergaststätte des »Deutschen Frauenbundes für alkoholfreie Kultur« war. Heute gibt es in beiden Lokalen neben dem nachmittäglichen Kaffee – im Sommer auf der großzügigen Terrasse – auch Bier.

Ein Stück weiter liegt das **Weserstadion,** vor dessen zaunbewehrtem Betonbau man sich rechts orientiert, um gleich wieder den freien Blick aufs Wasser zu haben. Dann folgt das **Stadionbad,** Bremens traditionsreichstes Freibad (Eingang von der wasserabgewandten Seite). Wir befinden uns auf dem *Wagenbrettweg*, dessen Name an die alte Badeanstalt »Wagenbrett« erinnert. Hier sprangen in der ersten Hälfte unseres Jahrhunderts die Anwohner in den Fluss, was heute wegen der mäßigen Qualität des Weserwassers nicht zu empfehlen ist. Der Weg leitet über in den *Richard-Jürgens-Weg* und gleich sieht man links **Henschenbusch,** eine Gaststätte mit großer Rasenfläche, ein paar Spielgeräten und im Sommer kleinen Plantschbecken für Kinder, die sich hier prima austoben können, während die Eltern ihre Ruhe auf der Terrasse oder im Garten finden.

Der Weg führt weiter geradeaus und durch Parzellen, nach links zweigt bald ein Stichweg zum **Jürgenshof** ab. Er war der alte Hirtenhof der *Pauliner Marsch*, die seit 1138 als Klosterweide des Benediktinerklosters St. Pauli bekannt ist. 1523, nach Zerstörung des Klosters, wurde sie Besitz des St.-Petri-Domes, der bis ins 19. Jahrhundert hier noch das Hirtenamt betreute. Heute ist der Jürgenshof eine Gaststätte. Auf den weiträumigen Grünflächen weiden Galloway-Kühe, suhlen sich Hängebauchschweine, hier meckern Ziegen, dort blöken Schafe, dazwischen schnattern Enten und Gänse im Chor. Ein Kinderspielplatz ist natürlich vorhanden und das Rollsportstadion gleich dahinter.

Zum neuen Weserwehr

Zurück auf dem Richard-Jürgens-Weg, erreicht man in der bisherigen Hauptrichtung nach einer S-Kurve rechts bald wieder die Weser, und gleich darauf geht es unter der *Karl-Carstens-Brücke* hindurch, immer dicht am Wasser entlang. Bald wird die Kulisse von »Lloyd Dynamo«, dem Kohlekraftwerk Hastedt und dem **neuen Weserwehr** erkennbar. An dessen Brücke angekommen, ist die halbe Strecke geschafft. (Landeinwärts gleich jenseits des Hastedter Osterdeichs findet man an der Malerstraße die Endhaltestelle der Straßenbahn Linie 3, die einen in die City zurückbringt.) Heute erkennt man keine Reste des alten Wehrs mehr, dessen ehemals beeindruckende Erscheinung nur noch Geschichte ist.

Durch ständige Vertiefungen der Unterweser seit Ende des 19. Jahrhunderts fiel der Grundwasserstand in den flussaufwärts liegenden preußischen Ländereien. Die Stadt wurde deshalb 1906 verpflichtet, ein Wehr zu bauen – im Gegenzug beteiligte sich Preußen an den Kosten der Vertiefung der Unterweser. Um den Schiffsverkehr zur Mittelweser aufrechtzuerhalten, baute man die daneben befindliche Schleuse. Diese Anlagen wurden mit einem *Wasserkraftwerk* verbunden, in dem der Stau zugleich zur Energiegewinnung genutzt werden konnte. Nach insgesamt fünf Jahren Bauzeit lieferte das Weserkraft-

Die Kaisen-Häuser – ein bremisches Nachkriegskapitel

In vielen Kleingartengebieten stehen die inzwischen letzten der selten gewordenen »Kaisen-Häuser«. Sie sind nicht von großer architektonischer Besonderheit, aber ihre Entstehungsgeschichte und ihre Bedeutung sind interessant: Im Zweiten Weltkrieg wurden in Bremen etwa 150.000 Menschen obdachlos. Im August 1945 erließ der damalige Bürgermeister *Wilhelm Kaisen* eine Verordnung, die den Bau von »Notwohnungen« in Kleingärten erlaubte. Ein so genannter Kaisen-Bewohner konnte nur werden, wer das 21. Lebensjahr vollendet oder bereits vorher einen eigenen Wohnsitz gehabt hatte. Die Wohnberechtigung galt auf Lebenszeit und erlosch nur durch freiwillige Aufgabe. 1947 lebten circa 10.000 Menschen in den Kleingärten. Die Bewohner konnten sich zum größten Teil durch Obst- und Gemüseanbau selbst versorgen. Bereits einige Jahre nach ihrer Einführung wurde Kritik an diesen »Kaisen-Häusern« laut. Sie störten das Landschaftsbild, denn die Häuschen Marke Eigenbau waren unter großer Baustoffknappheit entstanden und sahen alle sehr unterschiedlich aus. Außerdem fehlte es an Trinkwasser, Gas und Strom, es bestand durch den zu geringen Abstand der Brunnen zueinander Seuchengefahr und bei den vielen Schwarzbauten, die ohne Baugenehmigung errichtet wurden, waren Stabilität und Feuersicherheit fragwürdig. Starben die Bewohner der Häuser, wurden diese deshalb abgerissen, weshalb es nur noch ganz wenige dieser einstigen Behelfsheime gibt, die allerdings wichtige Zeugen der Bremer Nachkriegszeit sind.

werk erstmals Strom für Bremen. 1987 ließen Wasserwirtschaftsamt und Stadtwerke das Kraftwerk aus Gründen des Hochwasserschutzes abreißen. Die »Initiative Weserkraftwerk« hatte zuvor versucht, die Sicherheitsbedenken zu widerlegen. Ihre Pläne sahen eine kulturellen Nutzung der alten Gebäude und die Erhaltung des Turbinenhauses als Industriemuseum vor. Aber der Senat ließ sich nicht von seinem Entschluss abbringen; immerhin war es im Winter 1981 wegen technischer Mängel am alten Weserwehr zur Überflutung der Werder gekommen, bei der unzählige Kleingärten zerstört wurden.

Durch Schrebergärten weserabwärts zurück

Unser Weg geht über die neue Wehrbrücke und gleich darauf über die neue Schleusenanlage hinweg. Rechts geht es nun vorbei an vielen **Kleingärten** weserabwärts zurück. Hier regiert der »Landesverband der Gartenfreunde«: Größe, Aufteilung, Bebauung der Parzellen – alles ist streng reglementiert, die Pachtgebühr allerdings äußerst niedrig. Ursprünglich dienten die Kleingärten in erster Linie der Selbstversorgung, heute sind sie eher Freizeitgelände mit Gartenzwerg-Flair.

Etliche Kleingartengebiete dienten aber im Zweiten Weltkrieg der Widerstandsbewegung als Stützpunkte. Schreibmaschinen und Vervielfältigungsapparate ließen sich hier gut verstecken; auf diese Weise gelang es den Antifaschisten, kleine Zeitungen zu drucken. Im Winter wurden die meisten Parzellen wenig genutzt, so dass ihre illegalen Treffen ohne unerwünschte Zeugen stattfinden konnten. Von Denunziationen durch nichtaktive Nachbarn ist wenig bekannt.

Wieder kommt die **Autobrücke** in Sicht, die über das Parzellengebiet hinwegführt und aus diesem Grunde auch »Erdbeerbrücke« genannt wird. Eine Weile später fällt ein Inselchen nahe dem Ufer auf. Hier wurde ein kleiner, tidenabhängiger Flussarm künstlich geschaffen und renaturiert – ein bescheidener Ausgleich für die umfangreichen Bauarbeiten am neuen Wehr.

Kurz dahinter stellt sich an der **Gabelung Strand- und Olgaweg** die Frage, ob man am Ufer bleibt, einen Abstecher linker Hand zum »Werdersee« (im Sommer Strandbad) macht oder geradeaus in das Kleingartengebiet »eintaucht«. Spätestens am **Fährweg,** der die Lokale *Zum Kuhhirten* und *Café Sand* verbindet, wendet man sich nach rechts. Hier, beim **Café Sand,** lässt man sich an warmen Frühlingstagen zum Kaffeetrinken nieder, während die Kleinen im Sand buddeln, oder man genießt an heißen Sommerabenden ein kühles Bier und die frische Weser-Brise.

Es gibt nun zwei Möglichkeiten, den Weg fortzusetzen: entweder mit der Fähre »Hal-Över« über den Fluss und zurück, wie man gekommen ist, oder weiter bis zur nächsten Brücke. In diesem Fall folgt man am Anleger der Kurve weserabwärts. Hier lag das **Licht- und Luftbad:** »Verein zur Förderung der Gesundheit in naturgemäßer Lebensweise durch Anwendung von Licht-Luft-Wasser-Sonne-Ruhe und Bewegung sowie durch Turnsport- und Rasenspiele«. Das baumbestandene Gelände hinter dem hölzernen Eingangsportal, auf dem man früher an ein paar einfachen Gartentischen sitzen und am Kiosk einen Kaffee oder eine Cola erstehen konnte, ist zum Streitobjekt zwischen dem Traditionsverein und der Stadt geworden: Der Konflikt zwischen Naturbewegung und Kommerz führte dazu, dass der Verein den Kaffeeausschank bis auf Weiteres einstellte.

Vorbei an verschiedenen, (Wasser-) Sport treibenden Vereinen führen Strand- und Kuhhirtenweg in Höhe des alten Wasserturms »Umgedrehte Kommode« zur *Werderstraße* zusammen. Man passiert das **Pumpenhaus**, heute Lokal *Cellavista* mit Biergarten am Fluss, und links das **Olbers-Planetarium** der Hochschule Bremen, bevor die Wilhelm-Kaisen-Brücke wieder erreicht ist. Im Planetarium lernen nicht nur zukünftige Kapitäne, nach den Sternen zu navigieren, sondern es finden auch Veranstaltungen zum Thema Sterne statt.

Info: ✆ 706882. An vielen Freitagen kann man um 19.30 Uhr den Sternenhimmel unter Anleitung und Erläuterungen beobachten. 3 €, ermäßigt 2 €, www.planetarium-bremen.de

Essen & Trinken

Bürgerhaus Weserterrassen, Am Osterdeich 70b, ✆ 447238, Sa – Mo 14 – 24 Uhr, Di – Fr 11 – 24 Uhr mit Küche. Preiswerte Vollwertkost und ein breit gefächertes Veranstaltungsprogramm, ↗ Live on Stage.

Henschenbusch, Richard-Jürgens-Weg 1, ✆ 4992877, täglich 14 – 23 Uhr.

Jürgenshof, Pauliner Marsch 1, ✆ 441-037, täglich ab 9 Uhr durchgehend geöffnet, Küche 12 – 14.30 und 18 – 21.30, recht teuer.

Zum Kuhhirten, Kuhhirtenweg 7 – 11, ✆ 555202, täglich ab 10 Uhr.

Café Ambiente, Am Osterdeich 69a, ✆ 4989508, täglich 9 – 1 Uhr (Küche bis 24 Uhr).

Café Sand, Fährweg, ✆ 556011, April – Oktober 10 Uhr – Ende offen; Winter 12 – 20 Uhr. Oft überfüllt, Blick auf die Weser.

Cellavista, ✆ 5576837, Di – Fr und So 12 – 14.30 und 18 – 23 Uhr, Sa 18 – 23 Uhr.

FINDORFF UND DAS TEUFELSMOOR

Ein Rundgang im eigentlichen Sinn ist diese »Exkursion« nicht, vielmehr ist sie eine Reise in die Vergangenheit Findorffs, für die sich bei schönem Wetter ein Standort im Herzen des Stadtviertels anbietet. Mit ein bisschen Fantasie lässt sie sich aber ohne Weiteres auch beim Kaffee in einem der unten aufgeführten Lokale nachvollziehen. Wer danach Lust hat, aktiv zu werden und/oder sein Wissen über Findorff zu vertiefen, dem sei die Fahrradtour ins Teufelsmoor empfohlen, ↗ Ausflüge.

▶ Findorff an einem Oktobermorgen 2003: Wir stehen neben der **Martin-Luther-Kirche** an der Kreuzung Hemmstraße/Eickedorfer Straße. In Findorffs »Zentrum« mit Supermärkten, Juweliergeschäften, Cafés, türkischen Lebensmittelläden, einem Einkaufszentrum, Restaurants, Banken, Schreibwarengeschäften und vielem mehr herrscht Trubel. Menschen kommen vom Wochenmarkt, die Taschen mit Obst, Gemüse und Blumen gefüllt. In der Kirche endet soeben eine Hochzeit. Als das Brautpaar aus dem Eingang tritt, bleiben Passanten stehen, Fahrradfahrer steigen ab, um zu schauen. Über die große Kreuzung rollen derweil Lkw mit merkwürdig aussehenden, kunterbunten Aufbauten auf ihren Anhängern Richtung *Bürgerweide,* einem gepflasterten Areal zwischen Hauptbahnhof und Bürgerpark, wo der *Freimarkt* nächste Woche beginnen wird.

An gleicher Stelle im Jahr 1850: Ein Pferdefuhrwerk fährt auf einer mittelalterlichen Verkehrsverbindung von Bremen ins nördliche Umland. Auch einige Handwerker und Gasthöfe haben sich hier »An der Hempstraße« angesiedelt. Wir befinden uns mitten auf der **Bürgerweide;** zwar haben die Bremer Bürger schon weniger Vieh als einst, doch noch dehnt sich das Weidegelände vom heutigen Hauptbahnhof bis nach Walle aus und endet im Norden erst dort, wo 150 Jahre später einmal die Autobahn Bremerhaven-Hannover verlaufen wird. Seit dem 18. Jahrhundert gibt es auf der Bürgerweide einen Friedhof, weil die Toten nicht mehr in der Stadt beerdigt werden dürfen. Weit und breit nur Ländlichkeit also? Nicht ganz, denn immerhin ist vor 20 Jahren ein **Hafen** angelegt worden, den (an der heutigen Neukirchstraße am Wochenmarkt) ein paar Schenken gesäumt haben werden.

Sprung ins Jahr 1900

Wir sehen das Hafenbecken, das sich nun fast bis zum heutigen **Bürgerpark** zieht. 1866 hatte der Senat nach endlosen Debatten um die Nutzung der überflüssig gewordenen Bürgerweide (Viehhaltung in der Stadt ist nun verboten) endlich dem »Comité für die Bewaldung der Bürgerweide« die Anlage des Bürgerparks genehmigt. Auf einer Fläche von 306 Morgen werden mehr als 100.000 Bäume gepflanzt, künstliche Seen und Wege angelegt, ein Teil wird zum Gemüseanbau genutzt, der alte Friedhof 1875 wieder geschlossen. Der westliche Teil der Bürgerweide liegt zunächst noch weiterhin brach.

Dem neuen Park gegenüber liegt ein **Bahnhof,** an dem soeben eine Kleinbahn hält. Sie zieht alle Blicke auf sich, wurde sie doch erst am 4. Oktober 1900 eingeweiht. Auch sonst hat sich viel verändert; neue Straßenzüge mit kleinen Häusern dehnen sich in jede Richtung aus. Und das kam so: Bremen erhielt 1847 seinen lang ersehnten Bahnanschluss. Ab 1860 wurde es für die Angestellten der Bahn immer schwieriger, Wohnungen in der Nähe des Bahnhofs zu bekommen. So begannen zwei Unternehmer 1863 an der *Plantage,* einer ehemaligen Gartenanlage, mit dem Bau von Wohnungen für die Eisenbahner. Aus zunächst 18 Häusern wurden bis 1870 schon 77. Diese Initiative prägte das Gesicht des sich ausdehnenden Stadtteils. Und noch heute wohnen hier viele Eisenbahner. Die anhaltende Wohnungsnot führte 1893 zur Gründung des »Eisenbahn Spar- und Bauvereins« (Espabau). In rasantem Tempo dehnte sich die westliche Vorstadt aus.

Im Hafenbecken liegen mehrere flache, schwarze Holzschiffe mit dunklen Segeln. Männer und Frauen sind mit dem Umladen der Fracht auf Pferdefuhrwerke beschäftigt. Die Fracht ist Torf: Wir befinden uns am **Torfhafen.** Mit dem gemieteten Pferdefuhrwerk ziehen die Händler los, um ihre Ware in den anliegenden Straßen zu verkaufen. Das Geschäft geht schlecht, denn der Brenntorf wird immer mehr von der Steinkohle verdrängt.

Die Jan-Reiners-Lokomotive

An der Kreuzung gegenüber der Kirche sehen wir heute eine kleine Grünanlage mit einer bunt angemalten Lokomotive, die den Namen »Jan Reiners« trägt: das Wahrzeichen Findorffs. Der beste Weg nach Bremen führte früher übers Wasser: über *Hamme, Wümme, Lesum, Torfkanal.* Beschwerlicher war eine mehrstündige Kutschenfahrt über holprige Landstraßen. Zum Ende des 19. Jahrhunderts fanden sich Interessierte für die Einrichtung einer Kleinbahn ins Moor. Hauptinitiator war *Johann Reiners* (1825 – 1908). Die Anbindung des Moores an die Stadt sollte die Region kulturell wie ökonomisch heben, andererseits konnten Bremer Naturfreunde nun einfacher ins Grüne gelangen, dauerte die Fahrt mit der Kutsche doch bis zu vier Stunden.

Der 4. Oktober 1900 war der große Tag: Der erste Zug, dessen Lok nach ihrem Gründer heißt, fuhr die 27 km

Findorff im 21. Jahrhundert: Idyllisches Paddeln auf dem Torfkanal

lange Strecke vom Bahnhof am Bürgerpark zur Hemmstraße, wo der Bahnhof der Jan-Reiners-Bahn lag, und dann dort entlang, wo der heutige *Jan-Reiners-Fußweg* verläuft. Die Strecke führte weiter bis nach Tarmstedt und bediente zehn Stationen. Die Höchstgeschwindigkeit der bald immer überfüllten, mit Torf betriebenen Bahn betrug 30 Stundenkilometer.

Der wirtschaftliche Aufschwung, den das Moor durch die Bahn erfuhr, ist so kurz wie beeindruckend: Getreide, Torf, Kohle und andere Massengüter konnten schnell und günstig

Die Moorkolonisation

Die Geschichte Findorffs ist eng mit der des ↗ Teufelsmoores verbunden, an die auch heute noch viele Namen erinnern: Torfkanal, Jan von Moor, Jan Reiners und auch der Name Findorff selbst.

Bis ins 18. Jahrhundert hinein waren die Moore in Bremens Umgebung unbesiedelt. Die für dieses Gebiet zuständige Regierung in Hannover rief die Bevölkerung zur Moorkolonisation auf, das heißt zur wirtschaftlichen Erschließung bislang ungenutzter Moorgebiete. In der Moorkolonisation sah man eine Möglichkeit, unabhängig von den Lieferungen anderer Länder zu werden und gleichzeitig die ständig leeren Staatskassen zu füllen. Dies wurde auf dem Rücken der »kleinen Leute« ausgetragen: Die Regierung nutzte deren Träume von einem besseren Leben aus.

Kurhannover vergab die Aufgabe, die Moorkolonisation zu planen, an den jungen Baumeister *Jürgen Christian Findorff* (1720 – 1792), der sofort begann, Karten und Erschließungspläne für die unwegsamen Moore der vier Ämter Osterholz, Ottersberg, Lilienthal und Bremervörde herzustellen. Man begann erste Entwässerungsgräben anzulegen, so genannte »Schiffsgräben«, die zumeist rechtwinklig aufeinander trafen; an ihnen entstanden erste Siedlerstellen. Die Interessenten mussten sich einem harten Auswahlverfahren stellen und erhielten nur eine minimale finanzielle Starthilfe, da die Regierung die Kosten gering halten wollte. Für die Siedler bedeutete das Not und Elend über Generationen hinweg – für den Traum einer selbstständigen Existenz. Da der Boden zunächst unfruchtbar war, waren sie gezwungen, vom Torfabbau und -handel zu leben. Diese eintönige und gesundheitsschädigende Arbeit beanspruchte die Mithilfe der gesamten Familie. Die Erträge reichten meistens gerade zum Überleben. Erschwert wurde den Torfbauern das Leben auch durch ihre »Nachbarn«, die alteingesessenen Bauernfamilien, die in ihnen freche Habenichtse und Eindringlinge sahen, die sie durch das Einreißen von Brücken und Dämmen zu vertreiben suchten.

Während der Blütezeit des Torfhandels in der zweiten Hälfte des 19.

transportiert werden. Zunehmender Autoverkehr ließ jedoch die Transportaufträge zurückgehen: Ab 1954 fuhr die Bahn nur noch zwischen Falkenberg und Tarmstedt, zwei Jahre später überhaupt nicht mehr. Eine Findorffer Firma kaufte die erste hier eingesetzte *Lokomotive* und stellte sie als Dampferzeuger auf ihren Hof. Der Bürgerverein Findorff kaufte sie 1967, ließ sie restaurieren und in der kleinen Grünanlage aufstellen.

Heute sehen wir »Jan Reiners« auf einem Bunker in der Neukirchstraße durch die Landschaft »sausen«, neben Torfschiffen auf dem Torfkanal. »Leg'

Jahrhunderts waren Torfbauern ein fester Bestandteil des Bremer Stadtbilds. Sie fuhren mit ihren Schiffen den Torfkanal entlang, luden die Ware auf Pferdewagen um und zogen rufend durch die Straßen: »Backtorf! Backtorf!«. Da der Name Johann (abgekürzt Jan) der häufigste Name der Moorbauern war, bürgerte sich in Bremen schnell der Rufname »Jan von Moor« ein, mit dem sämtliche Torfhändler gemeint waren. Ihr Aussehen war uniform: Sie trugen Schiffermützen, Tuchhosen und mit Stroh ausgestopfte Holzschuhe. Die harte Arbeit machte ihren Gang schwerfällig und krümmte ihren Rücken. In Findorff wurde am Haus Fürther Straße Nr. 2 eine »Jan von Moor«-Figur angebracht, die an das schwere Leben dieser Menschen erinnert. Und auch auf einem Bunker in der Neukirchstraße finden wir Darstellungen von der Arbeit im Moor. Das zweiteilige Porträt an den Rändern der Längsseite des Bunkers zeigt Jürgen Christian Findorff, den Moorkommissar.

Anfangs segelten die Torfbauern auf dem um 1300 angelegten Kuhgraben bis an die damalige Stadtmauer. Doch mit fortschreitenden Kolonisation des Moors im 18. Jahrhundert kamen immer mehr Torfschiffe nach Bremen. Der Kuhgraben reichte nicht mehr aus, so dass 1818 der Torfkanal angelegt wurde. Somit konnte man über die Wümme, die Kleine Wümme und den Torfkanal bis ans Ansgaritor am Wall gelangen. Doch auch das dortige Hafenbecken wurde schon bald zu klein. Man entschloss sich 1826, eine »Ausweich-Entladestelle« auszuheben und zwar den **Findorffer Torfhafen,** der sich bis zur Hemmstraße ausdehnte. Hier und in den nun angrenzenden Wohnvierteln waren die Moorkolonisten unterwegs, und so begann sich eher aus Gewohnheit als durch Beschluss der Name des Moorkommissars Findorff für den neu entstehenden Stadtteil am Torfkanal einzubürgern.

Zählte man 1880 noch 30.000 Ankünfte von Torfschiffen pro Jahr, so nahm die Torfeinfuhr bald rapide ab: Der Eisenbahn- und Weserhafen-Ausbau machte es günstiger, mit Steinkohle zu heizen. 1955 wurde das Torfhafenbecken auf seine heutige Größe zugeschüttet. Der Kanal wird nun viel von Wassersportlern genutzt. ◀

noch'n Torf zu!« blieb in Bremen bis heute eine gebräuchliche Redewendung, jemanden zur Eile anzutreiben.

Vom Auswanderungs- zum Konzentrationslager

Ein anderes Kapitel der Stadtteilgeschichte begann 1907 an der Ecke Hemmstraße und Walsroder Straße, als hier die *Mißlerhallen,* benannt nach dem Bremer Kaufmann *Friedrich Mißler* (1858 – 1922), ihre Tore öffneten, um Auswanderer zu beherbergen.

Um die Jahrhundertwende war Bremen der größte Auswandererhafen Europas, jährlich wollten bis zu einer Viertelmillion Menschen – hauptsächlich Osteuropäer – Europa via Bremen Richtung Amerika verlassen. Bis zu 6000 Auswanderer warteten täglich in der Stadt auf ihre Überfahrt. Mißlers ab 1896 aufgebautes Agentursystem und die Reederei Norddeutscher Lloyd arbeiteten Hand in Hand, Probleme bereiteten allerdings Unterbringung und Verpflegung der Auswanderungswilligen. So entschloss man sich, *Auswanderungshallen* zu bauen, die bis 1907 noch erweitert werden mussten, so dass bis zu 3400 Leute hier unterkommen konnten. Außer Schlafsälen gab es Waschräume mit fließend Warm- und Kaltwasser, wo die tagelang oder sogar wochenlang Gereisten auch ihre Kleidung waschen konnten. Pro Tag zahlte jeder 1,70 Mark für Kost und Logis, was im Verhältnis zu anderen Unterkünften billig war. Als der Auswandererstrom in den 20er Jahren abnahm, blieb nur das Verwaltungsgebäude bestehen. Bereits im Ersten Weltkrieg war dort ein Lazarett eingerichtet worden, später eine Seefahrtsschule.

1933, genauer vom 1.4. bis 13.9., benutzten die Nazis einen Teil der Mißlerhallen als Konzentrationslager, in dem bis zu 150 politisch anders Denkende – zum Beispiel Mitglieder von SPD und KPD – in »Schutzhaft« saßen. »Geschützt« werden sollten Volk und Staat, das zu diesem Zweck nach dem Reichstagsbrand vom 27. Februar 1933 erlassene Gesetz hatte eine Verhaftungswelle zur Folge, die die Gefängnisse des Landes schnell füllte. Zwei weitere Lager (»Ochtumsand« und »Langjüten«) entstanden in Bremen zusätzlich zu dem KZ »Mißler«. Die Anwohner der Hemmstraße konnten die Häftlinge bei den Folterungen schreien hören, so sie verstehen wollten, was dort geschah – unbekannt war es nicht.

An die Geschehnisse in jener Zeit erinnert eine Gedenktafel, die an einem Mauerrest des ehemaligen Gebäudes in der Walsroder Straße angebracht wurde. Auch das 1984 entstandene Wandbild *Den Gegnern und Opfern des Faschismus* des Bunkers in der Admiralstraße erinnert an jene Zeit: Man sieht das Tor des Konzentrationslagers Auschwitz, eine illegale Druckerei und den Volksgerichtshof.

1961 zog für 20 Jahre das Findorff-Krankenhaus in das Gebäude an der Walsroder Straße ein. Nach dessen Schließung forderte eine Bürgerinitiative den Erhalt des Hauses als Denkmal; die Stadt beschloss jedoch den Abriss, und heute steht an seiner Stelle ein Altenheim.

Praktische Informationen

Anfahrt: Buslinie 26 ab Hauptbahnhof.

Markt*:* Di, Do, Sa vormittags, zwischen Eickedorfer- und Neukirchstraße. Der Wochenmarkt ist überaus beliebt, in den angrenzenden Wohngebieten herrscht dann Verkehrschaos, da viele Leute aus dem Umland anreisen, um hier einzukaufen.

Flohmarkt: Jeden Sonntag Vormittag auf der Bürgerweide (Schlachthofseite), nicht jedoch bei Großveranstaltungen in der Stadthalle.

Fahrt auf dem Torfkanal: ***BBV Sailing,*** Teerhof 46, © 505037, Fax 591400, bietet von Mitte April bis Mitte Oktober 2 – 3 x wöchentlich Touren mit dem nachgebauten Torfkahn »Jan von Moor«. Preise je nach Strecke und Dauer ab 8 €.

Essen & Trinken

Dicker Engel, Münchener Str. 9 – 13, H Lohmannstraße, © 371797; Kneipencafé mit kleinen Speisen. Täglich 18 – 2 Uhr, Küche bis 23.30 Uhr.

Schlachthof-Kneipe, Findorffstr. 51, H Theodor-Heuss-Allee, © 371661, Mo – Sa ab 15 Uhr, So ab 9 Uhr. Café-Kneipe.

Orange, Neukirchstraße 42, © 370923, dicht beim Findorffmarkt. Sa 6 – 16 Uhr und täglich 19 – 2 Uhr. Zu Marktzeiten gut besucht.

MARITIME SPUREN IN VEGESACK

Mit Bremen-Nord werden die Stadtteile von *Burg-Grambke* bis *Farge-Rekum* bezeichnet, und falls es deren Bewohner einmal in die gut 20 km entfernt liegende Innenstadt zieht, so fahren sie »nach Bremen«, entweder über die Autobahn oder mit dem Nahverkehrszug. Ihr eigenes Zentrum liegt – mit Bahnhof, Busknotenpunkt und Fußgängerzone, also einer kompletten Infrastruktur – in *Vegesack*.

Im »Neuesten Wegweiser durch Bremen und seine Umgebung« aus dem Jahre 1848 liest man: *Dann kommt das freundlich gelegene, reinliche Städtchen Vegesack, die Heimath der verlassenen hübschen Frauen der Bremer Captains.* So mancher Stadtbewohner des letzten Jahrhunderts fand, dass Vegesack eine Reise wert sei. Nicht nur die hübschen Strohwitwen der Seefahrer verlockten zu sonntäglichen »Lustfahrten« mit qualmenden Dampfschiffen hierher, etliche (reiche) Bremer zog es stärker in das beschauliche, »reinliche« Städtchen an der Lesummündung. Sie errichteten ihre Sommersitze auf dem Geesthang über Weser und Lesum, wo sie den weiten Blick ins Marschenland genießen konnten; die exklusiven Villen luken noch heute zahlreich auf der bremischen Seite des Lesumufers zwischen den Bäumen hervor.

1619 ließ Bremen in Vegesack den ersten künstlich angelegten Hafen in Deutschland bauen. Seitdem blieb die Geschichte Vegesacks eng mit der Stadt Bremen verknüpft. Sie ist vor allem eine maritime Geschichte: Hier wurden die Bremer Handelsschiffe gebaut, Walfänger angeheuert, Segel und Steuerräder gefertigt und auf Reeperbahnen die Taue gewickelt. Noch in den sechziger Jahren wurde von Vegesack aus Heringsfang betrieben und man kaufte den in Salz eingelegten Fisch aus Fässern in den Vegesacker Geschäften.

Rundgang durch Vegesack

Hafen → Haven Hööft → Utkiek → Havenhaus → Alte Hafenstraße → Packhaus/KITO → Alt-Vegesack → Weserstraße → Stadtgarten

Trotz Industrialisierung ist die hafengebundene Geschichte des Ortes an vielen Plätzen noch sichtbar – wie unser Rundgang beweist:

Schiffsbau und Walfang

Vom *Vegesacker Bahnhof*, den man in 20 Minuten ab Hauptbahnhof erreicht, überqueren wir den Vorplatz und die viel befahrene Straße in Richtung der aufragenden Schiffsmasten im **Vegesacker Hafen** und gehen nun links direkt am Hafenbecken entlang. Für heutige Verhältnisse erscheint das Becken fast klein und unscheinbar, besonders vor der Kulisse des neuen, riesigen Einkaufszentrum *Haven Hööft.* 1619 war der Hafenbau jedoch ein bedeutendes und kostspieliges Ereignis, das es den Bremer Kaufleuten sogar wert gewesen sein soll, »zahlreiche Silberhumpen ihrer Schaffermahlzeit einzuschmelzen, um das nötige Geld dafür aufzubringen«. Ob Legende oder nicht, der neue Hafen war teuer und nötig. Die Weser, Bremens wirtschaftliche Schlagader, versandete zunehmend und war um 1600 stellenweise so flach, dass die beladenen Schiffe den mittelalterlichen Hafen, die Schlachte, vor der Altstadt nicht mehr erreichten. Ein vorgelagerter Hafenstandort war also nötig. Von hier wurden die Waren dann auf kleine Kähne umgeladen und nach Bremen transportiert. Für den Ort erwies sich der Bau des Beckens als Glücksfall, der ihm fast zweihundert Jahre wirtschaftlichen Aufschwungs bescherte. Die Gründung Bremerhavens 1827 machte den Vegesacker Hafen schließlich für den Handelsumschlag der Bremer Kaufleute bedeutungslos.

Auf dieser Seite des Hafenbeckens befand sich bis vor einigen Jahren das Gelände der **Friedrich-Lürssen-Werft** – die Schiffsproduktion befindet sich inzwischen auf der anderen Weserseite. 1875 befand sich die Bootswerft mitten im Ort und hatte keinen unmittelbaren Zugang zum Wasser. Die immer größer werdenden Boote wurden mit Pferdewagen durch die engen Straßen zur Weser gezogen, bis man den Betrieb schließlich hierher an den Hafen verlegte. Das an der Spitze der Hafeneinmündung befindliche *Verwaltungsgebäude* der Werft ist ein bemerkenswertes Beispiel der Industriearchitektur der fünfziger Jahre. Wie ein auslaufender Passagierdampfer wirkt das Gebäude mit seiner umlaufenden Reling und den Schornsteinen auf dem Dach. Die horizontalen Fensterbänder erinnern an ein Schiffsdeck, und in der runden Vorderseite erkennt man unschwer das Vorbild eines Schiffsbugs. Gelungen passt sich das Gebäude in die Form der Hafeneinmündung ein.

Hier am Hafen ist jüngst mit dem **Haven Hööft** eine umfangreiche neue Bebauung entstanden, neben der das ältere Verwaltungsgebäude und auch das am Flussufer festgemachte *Segelschulschiff »Deutschland«* eher unscheinbar wirken. Eine bewegliche Hängebrücke verbindet die beiden Hafenseiten, so dass man zuerst auf der Lürssen-Seite spazieren und dabei das Segelschulschiff besuchen kann.

Segelschulschiff Deutschland, Deutscher Schulschiff-Verein, Friedrich-Klippert-Straße 1, ✆ 6587373, www.schulschiff-deutschland.de. Außer Mo täglich 10 – 18 Uhr. 1,60 €, Kinder unter 12 Jahre 1,10 €.

Wal in Vegesack gesichtet!

Ansonsten geht es nun über die Brücke und auf der anderen Seite nach links am Ufer entlang bis zum **Utkiek,** einen Platz, in dessen Mitte ein unübersehbares Relikt aus der Zeit des Walfanges steht. Der riesige Bronzeabguss eines *Walkiefer*s ersetzte vor 30 Jahren das aus der Südsee stammende Original. Schiffer brachten solche großen Exemplare oftmals als Jagdtrophäen von ihren Fahrten mit; sie endeten nicht selten als Vorgartenschmuck vor Kapitänshäusern.

Der **Walfang** hatte in Vegesack bereits im 17. Jahrhundert Tradition. Die dafür hier angeheuerten, zumeist aus bäuerlichen Familien stammenden Seeleute verdienten sich durch diese Art von Saisonarbeit ein existenzsicherndes Zubrot – falls sie überleb-

Das Gemälde aus dem Jahr 1670 zeigt einen im Vegesacker Hafen gestrandeten Wal

ten. Manche von ihnen sahen jahrelang keinen Sommer, denn die Fangreisen in die grönländischen Gewässer begannen im Frühjahr und endeten im Herbst. Vor allem der Tran des Wals war begehrt; er wurde zu Brennstoff für Lampen, den »Trankrüseln«, verarbeitet. Die Walbestände in diesen Regionen waren fast ausgerottet, als zur Mitte des 19. Jahrhunderts Petroleum und später die Elektrizität die Jagd nach Waltran überflüssig machten.

Schöne Aussichten

Der *Utkiek,* was der plattdeutsche Begriff für Ausguck ist, heißt nicht umsonst so: Von der breiten Wasserfläche an der Lesummündung über die jenseitigen Industriehallen, den nahen Fähranleger und am rechten Weserufer die Reste der einstigen, inzwischen konkurs gegangenen Großwerft, den *Bremer Vulkan*, reicht das Panorama. Hier stand man noch zu Beginn des Jahrhunderts und schaute vielleicht mit etwas Fernweh den Schiffen und Passagierdampfern nach, die in ihrer übermächtigen Größe vorbeiglitten. Heute ist das längst Vergangenheit, denn die großen Containerschiffe starten meist von Bremerhaven aus nach Übersee. Nur die aufdringlichen Möwen lassen immer etwas von der Nähe des Meeres erahnen.

Am Utkiek findet sich vor allem an den warmen Sommerabenden die jugendliche Szene Vegesacks ein, die den Vorplatz schon beinahe traditionell über mehrere Generationen in ihrem Besitz hält. Nicht selten finden dann spontan initiierte Musiksessions auf mitgebrachten akustischen Instrumenten statt.

Kehren wir der Weser den Rücken zu, so schauen wir auf das älteste Gebäude des Ortes, das sich rechts am Rand des Platzes befindet. Das heute als *Hotel* und *Restaurant* genutzte **Havenhaus** wurde zwischen 1645 und 1648 von der Stadt Bremen als Sitz des Hafenmeisters gebaut. Er wies den ankommenden Schiffen ihre Plätze zu und kassierte die Hafengebühren. Mit der im Gebäude untergebrachten Schankwirtschaft war das Havenhaus über 200 Jahr lang auch der öffentliche Mittelpunkt im Leben der Schiffer und Vegesacker. Im 18. Jahrhundert wurde das Haus von den Bremer Kaufleuten umgebaut und erweitert. Links herum ist an der Giebelseite ein *Relief* aus Sandstein mit dem Wappen der Stadt Bremen und einen Hermesstab, der von Schlangen umringt wird, erkennbar. Hermes, eine Gestalt aus der griechischen Mythologie, ist gleichzeitig der Gott der Kaufleute und der Diebe, mit seinem Stab konnte er die Menschen in Schlaf versetzen. Ein als Relief gestaltetes Füllhorn, aus dem Münzen und Wertbriefe quellen, zeigt, wovon die Bremer Kaufleute seinerzeit träumten.

Kultur im Packhaus

Die **Alte Hafenstraße**, die an dieser Stelle beginnt, war das historische Zentrum des Ortes. Als Vegesack im Jahr 1804 bremisch wurde, zählte man am Ort 236 Einwohner. Die Alte Hafenstraße war nun gepflastert und das maritime Gewerbe zog hierher. Heute ist der alte Ortskern mit seinen Kneipen und Restaurants fast so etwas wie das Vernügungsviertel Vegesacks geworden. Ein paar Schritte die Straße hinauf ist auf der rechten Seite die *Segelmacherei Meyerdiercks* seit der Mitte des 18. Jahrhunderts ansässig, die sich heute auf Ausrüstungen für Sportboote spezialisiert hat.

Gegenüber, am Rand eines großen Platzes, befindet sich ein kleiner **Brunnen** aus dem Jahr 1775. Der aus Sandstein gefertigte Brunnenaufsatz ist mit einem hübschen Rokoko-Spiegelmotiv gestaltet, in dessen Mitte die Anfangsinitialen seiner Geldgeber eingraviert sind. Die letzten dieser öffentlichen Brunnen wurden in Vegesack 1891 durch ein zentrales Wasserwerk ersetzt, das die Wasserversorgung in die privaten Häuser verlegte.

Am linken Rand des Platzes befindet sich das älteste noch erhaltene **Packhaus** in Bremen, entstanden kurz nach dem Bau des Vegesacker Hafens, um die dort »gelöschten« Waren zu lagern. Das Haus wurde im Lauf der Jahrhunderte vielseitig genutzt, so war hier im letzten Jahrhundert eine dampfbetriebene Mühle und dazugehörige Schiffsbrotbäckerei tätig. Sie durfte nur Schiffsproviant herstellen, um nicht mit den noch existierenden Windmühlen in Konkurrenz zu treten. Auch eine Branntweinbrennerei war in dieser Zeit im Haus, von denen es im kleinen Ort gleich mehrere gab.

Dem Packhaus, das heute *KITO-Haus* genannt wird, drohte in den siebziger Jahren der Abriss. Dank des Engagements vieler Vegesacker und einer Initiative zur zukünftigen Nutzung des Hauses konnte das historische Gebäude erhalten werden, steht nun nach gründlicher Renovierung unter Denkmalschutz und beherbergt seit 1990 ein Kultur- und Veranstaltungszentrum. Neben Musik- und Theateraufführungen ist in den oberen Geschossen eine Auswahl des künstlerischen Werkes des Worpsweder Malers *Fritz Overbeck* zu sehen, der am Rande von Vegesack die letzten Jahre seines Lebens verbrachte.

Am Utkiek: Walkiefer als Torbogen

Info: ***KITO-Haus,*** Alte Hafenstr. 30, H Bahnhof Vegesack, Fritz-Overbeck-Sammlung Mi, Do, Sa, So 11 – 18 Uhr.

Essen & Trinken: ***Loretta am Hafen,*** Alte Havenstr. 29, © 662829, ab 17 Uhr, Sa und So ab 11 Uhr geöffnet. Restaurant und Kneipe mit variantenreichem, bezahlbarem Angebot. Im Sommer direkt auf dem attraktiven Platz.

Trauer um Alt-Vegesack

Zwischen den beiden großen Backsteingebäuden führt eine kleine Treppe geradeaus weiter und trifft auf eine Straße, die – wie ihr Name schon sagt – *Zur Vegesacker Fähre* führt. Sie ist nicht wegen irgendwelcher Sehenswürdigkeiten, sondern wegen ihrer Geschichte interessant. Geplant waren zu Beginn der siebziger Jahre der Bau eines fünfspurigen Fährzubringers und andere großflächige Verkehrsmaßnahmen. Für einen Verkehr der Zukunft wurde nun saniert, sprich: abgerissen. Haus um Haus verschwand. Vegesack glich einer großen Bauruine. Ein späteres Gutachten stellte fest, dass der erwartete Verkehr von den Fähren gar nicht aufgenommen werden könne. Als bereits große Teile des alten Ortsbildes verschwunden waren, versuchten Bürgerinitiativen und Hausbesetzer, weitere Abrisse zu verhindern. Das Bewusstsein für die Bedeutung historischer Stadträume erreichte schließlich auch die Vegesacker Planer – die Restaurierung Alt-Vegesacks ist ein Ergebnis dieses Umdenkens. Die voraus sichtbaren Neubauten am Anfang der Weserstraße füllen seit 1982 die Abrisslücken.

Wir überqueren den Fährzubringer und gelangen geradeaus den Geesthang hinauf in die **Weserstraße.** Hier oben spürt man ein wenig den Hauch der fünfzig Kilometer entfernten Nordsee. Ein Blick zurück zeigt das schöne Panorama der Lesummündung und die Deiche des Werderlandes, hinter denen zahlreiche Reetdächer hervorlugen.

Dort, wo die »verlassenen hübschen Frauen« wohnten

Die mit zahlreichen Bäumen bepflanzte Weserstraße hinauf kommen wir zu den so genannten **Vegesacker Kapitänshäusern,** die von Nr. 24 bis 27 als vollständiges Ensemble erhalten blieben. Die großenteils zwischen 1820 und 1860 entstandenen, in ihrem Aussehen charakteristischen Häuser gehörten vor allem seefahrenden Vegesackern: Steuerleute und Kapitäne hatten es auf ihren Fahrten zu bescheidenem Wohlstand gebracht. Die zumeist in Giebelstellung gesetzten und mit zurückhaltend klassizistischen Ornamenten gestalteten Fassaden zeigten sich einem Reisenden jener Zeit wie »aufs Land gesetzte Kajüten«. Manche Details, wie die Eisengussverzierungen der Fenstersprossen am Haus **Weserstraße 27a** (von 1860), haben sich erhalten. Sie stammen aus der Vegesacker *Eisengießerei Uthoff,* die für zahlreiche Bremer Häuser seinerzeit die ornamentreichen Eisenverstrebungen der Wintergärten herstellte. Bezeichnend ist auch der an die Giebelspitze gesetzte Schlussstein: Ein Anker unterstreicht die Seefahrer-Tradition seines Eigentümers.

Auf der gegenüberliegenden Seite lagen die großzügigen Villen der Bremer Kaufleute und Senatoren, die sich auf dem Geesthang den weiten Blick auf die Weser und das dort beginnende *Stedinger Marschenland* reservierten. Das 1876 erbaute heutige Ortsamt an der **Weserstraße 75** ist ein Beispiel jener bürgerlichen, fast aristokratisch anmutenden Wohnkultur

Breitbeinige Behäbigkeit: Kapitänshaus

der Bremer Elite, die sich hier zunächst Sommersitze anlegte.

Von seiner Rückseite blicken wir auf den **Stadtgarten,** dessen Geschichte einer Erwähnung wert ist. Der in Vegesack praktizierende Arzt *Albrecht Wilhelm Roth* (1757 – 1834) erwarb fast den gesamten Dünenhang des jetzigen Stadtgartens und bepflanzte ihn mit seinen Sammlerstücken exotischer Flora. Er veröffentlichte 1788 das erste deutsche Standardwerk der Botanik. Goethe war von diesem Werk sehr beeindruckt und versuchte, Roth für einen Lehrstuhl an der Universität Jena zu gewinnen. Vergebens, die Liebe zur Provinz war offenbar stärker.

Wir verlassen den Dünenhang und steigen den kleinen Fußweg in den Stadtgarten zur Uferpromenade hinunter. Wer heute über den gepflasterten Weg entlang der Weser spaziert, kann sich kaum vorstellen, dass sich hier noch zu Beginn der siebziger Jahre ein breiter Sandstrand hinzog. Er verschwand mit dem Errichten der großen Spundwände, senkrecht in den Boden gerammte Stahlwände, die der Uferabsicherung dienen. Als Entschädigung für den Verlust baute man die steinerne Uferpromende, auf der sich nun viele Vegesacker bei ihrem sonntäglichen Spaziergang drängeln.

Haus Blomendal

In Blumenthal findet man **Im Löh,** im Schnittpunkt der Flüsschen *Aue* und *Becke* westlich des Stadtgartens, das Haus Blomendal. Die ältesten Teile der einstigen Wasserburg stammen aus dem Jahre 1354.

Info: Erreichbar mit der Buslinie 70/71 bis Haltestelle »Ständer« und über die alte Bahnlinie hinweg. Besichtigung nach Vereinbarung mit dem Heimatverein Blumenthal, © 6039176, oder beim Hausverwalter © 607665, Adresse: Burgwall.

Knoops-Park & Schloss Schönebeck

Stadtgarten und Löh gehören zu einer Reihe von Gärten und Parks, die sich in Bremen-Nord am rechten und linken Lesum- und Weserufer fast ohne Unterbrechung bis Farge entlangziehen. Die meisten sind private Gärten, ein Fußweg hinter dem Lesumufer führt direkt an ihnen vorbei. Als Ausnahme gilt der großzügig angelegte Knoops-Park, der bis nach *St. Mag-*

nus hineinreicht. Früher gehörte der von *Wilhelm Benque* gestaltete Landschaftspark dem Kaufmann *Ludwig von Knoop,* 1910 wurde er von der Stadt Bremen übernommen.

Von der Haltestelle »Sankt Magnus« aus geht oder radelt man zuerst nach links, dann geradeaus mehrere hundert Meter einen geflasterten Waldweg bis zur Hauptstraße entlang. So gelangt man direkt in die Zentralanlage von Knoops-Park. Unterwegs liegt rechter Hand der **Blindengarten** mit verschiedenen Pflanzungen zum Anfassen, die mit Blindenschrift gekennzeichnet sind.

Info: ↗ Annäherung an Bremen.

✱ **Tipp:** Vom Bahnhof Burg führt ein Weg direkt an der Lesum entlang, den man entweder zu Fuß oder mit dem Fahrrad bis nach Vegesack verfolgen kann.

Schloss Schönebeck

Reizvoll ist auch die Landschaft um das **Wasserschloss Schönebeck.** Die Aue hat dort einen breiten See gebildet, der das alte Schloss umgibt. Am See führt ein Weg entlang, und malerisch überziehen Seerosen große Flächen des Wassers. In dem Schloss befindet sich ein *Heimatmuseum,* ↗ Museen.

Vom Wasserschloss ist es nicht mehr allzu weit bis zur **Ökologiestation,** einer im Wald gelegenen, weitläufigen Anlage nördlich davon mit Naturlehrpfaden, Kräuterbeeten, Obst- und Naturgärten, Bienenschaukästen und Nisthilfen, Schmetterlingskäfigen und Wildwiesen für die bunten Falter sowie Gewächshäusern zur Erforschung von Solarenergie. Die Öko-Station beschäftigt sich außer mit Landwirtschaft und Bienenzucht auch mit Gewässer- und Bodenkunde; ↗ Bremen für Kinder.

Info: Vom Bahnhof Schönebeck oder der Bushaltestelle der 70/71 (ab Vegesack Bf) »Schafgegend« und durch die gleichnamige Straße bis »Im Dorfe«.

BREMEN FÜR KINDER

Auf den Spuren der Bremer Stadtmusikanten können auch kleine Gäste allerhand erleben. Selbst für einheimische Kinder gibt es manches zu entdecken, von dem sie (oder ihre Eltern) noch nichts wussten. »Tipps für Kids« nennt daher Ferienspiele und mehr.

Der Tag, an dem das Denkmal verschwand

Es war Nacht in Bremen, und tiefes Schweigen lag über der Stadt. Nur hinter dem Rathaus war aufgeregtes Flüstern und Tuscheln zu hören. »Ich muss mich mal wieder bewegen«, knarrte der Esel, und der Hund stimmte begeistert zu, denn für ein gemeinsames Abenteuer war er immer zu haben. Auch die Katze schnurrte ihre Zustimmung, obwohl sie insgeheim an einen Alleingang dachte: endlich Schluss mit dem unwürdigen dritten Platz auf dem Sockel des Denkmals. Am lautesten krähte der Hahn, obwohl ihm nur wieder einmal einfiel: »Was Besseres als hier finden wir allemal!«.

Schon wollten sie voller Tatendrang losziehen, doch da meldete sich der

Esel noch einmal zu Wort: »Hört zu, ihr drei, es ist wegen der Tarnung: ein Hahn, eine Katze, ein Hund und – oh wei, Ia – dazu auch noch ein Esel zusammen unterwegs! Das ist zu auffällig. Wir müssen uns trennen, und jeder muss seiner eigenen Wege gehen.«

Nach kurzem Hin und Her waren alle einverstanden, sie freuten sich diebisch über ihr Vorhaben. Als der Tag herandämmerte, da geschah es dann: Als erstes verschwand der Hahn vom Rücken der Katze. Dann kam die Katze dran, die vom Hund herunter sprang, etwas später verließ der Hund den Esel, so dass sich nun auch der Esel erleichtert von dannen machen konnte. Ob die Vier wieder zurückgekommen sind? Geht selbst einmal nachschauen!

Die Bremer Stadtmusikanten waren schon immer sehr unternehmungslustig

Was der Hahn erlebte

»Es dauerte etwas, bis ich meine eingerosteten Flügel bewegen konnte. Doch dann ging's, erst zaghaft und langsam, dann mit einem einzigen heftigen Flügelschlag setzte ich mich in Bewegung. Ich verließ meinen sicheren Untergrund, die Katze, und nach einem wundervollen Flug, der Morgensonne entgegen, über Dächer und Turmspitzen hinweg, landete ich an der Weser, bei dem großen **Stadion**. Zwar wollte ich noch viel, viel weiter fliegen, aber diese lustigen, in der Luft tanzenden Dinger hielten mich auf. Ich stand nur da, guckte in die Wolken und beobachtete das bunte Treiben über mir. Na, wisst ihr schon, was ich dort sah? Lange sah ich einem besonders schönen Drachen zu, der summend und brummend im Wind stand, sogar überschlagen konnte der sich! Vielleicht, wenn ich genug übe, gelingt mir das auch? Entlang der dünnen Schnur, die ihn festhielt, schweifte mein Blick bis zur grünen Wiese herunter und hin zu dem lachenden Gesicht des Mädchens, das die Schnur fest in beiden Händen hielt.

Aber ich wollte weiter, noch mehr entdecken. Kommt mit mir, folgt meinem Flatterflug! Auf geht es, gegen den starken Wind, vorbei an Gärten und über Wiesen auf die andere Weserseite. Huh, da kommen lauter Häuser und immer mehr Autos, das sieht auch von oben nicht schön aus.

Holla, was ist das? Eine starke Windbö schubst mich einfach weiter nach links. Vor lauter Schreck mache ich einen Sturzflug und lande mitten zwischen Hühnern, Gänsen und Enten. Doch keine von denen beachtet mich. Ein zaghafter Blick unter der Flügelspitze hindurch sagt mir warum: Es ist grad Fütterungszeit an einem kleinen Teich. Toll, da werde ich mich erstmal unters Volk mischen; Ausflüge machen hungrig! Und wie ich die ersten Krümel picke und mich dabei ein bisschen umschaue, sehe ich, dass ich mitten auf dem Gelände einer **Farm** gelandet bin. Hier gibt es noch so viel zu entdecken, dass ich schon jetzt weiß: Das wird ein schöner Tag.«

Info: *Kinder- & Jugendfarm Bremen e.V.*, Ohserstraße 40a; ✆ 832798. Mo – Fr 10 – 18 Uhr. In den Bremer Ferien ist die Farm zwischen 12.30 und 14 Uhr geschlossen. Eintritt frei, Gruppen zahlen 2 € pro Person, frühzeitig anmelden. Tierfütterung 10 und 16 Uhr. Ansprechpartner: Susanne Molis, Hayo Hoffmann.

Anflug oder -fahrt: Buslinie 22 Richtung Arsten bis Borgwardstraße (bei den Einkaufszentren), ein Stück stadtauswärts bis zum Schnellstraßenkreuz, dort den Fußweg nach links.

Hauswandmalerei: Geht das? Kann man mit dem Drachen wegfliegen?

Was die Katze erlebte

»Endlich. Von der Last des Hahns befreit, machte auch ich mich auf den Weg. Doch es ging beschwerlich. Meine Pfoten waren dieses harte Straßenpflaster nicht gewohnt, und die Menschen erschienen mir so groß. Aber die Fahrräder, mit denen sie sich fortbewegten, die gefielen mir. Also wartete ich auf eine günstige Gelegenheit und – schwupps – war ich hinten in einem Fahrradkorb drin. Hu, wie wehte mir der Wind um die Nase! Es rappelte und schüttelte mich ordentlich durch, dann kam auch noch ein dunkler Tunnel! Das gefiel mir nicht. Deshalb sprang ich an der nächsten roten Ampel wieder raus aus dem Korb.

Ich stand nun vor einem großen **Berg** und staunte: Viele Kinder waren dort mit ihren Skateboards, Inlinern und BMX-Rädern. Sie fuhren rauf

Nicht uninteressant, der Bürgerpark …

und runter und machten viele verrückte Verrenkungen, dass mir schon vom Zusehen schwindelig wurde. Dazu spielte eine schrille Musik. Eine richtige Katzenmusik war das. Schnell ging ich weiter. Doch das Lachen der Kinder hallte mir noch lange in den Ohren.

Oh, was war das jetzt angenehm, meine Pfoten spürten einen weichen, samtigen Untergrund. Es roch nach frischem Gras und das Vogelgezwitscher beruhigte meine dröhnenden Ohren – ob ich mal wieder auf die Jagd gehe? Mein Ausflug fing an, mir zu gefallen und ich suchte mir an einem **Spielplatz** ein schönes, sonniges Plätzchen für meine Beobachtungen. Ich sah Menschen, die sich bemühten, mit einem langen Schläger eine ganz kleine, aber wohl sehr schwere Kugel über Hindernisse, durch Fußballtörchen und Räder zu schlagen. Sie wollten, dass die Kugel in eine Grube fiel. Ihr wisst schon, was das war: **Minigolf**. Habt ihr's mal versucht? Nun ja, ich war zum Mitspielen schon zu alt. Aber früher, sag ich euch, hätte ich den Ball mit der linken Tatze gefangen! Bestimmt!

Mein Blick glitt hinüber zum **See,** und dort entdeckte ich ein Boot. Ich weiß nicht, ob es das ruhige Plätschern des Wassers war, jedenfalls bekam ich Lust, meine Wasserscheu zu überwinden und per Boot den **Bürgerpark** zu erkunden. Sich sachte treiben lassen – das war schon eher nach meinem Geschmack!«

Info: ***Skaterbahn,*** Kulturzentrum Schlachthof, Findorffstraße 51, © 377750.

Minigolf und Bootsverleih am Emmasee, ↗ Der Bürgerpark.

Was der Hund erlebte

»Ich beobachtete einen Jungen, der vor unserem **Denkmal** stand und gar nicht merkte, dass von seinem Wurstbrot etwas runterfiel – der hat sich wohl gewundert, warum wir nur noch zwei Stadtmusikanten waren. Hach, hmm! Lief mir das Wasser im

Maul zusammen. Das war doch die Gelegenheit für'n kostenloses Frühstück! Ich sprang vor seine Füße, und schnappte mir das Stückchen.

Wir verstanden uns gleich. Ich folgte meinem neuen Freund zum **Bahnhof** und stieg mit ihm in den Zug Richtung Vegesack. Wir saßen uns gegenüber, und er warf mir immer einen Happen zu. An der sechsten Station – wir hatten uns genug beschnuppert – verließen wir den Zug; unser Weg führte doch tatsächlich zu einem **Schloss**. Da stellte ich mir vor, ein Wachhund zu sein. Oder vielleicht doch lieber der Schoßhund der Schlossbewohner? Nun, ich wusste, diese Plätze sind immer als erstes vergeben. Also wollte ich mir auch kein Schloss ansehen. Mein neuer Freund offensichtlich auch nicht, denn er ging links an ihm vorbei.

Dann erklommen wir einen steilen Berg und sahen rechts einen großen **Wald**. Wir kamen an einen *Ameisenhaufen* und der Junge behauptete, dass eine Ameise viel stärker sei als ein Bär. Ob das wirklich stimmt? Oder steht das irgendwo geschrieben? Na, ihr könnt mir ja mal schreiben, ob ihr was Genaueres dazu erfahren habt!

Wir jedenfalls entdeckten jetzt eine *Schnupperecke,* in der man Pflanzen riechen konnte, die ich in der Stadt noch nie gesehen, geschweige denn gerochen hatte – und ich hatte schon verdammt lange da gestanden. Herrlich! Schnuppern, schnüffeln, riechen – das ist was für mich!

Dann kamen wir zu einer großen **Schaukel;** da waren noch mehr Kinder, die den *Natur- und Erlebnispfad* schon hinter sich hatten. Das Schaukeln war auch ein toller Spaß. Und wie ich da so vor mich hin schaukelte, hab' ich mir gedacht: »Hund, auch wenn er dir mit den Ameisen einen Bären auf die Nase binden wollte – was biste froh, dass dich der Junge mit hierher zur **Ökologiestation** genommen hat!«

Info: ***Ökologiestation***, Bremen-Schönebeck, Am Güthpol 9; © 650627, täglich 9 – 15 Uhr. Kostenlose Broschüre zum Natur- und Erlebnispfad. Das Gelände ist auch am Wochenende zugänglich.

Schloss Schönebeck, Heimatmuseum ↗ Vegesack bzw. Museen.

Anfahrt: Mit dem Nahverkehrszug Richtung Vegesack bis Bahnhof Schönebeck oder mit den Buslinien 70/71 bis zur Haltestelle »Schafgegend« zunächst zum ↗ Schloss Schönebeck, dann links daran vorbei durch die Braut-Eichen-Straße Richtung Norden.

Was der Esel erlebte

»Da stand ich nun als letzter. Ich bemerkte, dass der Hund nach rechts ging und die Katze nach vorn. Den Hahn sah ich nicht, also war er hinter mir verschwunden. So stand für mich fest, dass nur noch ein Weg offen war – und der führte nach links. Ich setzte mich also in Trab.

Oh, was stand denn da für ein großer **Ritter?** »Der bewacht wohl die alten Häuser«, dachte ich. Das erschien mir gut, denn die Bauwerke waren schön altertümlich, wie noch

Stur steht er da, der »Ritter«

aus meiner Zeit. Aber was sollte das denn da? Das musste ich mir aus der Nähe angucken, diesen großen **Glaskasten** mitten zwischen den alten Gemäuern. Brr, nicht besonders interessant. Den ließ ich links liegen. Weiter vorn hörte ich laute Geräusche und sah schnelle Fahrzeuge. Dann hielt plötzlich kreischend ein Ungetüm vor mir, das war *soo* lang und *soo* hoch, dass ich nicht oben, nicht links und nicht rechts vorbeigucken konnte. Das dauerte, bis es endlich wieder weiterfuhr. Huch, aus seiner Antenne sprang plötzlich ein Funke weg!

Vorsichtig überquerte ich die Straße, in der Metallbänder eingelassen waren. Ein paar Schritte links verschwanden viele Menschen in einer Versenkung. Komisch. Das musste ich sehen. Ah, hier war eine *Treppe*, ich stieg sie mit langsamen Schritten runter und trabte durch schmale Gassen weiter. Nanu, da sah ich doch in einem **Fenster voller Bären** plötzlich uns, die Stadtmusikanten! Alle vier, wie es sein soll. Die Wege zwischen den alten Häuschen wurden fast zu eng für mich, vom bloßen Rumstehen geht der dicke Bauch halt auch nicht weg … Auf einem Schild entzifferte ich: **Wüste Stätte.** Ich erschrak! Aber die Menschen schlenderten in Ruhe hier entlang, und wirklich, hier war es weder wüst noch gefährlich.

Dann fand ich ein **Packhaus,** das erinnerte mich an meine frühere Arbeit als Lastenträger, elende Schufterei war das gewesen. Ich ging hinein, sah aber weder Säcke noch Kisten.

Na, gespannt? Ich entdeckte dort ein **Puppentheater**. Viele Puppen erzählen dort die tollsten Geschichten. Vielleicht begegnet ihr ja mal einer von ihnen? Dann grüßt sie schön von mir, ich bin Eis essen gegangen.«

Info: *Theatrium;* Packhaus im Schnoor; Wüstestätte 11; ✆ 326813. Bürozeiten: Di – Fr 9 – 12. Spielpause circa

Habt ihr den Weg des Esels gefunden? Hier ist die Auflösung:

Packhaustheater, Schnoorgassen, Bärenhaus am Stavendamm, Treppen zum Schnoor neben der Kirche St.-Johannis, Straßenbahnen an der Domsheide, Parlament, Roland, Marktplatz: Start

vier Wochen in den Sommerferien und in den ersten zwei Januarwochen. Puppentheater für Kinder ab 4 Jahren.

Weitere Tipps für Kids

Bremen-Stadt: Sommer- und Winterferienprogramm für Kinder und Jugendliche. Die Programmbroschüre erscheint circa 14 Tage vor den Sommer oder Winterferien; in Bibliotheken, Sparkassen oder bei der Tourist-Information am Hauptbahnhof erhältlich. ***Kreissportbund Bremen-Stadt e.V.,*** Eduard-Grunow-Straße 30, © 7948726. Bürozeit Di 10 – 13 Uhr.

Bremen-Nord hat ein eigenes Ferienprogramm für den Sommer. Ebenfalls 14 Tage vor Ferienbeginn in Bürgerhäusern, Sparkassen und beim ***Kreissportbund Bremen-Nord,*** Aumunder Feldstraße 47, H Aumunder Heide (Nahverkehrszug bis Vegesack), © 661-213, erhältlich.

Spieltreff Bürgerpark, auf der ***Spielwiese am Marcusbrunnen,*** H Bürgerpark, 16 5 – 21.9. (Abschlusstag mit Laternen- umzug ab 18.30 Uhr). Jeweils Di und Do 15.30 – 18.30 Uhr. Vom 11.7 – 17.8. zusätzlich Di und Do 10 – 12 Uhr. Volleyballtreff auf der Spielwiese vom 18.5. – 21.9.

Schwimmen & Schlittschuhlaufen: ↗ Freizeit & Sport.

Kinderkino in der Schauburg. Vor dem Steintor 114, H Brunnenstraße, © 792-550. Jeden Tag mindestens ein Kinderfilm. Filmwechsel jeweils donnerstags, Eintritt 4 €.

Bremerhaven: Hier gibt es für den Sommer einen Ferienpass für 6- bis 18-Jährige, 5 €, dafür überwiegend freier Eintritt, Gutscheine und Ermäßigungen. Erhältlich ab Ende Juni beim ***Amt für Sport und Freizeit,*** Stadthaus 1, Hinrich-Schmalfeldt-Straße, © 0471/59027-50, im Columbus-Center an der Tourist-Info und in allen Freizeitheimen.

Ausflüge: zum Beispiel nach ↗ Worpswede zum Igluhaus (»Käseglocke«), zur Torfschiffswerft von Schlußdorf und zu Kahnfahrten auf der Hamme oder Kutsch- und Kremserfahrten ins Moor.

Radtour ins Teufelsmoor, nach Fischerhude oder entlang der Wümme.

Paddeltour auf der Wümme oder ***Schiffsausflüge*** nach ↗ Bremerhaven zum Zoo am Meer oder zum Baden nach Helgoland.

Bei schlechtem Wetter: Ab ins ↗ Museum, wo es spannende Sachen zu entdecken gibt, z.B. im ***Universum***, ***Überseemuseum*** und im ***Übermaxx*** sowie in ↗ Bremerhaven das ***Deutsche Schifffahrtsmuseum*** und die Ausstellung »***Aufbruch in die Fremde***«.

AUSFLÜGE

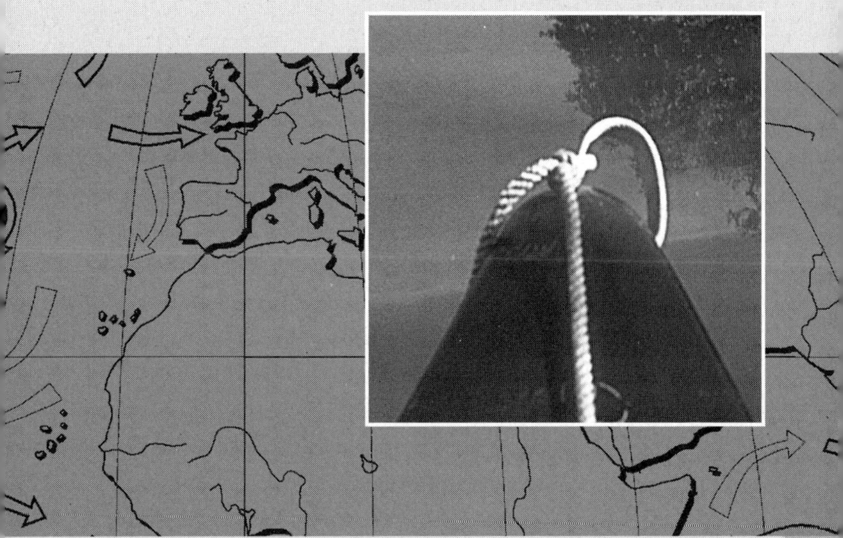

NAHERHOLUNG IN »UMZU«

Das Bremer Umland bietet schöne Möglichkeiten für Ausflüge mit dem Fahrrad oder Paddelboot. Worpswede ist eine gesonderte Entdeckungsreise wert. Wie Fischerhude kann das Künstlerdorf auch auf einer Radtour angesteuert werden. So geht es durch Moore und über Deiche. Überhaupt ist ein Drahtesel für Bremens flaches Umland ideal. Fahrradverleih ↗ »Sport & Freizeit«.

WORPSWEDE, HEIMAT DER KUNST

Vor über 100 Jahren wurde Worpswede als »Weltdorf der Kunst« von dem Künstler *Fritz Mackensen* entdeckt. Der Spätsommer 1889 gilt als Geburtsstunde des berühmten Worpsweder Malervereins, zu dem neben Mackensen *Otto Modersohn, Hans am Ende, Fritz Overbeck* und *Heinrich Vogeler* gehörten. Die Rückbesinnung auf die Natur ist ihr gemeinsames künstlerisches Leitmotiv. Vor der Niederlassung der Maler war Worpswede ein unbedeutender Siedlungsflecken am Rande des Teufelsmoors, dessen Name sich von »duwe« für taub, unfruchtbar ableitet – ein Hinweis auf den Charakter dieser Landschaft. Worpswede bedeutet »Hügelwald«, denn nur hier auf dem *Weyerberg*, einer 54 m hohen Sanddüne, war eine Bodennutzung möglich. Der Baumbewuchs garantierte festen Boden, ein wichtiges Kriterium für Getreideanbau. Die Zahl der Bauern im Dorf blieb lange Zeit konstant, 1844 zählte man 73 Familien. Erst danach, bedingt durch die Moorkolonisation, wuchs die Bevölkerungszahl allmählich.

Paddeltouren, Fahrradausflüge, Worpswede: »Umzu« bietet für jeden etwas

Die Worpsweder Kunst wandelte sich im Laufe eines Jahrhunderts, aber sie ist am Ort geblieben: Noch heute weist die Gegend um Worpswede eine besonders hohe »Künstlerdichte« auf. Zudem verbringen jedes Jahr an die 20 Kunststipendiaten aus aller Welt einige Monate im Dorf. Um mit der Malerin *Paula Modersohn-Becker*, die 1898 hierher kam, zu sprechen: »In diesem Klima scheint der Malkater zu gedeihen und sich üppig zu entfalten.« Außer Malern und Bildhauern wohnen und arbeiten hier auch Kunsthandwerker, Musiker und Schriftsteller.

Die Kehrseite des Fremdenverkehrs – viele Besucher verändern den Charakter eines Ortes – ist auch in Worpswede zu beobachten. In den Hauptbesuchszeiten von Mai bis September treten sich die Touristen in der Einkaufszone *Bergstraße* und am *Weyerberg* fast auf die Füße. Überall im Ort sieht man Gruppen, die sich um kundige Gästeführerinnen scharen. Von der Baguetterie bis zum Feinschmeckerrestaurant ist mittlerweile jeder Geldbeutel und Geschmack versorgt. Gerade in den Winter- und Frühjahrsmonaten lohnt sich ein Besuch dagegen besonders, denn in der Stille wird der herbe, fast melancholische Charakter der Landschaft spürbar, der die Maler inspirierte: dunkles Moor, mattgrüne, nasse Wiesen, silbrig glänzende Birkenwäldchen, dazu die vielen Gräben, die das Land durchziehen und ein oft dramatisch anmutender Himmel mit schnellem Wechselspiel zwischen Sonne und Wolken.

Jeder Ort lebt auch durch seine Bewohner, und es ist ein bunt gemischtes Völkchen, das sich hier angesiedelt hat. Neben den zahlreichen Künstlern gibt es die gut betuchten Leute, die bereits in den sechziger und siebziger Jahren die pittoreske Atmosphäre des Dorfes, nur 30 Autominuten von Bremens City entfernt, als besondere Wohnlage entdeckten. Doch nicht nur Leute mit Geld empfanden es als schick, im Künstlerdorf zu leben. Auch die Alternativszene ist nach Worpswede geschwappt, deutlich ablesbar am großen Angebot an Naturkost, Selbsterfahrungs- und Meditationskursen. Bemerkenswert ist, dass auch die ursprüngliche Landbevölkerung noch präsent ist, dass Bauern in derben Stiefeln beim Metzger Platt »schnacken« und beim Dorffest der Eindruck entsteht, die Alteingesessenen hätten noch immer das Ruder in der Hand in »ihrem« Worpswede.

Rundgang & Sehenswertes

Ausgangspunkt für diesen eineinhalbstündigen Rundgang ist der zentrale **Parkplatz Bergstraße.** Wenige Meter dem Schild in Richtung »Große Kunstschau« folgend, trifft man auf verschiedene Werke von *Bernhard Hoetger*: das Denkmal *Bonze des Humors,* im Volksmund auch »lachender Buddha« genannt, wenige Schritte weiter die Gusssteinplastiken *Wut* und *Der Träumende*. Direkt gegenüber liegt der Eingang zum **Kaffee Worpswede,** das – 1925 von Hoetger erbaut – von der Bevölkerung »Kaffee Verrückt« getauft wurde, denn seine Architektur war für die damalige Zeit Aufsehen erregend. Das Gebäude setzt sich aus drei walmdachgedeckten, scheinbar separaten Teilen zusammen, die jedoch ein Ganzes bilden. Die Besichtigung

Berühmtes Motiv: Heinrich Vogelers Barkenhoff

der Innenräume ist auch ohne Kaffeepause lohnend, hier verbinden sich Jugendstil und expressionistische Elemente zu einem ungewöhnlichen Interieur.

Oberhalb des Cafés liegt die **Große Kunstschau,** welche die größte Sammlung von Werken der bekannten Worpsweder Maler beherbergt. Daneben schließt sich das **Ludwig-Roselius-Museum** an, das eine Sammlung wertvoller Funde und Schauobjekte zur Frühgeschichte beherbergt.

Info: ***Große Kunstschau*** und ***Ludwig-Roselius-Museum***, täglich 10 – 18 Uhr, © 1302, zusammen 3 €, ermäßigt 2 € Eintritt.

Der »Bonze des Humors« von Hoetger

Von hier führt der Rundgang zur Rückseite der Häuser, dann einen schmalen Fußweg leicht ansteigend in Richtung Nadelwald auf den **Weyerberg.** Rechter Hand liegt eine große reetgedeckte Villa, dann nach etwa 100 m Waldweg die **»Käseglocke«** erreicht, das runde, skurril wirkende Wohnhaus des Schriftstellers *Edwin Koenemann,* 1926 von ihm und dem Architekten *Bruno Taut* entworfen. Nach sorgfältiger Restaurierung ist der ganz aus Holz konstruierte Iglu nun auch innen zu besichtigen, denn in ihm ist heute ein Museum für Worpsweder Kunsthandwerk untergebracht.

Info: ***Käseglocke,*** © 950505, 11 – 17 Uhr im Winter 10 – 16 Uhr. Eintritt 2 €, ermäßigt 1 €.

Hinter dem Holziglu geht es rechts ab und über die Lindenallee den Fritz-Overbeck-Weg entlang Richtung Zionskirche. Der Weg führt in idyllischer Ruhe an Feldern vorbei, bei gutem Wetter kann man den schönen Weitblick genießen. Am **Friedhof** lohnt das *Grab Paula Modersohn-Beckers* einen Abstecher (vor der Kirche stehend am linken Friedhofsrand nahe der Hecke). Die Mutter-Kind-Plastik gestaltete Bernhard Hoetger, und sie erinnert daran, dass die großartige Malerin wenige Tage nach der Geburt ihrer Tochter im Alter von nur 31 Jahren starb. Die ernste Atmosphäre der schlichten **Zionskirche** – erbaut in der Mitte des 18. Jahrhunderts während der Moorkolonisation – wird durch die fantasievollen, fröhlich wirkenden Ornamente von Paula Modersohn-Becker und die

Puttenköpfe ihrer Freundin und Bildhauerin *Clara Rilke-Westhoff* aufgelockert.

Der Rundgang führt vom Hügel herunter zur Findorffstraße. Linker Hand liegen sich die *Restaurants Deutsches Haus* und *Worpsweder Landhaus* gegenüber. Nach 100 m auf der Hauptstraße links geht man rechts ins *Straßentor,* eine der ältesten Straßen des Dorfes, und kommt zum heutigen **Rathaus,** einem fachgerecht restaurierten, alten Niedersachsenhaus. In der **Bauernreihe,** die vom Straßentor links in Richtung Bahnhof führt (Schild), reihten sich seit dem 11. Jahrhundert die ersten Höfe des Ortes um den Rand des Weyerbergs. Heute hat diese Straße viel nostalgischen Charme, zumal die Höfe fast alle behutsam restauriert wurden und ihre schönen Bauerngärten ins Bild passen. Nach etwa 500 m erreicht man den **Bahnhof Worpswede.** Er wurde 1910 zeitgleich mit der Bahnlinie Bremervörde – Worpswede – Osterholz-Scharmbeck gebaut. Als 1978 der Personenverkehr auf dieser Linie eingestellt wurde, konnte dieses letzte und schönste, von *Heinrich Vogeler* gestaltete Bahnhofsgebäude erhalten werden. Neben dem ↗ *Barkenhoff* ist dies sein wichtigster architektonischer Entwurf. Nach 1978 wurde das Gebäude stilgerecht renoviert und als *Restaurant* zugänglich gemacht.

Von hier geht es die Bahnhofstraße zurück, die Bauernreihe hoch bis zur Findorffstraße. Der kürzeste Rückweg zum Parkplatz führt über die Bergstraße (auf der anderen Straßenseite rechts gegenüber) an vielen Kitsch- und einigen Kunstläden vorbei zum Ausgangspunkt. Etwas weiter ist die Variante über die Findorffstraße links runter bis zur **Hembergstraße,** hier rechts hoch bis zu dem *Gasthof zum Hemberg* (vorzügliche gutbürgerliche Küche). Gegenüber liegt gleich zu Beginn der Bergstraße die *Galerie Altes Rathaus,* ein reizloses Gebäude, welches im 19. Jahrhundert Armenhaus war – viele der Armen standen Paula Modersohn-Becker Modell – und später die Gemeindeverwaltung beherbergte. Nach etwa 200 m sehen wir rechts vom Parkplatz Bergstraße an der Ecke Lindenallee das **Philine-Vogeler-Haus** mit dem *Fremdenverkehrsamt.* Nebenan lohnt ein Besuch der **Worpsweder Kunsthalle,** ein Museum, welches sowohl frühe Werke Worpsweder Maler als auch Ausstellungen zeitgenössischer Künstler zeigt (täglich 10 – 18 Uhr).

Weitere Sehenswürdigkeiten

Der **Barkenhoff** war das Wohn- und Arbeitshaus des Jugenstilkünstlers Heinrich Vogeler an der Ostendorferstraße. Viele kennen die Vorderansicht als typisches Worpswede-Motiv. In natura ist es noch beeindruckender, ein architektonisches Kunstwerk, das heute in ständiger Ausstellung Gemälde, Schmuck und Möbel Heinrich Vogelers und wechselnd Kunst des 20. Jahrhunderts zeigt. Das Nebengebäude ist Arbeitsstätte für Kunststipendiaten.

Info: ***Museum Barkenhoff,*** wegen Renovierung bis Frühjhar 2004 geschlossen, ✆ 3968.

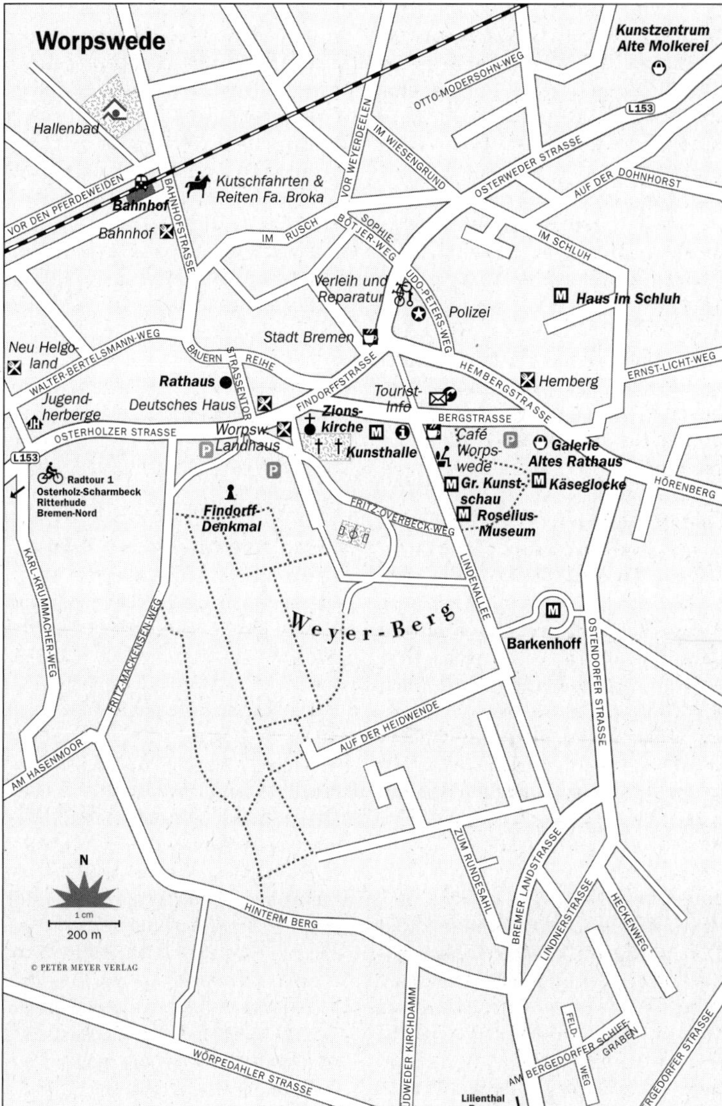
Worpswede
Kunstzentrum Alte Molkerei
OTTO-MODERSOHN-WEG
L153
Hallenbad
VOR WEYERDEELEN
IM WIESENGRUND
OSTERWEDER STRASSE
AUF DER DOHNHORST
VOR DEN PFERDEWEIDEN
Bahnhof
BAHNHOFSTRASSE
Kutschfahrten & Reiten Fa. Broka
Bahnhof
IM RUSCH
SOPHIE-BÖTJER-WEG
IM SCHLUH
Verleih und Reparatur
UDO-PETERS-WEG
Polizei
Haus im Schluh
Stadt Bremen
Neu Helgoland
WALTER-BERTELSMANN-WEG
BAUERN REIHE
STRASSENTOR
HEMBERGSTRASSE
ERNST-LICHT-WEG
Rathaus
FINDORFFSTRASSE
Hemberg
Jugendherberge
Deutsches Haus
Tourist-Info
Zionskirche
BERGSTRASSE
OSTERHOLZER STRASSE
Worpsw. Landhaus
Kunsthalle
Café Worpswede
Galerie Altes Rathaus
L153
Radtour 1
Osterholz-Scharmbeck
Ritterhude
Bremen-Nord
Gr. Kunstschau
Käseglocke
HÖRENBERG
Findorff-Denkmal
FRITZ-OVERBECK-WEG
Roselius-Museum
LINDENALLEE
KARL-KRUMMACHER-WEG
Weyer-Berg
Barkenhoff
FRITZ-MACKENSEN-WEG
OSTENDORFER STRASSE
AUF DER HEIDWENDE
AM HASENMOOR
ZUM RUNDESAHL
BREMER LANDSTRASSE
LINDNERSTRASSE
HECKENWEG
N
1 cm
200 m
HINTERM BERG
© PETER MEYER VERLAG
SÜDWEDER KIRCHDAMM
WÖRPEDAHLER STRASSE
FELDWEG
AM BERGEDORFER SCHIFFGRABEN
BERGEDORFER STRASSE
Lilienthal
Bremen

Das **Haus im Schluh,** zwischen Hembergstraße und Osterwederstraße gelegen, ist ein privat betriebenes Heimatmuseum, welches eine Sammlung von Gemälden, Grafiken und anderen Kunstobjekten Vogelers zeigt und nebenan eine Handweberei mit einzigartigen Stoffen, die von einer Urenkelin Vogelers geleitet wird.

Info: ***Haus im Schluh,*** 1.11. – 15.3. Di – So 14 – 18 Uhr, ab 16.3. täglich, © 950061. Eintritt 3 €, ermäßigt 2 €.

Das Kunstzentrum **Alte Molkerei** wurde in den frühen achtziger Jahren von findigen Geschäftsleuten gegründet, welche die alte Molkerei an der Osterweder Straße Richtung Hüttenbusch aufkauften und zu einer Ladenzeile umbauten. Die ursprünglichen Pläne, oben Wohnungen und unten Ateliers einzurichten, konnten sich nicht durchsetzen, da auch Künstler eigenwillige Leute sind, die sich nicht alle unter einem Dach vertragen. Jetzt sind auf beiden Ebenen Werkstätten von Töpfern und Läden von Galeristen, einem Antiquar und anderen kreativ Tätigen untergebracht. Gerade zum Wochenende strömen die Besucher hierher.

Info: ***Alte Molkerei,*** Di – So 11 – 18 Uhr, © 3636.

Etwa 3 km vom nördlichen Ortsrand Worpswedes liegt die **Torfschiffswerft von Schlußdorf**. Schlußdorf wurde 1800 nach den Plänen des Moorkommissars *Jürgen Christian Findorff* als Abschluss der Besiedlung angelegt, ↗ *Findorff*. Hier wurde 1850 die Torfschiffswerft gegründet, die einzige dieser Art in Nordwestdeutschland und bis 1954 in Betrieb. Mit welch einfachem Werkzeug die 10 m langen Boote mit einem Fassungsvermögen von 50 Körben *Backtorf* (= unterste, beste Torfschicht) gefertigt wurden – die Herstellung eines Schiffes dauerte mindestens 6 Monate – kann hier besichtigt werden. Der Besuch ist besonders Leuten mit Kindern zu empfehlen, da alles sehr anschaulich präsentiert ist und der freundliche ältere Herr im Museum gerne Fragen beantwort.

Info: ***Torfschiffsmuseum,*** 1.4. bis 31.10 Mi 12 – 15, Fr – So 15 – 18 und So zusätzlich 10 – 12 Uhr sowie nach Anmeldung, © 2750. Eintritt 1,50 €, ermäßigt 0,50 €.

Tipps & praktische Infos

Telefonvorwahl Worpswede: 04792/

Fremdenverkehrsgesellschaft, Bergstraße 13, 27726 Worpswede, © 950121. Mo – Fr 9 – 12 Uhr und 14 – 18 Uhr, Sa und So 10 – 14 Uhr, Informationen zu aktuellen Veranstaltungen und Führungen.

Verbindung: Buslinie 670 ab Bremen ZOB (50 Min.), etwa alle 1,5 Stunden, Informationen unter © 04298/2067.

Fahrt auf der Hamme: Zwischen Mai und Ende September fährt die »FGS Hanseat« der Haferkamp Personenschifffahrt Elsfleth (© 04404/3514) Mi und So um 9 Uhr von Vegesack über Weser, Lesum und Hamme durch eine idyllische Wiesenlandschaft nach Worpswede, Anlegestelle ist die Gaststätte Neu-Helgoland. Hier legt das Schiff gegen 12 Uhr an und fährt um 16.30 Uhr wieder zurück. Es gibt sehr wenig Außenplätze, so dass Frischluftfans nur bedingt auf ihre Kosten kommen.

Kutsch- und Kremserfahrten: ***Pferde- und Ponyverleih Friedrich Broka,*** Bahnhofstr. 18, ✆ 04792/1293. Fahrt durch Worpswede und ins Moor 1 – 2 Personen 21 €, 3 Personen 23 €, 4 – 6 Personen 25 € pro Stunde. Wagen für max. 28 Personen, Preise auf Nachfrage. Außerdem Pferde- und Ponyverleih.

WC: öffentliche Toiletten am Parkplatz Bergstraße.

Schlafen & Essen

Unterkunft: *Jugendherberge,* Hammeweg 2, ✆ 04792/1360, Fax 4381. 164 Betten, 19 Familienzimmer, 4 Tagesräume, 13,50 – 16,20 €, B. Sehr schöne Lage.

Gastronomie: ***Kaffee & Restaurant Worpswede,*** Lindenstraße 1, ✆ 1028, Mi – So 11.30 – 21.30 Uhr.

Bahnhof Worpswede, Bahnhofsstraße 17, ✆ 1012, täglich 12 – 1 Uhr, Sa/So ab 11 Uhr (Küche Sa/So ab 12 Mittagstisch, sonst ab 18 Uhr). Restaurant und Kneipe, interessante Räumlichkeiten, abwechslungsreiche Speisekarte.

Neu-Helgoland, Hammeweg 19, ✆ 7606, Mi – So ab 10 Uhr, Küche bis 22 Uhr, traditionelle Kneipe mit guter lokaler Küche.

Stadt Bremen, Findorffstraße, ehemals Hotel und Gastwirtschaft für die Bauern aus der Umgebung ist es heute ein guter Kneipentipp für lange Abende im Dorf. Häufig gute Jazz- und Blues-Konzerte in der Veranstaltungsreihe der Worpsweder »music hall«. Findorffstraße, ✆ 1207.

Worpsweder Landhaus, Findorffstraße 2, ✆ 1239, 11 – 23 Uhr, Mo Ruhetag. Traditionshaus, regionale und internationale Küche.

Stilvoll: Bahnhof Worpswede

ENTDECKUNGEN PER RAD

Die hier vorgeschlagenen Touren sind zwischen 30 und 40 km lang und nicht so anspruchsvoll, dass sie nicht auch von sportlichen Kinder ab 12 Jahren bewältigt werden könnten. Doch sollten dann die Besichtigungen ausfallen, damit genügend Raum für Picknick und Naturerkundungen bleibt.

1 Radtour für Kunst- und Moorfans

Bremen-Findorff → Dammsiel → St. Jürgen → Worpswede → Neu-Helgoland → Naturschutzgebiet Breites Wasser → Pennigbüttel → Osterholz-Scharmbeck

Länge: gut 40 km; mit Besichtigungen eine gemütliche Tagestour.

Zurück: mit dem Zug nach Bremen-Hauptbahnhof.

Einkehrmöglichkeiten: gibt es reichlich, nicht nur in Worpswede.

▶ Wir starten am **Torfhafen von Findorff,** um eine Strecke nachzuvollziehen, auf der die Moorbauern mit ihren Schiffen den Backtorf zum Verkauf in die Stadt brachten. Auf der **Findorffallee** zwischen Bürgerpark und Torfkanal geht es immer geradeaus und an der Grenze zum Stadtwald unter der Eisenbahnstrecke Bremen-Hamburg hindurch. Am Ende der Findorffallee mündet der Torfkanal in die *Kleine Wümme,* die wir überqueren. Jetzt geht es nach links ein Stück auf dem **Wetterungsweg** parallel zum großen *Stadtwaldsee* bis zum *Hochschulring.* Diesen überqueren und geradeaus auf der **Hemmstraße** an Müllverbrennungsanlage und Tierheim vorbei und unter der Autobahn A 27 hindurch weiter fahren. Hier verändert sich die Landschaft. Auf der linken Seite können wir hinter Kleingärten die Kleine Wümme – früher auch ein Wasserweg für die Torfschiffe – wieder ausmachen, rechts breitet sich die Weite der *Blocklandwiesen* vor uns aus. Gut zu sehen ist auch der alte Torfkanal. Bei Minustemperaturen und mit Wetterglück werden die Blocklandwiesen bis zum Lehester Deich zum Eislauf-Paradies.

Dem Lauf der Kleinen Wümme folgend, geht es nach links auf der gut befahrbaren **Blocklander Hemmstraße** immer geradeaus. In diesem Gebiet entstanden während der ersten Siedlungsperiode im 12. Jahrhundert die Dörfer *Wetterung* und *Hemme*, die um 1450 im Hochwasser wieder untergegangen sind. Die Straßennamen Wetterungsweg und Hemmstraße erinnern an diese Orte. Bald sichten wir die ersten Häuser im Niederblockland, und nach 10 km erreichen wir unser erstes Etappenziel, den **Gasthof Dammsiel.**

Von hier lässt sich der Blick auf den Fluss mit seiner schilfbewachsenen Uferzone und der moorig braunen Wasseroberfläche genießen. Auf dem **Wummensieder Deich** geht es nach links weiter zur *Schleuse* zwischen Kleiner Wümme und Wümme und kurvenreich vorbei an alten Bauernhöfen – die ältesten stammen aus der Zeit um 1650 – bis zur **Ritterhuder Heerstraße.** Dieser folgen wir rechts über die Wümmebrücke zum **Gasthof zur Nordseite.** Hier gleich wieder rechts abbiegen und, nun am Deichfuß, »zurück« fahren. Nach circa 3,5 km in den links abzweigenden

Kirchweg abbiegen. Die Straße führt durch das *Sankt Jürgensland*, mit weitem Blick über das Weideland. Um 1180, im Zuge der ersten Kolonisierungsperiode, war dieses Gebiet vom damaligen Bremer Erzbischof Friedrich holländischen Siedlern zugewiesen worden, die als gute »Wasserbauer« bekannt waren: Sie legten Deiche an, entwässerten das Land und nutzten es landwirtschaftlich.

Nach weiteren 1,5 km erreichen wir unser zweites Etappenziel, die im flachen Land weithin sichtbare, weiß verputzte Backsteinkirche **Sankt Jürgen,** die Kirche des Heiligen Georg.

Die St.-Jürgens-Kirche

Die Geschichte der Kirche Sankt Jürgen geht zurück auf das 9. Jahrhundert in die Zeit von Erzbischof Ansgar, der hier eine erste Wallfahrtskirche aus Sandstein errichtete. Sandstein wurde als heilig verehrt, weil die Menschen auf die Heilkraft des Steinstaubes bei offenen Wunden vertrauten. Die Kirche ist nach dem legendären Drachentöter, Georg benannt, ein Standbild des Heiligen findet man im Innern der Kirche. Der heutige Name Sankt-Jürgens-Kirche ist aus der Rückübersetzung ins Niederdeutsche (Georg, im Niederdeutschen auch Jörg, wurde zu Jürgen) entstanden.

Da die Gotteshäuser in damaliger Zeit in erster Linie als Schutzkirchen dienten, wurden sie so angelegt, dass die zum Kirchspiel zählenden Bewohner der umliegenden Dörfer »ihre« Kirche möglichst schnell erreichen konnten. Die Sankt-Jürgens-Kirche liegt erhöht auf einer Wurt (künstliche Erhöhung) vor dem alten Wümmedeich aus dem Jahre 800, über den die Menschen bei drohendem Hochwasser Zuflucht in der Kirche fanden. An den Eisenringen in der Umfassungsmauer wurden dann die Boote festgemacht. Damit alle zum Kirchspiel zählenden Dorfbewohner unterkommen konnten, war die Größe der Dörfer auf acht oder sechzehn Häuser festgelegt (die Durchschnittsfamilie bestand aus sieben Mitgliedern), wobei fünf oder sechs Dörfer zu einem Kirchspiel gehörten. Auf der Empore sind die zum bis 1954 gültigen Kirchspiel gehörenden Dörfer symbolisch dargestellt.

Die jetzige Sankt-Jürgens-Kirche, eine von innen und außen verputzte Backsteinkirche, ist im 13. Jahrhundert errichtet und im 15. Jahrhundert erweitert worden. Reste des ersten Baus aus Sandstein sind noch am Turmeingang außen zu sehen. Aus der Tradition als ehemalige Schutzkirche steht sie auch heute tagsüber zur Besichtigung offen.

Immer noch dem Kirchweg folgend, geht es weiter geradeaus bis zur **Landstraße Ritterhude – Lilienthal,** die wir überqueren. Nach einem kurzen Stück auf dem Radweg Richtung Osterholz-Scharmbeck biegen wir am Hinweisschild nach Worpswede rechts ab. Dem circa 9 km langen **Radweg** immer geradeaus an der *Viehlander-*, *Waakhauser-*, später *Osterholzer-* und schließlich *Findorffstraße* folgend, nähern wir uns unserem Ziel. Die Landschaft, die anfangs den weiten Blick über die vorgelagerten Wiesen und Weiden der *Hammeniederung* erlaubte, verändert sich durch zunehmende Bebauung, größtenteils Bauernhöfe, die zum Schutz gegen Hochwasser alle auf Wurten errichtet sind. Etliche sind mit Satteldach, zum großen Teil noch reetgedeckt, dem typischen Krüppelwalm, der großen Tür vorn und dem Fachwerk unschwer als »Niedersachsenhäuser« zu erkennen.

Wir erreichen den Ortsrand von **Worpswede** – auf dem letzten Wegstück ist sogar eine leichte Steigung, ein Ausläufer des *Weyerberges,* spürbar. Beim *Gasthaus Worpsweder Landhaus* wechseln wir auf die andere Straßenseite und erreichen nach 28 km unser Ziel, das **Findorffdenkmal,** das auf einer Kuppe des Weyerberges in einem herrlichen Buchenwald steht. Das Denkmal aus rotem Granit

Das Teufelsmoor

D**as Teufelsmoor,** eines der größten Moorgebiete Norddeutschlands, entstand mit dem Ende der letzten Eiszeit vor etwa 10.000 Jahren. Das Schmelzwasser der Gletscher hatte eine breite Rinne in den Geestrücken gegraben. Durch das Ansteigen des Wasserspiegels der Nordsee staute sich das Wasser bis in diese Niederung mit den Flüsschen *Oste, Hamme, Wörpe* und *Wümme* zurück. Im nährstoffreichen Überschwemmungsgebiet dieser Flüsse mit ihren verzweigten Nebenarmen entwickelten sich Röhrichte aus Schilf und Sauergräsern sowie Wälder aus Erlen und Birken. Aus den Überresten dieser Pflanzen bildeten sich die *Niedermoore,* die im Laufe der Jahrtausende mit dem Anstieg des Grundwassers in die Höhe wuchsen. Fernab der Überschwemmungsgebiete sammelte sich nur nährstoffarmes Regenwasser an, es entwickelten sich genügsame Pflanzen wie Torfmoose, Wollgräser und Heidekraut. Hier entstanden die *Hochmoore,* aus denen sich im Laufe der Jahrtausende die mächtigen Torfschichten aufbauten.

Das Teufelsmoor, wie wir es heute vorfinden, ist eine Kulturlandschaft. Wo sich vor rund 100 Jahren die Menschen noch durch Torfabbau und Abbrennen von Moorflächen (für die Einsaat von Buchweizen in die heiße Asche) mühsam ernährten, finden wir heute weitläufiges Wiesen- und Weideland für Vieh- und Milchwirtschaft vor, das planmäßig entwässert wird. Wie hart die Moorbauern in früheren Zeiten für ihr

mit einer kleinen Gedenktafel zu Ehren des Moorkommissars *J. Ch. Findorff* wurde wenige Jahre nach dessen Tod 1792 hier auf der 50 Meter hohen, von den Worpswedern auch Findorffberg genannten Kuppe errichtet.

Von Worpswede zum Bahnhof Osterholz-Scharmbeck

Nach dem Rundgang durch das Künstlerdorf (↗ Worpswede) starten wir in die Richtung, aus der wir gekommen sind, biegen aber nach fast 500 m bei der *Jugendherberge Worpswede* rechts ab in den *Hammeweg* und erreichen bald den **Gasthof Neu-Helgoland** an der Hamme. Von hier aus werden in den Sommermonaten Torfkahnfahrten, Schiffstouren und naturkundliche Führungen angeboten (↗ praktische Infos). Wir überqueren das Moorflüsschen und setzen unsere Fahrt auf einem festen Sandweg durch das **Naturschutzgebiet Breites Wasser** fort.

Die Flüsse *Beek* und *Hamme* bildeten früher ein Binnendelta mit stark verästelten und still stehenden Nebenarmen: eine intakte Niedermoorvegetation mit einer vielfältigen Tier- und Pflanzenwelt. Als Folge der menschlichen Eingriffe – das Breite Wasser wird seitdem nicht mehr von Fließgewässern durchspült – ist heute eine weitläufige Feuchtniederung entstanden, die allmählich verlandet. Es

bescheidenes Auskommen arbeiten mussten, kommt in dem auf die Generationen bezogenen Spruch: *Den Ersten sin Dood, den Tweeten sin Noth, den Dritten sin Broth* zum Ausdruck. Die heutigen Bauern haben andere Existenzsorgen, sie müssen sich mit Milchquoten und EU-Normen auseinandersetzen.

Durch die Entwässerung des Moores und die landwirtschaftliche Nutzung hat sich die Landschaft extrem verändert: Den im Moor heimischen Pflanzen und Tieren wurde die Lebensgrundlage entzogen, sie verschwinden allmählich. Dem entgegen zu wirken, wurden weite Landschaftsteile unter Naturschutz gestellt. ◀

Abstich im Torfmoor: Die Stichkante ist deutlich zu sehen

lohnt sich, hier auf einer der beiden Brücken zu verweilen. Die vom Hauptweg links abzweigenden Seitenwege führen an die stillen Ufer der Beek.

Am Ende des Weges biegen wir nach links in die **Teufelsmoorstraße** ab, die später *Stubbenkuhle* heißt, und erreichen auf dem Radweg nach weiteren 4 km **Pennigbüttel.** Am Ortseingang halten wir uns links und befinden uns auf der Straße **Unter den Linden,** dann **Pennigbütteler Straße,** und radeln bis zum Ortsanfang von **Osterholz.** Nach Überqueren der ehemaligen Kleinbahn Osterholz/Worpswede biegen wir nach rechts in den **Laubenweg** ab und fahren auf dem Radweg durch das *Klosterholz* parallel zur Kleinbahn bis zum **Bahnhof Osterholz-Scharmbeck,** von dem aus in etwa einstündi-

Flora und Fauna im Hochmoor

Im **Ahrensfelder Moor** wächst das vorherrschende *Torfmoos,* das weite Flächen des Wassers abdeckt. Das winzige Pflänzchen setzt sich gegen alle anderen Arten dieses Landstriches durch und prägt so die Moorlandschaft. Es verbraucht sehr viel Wasser, dem es die wenigen Nährstoffe entzieht, um es dann angereichert mit Wasserstoffionen wieder abzugeben. Dieses nun saure Wasser ist für andere Pflanzen nicht verträglich. So kann das Torfmoos, das wie ein Schwamm das Zwanzigfache seines Gewichtes an Wasser speichern kann, ungehindert wachsen und im Laufe von vielen Jahren eine feste Moordecke, den *Schwingrasen,* bilden.

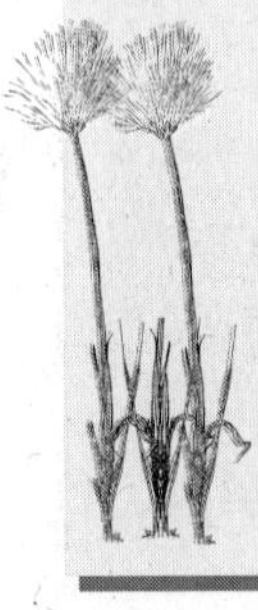

Wollgras

Durch die wenigen **Pflanzen,** die sich unter den Bedingungen von Nährstoffarmut und hohem Säuregehalt des Wassers durchsetzen können, entstand eine Landschaft in schlichter Harmonie: angepasste Heidekrautgewächse wie die *Glocken-, Rosmarin-* und *Besenheide* sind zu finden, vereinzelt Sträucher der *Blau-, Preisel-* und *Moorbeere,* dem kleinsten und schmächtigsten Strauch der Moorflora. Schwer auszumachen ist die rötlichbraune Blattrosette des gut getarnten *Sonnentaus.* Die rundblättrige, fleischfressende Pflanze fängt mit klebrigen Tröpfchen auf den Blättern kleine Libellen, Insekten und sogar kleine Schmetterlinge. Besonders schön ist es hier, wenn im Mai und Juni die *Wollgräser* mit ihren weißen Flocken die Moorfläche bedecken. Die weißen Haare sind nicht die Blüte, sondern die Samenhaare. Das absterbende Material aus den Horsten der Wollgräser ist die Nahrung, die der Pflanze wieder zur Verfügung steht. Das Wollgras fehlt in keinem nährstoffarmen, sauren Moorboden. Weitab der Tümpel, am Rande des Hochmoores, wächst der duftende *Gagelstrauch,* der sich an nährstoffrei-

gem Rhythmus der Bremer Hauptbahnhof in 20 Minuten Fahrtzeit erreicht werden kann.

Abstecher ins Ahrensfelder Moor

Lohnend ist ein Abstecher zum nahe gelegenen **Heimatmuseum mit Findorffhaus** mit einer umfassenden Ausstellung über das Leben der Menschen im Moor: Vom Bahnhof nach links über die Bahnhofstraße zum Heimatmuseum in der Bördestraße und von dort weiter zum interessanten **Ahrensfelder Moor.** Dazu starten wir vom Heimatmuseum aus in Richtung Penningbüttel auf der *Findorff-/Rübhofstraße,* dann links in die *Ahrensfelder Straße.* Auf dieser überquert man die Kleinbahn Osterholz-Scharmbeck/Worpswede, dahinter geht es rechts in den *Ahrensfelder Damm.*

chen und trockenen Stellen fortpflanzt. In Nachbarschaft mit Pilzen, die ihm Stickstoff aus der Luft zuführen, lebt und gedeiht er prächtig. Mit einem besonderen Duftstoff vertreibt der Gagelstrauch Insekten, auf die er nicht angewiesen ist, da er durch Windbestäubung befruchtet wird. Seine gelben und roten Blüten beleben im Frühsommer die herbe Landschaft.

So wie die Pflanzenarten im Moor, machen sich auch die **Tierarten** rar. Als erstes begegnet man den riesigen *Mücken*schwärmen, die über den Tümpeln tanzen und den *Spinnen* reichlich Nahrung geben. *Schmetterlinge* und *Libellen* kreuzen den Weg, und das Auge erfreut sich an den Farben dieser Flugkünstler. In den Tümpeln lebt der *Moorfrosch,* zu erkennen an seinem hellen, schwarz begrenzten Rückenband. Sein Laich benötigt das saure Wasser des Moores, um sich zu entwickeln; Fische und Schnecken hingegen findet man darin nicht. Am Boden und im Wasser sind drei Schlangenarten – *Schling-* und *Ringelnatter, Kreuzotter* – und *Eidechsen* nur selten zu sehen. Vereinzelt besuchen *Rehe* die ruhige Moorlandschaft, doch ernähren können sie sich dort nicht. Die artenarme **Vogelwelt** des Moores erschließt sich nur dem Wanderer, der sich längere Zeit still verhält und lauscht. Ihm zeigen sich dann *Fitislaubsänger, Gold-* und *Rohrammer,* manchmal *Pieper* und *Lerche.* Auffällig ist die Greifvogelart *Wiesenweihe,* der *Mäusebussard* und der große, langbeinige und langschnäblige *Brachvogel.*

Im Gegensatz zur Ahrensfelder Hochmoorlandschaft ist das Flussgewässergebiet von *Hamme* und *Wümme,* eine der letzten großen Überschwemmungslandschaften Norddeutschlands, ein großflächiger *Niedermoorkomplex.* Diese feuchte bis nasse Wiesenlandschaft ist als Vogelbrut- und Rastgebiet für Schwäne-, Gänse- und Entenarten von übergeordneter Bedeutung. ◀

Brachvogel

Im Ahrensfelder Moor

Unmittelbar nach den letzten Häusern beginnt das Ahrensfelder Hochmoor, in das nach links zwischen eingezäunten Weiden ein undeutlicher Pfad führt. Nach etwa 100 Metern geht rechts ein fester Sandweg ab, links davon liegen die ersten Moortümpel.

Wer nach diesem Abstecher die Moorlandschaft noch besser kennen lernen möchte, besucht die **Biologische Station Osterholz** (BioS).

Tipps & praktische Infos

Museumsanlage des Landkreises Osterholz-Scharmbeck, Bördestr. 42, 27711 Osterholz-Scharmbeck, ✆ 04791/13105, Di – So 10 – 17 Uhr, 2 € Eintritt. Zum Museum gehören:

Heimatmuseum mit Findorffhaus: Informationen zur Torfschiffsfahrt im Teufelsmoor, über die Bauernseilerei, das Holz- und Korbflechten und andere typische Handwerksberufe früherer Zeit. Das Findorffhaus zeigt bäuerliche Arbeitsgeräte und gibt Einblick in die einfachen Wohnverhältnisse der Menschen, die sich mit dem Vieh den einzigen Raum des Hauses teilten.

Norddeutsches Vogelmuseum: Eine beachtliche Ausstellung. Vögel aus Norddeutschland und Mitteleuropa, auch seltene Arten, werden im entsprechenden Lebensraum gezeigt.

Torfschiffsmuseum: Ausgestellt sind Torfschiffe in verschiedenen Größen. Informationstafeln erklären den Unterschied zwischen Halbhunt, Viertelhunt,

Entenjäger und Bullenschiff. Auch das in einem Stichkanal der Beek (»Breites Wasser«) um 1980 gefundene Bockschiff ist zu besichtigen.

Torfschiffswerft in Schlußdorf: ↗ Worpswede, Weitere Sehenswürdigkeiten.

Biologische Station Osterholz (BioS), Lindenstr. 40, 27711 Osterholz-Scharmbeck, ✆ 04791/89517. Auf einem »Moorerlebnispfad« finden von Mai bis September naturkundliche Führungen statt; Termine bei BioS erfragen, 8 €, Kinder ermäßigt.

Torfkahnfahrten auf der Hamme ab Neu-Helgoland, für Gruppen bis 16 Personen individuell zu vereinbaren, wetterabhängig bieten von Mai bis September die Adolfsdorfer Torfschiffer an. 2 Stunden 100 €, jede weitere Stunde 20 €, für Einzelpersonen 8 – 15 €. Adolfsdorf bei Worpswede, ✆ 04792/1336.

Rundfahrten auf der Hamme, ↗ Worpswede.

Kutsch- und Kremserfahrten ins Moor: Friedr. Broka, ↗ Worpswede.

Campingplatz: An der Semkenfahrt, sehr idyllisch im Wald gelegen, Bootsverleih und Zugang zur Hamme: ✆ 04792/2106, ganzjährig geöffnet (im Winter nach Absprache).

Gastronomie: Weitere Lokale ↗ Worpswede oder in der Griffmarke »Essen, Trinken, Freizeit«.

Dammsiel, Niederblockland 32, ✆ 640-733. Im Sommer ab 10 Uhr, Di ab 15 Uhr geöffnet, Mo Ruhetag; im Winter ab 12 Uhr, Sa und So ab 10 Uhr, Mo und Di Ruhetag.

Gasthof zur Nordseite, Ritterhude, ✆ 04292/1358, So – Fr ab 15 Uhr geöffnet.

2 Durch Wiesen & Felder nach Fischerhude

Bürgerpark/Stadtwald → Borgfeld → Hexenberg → Fischerhude → Bürgerpark

Länge: knapp 40 km; mit Besichtigungen und Einkehren eine gemütliche Tagestour entlang der Wümme.

▶ Die Radtour beginnt am **Kuhgrabenweg,** der am Nordost-Ende des Stadtwaldes vor der Gaststätte *Haus am Wald* beim ↗ **Universum** von der Universitätsallee abzweigt. Zwischen Uni- und Uniseegelände radelt man in nördlicher Richtung den Kuhgraben entlang.

Den **Kuhgraben** gibt es schon seit dem 13. Jahrhundert. Er diente der Entwässerung der Bürgerweide und war außerdem ein wichtiger Schifffahrtsweg zwischen Lilienthal, Borgfeld und Bremen. Damals floss er noch weiter am Bürgerpark vorbei bis zum Dobben und in die Weser.

Hochschulring und die Autobahn A 27 werden überquert, auf der linken Seite liegt das *Vogelschutzgebiet Kuhgrabensee.* Eine Beobachtungshütte lässt einen Blick auf den schilfumsäumten See zu. Nun geht es schnurgeradeaus bis zur **Gaststätte Kuhsiel,** dort biegt man rechts ab. Hier mündet der Kuhgraben in die tidenabhängige *Wümme.* Die große **Deichschleuse,** deren Vorgängerin seit 1865 von den Moorbauern benutzt wurde, wenn sie ihren Torf auf Kähnen aus dem Teufelsmoor in die Stadt brachten, ist seit 1997 renoviert und wieder funktionstüchtig. Bevor es diese Schleuse gab, zogen die Schiffer ihre Lastkähne mit einem Schiffsüberzug über den Deich. Heute befahren zahlreiche Freizeitskipper die Wümme und ihre Nebenarme.

An der nächsten Kreuzung wendet man sich nach links, den **Kreuzdeich** entlang, über das *Oberste Fleet* hinweg und vorbei am Verwaltungs- und Betriebsgebäude des Deichverbandes am rechten Weserufer.

In die Wischen

Bald kommt links die Wümme in Sicht, die zwischen Wiesen, Weidengesträuch, Schilf und Schlick ruhig dahinfließt. Der idyllische Kreuzdeich geht in den wieder besiedelten **Borgfelder Deich** über, an der Ampel quert man die Borgfelder Allee, biegt nach rechts in die **Borgfelder Heerstraße,** und nach ein paar hundert Metern links in die **Borgfelder Landstraße.** Vorbei an Kirche und Ortsamt radelt man durch den früheren Dorfmittelpunkt, den so genannten *Brink*. Direkt hinter der kleinen **Wümmebrücke** biegt man rechts auf einen schmalen Weg ab. Es geht nun in die Borgfelder »Wischen«, wie die Wümmewiesen hier genannt werden.

Zum Ziel und zurück zum Start

Nach einer scharfen Linkskurve geht es an der zweiten Gabelung rechts herum. So erreicht man durch weite, flache Wiesen radelnd nach einer weiteren S-Kurve die Straße **Am Hexenberg.** Wieder geht es nach rechts, und gleich kommt der *Landgasthof Hexenberg* in Sicht. Ein Stückchen weiter ist der *Gasthof Meyerdierks* erreicht. Im Sommer kann man in beiden Lokalen wunderbar im Garten sitzen und bei Kaffee, Kuchen oder deftigeren Kleinigkeiten Pause machen.

Nun sind es noch 5 Kilometer bis Fischerhude. Am Gasthaus vorbei geht es weiter geradeaus, am **Hexenberger Wald** entlang (sehr schön zum Spazierengehen und Sanddünenhüpfen). Ab **Fischerhude** heißt der Weg dann *Molkereistraße* und führt mitten in den sehenswerten Dorfkern hinein.

Auf dem **Rückweg** bietet sich ab dem **Gasthof Meyerdierks** eine andere Strecke an. Man biegt dort nach links ab und folgt den Fahrradschildern zunächst geradeaus, bis in dieser Richtung bei dem neu angelegten Naturschutzgebiet »Fischerhuder Wümmewiesen« jeder Verkehr verboten ist. Immer der Beschilderung mit dem Fahrradsymbol folgend, fährt man zuerst nach links, später rechts herum und schließlich nochmal rechts, bis man den ursprünglichen Weg hinter dem Schutzgebiet wieder erreicht. Auf ihm nach links geht es gleich über eine Brücke und den südlichen Wümmearm hinweg, unter Pappeln hindurch zu einer zweiten Brücke, und dort am Deichschlot trifft die Route auf den **Hollerdeich,** auf dem man sich nach rechts wendet und aus dem Marschenland wieder nach Borgfeld hinein fährt. Über die **Katrepeler** und **Borgfelder Landstraße** (nach links einbiegen) erreicht man nach Überqueren der *Borgfelder Heerstraße* den **Hamfhofsweg.** Nach einem kurzen Stück muss auch die *Borgfelder Allee* überquert werden. Bei der ersten Möglichkeit (drei rot-weiße Pfähle) biegt man nach links in den **Jan-Reiners-Wanderweg** ein und folgt diesem. Hier entlang führte einmal die Strecke der ehemaligen Kleinbahn Bremen–Tarmstedt. Am **Lehesterdeich** sieht man auf der linken Seite ein Gebäude, das mit einer Eisenbahn bemalt ist, dies war früher eine der »Haltestationen«.

Der Weg führt nun durchs östliche **Hollerland.** Eine Bürgerinitiative hat sich jahrelang gegen die Bebauung dieses Gebietes gewehrt, um die Pflanzen, die hier wachsen (wuchsen) und die Tiere, die hier leben (lebten) zu schützen. Sie haben verloren. Das östliche Hollerland ist heute ein Industriegebiet, und die Natur muss sich mit ein paar angelegten, verlegten oder erhaltenen Kleinstflächen begnügen. Auf dem Weg sind einige der Pflanzen und Tiere aufgemalt, die hier früher heimisch waren.

Am Ende des Jan-Reiners-Weges (kurz hinter der Autobahnbrücke liegt rechts das Freibad Horn) biegt man rechts in die **Vorstraße** und innerhalb des Wendeplatzes nach links ein, und trifft auf die **Kremser Straße,** der man nach rechts folgt. Man fährt hier am *Berufsbildungswerk des Reichsbundes* vorbei, das Ausbildungsstätte und Internat für junge Menschen mit Behinderungen ist. Nach der Linkskurve überquert man die Universitätsallee und fährt nach rechts. Nun immer geradeaus, an dem kleinen Graben entlang auf der **Achterstraße,** und man ist wieder am Ausgangspunkt, dem **Haus am Walde.**

Essen & Trinken unterwegs

Haus am Walde, Kuhgrabenweg 2, ✆ 212765, täglich 10 – 24 Uhr geöff-

Die Kuhsiel-Schleuse

Vögel der Wümmewiesen

Die Borgfelder Wümmewiesen sind eine der wertvollsten Feuchtwiesenlandschaften Norddeutschlands.

Durch den relativ hohen Grundwasserstand, besonders in den tief liegenden Flächen, gibt es **Feuchtbiotope.** Ein Renaturierungsprojekt soll Teile der ehemaligen Flussauelandschaft wieder herstellen. Im Frühling blühen *Sumpfdotterblumen* und *Wiesenschaumkraut, Kuckucks-Lichtnelken* und *Sauerampfer.* In den Gräben blühen *Sumpfprimel* und *Wasserhahnenfuß.* Eine besonders seltene Pflanze ist der *Wilde Reis,* ein Ufergras.

Viele **Wiesenvögel** brüten hier: *Kiebitze, Bekassinen, Uferschnepfen* und *Rotschenkel.* Im Sommer kann man hier zum Beispiel den *Heimlichen Wachtelkönig,* die *Tüpfelralle* und den *Feldschwirl* hören. Auch einige Paare des selten gewordenen *Großen Brachvogels* brüten hier. Im Winter sind die überschwemmten Wiesen Quartier für Tausende von *Enten (Stockente, Löffelente, Krickente* und *Knäkente),* für *Sing- und Zwergschwäne* und auch für *Wildgänse.* Viele **Watvögel** rasten hier auf ihrem Flug nach Norden oder Süden: *Kampfläufer* und *Alpenstrandläufer* (sehr selten), *Austernfischer* und *Grünschenkel.* Wichtig für diese Vögel ist, dass die Wiesen möglichst lange überschwemmt bleiben, das heißt bis März/April.

Kiebitz

Kiebitz: Er ist überwiegend schwarz und weiß mit kräftigem, aufgerichtetem Kopfschopf. Sein Rücken glänzt wie »Erz«. Sein Ruf hört sich an wie: »kiäwitt«.

Bekassine: Kleiner Schnepfenvogel mit auffallend langem Schnabel. Sie fliegt mit krächzendem Laut auf und steigt im Zickzackflug höher. Während der Balzflüge lässt sie sich senkrecht abstürzen und »meckert« dabei. Deshalb wird sie auch »Himmelsziege« genannt.

Bekassine

Uferschnepfe: Sie ist während der Brutzeit relativ leicht von anderen Schnepfenarten zu unterscheiden, da dann Kopf, Hals und Brust rotbräunlich gefärbt sind. Sie singt hell »gritta« und man sieht sie oft auf einem Pfahl hockend.

Kampfläufer: Während der Brutzeit hat dieser Vogel eine sehr auffällig gefärbte Halskrause. Durch die Trockenlegung ursprünglicher Feuchtwiesen ist er sehr stark gefährdet und nur mit viel Glück kann man noch ein Exemplar sehen.

Heimlicher Wachtelkönig: Er wird so genannt, weil er meist gut versteckt

net, warme Küche 12 – 14 und 18 – 22 Uhr.

Kuhsiel, Oberblockland 2, ✆ 270999, Mo – Mi und Fr – So 10 – 22 Uhr (Küche 11.30 – 14.30 und ab 18 Uhr), Donnerstag Ruhetag. Teuer.

Landgasthof Hexenberg, Am Hexenberg 1, ✆ 270311. Mo – Mi und Fr 17 – 23 Uhr, Sa/So 11 – 23 Uhr, Küche Sa und So 12 – 14, sonst 18 – 23 Uhr. Im Sommer bei gutem Wetter Mo – Mi und Fr ab 15 Uhr. Donnerstag Ruhetag.

Gasthof Meyerdierks, Ebbensiek 1, ✆ 04298/3848, Mo – Di, Do – Fr 10 – 13 und 16 – 22, Sa/So 10 – 22 Uhr.

Fischerhude

Das Besondere an Fischerhude ist seine Ansiedelung inmitten der Wümmeniederung, durchzogen von vielen Seitenarmen des kleinen Flusses, auf denen die Bauern früher ihre Heuernte mit Booten einbrachten und fischen gingen. Die Wasserwege bildeten die eigentlichen Straßen des Ortes. Auch heute noch können Boote auf den Flussläufen gestakt werden, und ebenso gleiten Kanus über die beschaulichen Gewässer. Fischerhude hat wie Worpswede Künstlertradition und beherbergt heute wie früher Ma-

ist und eigentlich nur in Spätsommernächten mit seinem knarrenden »errp-errp« zu hören ist.

Stockente: Diese ist die häufigste Wildentenart. Es ist die Ente, die man von Teichen oder Seen in der Stadt gewohnt ist.

Löffelente: Sie ist ungefähr so groß wie die Stockente, hat aber einen viel kürzeren Hals.

Landwirtschaft versus Deich- und Naturschutz

Noch um 1945 wurden die Borgfelder Weiden auch im Sommer häufig überschwemmt. Für die Landwirte bedeutete dies schlechte Ernten und sehr viel Ungeziefer, wie Lungenwürmer und Leberegel, die das Vieh befielen. Durch den weichen Boden konnten bei der Heuernte keine Maschinen eingesetzt werden. Die Bauern sensten das Gras, oft bis über die Knie im Wasser stehend, brachten es dann mit langen Tragestangen auf kleine Kähne und fuhren es über das Wasser zu ihren Höfen.

Kampfläufer

Heute wird das Be- und Entwässern dieses Gebietes durch Gräben, Deiche und Pumpwerke reguliert, allerdings bereitet die hohe Bodenfeuchtigkeit den Landwirten immer noch Probleme. Die Bauern möchten, dass der Grundwasserstand während der Wachstumszeit herabgesenkt wird. Für die Tier- und Pflanzenwelt wäre dies eine große Gefährdung. Hier prallen die Interessen von Hochwasserschutz, Landwirtschaft und Naturschutz aufeinander, und eine Lösung ist noch nicht gefunden. ◀

ler, Keramiker, Musiker und andere künstlerisch Tätige.

Bekannt wurde das Dorf, als der Maler **Otto Modersohn** (1865 – 1943) nach dem Tode seiner Frau *Paula Becker* im Jahre 1908 von Worpswede nach Fischerhude übersiedelte. Er schwärmte schon länger für den urwüchsigen Ort. Hier lebte und arbeitete er noch 35 Jahre. In den ersten Jahren des 20. Jahrhunderts kamen noch einige andere Künstler in das Wümmedorf, unter anderem *Heinrich Breling, Wilhelm Heinrich Rohmeyer, Clara Rilke-Westhoff,* ihr Bruder *Helmuth Westhoff* und später *Fritz Hartogh.* Seit 1974 existiert auch das **Otto-Modersohn-Museum** am östlichen Dorfrand in der Bredenau. Modersohns Sohn Christian erwarb Anfang der siebziger Jahre eine alte Fachwerkscheune, versetzte sie auf sein Grundstück und ließ sie zu einem Museum umgestalten. Es zeigt den Nachlass des Künstlers und dokumentiert mit Bildern, Zeichnungen und Texten die geistige Zielsetzung, die 1889 zur Gründung der Worpsweder Malerkolonie führte.

Rundgang

Von der *Molkereistraße* kommend, überquert man die Hauptverkehrsachse *Landstraße* und gelangt jenseits direkt in den Ortskern des runden Dorfes, der sich rings um die Kirche und die Dorfweide erstreckt und größtenteils mit alten Kopfsteinen gepflastert ist. Hier finden sich einige Töpfereien, Ateliers und Cafés, die auch zu den Hauptbesuchszeiten am Wochenende geöffnet haben.

An der Ecke *Zum Dieker Ort* und *Bredenau* liegt neben dem *Gasthof Berkelmann* die **Fischerhuder Galerie,** untergebracht in der ehemaligen *Berkelmannschen Scheune.* Seit 1984 bemühen sich die Besitzer um die Wiederentdeckung der Fischerhuder Maler. Zudem ist hier die *Dorfbuchhandlung* untergebracht.

Ecke *Krummer Ort/Kirchstraße* befindet sich das **Heimathaus Irmintraut,** ein Bauernhausmuseum. Es zeigt das Niedersachsenhaus in seiner ursprünglichsten Form, das Zusammenleben von Mensch und Tier sowie die verschiedensten Arbeitsgeräte, die früher in der Landwirtschaft benutzt wurden. Hier finden auch kulturelle Veranstaltungen statt. Schräg gegenüber führt der Weg Krummer Ort direkt auf den **Buthmannschen Hof** zu, einen alten Fischerhuder Bauernhof, in dem es gelegentlich Hofkonzerte, Lichtbildervorträge, Lesungen und Ausstellungen gibt.

Kulinarisch erwähnenswert ist **Körber's Gasthof,** eine traditionsreiche Gaststätte, zu der schon um die Jahrhundertwende Besucher aus Bremen mit Kutsche oder Boot fuhren. Die Inneneinrichtung ist rustikal-geschmackvoll, und die Speisekarte zeigt, dass verwöhnte Gaumen hier auf ihre Kosten kommen können.

Etwas weiter dreht sich am Dieker Ort die alte **Wassermühle** noch in einem Wümmearm, während das Mühlenhaus zum Ausflugslokal umfunktioniert wurde.

Von hier aus lässt sich die Umgebung wunderbar erwandern. Über die Brücke dem Weg halblinks folgend, stößt man auf den **Otto-Modersohn-Weg,** der idyllisch an einem Wümmearm entlangführt. Es geht auf Holzbrücken über Wasserläufe, an mächtigen Eichen vorbei, stets mit Blick auf saftiges Wiesengrün. Gut passen zu dem historischen Dorfcharakter auch die geschnitzten Holzwegweiser. An der Straße Bredenau empfiehlt sich ein Abstecher 500 m nach rechts. Dort liegt das erwähnte *Otto-Modersohn-Museum.* Als Rückweg zur Dorfmitte bietet sich statt der Straße als Verlängerung des Spaziergangs der **Heinrich-Breling-Weg** an, der auf einem Deich nach links entlang einem nördlichen Flusszweig verläuft.

Praktisches für Fischerhude

Telefonvorwahl: ✆ 04293/

Museen: ***Otto-Modersohn-Museum,*** Öffnungszeiten 1.3. – 31.10 täglich 10 – 18 Uhr und 1.11 – 28.2. nur Sa und So; ✆ 328.

Heimathaus Irmintraut, täglich außer Mo 11 – 13 und 15 – 17 Uhr, ✆ 7186.

Galerie Fischerhuder Maler, Haus Berkelmann, Bredenau/Zum Dieker Ort, Mo – Sa 10 – 13 und 14.30 – 18 Uhr, So 11 – 18 Uhr, ✆ 492.

Gastronomie: ***Gasthof Berkelmann,*** Zum Dieker Ort 13, ✆ 344, Mo, Do und Fr 11 – 14 Uhr und 17 – 23 Uhr, Mi 17 – 23 Uhr, Sa und So 10 – 23 Uhr.

Bellmanns Gasthof, Landstraße 1, ✆ 312, Fr – Di 10 – 24 Uhr, Do ab 12, im Winter ab 16 Uhr, Küche 12 – 14 und 17 – 21 Uhr.

Alte Wassermühle, Zum Dieker Ort 20, ✆ 416, täglich ab 12 Uhr, außer Fr ab 15 sowie Mo nur bis 15 Uhr. Großes Ausflugslokal mit Fachwerk-Ambiente.

Körber's Gasthof, Im krummen Ort 1, ✆ 461. Mai – September Di – Fr ab 15 Uhr, Winter ab 17 Uhr, Sa,So ab 11 Uhr.

Literatur: Wolf-Dietmar Stock, Werner Wischnowski: »Fischerhude. Malerdorf an der Wümme«, Fischerhude 1993.

3 Auf dem Deich rund um Bremens Westen

Hauptbahnhof → Ochtumsperrwerk → Deichshausen → Vegesack

Länge: etwa 35 km; kombinierbar mit Tour 4.

Schwierigkeitsgrad: Tour 3 & 4 führen durch eine flache Landschaft, in der man »Freitag schon sieht, wer Sonntag zum Kaffee kommt«.

Fährinformationen: ↗ Reise-Alltag.

Gaststätten: ↗ Tour 4.

▶ Vom **Bahnhof** fährt man zunächst in Richtung *Überseemuseum,* hält sich rechts auf der Straße *Beim alten Handelsmuseum,* biegt hinter dem Museum links auf die **Bürgermeister-Smidt-Straße** ein. Unter der Hochstraße hindurch, passiert man kurz darauf den Stadtgraben, von wo aus links die *Wallmühle* zu sehen ist, und erreicht nach wenigen Minuten den Verkehrsknotenpunkt *Brill,* der geradeaus in Richtung **Bürgermeister-Smidt-Brücke** überquert wird. Von dort aus sieht man links vorne den *Teerhof,* und an der *Schlachte,* dem Weg entlang der Weser, lockt jeden Sonnabend buntes Flohmarkttreiben.

Immer weiter geradeaus geht es jetzt auf der **Langemarckstraße** in die **Neustadt,** vorbei an der Kaffee-Großrösterei Kraft Jacobs Suchard. Hinter den Gebäuden der Brauerei

Beck & Co. erst rechts in die **Grünenstraße** und dann links in die **Hohentorsheerstraße** abbiegen, der man über die Verkehrsachse Westerstraße und durch die Neustadtsanlagen hinweg in ruhigere Wohnviertel immer geradeaus folgt, bis sie an der breiten **Neuenlander Straße** endet. Hier nach rechts abbiegen. Starker Pkw- und Lkw-Verkehr zu den verschiedenen Industriezentren um die Neustädter Häfen begleiten den Radfahrer, wenn die Neuenlanderstraße hinter einer großen Hochstraße in die *Carl-Franke-Straße* übergeht und an einer weiteren, kleineren Unterführung zur **Senator-Apelt-Straße** wird.

Jetzt geht es noch bis zur Ampel Höhe *Hempenweg* (hinter den Gebäuden des Tabak-Konzerns Martin Brinkmann AG) weiter geradeaus, dort überquert man die Straße und biegt links in den **Alten Schutzdeich** ein, einen etwas unscheinbaren Weg in ein Kleingartengebiet ab. Wenn bald darauf die **Warturmer Heerstraße** erreicht ist, lässt man die Hektik der Stadt hinter sich; auf ihr wendet man sich nach rechts. Nun wird (die Straße heißt mittlerweile *Wardamm)* erstmalig die *Ochtum* überquert, die an dieser Stelle noch relativ natürlich fließt, während sie an vielen anderen Stellen umgeleitet und kanalisiert wurde.

Hinter der Brücke wird die Straße von einem Natur- und Landschaftsschutzgebiet flankiert, in dem zahlreiche Vogelarten ihren Brut- und Lebensraum haben. Kurz hinter dem *Betriebshof Wardamm* bietet sich ein rechts auf dem Deich gelegener Rastplatz für eine erste kleine Pause an: Weiden und Gräben erstrecken sich kilometerweit; Kühe bilden die einzigen Anhaltspunkte fürs Auge, und in der Ferne erkennt man bei gutem Wetter die Hafenanlagen. Wieder auf dem Rad, geht es auf dem **Wardamm** weiter, bis dieser nach einer scharfen S-Kurve in die Straße **Zum Huchtinger Bahnhof** übergeht. Auf diesem Weg bleibt man, bis er auf die **Alte Heerstraße** trifft, hält sich auf dieser rechts und kommt in ihrer Verlängerung direkt auf die *Huchtinger Heerstraße*. Bald darauf ist rechter Hand die **Brokhuchtinger Landstraße** erreicht, auf der es jetzt weitergeht, ohne Radweg zwar, doch ungefährlich, da es sich um eine wenig befahrene Nebenstraße handelt. Nur vereinzelt stehen hier Gehöfte: alte Bauernhäuser, flankiert von modernen Stallungen, hier und da ein Misthaufen, auf dem ein Gockel thront, dazu weite Wiesen und Felder – Landleben eben.

Woter is Segen, Woter is Not
Lot us den Segen, wohr us vor Not
Im 1940 gegründeten Deichverband müssen alle Grundstückseigentümer im Verbandsgebiet Mitglied sein. Der Verband hält die Gewässer und ihre Ufer in Stand, regelt den Wasserfluss und organisiert den Schutz vor Hochwasser und Sturmflut. Jedes Jahr im Herbst werden die Deiche von einer Delegation »geschaut«, um festzustellen, ob sie sich in einem guten Zustand befinden.

Am Ende der Brokhuchtinger Landstraße überquert man erneut die Ochtum und biegt in die **Stromer Landstraße** links ein. Einzelne Häuser wechseln sich auf den folgenden Kilometern mit Weiden und Spülfeldern ab, und rechts begleitet die über die Weser hinweg ragende Kulisse des Bremer Stahlwerkes den Weg. An der **Wiedbrokstraße** (rechts) verlässt man dann die Stromer Landstraße. Wem der Sinn nach einer Pause steht, dem sei das *Älteste Aallokal Zur Ochtum-Brücke,* auch **Aal-Spille** genannt, direkt an der Straßenkreuzung als **Einkehrmöglichkeit** empfohlen – der Name ist Programm, doch wird hier auch satt, wer keinen Fisch mag.

Zum Ochtumsperrwerk

Auf der Wiedbrokstraße geht es vorbei an einem zweiten Gasthof, *Pieper's Mühlenhaus,* bis zum *Schöpfwerk*, von wo aus man links auf den **Hasenbürener Umdeich** gelangt. Auf ihm nähert man sich mit Überblick und auf gutem Radweg dem nächsten Etappenziel, dem **Ochtumsperrwerk,** das man links am Horizont bereits sehen kann. Am Sperrwerk sind bereits rund 25 km Strecke bewältigt.

Ein wenig bizarr wirkt dieses technische Bauwerk in der ansonsten unbebauten Landschaft schon, besonders, wenn dort sonst kein Mensch ist. Leises Gluckern ist von unten zu hören, mal ein Plätschern, dazu das Summen der Generatoren, mit denen die Sperrtore je nach Bedarf weiter geöffnet oder geschlossen werden. Die Anlage zähmt die Kraft des ein- oder ausströmenden Wassers und verhindert so ein Überlaufen des Flusses. Auch für den Ausblick sollte man sich hier einen Augenblick Ruhe gönnen. Direkt gegenüber, auf dem anderen Weserufer, sieht man die Moorlosen Kirche und die Reste von Mittelsbüren, einem Dorf, das in den 60er Jahren einer Erweiterung der Klöckner-Hütte weichen musste; weiter rechts thront das Stahlwerk, und noch weiter rechts kann man mit Stolz auf ein Stück des bereits bewältigten Weges zurückblicken. Etwas links erkennt man, wo Ochtum und Weser zusammenfließen; noch weiter links erahnt man auf dieser Weserseite den Flugplatz und die Anlagen des *Aircraft Services Lemwerder,* und den Lauf der Weser hinunter ist bereits das Ziel dieser Tour auszumachen: Vegesack.

Zur Nobiskuhle

Mit dem Überqueren des Ochtumsperrwerkes verlässt man bremischen Boden und betritt Niedersachsen. Erste Amtshandlung im fremden Bundesland: links abbiegen auf die **Hafenstraße,** die *Alte Ochtum* überqueren, durch das Deichschaart und rechts ab auf die **Delmenhorster Straße**. Rechts verläuft zunächst ein Deich, und links taucht bald, umrahmt von Bäumen, das **St.-Veit-Denkmal** auf. Die Säule wurde in Erinnerung an die Schlacht beim nahen Dorf Altenesch errichtet, bei der im Jahre 1234 ein Bremer Kreuzfahrerheer die Stedinger Bauern vernichtend schlug. Im Nationalsozialismus erlebte die Historie dieser Schlacht eine Renaissance und wurde als Sinnbild der Verbundenheit von Blut und Boden gefeiert. Der Schlachtruf der Stedinger Bauern *Lewer dodt als sclav* (»Lieber tot als Sklave« = der kirchlichen Obrigkeit unterworfen) erfuhr durch die Änderung in *Lewer dodt als slav* (»Lieber tot als Slawe = dem Feind im Osten unterworfen) einen entsprechenden, nationalsozialistisch geprägten Bedeutungswandel.

Rund 1 km weiter, die Straße heißt hier **Hauptstraße,** passiert man rechts ein *Denkmal,* welches die Namen der in den Weltkriegen gefallenen Anwohner verzeichnet. Dahinter, verborgen von Büschen und Bäumen, liegt ein Weiher, die **Nobiskuhle:**
In alter Zeit, wohl im Mittelalter, als die Menschen das Hochwasser fürchteten, ward ein Mann, Nobis genannt, von den Bauern auf der anderen Weserseite mit einem roten Rock und einer bunten Kuh bestochen, er möge beim nächsten Wasser den Deich bei Altenesch beschädigen, so dass die Flut dort einträte. So tat es Nobis, und viele starben, und als ruchbar ward, wer dem Deich geschadet, packte man den Sünder, steckte ihn in ein mit Nägeln gespicktes Fass und rollte ihn in die Furt, die sein Frevel gerissen hatte. Und Nobis klagte: »De rode Rock, de bunte Koh, die deckt mi armen Sünner to!« Bis auf den heutigen Tag heißt diese Grube daher Nobiskuhle und es weiß ein Jeder, dass in stürmischen Nächten die Klage des Nobis mit dem Wind reist.

Nach Deichshausen

Nach der lang gezogenen Linkskurve heißt es, rechts in die **Deichshauser Straße** Richtung Tecklenburg abbiegen. Dass hier vielerorts Schafe auf dem Deich stehen, hat durchaus einen Zweck: Sie halten als natürliche Rasenmäher das Gras kurz und trampeln gleichzeitig mit ihren kleinen Hufen den Deich fest. Nach etwa 1 km, die Straße heißt inzwischen **Tecklenburger Straße,** sollte man sich noch einmal einige Minuten Zeit nehmen und an dem scharfen Linksknick den Deich erklimmen. Von der Deichkrone aus sieht man die Werksanlagen des ASL, die sich links erstrecken; von links nach rechts verläuft die Startwinde des Segelflugvereines, und bei der richtigen Tide kann man von hier aus die Schiffe auf der Weser »über Land kriechen sehen«.

Weiter geht es nach **Deichshausen.** Die kleine Siedlung entstand in ihrer heutigen Form um 1936 im Zuge der Flugfelderweiterung der Weser-Flugzeug-AG und war eine »Goebbelssiedlung«, die die Nazis errichten ließen und für vergleichsweise wenig Geld an die Angehörigen des Werkes abgaben. Alles war hier einheitlich gestaltet, und jedes Haus war bis hin zur Haustür gleich. Erst nach Ende des Krieges wandelte sich dieses Bild, doch kann man noch heute trotz aller Um- und Anbauten den ursprünglichen architektonischen Charakter ausmachen.

Das frühere, ländliche Deichshausen hatte 1936 einer Industrie weichen müssen, die noch heute maßgeblicher Arbeitgeber dieser Region ist: der Flugzeugtechnologie. Während hier bis 1994 von der DASA Flugzeuge hergestellt wurden, gibt es heute nur noch die ASL, die *Aircraft Services Lemwerder,* die sich darauf spezialisiert hat, Linienflugzeuge für weitere Einsätze fit zu machen. So kann es einem passieren, dass man während der Radtour plötzlich nebenan in den Wiesen einen Jumbo landen sieht, denn dort gibt es eine große Start- und Landebahn.

Ohne Moos nix kos: Dieser Vegesacker Matrose ist lustig, aber blank

Das Ziel ist in Sicht

Nachdem man Deichshausen durchquert hat, biegt man am Ende der Tecklenburger Straße rechts auf den **Radweg** ein und fährt jetzt immer geradeaus. Linker Hand hat in den letzten Jahren ein Gewerbegebiet die Wiesen verdrängt, doch rechts erhielt die Natur gleichzeitig ein Stückchen Land zurück. Tier- und Pflanzenarten, die in der Monokultur der Weidelandschaft schon keinen Lebensraum mehr fanden, haben sich um die **Ebenbütteler Teiche,** wie die Regenrückhaltebecken heißen, schon wieder angesiedelt, darunter einige Amphibien, und auch Meister Adebar weiß das Angebot zu schätzen. Rund um die Teiche lädt zudem eine Erlebnislandschaft mit Klang- und Tastkörpern zum Entdecken mit allen Sinnen ein.

Durch den Ortskern der Gemeinde **Lemwerder** geht es bis zum *Deichschaart.* Dahinter liegen Werfthallen und der Anleger der **Fähre Lemwerder–Vegesack.** Mit dem Übersetzen auf die andere Weserseite – Radfahrer halten sich auf der großen Fähre ganz rechts – ist das Ziel erreicht. Bummel- und Einkehrmöglichkeiten in ↗ **Vegesack.**

Für die **Rückkehr** in die Innenstadt gibt es mehrere Möglichkeiten. Man kann im Sommer mit der Schreiber-Reederei direkt neben dem Fähranleger per Schiff den Rückweg antreten; auch die Bahn bietet den Service der Fahrradmitnahme an. Der Bahnhof Vegesack ist in Verlängerung des Fährzubringers nicht zu verfehlen, die Züge nach Bremen fahren alle halbe Stunde. Wer jedoch noch nicht genug gestrampelt ist, dem sei zusätzlich die folgende Route empfohlen.

4 Von Vegesack die Wümme entlang

Bahnhof Vegesack → Lesum-Sperrwerk → Wümmeufer → Hauptbahnhof-Bremen

Länge: etwa 30 km; auch im Anschluss an Tour 3.

Schwierigkeitsgrad: leicht, überwiegend auf autofreien Deichwegen.

▶ Vom **Bahnhofsvorplatz in Vegesack** ist das erste Etappenziel schon in Sichtweite: das rund 500 m entfernt in der Lesummündung liegende **Segelschulschiff Deutschland.** Der Weg dorthin führt vorbei an der generalüberholten alten Hafenanlage mit dem neuen Haven-Hööft-Komplex, der futuristischen Hebebrücke und dem alten Bürogebäude der Lürssen-Werft.

Nach der Besichtigung des 1996 restaurierten Segelschiffes geht es weiter entlang der Lesum, ein paar Meter noch auf holperigem Pfad, dann ist der Weg **Am Wasser** erreicht. Der teilweise abenteuerlich schmale Weg führt vorbei an einigen Villen, zwischen denen immer wieder der Fluss aufblitzt. Ein reetgedecktes Haus, dessen Türbalken der vieldeutige Spruch *Buten lat den Storm man fägen, binnen Glück lett allens drägen* (Mag draußen auch der Sturm toben, das Glück im Innern lässt alles ertragen) ziert, ist das letzte erhaltene Erbfischer-Haus der Lesumfischer.

Nach rund 2 km ist das **Lesum-Sperrwerk** erreicht. Ebenso wie das an der Ochtum dient es dazu, das tidebedingt ein- oder ausströmende Wasser zu regulieren. Zudem fungiert es als Schleusenanlage für Sportboote und als Brücke, hinüber auf den *Lesumdeich*, auf dem es jetzt links in Richtung Bremen weitergehen soll.

An dieser Stelle bietet sich auch die **Variante,** den Weg am linken Lesum-Ufer fortzusetzen und ↗ *Knoops-Park* zu erkunden. Dazu fährt man *Am Wasser* weiter und dann auf den *Admiral-Brommy-Weg*, der rechts vorbei an herrschaftlichen Villen zum Knoops-Park führt. Am Ende des Admiral-Brommy-Wegs biegt man rechts ab, überquert die Lesumbrücke und fährt ab *Grambkermoorer Landstraße* weiter wie beschrieben.

Vom Sperrwerk zum Wümmedeich

Rechts unten am Weg liegen Bauernhäuser und bunte Gärten, dahinter das Werderland mit den saftig grünen Weiden, auf denen Kühe grasen; zu unserer Linken fließt die Lesum, Schilf und Reet wiegen sich leise raschelnd im Wind, das Wasser plätschert und Sportboote tuckern dahin. Auf der anderen Flussseite, fast verborgen vom Grün der Bäume, liegen vereinzelt alte Kaufmannsvillen, die an die hanseatische Pracht des 19. Jahrhunderts erinnern.

Nach knapp 5 km endet dieser Deichweg an der **Burger Heerstraße,** die man geradeaus überquert, um auf der *Grambkermoorer Landstraße* weiterzufahren. Diese endet nach einem scharfen Linksknick und einer Autobahnunterführung im Blockland am ehemaligen **Schöpfwerk Wasserhorst,** von dem nur noch die Fassade aufragt, umgeben von Pumpen- und Maschinenteilen; auf Infotafeln ist hier viel Wissenswertes über das Le-

Ziel der Radel-Pilger: Die Gartenlokale an der Wümme

ben im Blockland, die Landschaft und das Schöpfwerk zu erfahren.

Nach diesem Bildungsintermezzo radelt man weiter auf der Straße **Wasserhorst,** die durch einen Ort gleichen Namens führt. Rechts und links stehen Bauernhöfe, Scheunen und Ställe; Hunde bellen, Hühner gackern und der unverkennbare Geruch von Landleben liegt in der Luft. Nahe am Ortsausgang steht erhaben auf einem Hügel die *Kirche Wasserhorst,* deren Grundmauern auf das Jahr 1185 datiert werden. In krassem Gegensatz zu dieser Dauerhaftigkeit steht allerdings der an die Vergänglichkeit des Lebens erinnernde Sinnspruch, der das Zifferblatt der Uhr ziert: *Eine ist Deine Letzte.*

Nach knapp 3 km Fahrt auf dem Wümmedeich erreicht man die **Ritterhuder Heerstraße,** die geradeaus zu überqueren ist. Weiter geht es auf dem Deichweg, der **Wummesiede** heißt und an liebevoll restaurierten, reetgedeckten Bauernhäusern vorbei bis zur Schleuse und zum **Gasthaus Dammsiel.** Wer sich für tiefsinnige Lebensweisheiten interessiert, sollte unterwegs ein Auge auf die schönen Bauernhäuser haben, deren Türbalken so manchen Spruch tragen.

Entlang der Wümme zum Hbf

Beim Gasthaus Dammsiel schwenkt man links auf den Weg **Niederblockland** ein, der sich weiter an der Wümme entlangschlängelt. Enten und Blässhühner paddeln in den Gräben und Teichen, in denen auch Seerosen blühen, vereinzelte Bäume malen Schattenspiele auf den Weg und selbst an heißen Tagen spürt man hier eine angenehme Kühle, die aus den Wiesen und Wasserläufen aufsteigt und das Radfahren angenehm macht. Am Horizont zeichnet sich das Panorama der Stadt ab, die man hier draußen fast schon vergessen hat, man kann die Türme des Bremer Doms entdecken und sieht den Fallturm der Universität, der alles überragt. Weiter rechts erhebt sich die Hügellandschaft der »Bremer Alpen« , die sich bei näherer Betrachtung als Überreste der menschlichen Zivilisation zu erkennen gibt: Es ist die – teils schon begrünte – Bremer Mülldeponie.

Nach der **Gaststätte Gartelmann** ist der Weg nicht mehr weit. Am Ende von *Oberblockland* biegt man rechts in den **Kuhgrabenweg** ein und radelt am *Kuhgrabensee* vorbei, bevor es den einzigen nennenswerten Anstieg dieser Tour zu bewältigen gilt: Mit einem letzten Blick in die grüne Landschaft quert man auf einer Brücke die Autobahn und lässt sich dann bis zum *Hochschulring* rollen, über diesen hinweg geht es immer weiter geradeaus bis zur Linken der »silberne Wal« des ↗ **Universums** erreicht ist.

Rechts vom Weg beginnt bald der *Stadtwald*, der nach der Eisenbahnunterführung in den **Bürgerpark** überleitet. Ein Radweg führt nun (immer weiter geradeaus) entlang der **Parkallee** bis zu einem großen Kreisverkehr, dem *Stern*. Wer will, kann sich auch nach der Eisenbahn rechts in den Bürgerpark begeben und mehr oder weniger parallel zur Parkallee radeln (einfach da lang fahren, wo alle fahren), am *Stern* in die **Hermann-Böse-Straße** einbiegen. Hat man schließlich rechter Hand den großen *Ziegelstein-Elefant* erreicht, der 1931/32 als Kolonialdenkmal errichtet wurde, muss man nur noch links den *Gustav-Deetjen-Tunnel* durchqueren, um mit dem **Hauptbahnhof** das Ziel der Tour zu erreichen.

Tipps & Praktisches

Segelschulschiff Deutschland, ↗ Vegesack.

Gastronomie: ***Ältestes Aallokal Zur Ochtumbrücke,*** Stromer Landstraße 53 a, ✆ 541270. Warme Küche 12 – 22 Uhr, Di 16 – 22 Uhr.

Pieper's Mühlenhaus, Wiedbrokstraße 57, ✆ 541550, ab 11 Uhr, Küche 11.30 – 14.30 Uhr und 17.30 – 21.30 Uhr, Mi Ruhetag.

Dammsiel, ↗ Radtour 1.

Gartelmann, Oberblockland 14, ✆ 272-812. Täglich außer Do ab 12, durchgehend warme Küche.

WASSERTOUREN
Paddeln auf der Wümme

Die *Wümme* ist ein gemächlich fließender Heide- und Wiesenfluss, entspringt in der Lüneburger Heide und mündet, ab Ritterhude vereint mit dem Moorflüsschen *Hamme,* als Lesum bei Vegesack in die Weser. Beide sind für Paddler befahrbar, für Motorboote teilweise gesperrt. Die Hamme lässt sich gut ab *Tietjens Hütte* oder *Neu-Helgoland* aufwärts erkunden, in mehreren Tagen auch über die Wümme von Bremen aus erpaddeln.

Die Wümme fließt durch eine sehr eindrucksvolle, weite, überwiegend einsame Landschaft mit herrlichen Ufern, Feldern und Pferdekoppeln … sprich: Natur pur! Besonders nett ist die **Kurzstrecke** von *Ottersberg* nach *Fischerhude.* Über Kleine Wümme, Torfkanal und Kuhgraben erreicht man sie auf Tagestouren von Bremen aus.

Die **klassische Runde** ab Bremen über *Kuhgraben, Kleine und Große Wümme* ist mit 26 km Länge eine ausgewachsene Tagestour; ohne Pausen sollte man etwa 5 Stunden Fahrzeit rechnen, dazu kommen Schleusenzeiten und natürlich das Ausruhen in Gartenlokalen oder am grasigen Ufer.

Achtung: Entlang der Wümme darf man nur an den Stegen aussteigen, das Gebiet steht unter Naturschutz.

Gezeiten & Praktisches

Da die Wümme **gezeitenabhängig** ist, muss man vor dem Start die Tidezeiten in Erfahrung bringen: Bei den Verleihern (↗ Freizeit & Sport) oder im Buchhandel sind die aktuellen Tidekalender zu bekommen, aus denen man das Hoch- und Niedrigwasser der Weser für jeden Tag der Saison erfährt. Für die Wümme bei Dammsiel addiert man zum HW 1 Stunde 25 Minuten hinzu, bis Kuhsiel noch eine weitere halbe Stunde. Für das NW muss man sogar 2 Stunden 20 Minuten bzw. knapp 3 Stunden dazurechnen.

Info: Die ***Schleuse in Dammsiel*** wird zu folgenden Zeiten bedient: April bis Oktober Mo – Do 10 – 12 und 13 – 18 Uhr, Fr – So bis 19 Uhr. Von Mai bis September morgens und abends eine Stunde, von Juni bis August zwei Stunden länger.

Paddelbootverleih: ↗ Freizeit & Sport.

Gastronomie: ↗ Essen & Trinken, Zum Draußensitzen.

Weserreise durch die Bremer Häfen

Viele Jahrhunderte bildete die Weser das Rückgrat für Bremens Handelsgeschichte und Stadtentwicklung. Lang gestreckt und äußerst schmal passte sich die Stadt topografisch dem Verlauf des Flusses an. Die *Kogge,* das Transportschiff der Bremer Kaufleute zur Zeit der Hanse, begründete einst Bremens Ruf als Handelsstadt. Im 19. Jahrhundert waren es die großen Frachtensegler, die vor allem mit Kaffee, Tee und Tabak die Stadt zu einem weltweiten Umschlagplatz für Kolonialwaren machten.

Heute haben die stadtbremischen Häfen ihren Glanz verloren. Ihre besten Zeiten sind vorbei, und manche aufgelassene Industrieanlage kündet von einem Strukturwandel, an dessen Ende kein neuer Horizont in Sicht ist. Wer die Stadt von dieser Seite kennen lernen will, der sollte sich auf die Weser begeben. Gelegenheit dazu bieten die Fahrgastschiffe der Reedereien am *Martinianleger.*

Ausflugsfahrten auf der Weser besitzen Tradition: Ab 1817 bevölkerten die Bremer sonntäglich die weserabwärts fahrenden qualmenden Dampfschiffe. Die Weser war damals noch nicht vertieft, und Sandbänke sorgten für abenteuerliche Stunden. Ein Zeitgenosse berichtete 1847: *Schon bei Woltmershausen saßen wir fest, einige Stunden vergingen, ehe das Dampfschiff wieder flott wurde. Gegen Abend bestiegen wir ein anderes*

Dampfschiff, rannten mit diesem abermals fest und mussten bis zur Fluth (3 Uhr morgens) warten, ehe das Schiff wieder die Wellen durchstreifen konnte. Bremen zog bekanntlich Konsequenzen aus diesen Erfahrungen, um 1890 wurde der Fluss kanalisiert.

Ahoi – Die Fahrt beginnt

Unsere Fahrt beginnt **am Ufer der Schlachte**, wo sich Bremens spätmittelalterlicher Hafen befand. Unter dem Namen **Weserpromenade Schlachte** ist sie in den letzten Jahren zu einer touristisch-maritimen Attraktion ausgebaut worden. Diverse Lokale laden zum Verweilen ein, und bei günstiger Wetterlage trifft man sich draußen mit Blick auf die Weser. Auch dort ist inzwischen viel zu sehen: Diverse historische Boote (u.a. ein Nachbau der Hansekogge von 1380) liegen am Ufer vertäut und erinnern an alte Zeiten.

Links schaut man auf den **Teerhof,** der einst – von zwei Wasserarmen eingeschlossen – ein gut zu erreichender Platz für Schiffsausbesserungen mit Teer war; die Schiffe wurden kalfatert. An der Spitze der Insel steht die *Weserburg,* ein früheres Packhaus, das sich heute als Sammlermuseum für zeitgenössische Kunst präsentiert.

Nahe der **Bürgermeister-Smidt-Brücke** liegt an manchen Tagen der Geruch von Hopfen in der Luft. Hier wird eines der bekanntesten Bremer Produkte hergestellt: *Beck's Bier* (↗ Tipp unter »Eten & Sopen«).

Der Blick zur anderen Uferseite zeigt Stadtplanung der fünfziger Jahre. Das **Stephanieviertel**, wo einst die so genannten kleinen Leute Bremens lebten, wurde im Zweiten Weltkrieg völlig zerstört; der Bremer Westen gehörte wegen den nahe gelegenen Häfen zu den bevorzugten Zielen der Alliierten. Hier entstand inmitten des alten Stadtkerns in den 50er Jahren eine Reihenhaussiedlung entsprechend dem Vorbild des modernen Wohnens jener Zeit. Ausländische Delegationen besuchten und bewunderten seinerzeit die neuen, von der Weser abgewandten Häuserzeilen.

Wir durchqueren die letzten beiden stadtbremischen Brücken. Von nun an ist die Weser eine **Seeschifffahrtsstraße,** und wer den Fluss überqueren will, muss bis zur Nordsee mit Fähren oder dem neuen Tunnel bei Dedesdorf vorlieb nehmen. Eingezwängt zwischen den Brücken liegt der westliche Teil der alten *Stadtbefestigung,* die im 17. Jahrhundert die Stadt nach allen Seiten umschloss und zu Beginn des 19. Jahrhunderts in eine Parkanlage umgewandelt wurde. Auf dem rechten Weserufer erscheint bald eine Cornflakes-Fabrik. In fast 150 Ländern wandern die »Cerealien«, wie die Getreidflocken amerikanisiert genannt werden, auf die Frühstückstische. Dabei hat die Firmengeschichte mal klein angfangen, es war im 19. Jahrhundert als der Amerikaner *William Keith Kellogg* erstmals die Patienten seines Sanatoriums von der gesundheitsfördernden Wirkung seines Getreides überzeugte.

Gleich dahinter schauen wir auf die Ruine der in den 50er Jahren errichteten Produktionshalle der **Stephanie-**

Flusskreuzfahrt: An der Schlachte liegen Nachbauten historischer Schiffe

Werft, deren Name auf der bröckelnden Fassade aus Glas und Stahlbeton noch zu erkennen ist. Auf den Querhelgen, dem Transportgerüst der Schiffsbauanlage, haben sich Rost und Moos breitgemacht, Gras überwuchert das übrige Gelände.

Lange fahren wir an einem Zaun entlang. Diese künstliche Grenze markiert den zollfreien **Europahafen,** der 1888 nach knapp 5-jähriger Bauzeit eröffnet wurde. Dieses Jahr schrieb in Bremen Geschichte, denn die Stadt trat dem Deutschen Zollverein bei. Um dennoch den Status eines zollfreien Hafens zu erhalten, mussten die Bremer Kaufleute die von Bismarck in diesem Bereich auferlegten Einschränkungen, keine Wohn-, Geschäftshäuser und Industrieanlagen anzusiedeln, akzeptieren. Mit diesem Kompromiss konnte keine Hafenromantik wie im St. Pauli der Hans-Albers-Filme gedeihen, denn der Hafen blieb vom städtischen Leben abgeschnitten. Durch den Zweiten Weltkrieg verschwand die historische Bebauung des Europahafens vollständig. Nur die marode steinerne Kaimauer in der Hafeneinfahrt erinnert an die Gründerzeit. Über den Zaun ragen verlassen ein paar Krähne, denn seit Container den Hafenumschlag modernisiert haben, findet dieser großteils in Bremerhaven statt. Dennoch ist hier der Fruchtumschlag mit 130.000 Tonnen jährlich noch beträchtlich, und am Hafenkopf werden Non-food-Artikel einer Bremer Kafferösterei angeliefert. Die benachbarten Hafenschuppen werden überwiegend als Vorratslager genutzt.

Auf der gegenüberliegenden Weserseite ragen die Bauten des **Neustädter Hafens** über die Deichkrone. Wo sich zuvor der Badestrand der Bremer befand, wurde 1966 der erste deutsche Zielhafen für Vollcontainerschiffe eingeweiht. Für den Bau des Hafens musste der gesamte Ortsteil *Lankenau* weichen. Die Bewohner wurden entschädigt und mussten sich an einem anderen Ort niederlassen. Heute werden hier überwiegend Holz und Industrieanlagen verladen.

Unser Schiff passiert nun die Einfahrt des Anfang dieses Jahrhunderts fertiggestellten **Überseehafens.** Ein Turm aus Sandstein mit einer Kupferhaube zeigte einst den Kapitänen, wo es langgeht. Hier saß der »Molenfürst« und wies, bevor es Funkkontakt gab, den herankommenden Schiffen per Megafon ihre Plätze im Hafenbecken zu. Der Überseehafen gehörte noch in den sechziger Jahren zu den meistfrequentierten Umschlagplätzen der Welt für Stückgut. Die Zeiten haben sich geändert: Wo sich einst die Schiffe mit Kaffee, Tabak und Baumwolle drängelten, verfielen in den 1990er Jahren die Kajen und wurden zur Jahrtausendwende zugeschüttet, um einem Gewerbegebiet mit Großmarkt Platz zu machen.

Gleich dahinter schließt sich der 1891 in Betrieb genommene **Holz- und Fabrikenhafen** an, der heute als privater Umschlagplatz für Holz und Getreide genutzt wird. Wie ein Ungetüm aus dunkelrotem Backstein ragt hinter der Hafeneinfahrt die riesige, 1914 erbaute und später erweiterte Getreideverkehrsanlage der *Bremer-Lagerhaus-Gesellschaft* empor. Schiffe werden hier nach dem Staubsaugerprinzip mit Saugkrähnen entladen. Gleich daneben liegt die nächste aufgegebene Industrieanlage: Auf dem Gelände der ehemaligen Großwerft *AG Weser,* die noch Ende der Siebziger Supertanker gebaut hat und kurze Zeit später dennoch Konkurs anmelden musste, regt sich inzwischen wieder Leben: In den wenigen Gebäuden, die an die »Akschen«, wie die Werft von den Bewohnern des Arbeiterviertels früher genannt wurde, erinnern, setzt heute das **Lichthaus** im ehemaligen Arbeiteramt kulturelle Akzente. Ein neuer Schiffsanleger führt zum *Pier 2,* einem Veranstaltungszentrum mit Gastronomie, auf dessen Terrasse man die Kulisse der Häfen auf sich wirken lassen kann. 2001 wurde hier die angeblich größte Baustelle Norddeutschlands eröffnet: Im jüngst fertig gestellten **Space-Park** soll das Thema Weltraum nach den Konzepten moderner Vergnügungsparks 1,3 Millionen Besucher jährlich anziehen. Der Investor plant neben Schleudersitz-Simulatoren und Minizentrifugen vielfältige Freizeiteinrichtungen. An den geschätzten Kosten – über 306 Millionen Euro – beteiligt sich die Stadt mit einem Drittel. Bleibt zu hoffen, dass die Skeptiker, die von einem Einkaufszentrum mit Rakete sprechen, Unrecht behalten.

Unsere Fahrt durch die Geschichte der Bremer Häfen endet mit diesem Ausblick auf eine ungewisse Zukunft, während sich das Schiff wieder in Bewegung setzt und seinen Kurs weserabwärts nimmt.

Maritimes Glossar

Das **Fahrwasser** wird durch **Tonnen** und **Richtfeuer** markiert. Das Licht der Richtfeuer leitet die Schiffe, die grünen und roten Tonnen sind sozusagen die Bordsteinkanten. Einlaufend, Richtung Bremen, müssen *steuerbord* (rechts mit Blick zum Bug) die grünen, *backbord* die roten Tonnen liegen. Auf die Richtfeuer legt man die Peilung, damit das Schiff seinen Kurs behält.

Wenn größere Schiffe die Weser weiter *flussaufwärts* (gegen die Strömung) oder *flussabwärts* (mit der Strömung) fahren wollen, müssen sie einen **Lotsen** an Bord nehmen; der *Flusslotse* fährt zwischen Bremen und Bremerhaven mit, der *Seelotse* bis zur Außenweser. Der Lotse hält ständig Kontakt mit seinen Kollegen an Land und erfährt so rechtzeitig, welche Schiffe noch auf der Weser verkehren.

Zu den Aufgaben des Lotsen gehört auch, die Geschwindigkeit des Schiffes zu kontrollieren. So lässt er das Schiff langsamer fahren, wenn Fähren passiert werden oder wenn am Ufer gebadet wird, damit Wassersog und Wellen nicht zu groß werden.

Drei Männer halten das Schiff auf Kurs: der **Kapitän,** der **Rudergänger** und der **Lotse.** Der Rudergänger ist jemand von der Besatzung, der am »Ruder stakt«, das Schiff nach den Anweisungen des Kapitäns und des Lotsen steuert. Verantwortlich ist aber nur der Kapitän, der Lotse ist sein Berater.

Der **Wasserstand** der Weser wird durch Ebbe und Flut bestimmt. Der Tidenhub – der Unterschied zwischen Hoch- und Niedrigwasser – beträgt in Bremen und Bremerhaven 3,8 bis 4 m. Durch den Einfluss des Mondes haben wir innerhalb von 24 Stunden und 50 Minuten zweimal Ebbe und Flut. Auflaufend Wasser heißt, dass die Strömung nach Bremen geht, ablaufend Wasser bedeutet, das Weserwasser fließt in die Nordsee.

Bremen ist der **südlichste Seehafen Deutschlands.** Von der Nordsee aus können Schiffe bis zu 10 m Tiefgang bis nach Bremen fahren. Die erste große **Weserkorrektion** führte Ludwig Franzius in den Jahren 1887 bis 1895 durch. Seine Idee war es, die Kraft des Wasserstroms zu bündeln. Ufer wurden begradigt und Nebenarme zugeschüttet oder eingeengt. Dabei erhielt die Weser die Form eines Trichters, der sich zur Nordsee für die einlaufende Flutströmung weit öffnet. ◀

Warten auf ihren Einsatz: Markierungstonnen

AUSFLÜGE PER RAD & BOOT

Die **weitere Flussfahrt** über die hier beschriebene Strecke hinaus führt hinter den Hafengebieten an den *Stahlwerken* (ehemals Klöckner) vorbei nach **Vegesack,** wo zur Rechten in der Lesummündung das einzig erhalten gebliebene Vollschiff, das *Schulschiff »Deutschland«* liegt. Mit seiner Länge von 86 m und 58 m Höhe ist es nicht zu übersehen. Auf der anderen Weserseite erblickt man den letzten verbliebenen Schiffsbauer der Region: die *Lürssen-Werft.* Sie hat einen Schwerpunkt im Bau von Kriegsschiffen und daher leider immer gute Abnehmer. Vorbei am Gelände der ehemaligen Vulkan-Weft geht es nach **Blumenthal**, bevor man hinter *Farge* und dem unübersehbaren U-Boot-Bunker von 1943 das Stadtgebiet verlässt. Zwischen grünen Deichen und vorbei an Dörfern und den Häfen von *Elsfleth* und *Brake* geht es weserabwärts bis zur Schwesterstadt **Bremerhaven.**

Schiffsausflüge

Neu im Schiffsverkehr ab Bremen ist seit 2001 die Reederei Warrings mit ihrem Schnellschiff »MS Speedy«. Auch dieses Schiff startet ab Martinianleger an der Schlachte und man kann nach Bremerhaven oder weiter bis Helgoland fahren. Zusteigemöglichkeiten gibt es zudem in Vegesack und Brake. Trotz dieser Zwischenstopps ist man ab Bremen in etwa 3,5 Stunden im Hafen von Helgoland, das traditionelle Ausbooten entfällt also.

Reederei Schreiber, ✆ 321229, bietet ab Martinianleger Weser- und Hafenrundfahrten. Im April 11.45, 13.30 und 15.15 Uhr, Mai bis Sept. zusätzlich 10.15 und 16.15 Uhr, im Oktober und April zusätzlich 10.15 Uhr, 8 €, Kinder 4,50 €.

Von Anfang Mai bis Mitte September befährt die Reederei die Strecke Bremen–Bremerhaven, deren erster Abschnitt hier beschrieben ist. Mi, Do und Sa 8.30 Uhr ab, Ankunft in Bremerhaven 12 Uhr. Rückfahrt um 15.15 Uhr, 21 €. Di gibt es eine Kaffeefahrt nur bis Brake und zurück, 11 €.

Reederei Warrings, ✆ 04464/94950, www.reederei-warrings.de oder Bremer Touristik-Zentrale ✆ 01805/101030, www.bremen-tourism.de. Von April bis Okt. täglich 8 Uhr ab Martinianleger. Ankunft in Bremerhaven 11 Uhr, auf Helgoland 12.30 Uhr. Rückfahrt von dort 17.30 Uhr, Ankunft in Bremen ca. 21.30 Uhr. Hin- und Rückfahrt 27,50 € bis Bremerhaven, 52,50 € bis Helgoland, Kinder 17 bzw. 37 €. Einfache Fahrt bis Bremerhaven 22 bzw. 14 €.

Hal över, ✆ 74859, www.hal-oever.de. Führt ebenfalls Hafenrundfahrten und Themenfahrten zu unterschiedlichen Terminen durch. ↗ auch (Reise-)Alltag, Weserfähren.

Gastronomie: ***Café Use Akschen,*** Pier 2, ✆ 6918182, Mo – Fr 16 – 24 Uhr, Sa und So 14 – 24 Uhr. Direkt am Wasser gelegenes Lokal, eine Mischung aus Café, Kneipe und Bistro-Restaurant.

BREMERHAVEN

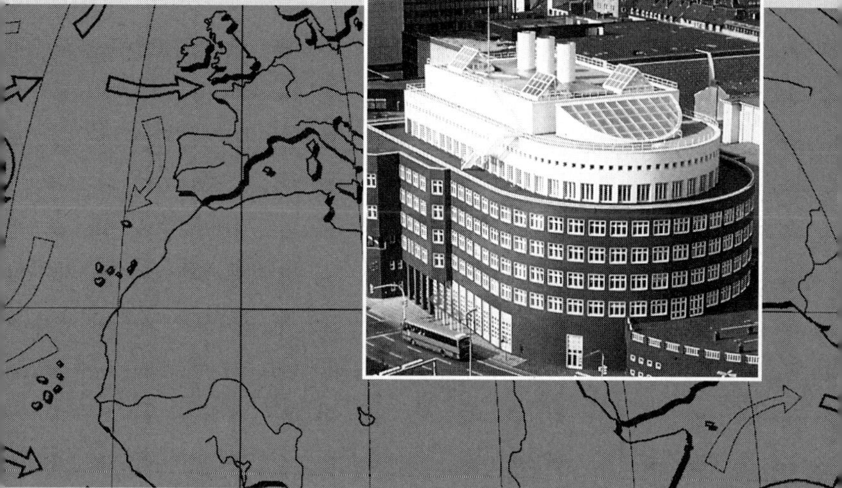

NOCH LANGE NICHT DAS ENDE DER WELT: BREMERHAVEN

Man könnte die Seestadt Bremerhaven wegen ihres Namens mit dem Bremer Hafen verwechseln – und läge dabei nur teilweise verkehrt, denn der Überseehafen in Bremerhaven ist ein Bremer Hafen, da er stadtbremisches Eigentum ist. Aber auch die Bremerhavener haben Häfen, wie zum Beispiel den Fischereihafen.

Während manche Bremer etwas geringschätzig auf das 60 km weiter gelegene »Fishtown« blicken, wo sich ihrer Meinung nach nicht viel abspielt, sehen sich die Seestädter ganz und gar nicht mehr als die Bremer Kolonie von 1827. Bremerhaven (123.000 Einwohner) hat nämlich seinen Besuchern einiges zu bieten: das Schifffahrtsmuseum und das Morgensternmuseum, den Zoo am Meer, jede Menge Leuchttürme und natürlich eine Kette von Häfen, die so charakteristisch für diese Stadt sind. Auch spürt man hier die Nähe des Meeres besonders stark. Immerwährendes Geschrei der Möwen, Tuten der Schiffe und weithin hörbare Motorengeräusche mischen sich mit dem rhythmischen Klatschen der Wellen, dem Säuseln oder Brausen des Windes. Hier ist das Wetter rauer, der Himmel geizt öfter als anderenorts mit Sonnenstrahlen, und nicht selten schickt Petrus einen Extra-Regenguss, als besäße die Stadt nicht schon genug Wasser. Nichtsdestotrotz ist ein Spaziergang entlang dem Weserdeich auch an trüben Tagen ein reizvolles Erlebnis, wenn nämlich bei Nebel oder in der Dämmerung die Leuchttürme ihre Feuer zeigen und die Schiffe auf der Weser die Positionslampen einschalten. Dabei wird man gratis von einer mitunter steifen Brise angepustet – maritime Natur pur!

Vogelperspektive auf Bremerhaven und das Alfred-Wegener-Institut

Sightseeing am Weserdeich

Alter Hafen → Deichpromenade → Neuer Hafen → Zoo am Meer → Kommodore-Ziegenbein-Promenade

Seit der Gründung des Alten Hafens hat sich die Seefahrt mit rasanter Geschwindigkeit entwickelt und mit ihr Bremerhaven und seine Hafenanlagen. Wer einen Eindruck von dieser Stadt gewinnen will, bekommt ihn auf anschauliche Weise bei diesem etwa 3 km langen Spaziergang zwischen Radarturm und Kaiserhafen an Bassins und Schleusen entlang, die von erstaunlichen Veränderungen zeugen.

Der Alte Hafen und Kolumbus

Der Einstieg in die Geschichte beginnt am Alten Hafen, der mittlerweile in Verbindung mit dem 1970 gegründeten **Schifffahrtsmuseum** zu einem so genannten **Museumspark** gestaltet wurde. Das *Hafenbecken*, 1828–30 erbaut, war einst wesentlich größer. Spuren der verschiedenen Bautechniken, wie Reste der ersten Holzeinfassung und später verwendete Quadermauern, sind neben Stahlspundwänden zu finden, die ehemalige Schleuse zur Geeste hingegen ist längst zugeschüttet. *Museumsschiffe* wie die hölzerne Bark »Seute Deern« (Süßes Mädchen) können über Landungsstege besichtigt werden, betagte Industriekräne, riesige Schiffsschrauben und allerhand ausgediente Seezeichen sind aufgestellt.

Zwischen Museumsgebäude und Bootshalle erhebt sich eine aus schweren Eichenbalken nachgebildete *Feuerbake,* ein Vorläufer moderner Leuchtfeuer. Von hier aus ermöglicht die kleine, 1978 nach holländischem Vorbild gebaute **Klappbrücke** einen rasch gemachten Abstecher in die Innenstadt: Die Brücke verbindet den Museumspark direkt mit dem **Columbus Center,** hinter dem die Einkaufsmeile »Bürger« beginnt, eine Abkürzung für Bürgermeister-Smidt-Straße. Die drei miteinander verbundenen Wohntürme aus der Mitte der 70er Jahre, die über dem Columbus Center aufragen, beherrschen die Skyline der Stadt – nicht sonderlich schön, aber dafür ungeheuer modern. Sie beherbergen über 500 Wohnungen, Parkdeck, Kinos, Sozial- und Dienstleistungseinrichtungen und jede Menge Geschäfte, außerdem die *Touristen-Information.* Vom *Restaurant* des Kaufhauses Horten hat man übrigens einen fantastischen Ausblick. Als Symbol für die enge Verbundenheit mit Amerika steht dessen vermeintlicher Entdecker *Christoph Kolumbus* als kleine Bronzeplastik nahe der Klappbrücke. Er blickt etwas mürrisch hinaus auf die Weser, dem nach ihm benannten Center kehrt er den Rücken zu. In direkter Nachbarschaft wurde 1986 das **Alfred-Wegener-Institut für Meeres- und Polarforschung** (AWI) fertig gestellt. Die architektonische Form des modernen Gebäudes erinnert an ein Schiff, an das sich die Hochhausreihe des Einkaufszentrums wie ein riesiges Segel anfügt. In dem Institut erforschen rund 700 Mitarbeiter und Mitarbeiterinnen Grundlagen und Zusammenhänge zwischen Ozeanen, Eis, Meeresfauna- und -flora sowie dem globalen Klima. Geforscht wird hauptsächlich in Polargebieten aber auch mit ähnlichen Instituten zusammen in der Nordsee.

Info: Führungen nach vorheriger Anmeldung bei der Touristeninformation für Gruppen ab 10 Personen möglich. Jeden Do 15 – 17 Uhr, 1,60 €/Person.

Auf der Deichpromenade

Auf Treppen erreicht man die Promenade auf dem *Weserdeich,* der die Stadt vor Sturmfluten schützt. Unterhalb der Deichtreppe steht der 1975 errichtete **Sturmflutpfahl.** Seine Windfahne soll an die Bremer Hansekogge erinnern, die Markierungsringe zeigen an, wie hoch der Wasserstand der Weser in der Vergangenheit schon war. Bei Sturm können sich an dieser Stelle bis zu zwei Meter hohe Wellen auftürmen, und viele Bewohner lieben es, dann an den Deich zu kommen, um das raue Schauspiel von Wind und Wellen zu beobachten.

Flussaufwärts hat in einer ehemaligen Werkhalle am Deich die Ausstellung **»Aufbruch in die Fremde«** ihren Platz bekommen. Die spannende Erlebnisausstellung erzählt von der

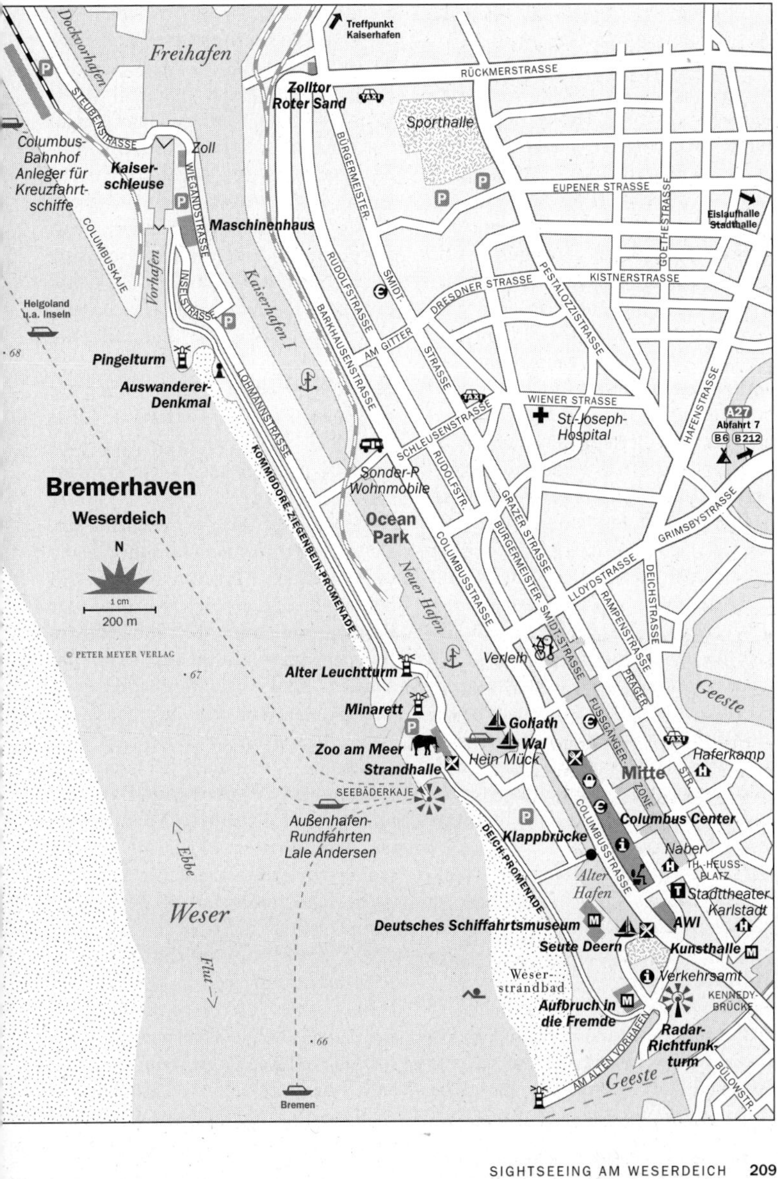
Bremerhaven
Weserdeich
N
1 cm
200 m
© PETER MEYER VERLAG
Freihafen
Docktorhafen
Treffpunkt Kaiserhafen
RÜCKMERSTRASSE
Zolltor Roter Sand
Sporthalle
STEUBENSTRASSE
Zoll
Columbus-Bahnhof Anleger für Kreuzfahrt-schiffe
Kaiser-schleuse
WIEGANDSTRASSE
Maschinenhaus
COLUMBUSKAJE
Vorhafen
INSELSTRASSE
Helgoland u.a. Inseln
Kaiserhafen I
BÜRGERMEISTER-SMIDT-
RUDOLFSTRASSE
BARKHAUSENSTRASSE
EUPENER STRASSE
GOETHESTRASSE
Eislaufhalle Stadthalle
KISTNERSTRASSE
PESTALOZZISTRASSE
DRESDNER STRASSE
AM GITTER
STRASSE
Pingelturm
Auswanderer-Denkmal
LOHMANNSTRASSE
WIENER STRASSE
St.-Joseph-Hospital
HAFENSTRASSE
A27
Abfahrt 7
B6 B212
SCHLEUSENSTRASSE
RUDOLFSTR.
KOMMODORE-ZIEGENBEIN-PROMENADE
Sonder-P Wohnmobile
Ocean Park
GRIMSBYSTRASSE
GRAZER STRASSE
BÜRGERMEISTER-SMIDT-STRASSE
COLUMBUSSTRASSE
Neuer Hafen
LLOYDSTRASSE
RAMPENSTRASSE
DEICHSTRASSE
Verleih
PRAGER STR.
Geeste
Alter Leuchtturm
Minarett
Goliath
Wal
Zoo am Meer
Hein Mück
Strandhalle
FUSSGÄNGER-ZONE
Mitte
Haferkamp
SEEBÄDERKAJE
Außenhafen-Rundfahrten Lale Andersen
Columbus Center
COLUMBUSSTRASSE
Klappbrücke
DEICH-PROMENADE
Naber
TH.-HEUSS-PLATZ
Alter Hafen
Stadttheater
Karlstadt
Ebbe
Weser
Deutsches Schiffahrtsmuseum
AWI
Seute Deern
Kunsthalle
Weser-strandbad
Verkehrsamt
Flut
Aufbruch in die Fremde
KENNEDY-BRÜCKE
Radar-Richtfunk-turm
AM ALTEN VORHAFEN
BÜLOWSTR.
Bremen
68
67
66

Hoch-Zeit der europäischen Auswanderungsbewegung, ↗ Essay.

Der 104 m hohe **Radar-Richtfunkturm** von 1965 dahinter bietet mit seiner *Aussichtsplattform* in 60 m Höhe einen weiten Rundblick über Stadt, Umland und Hafenanlagen. Über eine 200 m lange Mole gelangt man hinaus zum **Leuchtturm.** Zur Linken ist dabei mit dem alten *Vorhafen* das einzige Stück des Alten Hafens zu sehen, das noch in ursprünglicher Form und Größe besteht. Zur Rechten erstreckt sich das Panorama entlang der Weser bis hin zur Columbuskaje und den Container-Terminals, die an ihren hoch aufragenden Kränen erkennbar sind. Im Vordergrund säumt ein breiter Sandstrand das Flussufer und lädt im *Sommer zum Bade*, allerdings nur noch zu dem in der Sonne, denn die Benutzung des Wassers ist heutzutage untersagt. Das war 1903, als der auffällige *Wasserstandsanzeiger* errichtet wurde, noch anders. Mit korbartig geflochtenen Kugeln und Kegeln wurde die Schifffahrt unter anderem über die aktuellen Wasserstände informiert. Zur Zeit wird eine Aufhebung des Badeverbots um die Zeit des Hochwassers erwogen.

Aussichtsplattform Radar-Richtfunkturm, Besichtigung auf Anfrage für Gruppen, ✆ 946461.

Zum Neuen Hafen

Auf der Flaniermeile auf der Deichkrone geht es nun zurück und weiter stromabwärts. Dort, wo sich heute rechter Hand ein großer Parkplatz ausbreitet, stand einst die erste Auswandererhalle, dann war hier die Schichau-Werft ansässig. Das Gelände ist nun in das Konzept **Ocean-Park** integriert, das bis zum Alten Leuchtturm ein touristisches Kerngebiet schaffen soll. In den Sommermonaten wird dieses Areal für allerlei »nasse« Ereignisse genutzt, wie das *Hafenfest*, die *Bremerhavener Festwoche* oder internationale Großveranstaltungen wie einst die *Sail '95*, *Sail 2000* oder die *Windjammer '90*. Dann liegen prachtvolle alte Segelschiffe neben modernen Hightech-Yachten in den Hafenbecken, in denen um 1870 die großen Passagierschiffe des Norddeutschen Lloyd anlegten. Im Jahr 2005 soll die nächste *Sail* hier stattfinden.

Am *Südkai des Neuen Hafens*, gleich neben der Deichbühne, liegen zwei weitere **Museumsschiffe,** der Dampf-Eisbrecher »Wal« und der Bergungsschlepper »Goliath«, die an Wochenenden ausgiebig erkundet werden können. Auf der rechten Seite der Deichbühne erblickt man zwei grüne *Klappbrücken* von 1928 an der Keilstraße. Der Südkai ist auch Ausgangspunkt der **Ausflugs-Barkasse** »Hein Mück« zu ihren Törns durch die Überseehäfen. Mehrmals täglich schippert sie durch die tideunabhängigen Hafenanlagen, auf der Weser »draußen« darf sie nicht fahren.

Wer von so viel Frischluft Hunger bekommt, kann sich in der **Strandhalle** stärken. Allerdings hat das 1912 auf dem Außendeichgelände der Weser entstandene, jüngst renovierte Gebäude nicht nur eine exklusive Lage, sondern ebensolche Preise. Dennoch, beim mondänen »Kaffeesieren«, wie man in Bremen zum Kaffeetrinkengehen sagt, im Sommer auf der Terrasse, bietet sich ein tolles Panorama. Nebenan ist 1992 die **Seebäderkaje** eingeweiht worden. Mit ihren zwei Schwimmpontons ist sie tideunabhängig konstruiert, so dass die Schiffe jederzeit anlegen können. Von hier starten Ausflüge zu den Nordseeinseln, nach Helgoland, zu den Robbenbänken und zu Weserfahrten bis nach Bremen. Nicht zu übersehen ist das rot-weiß gestreifte **»Minarett«**, das 1893 mit seiner funktionalen Bauweise für Aufsehen sorgte. Es bildet die seemännische Ergänzung, aber den architektonischen Bruch zum **Alten Leuchtturm** von 1853, der – im Backstein-Look, wie damals üblich – eher an einen Kirchturm erinnert. Er steht oberhalb der bis 1944 betriebenen Schleuseneinfahrt zum Neuen Hafen, die als *Dockschleuse* ohnehin nur zweimal am Tag für wenige Minuten bei Gleichstand der Tide mit dem Wasserstand des Hafenbeckens zu benutzen war. Im weiterhin existierenden Vorhafen haben heute Bugsierschlepper ihre Liegeplätze.

An einer Mauer nahe dem Zoo am Meer erinnert eine *Gedenktafel* an einen mißlungenen Versicherungsbetrug mit schlimmen Folgen: Der amerikanische Kaufmann *W. K. Thomas* wollte das Auswandererschiff »Mosel« in die Luft sprengen. Weil die Kiste mit dem Zeitzünder jedoch beim Verladen herunterfiel, explodierte das Dynamit bereits am Kai und tötete dort 81 Menschen. Die so genannte Thomas-Katastrophe geschah 1875.

Zoo am Meer

Unmittelbar hinter der Mauer liegt der 1926 gegründete und heute stark frequentierte **Zoo am Meer,** damals wegen künstlicher Felshöhlen *Tiergrotten* getauft. Im Jahr 2001 wurde damit begonnen den Zoo umzubauen, womit man 2004 fertig sein will. Zuvor waren die Gehege der gut 2000 Bewohner bedauernswert eng, nun sollen die Tiere auf 8400 m² nicht nur mehr Platz haben, sondern auch schöner wohnen und dadurch zu einem Vorzeigezoo kommen. Der Zoo beherbergt vor allem nordische Tiere – Eisbär, Robbe, Polarfuchs und Schnee-Eule können künftig über- und z.T. unterirdisch beobachtet werden –, aber in der neuen Savannenlandschaft tummeln sich dann auch afrikanische Schimpansen.

Zoo am Meer mit Nordsee-Aquarium: Weserdeich, 27568 Bremerhaven, ✆ 42071, Mo – So, Mai – August 8 – 19 Uhr, September und April 8 – 18.30 Uhr, Winter 8 – 17 Uhr. Eintrittspreise standen bei Drucklegung noch nicht fest.

Kommodore-Ziegenbein-Promenade

Vorbei am Alten Leuchtturm geht es nun auf der Kommodore-Ziegenbein-Promenade gut 1,5 km bis zur Kaiserschleuse. Rechts vom Deich liegt bald der **Kaiserhafen I,** der von hier aus gut überschaubar ist. Seit sich der Schwerpunkt des Güterumschlags immer weiter nach Norden an die Stromkaje verlagert hat, spielt der Hafen nur noch eine untergeordnete Rolle. 1957 haben sich an der gegenüberliegenden Kaimauer die *Motorenwerke Bremerhaven* niedergelassen. Die Werft ist auf die Reparatur von Schiffen und Schiffsmotoren sowie elektronische Anlagen spezialisiert. Die Hochleistungskräne der *Bugsier-, Reederei- und Bergungs AG* belagern die Pier diesseits des Deiches. Hie und da erblickt man ein kleines Privathäuschen. Alles andere als idyllisch stellt sich das Wohnen auf dem Gelände zwischen gelagerten Bergen von Altmetall, Stahlröhren und den an der Kaje liegenden Schwimmkränen dar. Schon von weitem war auf der Wasserseite das durch Privatspenden finanzierte **Auswandererdenkmal** zu erkennen. Die 1986 eingeweihte Plastik von *Frank Varga* stellt eine Familie dar, die hoffnungsvoll ihrer Zukunft in Amerika entgegengeht, nicht ohne jedoch gleichzeitig etwas wehmütig auf die Heimat zurückzublicken.

Gleich dahinter, auf der Landzunge zur Großen Kaiserschleuse, steht der nächste Leuchtturm, diesmal mit einem grünem Helm. Der **Pingelturm** wurde 1900 im Anschluss an den Schleusenbau errichtet. Wenn der Nebel dick über dem Weserstrom hängt und für das grüne Leuchtfeuer kein Durchkommen mehr ist, »pingelt« eine Glocke an seiner Außenwand, damit die Schiffer wenigstens ungefähr wissen, wo sie sich gerade befinden.

Am Promenadenende fallen landseits einige Häuser in der **Inselstraße** auf, die zwischen 1878 und 1914 für die Schleusenwärter und Arbeiter des nicht mehr existierenden Hafenkraftwerkes gebaut wurden. Das **Maschinenhaus** steht noch auf dem Dreieck zwischen Kaiserhafen und -schleuse. Mit seinen zwei kleinen Türmen und dem Portalbogen erinnert es an die prunkvolle Industriearchitektur der Kaiserzeit (zu sehen von der Lohmannstraße aus). Es diente bereits 1897 der Stromversorgung der Schleusenanlage und der Hafenbeleuchtung.

Die 150 hier ansässigen Bremerhavener – auch heute meist Angestellte des Überseehafens – bzw. ihre Situation ist schon etwas Besonderes, denn ihre Häuser befinden sich auf stadtbremischem Boden, so dass sie im dortigen Wählerverzeichnis aufgeführt sind. Und noch etwas ist hier kurios: Wo anderenorts Gartenzwerge oder Windmühlen die Vorgärten zieren, überragen in der Inselstraße ein alter Druckwasserkran von 1897 und Schiffe die Hausdächer, und es scheint fast so, als lägen sie im Garten vor Anker. Eine wirklich nicht alltägliche Perspektive.

Der Spaziergang endet an der **Kaiserschleuse,** die 1897 mit 223 m Länge und 45 m Breite die größte der Welt war, gebaut für die Ausmaße der mächtigen Lloyd-Dampfer. Über die äußeren Docktore gelangt man in das riesige Freihafenareal, beginnend an der nahen Columbuskaje, die 1975 vom Passagierbahnhof mit Lloyd-Halle zum Stückgutterminal umfunktioniert wurde. Die großen Kreuzfahrtschiffe legen heute noch am nördlichen Teil des früher legendären Bahnhofs am Meer an.

Besuch im Fischereihafen

Fischbahnhof → Fischkai → Forum Fischbahnhof → Schleuse

Hier schnuppern Landratten jenen Duft, dem Bremerhaven seinen regionalen Spitznamen »Fishtown« verdankt. Wen es interessiert, wie die riesigen Fischtrawler gelöscht werden, oder wer mal eine Räucherei von innen sehen möchte, ist hier richtig.

▶ Der südlich der Geeste gelegene Fischereihafen, der mit seiner Gründung im Jahre 1896 auf ein mehr als 100-jähriges Bestehen zurückblicken kann, gehört heute zu den führenden in Europa. Auf einer Fläche von rund 600 ha sind insgesamt 250 Betriebe von Seefischgroßhandlungen über Fisch verarbeitende Industrien bis hin zu vielen Zulieferbetrieben ansässig; etwa 9000 Menschen verdienen hier ihr Geld.

Pittoresk, wie es sich für einen Fischerhafen gehört

Dass der Besucher sich auf Terrain bewegt, auf dem sich nun mal alles um Fisch dreht, schlägt sich in Straßennamen wie Pottwal-, Dornhai- oder Knurrhahnstraße nieder.

Von der Bushaltestelle am **Fischbahnhof** sind es nur wenige Schritte die Lengstraße entlang zur **Halle X**, die mit einer beachtlichen Länge von knapp 550 m direkt am Kai des *Fischereihafens II* steht. Sie wurde 1928 – '29 erbaut und 1979 nach Sturmschäden wieder hergestellt. Die ganze Betriebsamkeit dieses Hafens entfaltet sich immer dann, wenn Trawler oder Hochseekutter von der Fangreise zurückkommen und entladen oder, wie der Seemann sagt, *gelöscht* werden. Die Fischauktionen, die hier einst frühmorgens stattfanden, sind nun ins Internet verlegt worden. Die Fische selbst allerdings werden noch immer mit Gabelstaplern und Pritschenwagen zum Transport ins Binnenland verladen. Besonders frisch bekommt man sie direkt hier im Hafen.

Beim Herumstromern entlang der Kais und Hallen lässt sich die maritime Atmosphäre mit allen Sinnen einfangen; an der **Heringstraße** lockt ein »Fischimbiss und Barverkauf«, an der

Ecke zum Lunedeich ist an der **Packhalle XIV** das eine oder andere Reliefbild mit hübschen Fischmotiven zu entdecken. Zurück am Fischbahnhof sind die 1981 sanierten **Hallen V und VI**, typische Industriebauten des frühen 20. Jahrhunderts, bemerkenswert. Auch hier kann man einen garantiert fangfrischen Imbiss zu sich nehmen, allerdings nur im Stehen. Bedeutend gehobener isst es sich da im gegenüberliegenden *Fischereihafenrestaurant Natusch,* wo die Meeresfrüchte in originell eingerichteten Räumlichkeiten serviert werden.

Vom Fischbahnhof gelangt man am Zollamt vorbei zum **Fischkai,** wo Bremerhavens Fisch- und Krabbenkutter liegen, und wendet sich nach rechts. Voraus erhebt sich eines der modernen Leuchtfeuer Bremerhavens. Die rot-weiß gestreifte Stahlrohrkonstruktion mit den zwei kegelförmigen Toppzeichen, im Volksmund **»Doppelkorn«** genannt, hat auf dem Seedeich ein Pendant mit nur einem Toppzeichen, das **»Einfacher Korn«** genannt wird. An der Pier liegt ein Zeitzeuge aus vergangenen Tagen vor Anker, der **Seitentrawler »Gera«,** der heute zum ↗ *Morgenstern-Museum* gehört. Er liegt am Ende des Hafenbeckens nahe der ehemaligen **Packhalle IV**, die als »Schaufenster Fischereihafen« mit allerlei maritimen Geschäften das Besucherherz und -portemonnaie erobern will. Interessant sind die *Fischräuchereien* mit ihren riesigen Öfen, in denen Seefische und Aale zuhauf verschwinden. Hier bekommt man Fisch frisch aus dem Rauch.

Forum Fischbahnhof

Nebenan ist die Versandhalle, die ehemals am Fischbahnhof stand, als Forum Fischbahnhof wieder aufgebaut worden. Sie beherbergt nun das **Atlanticum** – eine multimediale Meeresschau mit Aquarium und Ausstellung zur polaren Meeresforschung –, ein **Seefischkochstudio**, eine **Galerie** und den **Veranstaltungssaal**, der u.a. vom *Theater im Fischbahnhof (TiF)* genutzt wird. Der Platz inmitten des hafenbaulichen Ensembles dient im Sommer zahlreichen kostenlosen Freiluftveranstaltungen als Bühne. Thematisch passend verziert wird er seit 1997 von dem Denkmal »Das Silber des Hafens«, entworfen von dem dänischen Künstler *Anders Nyborg,* umgesetzt aber von Technikern der Hafenbetriebsgesellschaft FBEG.

Ab dem *Kohlenkai* gegenüber beginnen im Sommerhalbjahr die **Hafenrundfahrten.**

Info: *Atlanticum im Forum Fischbahnhof,* ✆ 932330, Mo – So 10 – 18 Uhr, Eintritt 4,10 €, ermäßigt 2,60 €.

Die neue Doppelschleuse

Eine lohnende Alternative, sich die »dicken Pötte« von Land aus nächster Nähe anzuschauen, bietet ein Abstecher zur 1921–25 erbauten **Fischereihafen-Doppelschleuse** zwischen Seedeich und Handelshafen an der Busse Straße (Linie 4, 5, 6 bis zum Elbinger Platz, weiter mit Linie 10 bis zum Nordseemuseum, mit dem Auto die Georgstraße stadteinwärts fahren und den Schildern zur Fähre folgen).

Heute sieht man eine im Jahr 2001 vollendete, völlig umgebaute Anlage:

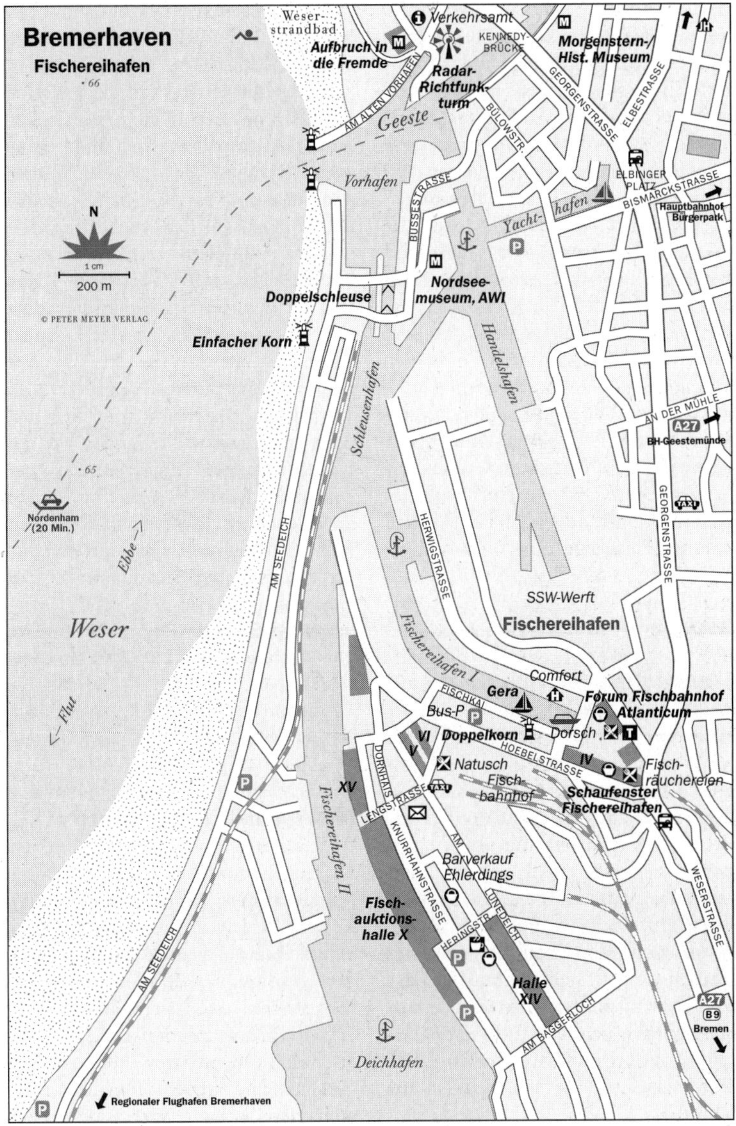
Bremerhaven
Fischereihafen
Weser-strandbad
Verkehrsamt
Aufbruch in die Fremde
KENNEDY-BRÜCKE
Morgenstern-/Hist. Museum
Radar-Richtfunk-turm
AM ALTEN VORHAFEN
Geeste
BÜLOWSTR.
GEORGENSTRASSE
ELBESTRASSE
ELBINGER PLATZ
BISMARCKSTRASSE
Hauptbahnhof Bürgerpark
Vorhafen
BUSSESTRASSE
Yachthafen
N
1 cm
200 m
Nordsee-museum, AWI
Doppelschleuse
© PETER MEYER VERLAG
Einfacher Korn
Handelshafen
Schleusenhafen
AN DER MÜHLE
A27
BH-Geestemünde
Nordenham (20 Min.)
Ebbe
AM SEEDEICH
HERWIGSTRASSE
GEORGENSTRASSE
SSW-Werft
Weser
Fischereihafen
Fischereihafen I
Comfort
Gera
Forum Fischbahnhof
Atlanticum
FISCHKAI
Bus-P
Flut
VI
Doppelkorn
Dorsch
V
HOEBELSTRASSE
IV
Natusch
Fisch-räuchereien
DORNHAIS
Fisch-bahnhof
XV
Schaufenster Fischereihafen
LENGSTRASSE
KNURRHAHNSTRASSE
AM
Fischereihafen II
Barverkauf Ehlerdings
WESERSTRASSE
Fisch-auktions-halle X
LUNEDEICH
HERINGSTR.
Halle XIV
A27
B9
Bremen
AM BAGGERLOCH
AM SEEDEICH
Deichhafen
Regionaler Flughafen Bremerhaven

Bei laufendem Schiffsverkehr wurde die Schleusenkammer von 100 x 30 m auf 181 x 35 m verlängert und verbreitert! So passierten allein im Jahr 2000 etwa 9000 Seeschiffe und über 12.000 Yachten die Doppelschleuse. Bis zum Umbau mussten bei übergroßen Schiffen riskante Dockschleusungen durchgeführt werden: Man wartete, bis der Wasserstand von Weser und Hafenbecken übereinstimmten und nur dann konnten für kurze Zeit beide Tore gleichzeitig geöffnet werden, um eine Durchfahrt zu ermöglichen. Das war pro Jahr gut 200 mal notwendig, wird aber jetzt nur noch selten passieren. Der Besucher erlebt die Schiffe in jedem Fall zum Greifen nahe und ihre Anzahl – Schiffe wie Besucher – dürfte als Folge dieser neuen Anlage eher steigen.

MUSEEN & MEHR

Deutsches Schiffahrtsmuseum

Auch für Leute, die mit Schifffahrt nicht so viel am Hut haben, sehenswert. Das Museum hat einiges zu bieten, wobei auch die Lage den besondere Reiz ausmacht, befindet es sich doch direkt hinterm Deich, im Zentrum der Hafenanlage. Aus den großen Fenstern (z.T. Bullaugen nachempfunden) kann man die vorbeiziehenden Schiffe beobachten und das im Museum Ausgestellte noch intensiver aufnehmen. Nach der Besichtigung sollte man sich nicht wundern, wenn das Gebäude zu schaukeln anfängt …

Auf zahlreichen Etagen und Ebenen, die den Passagierdecks der Kreuzfahrtdampfer nachempfunden sind, dreht sich alles um die Seefahrt, natürlich mit besonderer Berücksichtigung des norddeutschen und bremischen Raumes. Der ganze Stolz des Museums aber ist die einzige erhaltene *Hanse-Kogge* der Welt von 1380.

Direkt vor dem Museum, im alten Hafen, sind fünf imposante **Oldtimerschiffe** vertäut, die in der Sommersaison besichtigt werden können. Außerdem ist dort in dem U-Boot Wilhelm Bauer des Typs XXI von 1943/45 ein so genanntes *Technikmuseum* untergebracht. Wer Spaß daran hat, sich den »Technikfreunden« anzuschließen, die sich zu Tausenden auch an den Flottenbesuchen von Kriegsschiffen aus aller Herren Länder ergötzen, befindet sich in rechter Gesellschaft.

Info: Hans-Scharoun-Platz 1, 27568 Bremerhaven, ✆ 482070. April bis Oktober täglich 10 – 18 Uhr, November bis März Mo geschlossen. Museumsschiffe April bis September 10 – 18 Uhr. Zusammen 4 €, ermäßigt 2,50 €.

Morgensternmuseum

In dem direkt an der Geeste gelegenen Museum, vom »Heimatbund der Männer vom Morgenstern« unter Leitung des Marschendichters *Hermann Allmers* gegründet, wird seit 1991 Stadtgeschichte wieder zum Leben erweckt. Hell, großräumig, modern, nach neuesten museumspädagogischen Konzepten gestaltet, ist dieses Museum eine Attraktion mehr in Bremerhaven. So kann man zum Beispiel ein typisches Fischgeschäft oder eine Hafenkneipe der dreißiger Jahre besichtigen. Im oberen Stockwerk sind Gemälde ausgestellt – natürlich hauptsächlich mit dem Thema Schifffahrt & Co.

Info: ***Morgensternmuseum,*** An der Geeste, ✆ 20138. Di – So 10 – 18 Uhr, 2,50, ermäßigt 1,70 €.

Museumsschiff Gera, im Fischereihafen, 1.6. – 31.8. täglich 10 – 17 Uhr, April, Mai und Sept./Okt. Sa, So und Fei 10 – 17 Uhr. Anmeldung für Führungen ✆ 20138. Eintritt 1,50, ermäßigt 1 €.

Kunsthalle Bremerhaven

Sie legt ihren Schwerpunkt auf die Gegenwartskunst. An Einzelwerken werden aktuelle Tendenzen anschaulich gemacht, dabei widmet man sich auch den Künstlern der Region. Das *Kabinett für aktuelle Kunst* stellt Werke internationaler Avantgardekünstler aus, die oft kurz vor ihrem großen Durchbruch stehen.

Info: ***Kunsthalle Bremerhaven*** und ***Kabinett für aktuelle Kunst,*** Karlsburg 4, am Bürgermeister-Smidt-Platz. ✆ 0471/46838. Nur bei Ausstellungen geöffnet; Di – Fr 14 – 18 Uhr, Sa und So 11 – 13 Uhr. 5/2,50 €.

Kulturelles & Feste

Phänomenta, »Natur und Technik erleben und begreifen«, Karlsburg 9, ✆ 413-081. Di – So 11 – 17 Uhr, 2,60, ermäßigt 1,30 €.

Lloyd-Werft: Führungen mit imposanten Rundblick von der neuen Aussichtsplattfom, über BIS zu buchen.

Maritime Veranstaltungen: Von Juni bis September jeden 2. Sonntag.

Hafenfest-Woche und ***Basar Maritim:*** Ende Juli/Anfang August am Alten und Neuen Hafen, zahlreiche museale Wasserfahrzeuge vom Windjammer bis zur Dampfbarkasse finden sich hierzu ein, umfangreiches Rahmenprogramm.

Maritimer Flohmarkt: am alten Kraftwerk, Kaiserschleuse, etwa 1 Mal monatlich Sa – So 10 – 18 Uhr, Informationen unter ✆ 49076.

Sail 2005: Das Großereignis der nächsten Jahre, Infos unter ✆ 9464612.

Stadttheater, Theodor-Heuss-Platz, 27568 Bremerhaven, ✆ 49001.

Stadthalle, Wilhelm-Kaisen-Platz 1, 27576 Bremerhaven, ✆ 591759.

NÜTZLICHE ADRESSEN

Telefonvorwahl Bremerhaven: ✆ 0471.

Info: www.seestadtbremerhaven.de

Bei den **Touristinformationsbüros** sind ein Bremerhaven-Führer, Freizeitinfo und das »Kulturjournal Domino« kostenlos erhältlich. Das maritime Journal »Windrose« eignet sich außerdem gut zur Einstimmung. Die ebenfalls dort angebotene ***Entdecker-Card*** für 36 bzw. 22 €, gewährt im Raum Nordwest-Niedersachsen 3 Tage lang freien Eintritt in zahlreichen Museen und Freizeiteinrichtungen sowie kostenlose Benutzung der Regionalzüge und Busse des VBN, außerdem ist eine Fahrt nach Helgoland inbegriffen, die allein schon 31,50 € kosten würde.

BIS Bremenhaven Touristik: Van-Ronzelen-Straße 2, 27568 Bremerhaven, ✆ 946-4610, Mo – Fr 8 – 16 Uhr.

Infozentrum Columbus Center: Obere Bürger 13, 27568 Bremerhaven, ✆ 43000, Mo – Mi 10 – 18 Uhr, Do und Fr bis 20 Uhr, Sa 9.30 – 16 Uhr.

> *»Theuerung, die jeden scheniert; solche Noth, dass man nichts anderes hört, … im Oberland, einige Meilen von hier, ißt man Brot aus Baumrinde und gräbt todte Pferde aus; das Vieh stirbt den Bauern aus Mangel an Gras und Futter. Man sieht allen Gräulen entgegen.«*
>
> RAHEL VON VARNHAGEN, 1834

Aufbruch in die Fremde

Europa bewegte sich, und das soll man wörtlich verstehen, denn in den Jahren zwischen 1820 und 1914 drängte eine große Welle von Auswanderern in die Häfen Europas. Über 7 Milionen Menschen aus Nord-, Mittel- und Osteuropa sahen Bremerhaven als die letzte Stadt auf dem »alten Kontinent«. Kaum einer der Emigranten verließ seine Heimat gerne und freiwilig, doch gab es immer einen Grund, um die Habe zu verkaufen, Familie und Freunde zurückzulassen und sich auf eine oft monatelange Reise ins Ungewisse zu machen. Die Auswanderungswelle wurde hauptsächlich durch wirtschaftliche und soziale Not ausgelöst. Man hoffte, billiges, unbesiedeltes Land zu erwerben, wo man sein eigener Herr war.

Tatsächlich landeten aber besonders nach 1900 zahllose Auswanderer als billige Arbeitskräfte in amerikanischen Fabriken, meist angeworben und ausgetrickst von Agenten. Deren Zahl wuchs ständig. Sie waren überall zu finden, mischten sich unter die Bauern in den Kneipen, verteilten Flugblätter mit Adressen, hatten Verbindungen zur Unterwelt. Wenn man ihnen glaubte, war das Auswandern ein Kinderspiel. Sie versprachen Plätze auf dem Segelschiff oder Dampfer, gute Reiseverbindungen und in Zusammenarbeit mit den Wirtsleuten billige Unterkünfte in Hafennähe. Sie gaben vielen das Gefühl der Freiheit. Die Wirklichkeit war anders. Der lange Weg bis zum Zielhafen forderte oft schon Menschenleben oder zog den »Glücklicheren« meist das letzte Geld aus der Tasche. Menschen, die die Landessprache nicht beherrschten, fielen auf Betrügereien, Wucher, überhöhte Wechselkurse und Preise rein.

Oft endete die erste Etappe der langen Reise aus der hintersten Ecke Europas mit einer Enttäuschung im Auswandererhafen – die Wartezeit auf das Schiff. Um die Emigranten vor der Ausbeutung zu schützen, forderten »rechtschaffende« Bürger und soziale Institutionen den *Bau eines Auswandererhauses* in Bremerhaven. 1849 beschwerten sie sich:

»Leider ergaben die angestellten Nachforschungen, dass es in Bremerhaven an einer ausreichenden Zahl von zur Beherbergung von Passagieren geeigneter Häuser fehlte, dass die Auswanderer sich dort in der Regel nur auf großen Tanzsälen notdürftig ohne die geringste Vorsorge für ihre Bequemlichkeit behelfen mussten, dass es ihnen daselbst sogar an aller und jeder Gelegenheit fehlte, ihre auf einer oft

langen Landreise abgenutzte Wäsche zu reinigen und für den Gebrauch auf einer ungewissen Seereise in Stand zu setzen.«

Schließlich finanzierten eine Reihe von Reedern und Kaufleuten den Bau eines solchen Hauses. 1850 war die **Karlsburg** fertig. Fast 2000 Menschen konnten in dem Komplex Verpflegung und Unterkunft finden. Das Haus war nicht lange rentabel, vor allem nachdem die direkte Zugverbindung zwischen Bremen und Bremerhaven gebaut wurde und die Reisenden in der Hansestadt besonders in den ↗ *Mißlerhallen* in Findorff beherbergt wurden; Bremerhaven sahen sie nur noch am Auswandererkai.

Später wurde die Karlsburg als Kaserne, Lazarett und Bierbrauerei genutzt,

Einschiffung in Bremerhaven um 1870. Das Gewühl und Durcheinander sind ebenso groß wie die Aufregung der Auswanderer – ideal auszunutzen für Gauner und Wucherer

heute dient sie der Hochschule und ist kaum zu übersehen: Der Farbkontrast zwischen roten Ziegelsteinen und blauen Sprossenfenstern zieht die Aufmerksamkeit an sich. Eine Tafel an der Wand des Hauses erinnert an die Vergangenheit des burgähnlichen Baus mit Türmen und der ersten öffentlichen Uhr Bremerhavens.

Die wachsende Zahl von Emigranten brachte besonders der Handelsflotte Geld, zuerst nur den amerikanischen Linien, bis 1857 die Bremer Kaufleute *Hermann-Heinrich Meier* und *Eduard Crüsemann* die **Reederei Norddeutscher Lloyd** (NDL) gründeten. Schon bald gehörte sie zu den bedeutendsten der Welt und ließ um die Jahrhundertwende das größte Passagierschiff »Kaiser Wilhelm der Große« bauen. Am 31. Mai 1913 feierte Lloyd seinen zehnmillionsten Fahrgast. 1970 fusionierte die Reederei mit der *Hamburg-Amerikanischen Paketfahrt-Actien Gesellschaft* zur **Hapag-Lloyd AG**.

… und doch bleibt etwas zurück

In der alten Werkhalle neben dem Schifffahrtsmuseum ist die Ausstellung **»Aufbruch in die Fremde«** zu sehen. Sie geht anhand des Beispiels der beiden Emigranten *Johann Möller* und *Jadwiga Bachleda* stellvertretend für die Millionen Auswanderer auf deren Schicksal ein. Mit moderner Audio-Technik und anschaulich nachgestellten Szenen werden Kummer und Hoffnung der Menschen damals verdeutlicht. Beides wirkt bis heute nach: Das Historische Museum hat aus Daten, die u.a. aus den USA stammen, eine **Auswandererdatenbank** aufgebaut, mit deren Hilfe bereits viele Menschen nach ihren Wurzeln und eventuellen Verwandten forschen können. ◀

Aufbruch in die Fremde in der alten Werkhalle am Radarturm neben dem Deutschen Schifffahrtsmuseum, 1. April – 31. Oktober täglich 10 – 18 Uhr. Eintritt 2,50 €, ermäßigt 1,50 €, Familienkarte (2 Erwachsene, 2 Kinder) 6,10 €.

Stadtführungen: ↗ BIS. Häfen und Stadt von Land aus erfährt man auf der »City Bustour«, Abfahrt Di – So zwischen 10.30 und 18 Uhr beim Alten Hafen, DEBEG-Haus. 6,40 €, Ermäßigungen ab 4 Personen, ✆ 47531.

Hafennrundfahrten: ↗ Columbus Center.

Containerhafen: Hier fährt der *HafenBus,* 13.4. – 21.10. Mo – Fr 14, Sa/So 11 und 14 Uhr ab Schaufenster Fischereihafen, je 10 Minuten später ab Schifffahrtsmuseum. 8 €, ermäßigt 5 €.

Überseehafen: Mit der Barkasse *Hein Mück* ab Südkaje im Neuen Hafen (nahe Zoo am Meer), vom 4.4. bis 21.10. täglich mehrmals zwischen 11 und 16 Uhr, übrige Jahr Sa/So 12 Uhr und Mo – Fr je nach Bedarf. ✆ 415850; 7,30, Kinder 3,50 €.

Fischereihafen: Mit der Barkasse *Dorsch* ab Anleger Fischereihafen I, Fischkai. ✆ 6999922. April bis Oktober 11 und 12.30 Uhr, Mai – September ab 9.30 – 16 Uhr mehrere Abfahrten, 7,30, Kinder 3,50 €.

Weser-Rundfahrten: Zu den Außenhafenanlagen mit MS *Lale Andersen* ab Seebäderkaje, April – Oktober Di – So mehrere Abfahrten zwischen 11 und 17.30 Uhr, 6 €, ermäßigt 3 €, ✆ 415850.

Schiffsausflug nach Helgoland: Helgoland ist ein beliebtes Ausflugsziel: Die einen locken die zollfreien Waren, die anderen die beiden Badestrände hinter den Dünen. Während der Saison 1.5. – 6.10. mehrere Fahrten mit dem Seebäderschiff *Helgoland* oder der *MS Speedy* täglich 11.15 Uhr, Erwachsene 40 bzw. 42,50 € hin und zurück, Kinder bis 11 Jahre ca. 17 bzw 27,50 €; Abfahrten auch ab Bremen, ↗ Ausflüge. Infos und Tickets ↗ Columbus Center.

Verbindungen & Verkehr

Schiff: Anreise über die Weser ↗ Ausflüge, Wassertouren.

Zug: Mit dem Zug bis Bremerhaven Hauptbahnhof (Intercity und stündliche Nahverkehrszüge).

Auto: A 27 Abfahrt Bremerhaven-Mitte, der Ausschilderung »Schifffahrtsmuseum« und »Seebäderkaje« folgen.

Zum Fischereihafen: Von Bremen über die A 27, Abfahrt Fischereihafen, der Ausschilderung folgend, gelangt man über die Straße Am Lunedeich direkt ins Zentrum des Hafens.

Bus: In den Bussen der innerstädtischen Verkehrsgesellschaft *BremerhavenBus* sind Einzelfahrscheine und Tageskarten für unbegrenztes Fahren innerhalb von 24 Stunden erhältlich. Zentrale Verkaufsstelle für Tickets ist am Bahnhof zu finden.

Die Linien: Vom Bahnhof verkehren die Linien 2, 5, 6, 8 und 9 zum Columbus Center am Alten Hafen. Die Buslinien 504, 505 und 506 und 6 fahren vom Bahnhof Bremerhaven zum Fischereihafen. Die Linie 504 fährt recht selten, nicht Sa und So, hält aber direkt am Fischbahnhof. Linien 505 und 506 halten an der Hoebelstraße, auf der man zum Fischbahnhof und »Schaufenster« gelangt, sie fahren alle 10 bis 20 Minuten.

Fahrradverleih: ***Radgeber***, Bürger 138, ✆ 9413830, Mo – Fr 9.30 – 13 und 14 – 18.30 Uhr, Sa 9.30 – 12.30 Uhr. 7 € pro Tag, 33 € pro Woche.

Jugendgästehaus (unten): verleiht ebenfalls Drahtesel, für Gäste 3,10 € pro Tag, für Externe 5,10 €.

Unterkunft & Camping

Unter www.seestadtbremerhaven.de findet man auch zahlreiche Privatunterkünfte ab 15 € sowie Ferienwohnungen.

Hotels: ***Nordsee-Hotel Naber,*** Theodor-Heuss-Platz, © 4877-0. EZ ab 66 €, DZ ab 96 €. Gehobene Kategorie.

Hotel Haverkamp, Prager Straße 34, © 4833-0. EZ ab 75 €, DZ ab 85 €.

Comfort Hotel, Am Schaufenster 1, © 93200, neues Haus direkt am Fischereihafen, EZ ab 71 €, DZ ab 88 €.

Hotel An der Karlstadt, neben der Hochschule, © 42021. EZ 50 €, DZ 60 €.

Jugendgästehaus: Gaußstraße 54 – 56, © 85652. Ganzjährig auch für Einzelgäste (ohne Altersbeschränkung), ab 15 €. Bus Nr. 2 und 9 bis Haltestelle Gesundheitsamt.

Camping: ***Campingplatz,*** am Spadener See, © 0471/801022. Komfortabler Platz. Ganzjährig geöffnet, Bus vom Bahnhof Linie 507.

Sonderparkplatz für Wohnmobile: Provisorisch an der Barkhausstraße. Ab 2005 an der Doppelschleuse.

Einkaufen & Essen

Einkaufszentren: Die verkehrsberuhigte Einkaufsmeile Bürgermeister-Smidt-Straße, kurz »Bürger« genannt, erstreckt sich hinter dem Columbus Center zwischen Theodor-Heuss-Platz und Lloydstraße parallel zum Alten Hafen.

Shoppinggalerie: ***Schaufenster Fischereihafen:*** übliche Geschäftszeiten, April – September auch So Verkauf bis 18 Uhr, Kneipen und Restaurants sind auch abends und am Wochenende geöffnet.

Bücher: ***Buch- & Kunsthandlung Thea Mügge,*** Bürgermeister-Smidt-Straße 46, © 45079.

Morisse, Bürgermeister-Smidt-Straße 571, © 43654.

Grüttefien, großer Sortimenter im Columbus Center, Obere Bürger 119, © 417-353.

Fisch: ***Räuchereien:*** Mo – Fr 7 – 16 Uhr Sa – 12 Uhr.

Imbiss- und Barverkaufsstellen im Fischereihafen öffnen um 7 Uhr.

Kurt Ehlerdings Barverkauf in der Freilagerstraße (nahe der Auktionshalle) bietet nicht nur Meeresfrüchte feil, sondern führt seiner interessierten Kundschaft auch das maschinelle Krabbenschälen per Video-Kurzfilm vor, gedreht im eigenen Betrieb. © 45473.

Gastronomie: ***Koggen Bräu,*** Gasthaus mit Brauerei am Alten Hafen, © 417788, April – September Mo – So 11 – 1 Uhr, Winter 16 – 1 Uhr. Das Selbstgebraute wird auch außer Haus verkauft.

Seute Deern, Fisch essen auf einem alten Schiff, Alter Hafen direkt gegenüber vom Deutschen Schifffahrtsmuseum, © 416264, täglich ab 11 Uhr bis open end, Küche mittags und wieder abends bis 21.45.

Treffpunkt Kaiserhafen, gemütliches Kajüten-Ambiente in einer Industrielage, Franziusstraße 92 (Alte Bananenpier), © 42219, Mo – Sa 11 – 24 Uhr.

Fiedler's Aalkate, gehobene Gemütlichkeit beim »Schaufenster Fischereihafen«, Packhalle IV, © 9322350. Küche Mo – So 12 – 15.30, 18 – 21.30 Uhr.

Café National, Traditionscafé an der Einkaufsmeile, Bürger 101, © 415159. Täglich 10 – 19 Uhr.

Natusch, die erste Adresse, was Preis und Leistung betrifft, am Fischbahnhof 1, © 71021-22, Di – So 11.45 – 15 und 17.30 – 22 Uhr.

KUNST & KULTUR

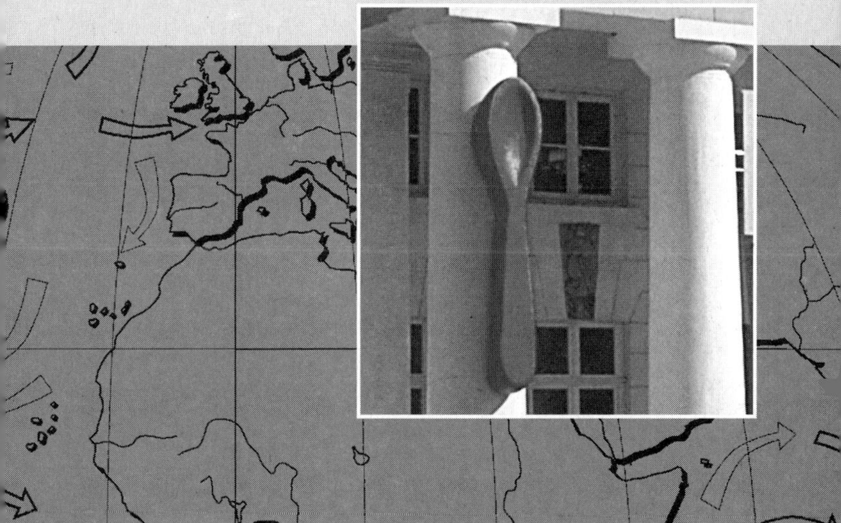

Design
Zentrum
Bremen
Wilhelm
Wagenfeld
Stiftung

KUNST? WAS IST DAS?

»Wenn ich es wüsste, würde ich es für mich behalten«, antwortete einmal – nicht sehr hilfreich – Picasso. In puncto Kunst und Kultur hat Bremen Erstaunliches zu bieten. Wer nach den schönen Dingen des Lebens sucht, wird hier fündig: In Gemäldesammlungen, bei einem klassischen Konzert oder beim Live-act in der Disco, im Kindertheater oder in einer der originellen Buchhandlungen.

MUSEEN, GALERIEN UND AUSSTELLUNGSHALLEN

Würde das Kulturleben in Bremen sich lediglich mit Hilfe des bundesländischen Kulturetas über Wasser halten müssen – die Lage sähe recht trostlos aus. dass in Bremen im musealen Bereich trotzdem einiges geboten wird, hat vielleicht etwas mit der hanseatischen Tradition des Stiftungswesens zu tun. Seit jeher geben bürgerliche Initiativen den Anstoß für Museumsgründungen, während die Stadt dann, ganz nach Belieben, sich an den laufenden Kosten beteiligt oder auch nicht, sich aber natürlich gerne mit den Prestigeobjekten schmückt. Trotz privater Sponsoren befinden sich viele Kunstvereine in Bedrängnis: »Für schöne Veranstaltungen gibt jeder gerne, fürs Klo nicht«, bemerkte einmal der Direktor der Kunsthalle, *Wulf Herzogenrath*, im Hinblick auf die renovierungsbedürftigen Sanitäranlagen und die ausbleibenden Gelder. Mittlerweile ist die 1849 errichtete Kunsthalle von Grund auf renoviert und wieder eröffnet werden. Allerdings behält der Kunstverein sich vor, in Streik zu treten: Sollte der Senat seine Zusage verweigern, die Personal- und Unterhaltskosten der Einrichtung zu tragen, bleiben die Türen vorerst geschlossen.

Mit Löffeln gefressen: Im Wilhelm Wagenfeld Haus zeigt das Design Zentrum Alltagskult(ur)-Gegenstände

Die Kunsthalle Bremen

Durch den 1823 gegründeten Bremer Kunstverein ins Leben gerufen, ist die Kunsthalle die traditionsreichste Institution der Stadt und Eigentum eines der mitgliederstärksten Kunstvereine Deutschlands.

Zu entdecken sind in ehrwürdiger und traditionsreicher Atmosphäre Kunstwerke aus fünf Jahrhunderten, darunter deutsche Expressionisten wie die Künstler der »Brücke« oder August Macke und Franz Marc, aber auch eine Gemäldesammlung der *Künstlerkolonie Worpswede,* die besonders erwähnenswert ist. Sehenswert ist auch der *Skulpturensaal* mit Plastiken aus dem 19. und 20. Jahrhundert, unter anderem von Auguste Rodin. Das international renommierte *Kupferstichkabinett* kann mit mehr als 230.000 Handzeichnungen und Druckgrafiken aus sechs Jahrhunderten aufwarten. Ein Leckerbissen für Kenner ist die fast vollständige Sammlung des druckgrafischen Werkes von Albrecht Dürer. Übrigens werden druckgrafisch Interessierten nicht ausgestellte Werke auf Wunsch vorgelegt.

Beim Durchwandern von Sälen und Kabinetten erhält man einen Überblick über die *abendländische Malerei* des 14. bis 20. Jahrhunderts. Eines der ältesten und ersten Gemälde der Kunsthalle stammt von Masolino da Panicale, dem italienischen Meister der Frührenaissance: »Madonna mit dem Kind« von 1423. Auf dem weiteren Rundgang kommt man an Werken aus der Dürerzeit vorbei, entdeckt Gemälde der holländischen und flämischen Malerei des 17. Jahrhunderts sowie des französischen, italienischen und deutschen Barocks. Nach wie vor aber bildet die französische und deutsche Malerei des 19. und 20. Jahrhunderts den Schwerpunkt der Sammlung. Hier sei besonders Eugène Delacroix erwähnt, der mit einigen wichtigen Werken vertreten ist. Desweiteren findet man Gemälde des Französischen Realismus, der Schule von Barbizon, deutsche Maler der Romantik wie Caspar David Friedrich, außerdem Böcklin, Leibel und andere. Impressionisten und Wegbereiter der Moderne wie van Gogh, Cézanne und Toulouse-Lautrec sind ebenso vertreten wie größere Sammlungen von Werken Max Beckmanns und Lovis Corinth.

Info: Am Wall 207, H Theater am Goetheplatz © 3290-80/830, Di 10 – 21 Uhr, Mi – So 10 – 17 Uhr. 5 €, ermäßigt 2,50 €. Bibliothek, Vortragssaal, Museums-Shop.

Das Gerhard-Marcks-Haus

Der 1889 in Berlin geborene Künstler war mehrere Jahre Meister am staatlichen Bauhaus in Weimar, danach von 1926 bis 1933 Leiter der Bildhauerklasse auf der Burg Giebichenstein in Halle. Unter den Nationalsozialisten wurden seine Skulpturen als »entartet« diffamiert. Bremen verdankt dem Bildhauer eine seiner Haupttouristenattraktionen: *Die Bremer Stadtmusikanten,* die 1953 am Rathaus aufgestellt wurden.

Für die Stiftung ließ man die alte Ostertorwache neben der Kunsthalle umbauen, wobei Gerhard Marcks ein auf sein Lebenswerk zugeschnittenes Umfeld erhalten hat. Der Bestand des Hauses beinhaltet etwa 400 Holz-, Stein- und Bronzeskulpturen, 5000 Handzeichnungen, 600 Druckgrafiken sowie Buchillustrationen, architektonische und kunstgewerbliche Entwürfe, Landschaftsaquarelle und -pastelle; in Wechselausstellungen zu bestimmten Themenschwerpunkten sind ausgewählte Objekte des Künstlers zu sehen. Daneben gibt es Sonderausstellungen, die Skulpturen anderer Bildhauer des 20. Jahrhunderts in Wechselbeziehung zu dem Werk Gerhard Marcks' zeigen, in einem Pavillon stellen junge Bremer Bildhauer aus, Vortragsreihen und Seminare ergänzen das Programm.

> *Plastik ist eine Sache der Gewichte und Proportionen, dem Chaos des Lebens abgerungene Form.*
>
> GERHARD MARCKS

Info: Am Wall 208, H Theater am Goetheplatz, ✆ 327200, Di – So 10 – 18 Uhr. 3,50 bzw. 2,50 €, Führungen Do 17 Uhr und So 12 Uhr.

Wilhelm Wagenfeld Haus

Es liegt direkt gegenüber vom Gerhard-Marcks-Haus in einem Wachgebäude von 1828. Das Museum ermöglicht immer wieder wechselnde Einblicke in die Geschichte der Alltagskultur des 20. Jahrhunderts. Zudem zeigt hier das *Design Zentrum Bremen* aktuelle Entwicklungen und Tendenzen im Bereich Industrie-, Grafik-, Mode- und Verpackungsdesign.

Bis vor wenigen Jahren diente das klassizistische Gebäude noch als Gefängnis und hat besonders in seiner letzten Funktion als Abschiebeknast für unerwünschte Asylbewerber für Kontroversen gesorgt. Seiner Geschichte wird in einem Teil des Hauses mit einer Ausstellung gedacht. Sie ist aber vor allem der Vergangenheit als Gestapo-Gefängnis gewidmet, einem Thema, das wohl weniger widerstreitende Meinungen provozieren dürfte als die jüngste Geschichte.

Info: Am Wall 209, H Theater am Goetheplatz, ✆ 3388116, Di 15 – 21 Uhr, Mi – So 10 – 18 Uhr, 3,50 €, Kinder 1,5 €.

Das Überseemuseum

Die ganze Welt unter einem Dach, war publikumswirksamer Leitgedanke und Gründungsidee des 1891 eröffneten städtischen Museums für Natur-, Völker- und Handelskunde, entstanden aus einer Handels- und Kolonialausstellung im Jahre 1890, auf der Bremer Kaufleute ihre aus Übersee mitgebrachten Importgüter zur Schau stellten. Um das Ganze attraktiver zu gestalten, wurden die Ursprungsländer und Lebensräume dieser Güter mit Landkarten und Gemälden dem Publikum nähergebracht. Das ursprüngliche Motto liegt immer noch in der Luft, hat mittlerweile aber eine andere Dimension erlangt.

Vom Kolonial- zum »Dritte-Welt«-Museum

1974 entschloss man sich zur Neukonzeption. War bisher vor allem die idealisierte Welt der Kolonialherrlichkeit das Anschauungsbeispiel gewesen, wurden nun die Probleme, die den Ländern aus ihrer Eroberung erwuchsenen, miteinbezogen sowie die Zusammenhänge und Auswirkungen in der Gegenwart erläutert. Das Museum sollte *»dazu verhelfen, die Probleme zu erkennen und verantwortlich zu denken und zu handeln«*. Das neue Konzept, umgesetzt beispielsweise in einer Vietnamausstellung, war als (zu) kritisch umstritten; die reformfreudigen Neuansätze wurden allmählich finanziell zurückgeschraubt. Heute stehen Mittel vor allem für Großveranstaltungen wie »Das Gold des Kreml« zur Verfügung, während der Dauerbestand sich eher gemäßigt reformiert gibt. *»Auch wenn Bremen sich gern weltoffen, kritisch, tolerant und fortschrittlich gibt, den (kultur)politisch entscheidenden Leuten ist offenbar ein Museum lieber, das sich in hanseatisch-vornehmer Zurückhaltung präsentiert, um den BesucherInnen ja nicht mehr als*

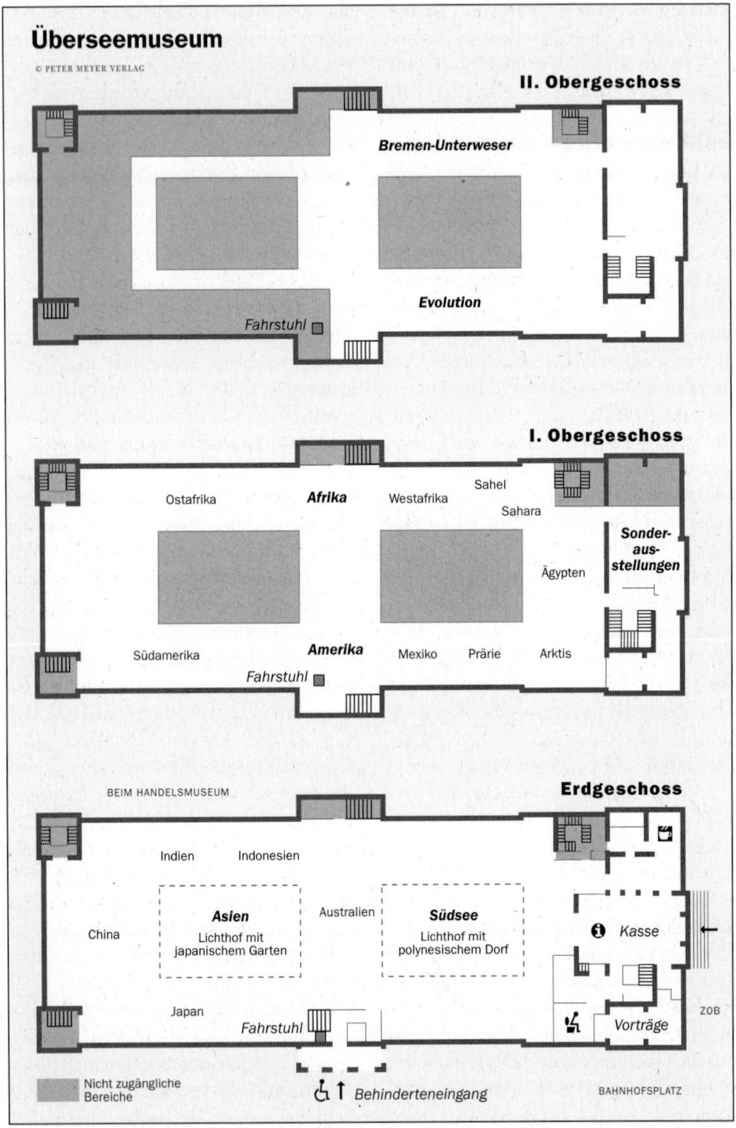
Überseemuseum
© PETER MEYER VERLAG
II. Obergeschoss
Bremen-Unterweser
Evolution
Fahrstuhl
I. Obergeschoss
Ostafrika
Afrika
Westafrika
Sahel
Sahara
Sonder-
aus-
stellungen
Ägypten
Südamerika
Amerika
Mexiko
Prärie
Arktis
Fahrstuhl
BEIM HANDELSMUSEUM
Erdgeschoss
Indien
Indonesien
Australien
Asien
Lichthof mit
japanischem Garten
Südsee
Lichthof mit
polynesischem Dorf
China
Kasse
Japan
Fahrstuhl
Vorträge
ZOB
Nicht zugängliche
Bereiche
Behinderteneingang
BAHNHOFSPLATZ

›Aaah!‹ und ›Oooh!‹ zu entlocken«, ist eine unter Kritikern (u.a. dem »Dritte-Welt-Haus«) gängige Meinung.

Die einzelnen Abteilungen des Überseemuseums gruppieren sich um zwei große Lichthöfe, in denen man die Hauptattraktionen findet: ein Hüttendorf der Südsee mit Orginalbooten und Häusern sowie einen japanischen Garten mit Shinto-Schrein und Goldfischteich. Drumherum gliedern sich die Asien-, Südsee- und Australienabteilungen.

Im ersten Obergeschoss wird die imaginäre Weltreise mit den Kontinenten Amerika und Afrika fortgesetzt, im zweiten schließlich ist eine Ausstellung zum Thema Evolution sowie eine andere zur Bedeutung der Schifffahrt und des Überseehandels für Bremen zu sehen, ohne den schließlich dieses Museum nie entstanden wäre.

Die Abteilungen sind alle pädagogisch-liebevoll aufbereitet, daher ist man in diesem Museum auch immer von Kinderscharen umgeben. Vermutlich gibt es kein einziges Bremer Kind, das nicht mindestens einmal vor seinem zehnten Geburtstag im Überseemuseum gewesen ist.

Neu hinzugekommen ist das **Übermaxx**, gleich nebenan in den oberen Stockwerken eines Kinocenters gelegen. Hier sind noch einmal 30.000 völkerkundliche Objekte aus aller Welt ausgestellt, die zuvor in irgendwelchen Archiven verstaubten.

Info: Bahnhofsvorplatz 13, H Hbf.

Überseemuseum, © 16038101, www.uebersee-museum.de, Di – So 10 – 18 Uhr, 5 €, Kinder 2,50 €.

Übermaxx: Geöffnet Mi – Fr 11 – 21 Uhr, Sa, So 12 – 18 Uhr. Im Preis des Überseemuseums enthalten.

Fockemuseum

Bremer Landesmuseum für Kunst- und Kulturgeschichte

Das Fockemuseum ist aus zwei Keimzellen entstanden: aus dem von dem Bremer Juristen und Senatsyndikus Dr. Johann Focke 1900 gegründeten und sehr beliebten heimatkundlichen *Historischen Museum* und dem 1873 eröffneten *Gewerbemuseum,* zunächst Vorbildsammlung für die Ausbildung von Künstlern und Kunsthandwerkern, dann Kunst- und Kulturgeschichtliche Sammlung für den norddeutschen Raum. 1918 wurden die beiden Sammlungen zum Fockemuseum vereint, das sich seit den 60er Jahren auf dem ehemaligen *Riensberger Gut* etwas außerhalb des Stadtzentrums befindet.

Gezeigt werden *Funde der Vor- und Frühgeschichte* des bremischen Raums, *bäuerliche Arbeits- und Wohnkultur* sowie *städtische Kunst und Kultur* ab Beginn des Mittelalters. Dazu gehört natürlich auch die Geschichte der Bremer Schifffahrt und die des Schiffbaus, die eindrucksvoll anhand von Modellen, Seefahrtsutensilien und alten Seekarten präsentiert wird. Neueste Attraktion der Abteilung ist der Bugteil eines um 1489 gebauten Schiffes, der 1989 bei Ausschachtungsarbeiten auf dem Gelände der Becks-Brauerei entdeckt wurde. Eine weitere Besonderheit ist das *Tabak-Kollegium,* das sich mit der Kulturgeschichte des Rauchens, Tabakverarbeitung sowie der Bedeutung des Tabakhandels für die Stadt befasst.

Haus Riensberg, ein Landhaus von 1768, zeigt neben einer kostbaren *Glas-Sammlung* im Erdgeschoss vor allem das Interieur bürgerlicher Wohnkultur mehrerer Jahrhunderte. In der Abteilung Kinderleben/Kinderspiel ist ein Riesenpuppenhaus aus der Jahrhundertwende beachtenswert.

Im **Haus Mittelsbüren,** einem Bauernhaus von 1700 aus dem Dorf Mittelsbüren, ist eine neue Dauerausstellung zur Geschichte dieses Hauses und damit einer ganzen Region, die den Klöcknerwerken weichen musste, untergebracht.

In der 1803 errichteten **Tarmstedter Scheune** sind landwirtschaftliche Geräte und Arbeiten aus zwei Jahrhunderten zu besichtigen. In der Außenstelle des Fockemuseums, der 1848 erbauten **Turmwindmühle** in Oberneuland wird der Weg vom Korn zum Brot erläutert.

Info: Schwachhauser Heerstraße 240, H Fockemuseum, © 3613575. Eintritt 4 €, ermäßigt 2 €. Auf dem Gelände liegen die Häuser nah beieinander und sind nicht zu verfehlen. Geöffnet Di 10 – 21 Uhr, Mi – So 10 – 17 Uhr.

Außenstelle Oberneulander Mühle, Ausstellung »Vom Korn zum Brot«, Oberneuland, Bus 30 und 34, H Mühlenfeldstraße, Di – Fr 9 – 12 Uhr, So 11 – 17 Uhr.

Kunstsammlungen Böttcherstraße

Gleich drei Sammlungen können in der ↗ *Böttcherstraße* besichtigt werden. Gemeinsam ist ihnen, dass sie alle von dem ehrgeizigen *Ludwig Roselius* gegründet worden sind. Nach einer Totalsanierung im Jahr 1994 erstrahlen die Ausstellungen wieder im »alten« Glanz.

Info: ***Paula-Modersohn-Becker-Haus,*** Böttcherstr. 8 – 10, ***Roseliushaus***, Böttcherstr. 6. H Domsheide, © 3365077. Geöffnet Di – So 11 – 18 Uhr, Eintritt für alle Bereiche zusammen 5 €, ermäßigt 3 €.

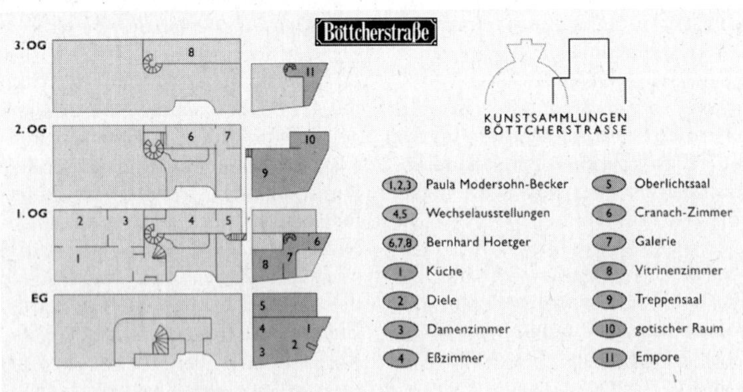

Paula-Modersohn-Becker-Haus

In ihrer nur zehn Jahre dauernden Schaffensperiode überwand *Paula Modersohn-Becker* (1876 – 1907) den Realismus und entwickelte sich zur Wegbereiterin des deutschen Expressionismus. Nach Lehrerinnenausbildung und Malereistudium in Berlin wohnte und malte sie ab 1898 in Worpswede, wo sie 1901 den Landschaftsmaler Otto Modersohn heiratete. Mehrere Aufenthalte in Paris brachten sie in Berührung mit den Werken Cézannes und Gauguins, die sie in ihrem zukünftigen Schaffen sehr beeinflussten. *Die große Einfachheit der Formen, das ist etwas Wunderbares*, schrieb sie. In ihren Akten, Kinder- und Selbstbildnissen und Stillleben abstrahierte Paula Modersohn-Becker die Natur mittels strenger Konturierung und reiner, erdiger Farben. In den einfachen Bildkompositionen verbinden sich Mensch und Natur zu einer starken symbolischen Einheit.

Seit der Wiedereröffnung des Museums sind ihre Gemälde in großzügigen und hellen Räumen ausgestellt. An die 500 Handzeichnungen, Studienblätter und Entwürfe zeigen die künstlerische Entwicklung der Malerin. In den Räumen sind außerdem von Bernhard Hoetger entworfene Stühle und Tische ausgestellt.

Über die Treppe gelangt man in die beiden oberen Stockwerke, wo in der **Sammlung Bernhard Hoetger** Plastiken, Gemälde, Kunsthandwerk und Möbel des »Allroundkünstlers« und »Leibarchitekten« von Roselius zu sehen sind.

Roseliushaus

Das Roseliushaus bietet mit seiner Sammlung an niederdeutschem Interieur aus dem 14. bis 18. Jahrhundert einen kontrastreichen Gegenpol. Die ursprüngliche Idee Roselius', in der Präsentation eines altbremischen Patrizierhauses seine Sammlungsgegenstände zwanglos und ihrer ursprünglichen Funktion entsprechend ausstellen zu lassen, ist auch nach der Renovierung weitgehend beibehalten worden. Auf drei Etagen wurde Interieur zusammengestellt. Eine Gemäldesammlung mit Stücken alter Meister der Reformation und Renaissance wie Lucas Cranach d.Ä., Konrad von Soest und Hermann tom Ring sind weitere Höhepunkte des Hauses.

Neues Museum Weserburg

Seit 1991 wird auf den 6000 m² des ehemaligen Werkgebäudes einer Kaffeegroßrösterei die umfangreichste Sammlung zeitgenössischer Kunst privater Sammler in Deutschland gezeigt. Kunst wird hier gemäß der Konzepte des jeweiligen Leihgebers in möglichst geschlossenen Werkgruppen präsentiert, um auf diese Weise ihren jeweils »spezifischen Charakter« zu erhalten.

Das Museum liegt reizvoll auf dem **Teerhof**, einer Insel zwischen den beiden Weserarmen. Im Inneren des Gebäudes herrscht eine loftartige Atmosphäre und viele Durchbrüche, kleine Kabinette und dann wieder große Hallen bieten viel Abwechslung. Rundgänge im traditionellen Sinne gibt es hier nicht.

Zu sehen ist auf fünf Etagen ein hochkarätiger repräsentativer Querschnitt von Westkunst der Nachkriegszeit, mit besonderer Betonung der sechziger bis achtziger Jahre. Schwerpunkte liegen unter anderem auf der figurativen deutschen Malerei, auf abstrakter Farbmalerei der 60er Jahre bis zur Gegenwart mit Werken von beispielsweise Georg Baselitz und Markus Lüpertz. Fluxuskünstler wie Daniel Spoerri sind vertreten, dessen recht morbide Objekte sehenswert sind. ZERO-Bewegung sowie Yves Klein, Joseph Beuys und Sigmar Polke sind in Werkgruppen ausgestellt. Konzeptuelle Kunst, Pop-Art aus den USA und natürlich Andy Warhol gehören genauso dazu wie Edward Kienholz, dessen »Soldatenbordell«, Gründungsidee und Hauptattraktion des Museums, auch nach dreißig Jahren noch schockiert. Unbedingt anhören sollte man sich den Klangraum von Norbert Prangenberg; er ist etwas schwierig zu finden, am besten danach fragen.

Gesellschaft für aktuelle Kunst e.V. Bremen: Eröffnet im Jahre 1980, war sie gewissermaßen Vorläufer und Ideenstifter für die Gründung des Neuen Museums Weserburg. Hier wird in Einzel- und Gruppenausstellungen internationale avantgardistische Kunst vorgestellt, dabei wird der Schwerpunkt auf noch weitgehend unbekannte Positionen gelegt.

Info: Teerhof 20, H Am Brill, © 598390, Di – Fr 10 – 18 Uhr, Sa und So 11 – 18 Uhr. 5 €, ermäßigt 3 €.

Gesellschaft für aktuelle Kunst e.V., © 500897, Di – So 11 – 18 Uhr, 2/1 €.

Dom-Museum

Im Anschluss an eine groß angelegte Restauration in den Jahren 1974–76 richtete man das Museum in Domanbauten aus dem 13. und 15. Jahrhundert ein. Ausgestellt sind mittelalterliche Gräber mit ihren wertvollen Beigaben, Steinfragmente des Doms wie beispielsweise frühe und spätromanische Kapitelle, Basen und Ornamente. Die Geschichte des Bistums Bremen von 787 bis 1648 wird erläutert.

Ebenfalls zum Dom-Museum gehörig und von außen am Turmbläserbrunnen vorbei erreichbar, ist der **Bleikeller,** in dem unter Glas 8 Mumien aus dem 17. und 18. Jahrhundert ausgestellt sind, die einst in der Ostkrypta bestattet waren. Der Sandboden unter dem Dom sorgte in den Gewölben für sehr trockene Luft und damit für diese leicht gruseligen Exponate. Luftiger und aussichtsreicher ist eine Turmbesteigung.

Info: ***St.-Petri-Dom***, H Domsheide, © 365-0441, Mo – Fr 10 – 17 Uhr (November – März 11 – 16 Uhr), Sa 10 – 13.30 Uhr, So 14 – 17 Uhr. 2 €, ermäßigt 1 €.

Bleikeller & Turmbesteigung: gleiche Öffnungszeiten, November – Karfreitag geschlossen. Keller Eintritt 1,20 bzw. 1 €. Turm 0,70 bzw. 0,50 €.

Universum
Science Center Bremen

Selbst wer durch die Eintrittspreise geschockt vor dem Eingang wieder einen Rückzieher macht, hat schon einen ersten nachhaltigen Eindruck bekommen: das Gebäude selbst. Wie ein riesiger, silbern glänzender Wal erhebt es sich aus einem umliegenden Teich.

Aber das Eintrittsgeld lohnt sich. In drei Expeditionen (Mensch, Erde, Kosmos) werden den Besuchern Fragen aus diesen Wissensgebieten gestellt und zum Teil in spielerischer Form beantwortet. Hier kann jeder gewissermaßen selbst zum Forscher werden. Es wird zum Beispiel nicht nur erklärt und gezeigt, wie Erdbeben entstehen, sondern man kann sich auch gemütlich in eine Küche setzen, ein Erdbeben seiner Wahlstärke anfordern und sich dann entsprechend durchschütteln lassen. Weitere 200 Exponate zum Selbsterleben und -entdecken sind noch vorhanden.

Wer die Expeditionen durch das Universum mit mehr Ruhe durchführen will, sollte sich einen Termin suchen, wenn Schüler Ferien oder Wochenende haben, denn aus gutem Grund gehen hier Schulklassen ein und aus.

Info: Wiener Straße 2, von der Stadt aus vor der Universität, H NW 1 (Linie 6) oder mit Bus 30 S direkt zum Universum. ✆ 33460, www.usc-bremen.de, Mo – Fr 9 – 18 Uhr, Mi bis 21 Uhr, Sa, So 10 – 19 Uhr. 10 €, Kinder 6 €.

Schloss Schönebeck

Einen Ausflug wert ist dieses Heimatmuseum allemal, und sei es allein wegen der idyllischen Umgebung im Tal der Schönbecker Aue. Nach dem Dreißigjährigen Krieg erbaut, wechselte das Fachwerkgebäude einige Male den Besitzer. Im Jahre 1949 übernahm schließlich die Stadt Bremen das Schloss, ließ es gründlich renovieren und übergab es dem Heimat- und Museumsverein für Vegesack und Umgebung e.V., der 1972 das Museum eröffnete. Zu sehen gibt es eine große Sammlung zur Vegesacker Seefahrtsgeschichte, kulturhistorisch wertvolle Objekte zum Schiffsbau, zur Nautik, zum Rettungswesen auf See sowie der Nachlass des aus Vegesack stammenden Afrikaforschers *Gerhard Rohlfs* (1831 – 1896).

Info: Im Dorfe 3, H Schafgegend (Nahverkehrszug Richtung Vegesack bis Schönebeck), ✆ 623432, Di, Mi, Sa 15 – 17 Uhr. So 10 – 12.30 Uhr und 15 – 17 Uhr. 2 €, ermäßigt 1 €.

Barocke Schmuckschatulle: Schloss Schönebeck

Galerien

Die hier aufgelisteten Galerien und Ausstellungshallen sind zur besseren Übersicht nach Stadtteilen gegliedert.

Innenstadt

Untere Rathaushalle: Städtische Ausstellungshalle im Rathaus.

Galerie S: Sparkasse Am Brill, H Am Brill, ✆ 1790, Banköffnungszeiten, breite Ausstellungspalette.

Fedelhören: In dieser Straße gibt es eine konzentrierte Ansammlung von Galerien, Antiquitätenläden, Nobelshops und Restaurants. H Rembertistraße.

Galerie Gruppe Grün: Fedelhören 32, ✆ 326572, Mi – Fr 15 – 18 Uhr. 1971 als Produzentengalerie mit dem Anspruch gegründet, neue unkonventionelle Kunst zu fördern.

Graphische Kabinett Wolfgang Werner: Rembertistraße 1A, ✆ 327478, hier findet man klassische Moderne.

Ostertorviertel

Galerie beim Steinernen Kreuz: Beim Steinernden Kreuz 1, H Theater am Goetheplatz, ✆ 701515, Mi und Fr 14 – 19 Uhr, Do 14 – 20, Sa 10 – 14 Uhr. Neben Künstlern aus der Region werden vor allem Fluxus-Künstler präsentiert.

Galerie für Gegenwartskunst: Claasen-Schmal, Bleicherstraße 55,✆ 702139, junge experimentelle Kunst.

Galerie Rolf Ohse: Contrescarpe 36, H Theater am Goetheplatz, ✆ 327550, Mo – Fr 10 – 13, 15 – 18.30 Uhr, Sa 10 – 13 Uhr. Schwerpunkt auf der Kunst nach 1945, wechselnde Ausstellungen.

Schwachhausen

Galerie Bismarck: Bismarckstraße 12, H Dobbenweg, ✆ 77278. Mo – Fr 14 – 18 Uhr. Herr Beyer hat eine Kunst-Bibliothek und gibt selbst auch Kunstbücher in limitierter Ausgabe heraus.

Galerie im Winter: Richard-Wagner-Straße 32, H Parkstraße, ✆ 342294, Di – Fr 15 – 19 Uhr, heißt so, weil sie im Sommer geschlossen ist. Spezialisiert auf niederländische Kunst der Gegenwart, Werke in der Tradition des Konstruktivismus, des Suprematismus sowie Objektkunst und Installationen.

Galerie Hartwig: Hartwigstraße 41, H Bulthauptstraße, ✆ 3479959. Zeigt nach Vereinbarung zeitgenössische Kunst aus den fünf neuen Bundesländern.

Neustadt

Künstlerhaus am Deich: Galerie im Künstlerhaus, Am Deich 68/69, H Am Neuen Markt, ✆ 508598. Mi – Fr 15 – 18 Uhr, So 15 – 18 Uhr. Hier arbeiten zwanzig Künstler aller Sparten. Außerdem gibt es ein internationales Ausstellungsprogramm der Bildenden Kunst.

Städtische Galerie im Buntentor: Buntentorsteinweg 112, H Gneisenaustraße, ✆ 36159136, Do 10 – 18, Di, Mi und Fr 10 – 16 Uhr, So 11 – 18 Uhr. Eintritt 2, ermäßigt 1 €. Schwerpunkt ist die Präsentation von Künstlern aus der Bremer Region.

Die Graphothek: Als Teil der Stadtbibliothek im Gebäude der Städtischen Galerie, Buntentorsteinweg 112, H Gneisenaustrafle (Linien 4/5), ✆ 3616920, Do 15 – 20 Uhr, Eintritt frei. Sobald die Stadtbibliothek ein neues Gebäude gefunden hat, soll die Graphothek dorthin umziehen. – Hier kann man sich für eine Jahresgebühr von 30 € Orginale bremischer und überregionaler Künstlerinnen und Künstler bis zu 12 Wochen ausleihen und zuvor natürlich ansehen. Es gibt 3500 Arbeiten in allen zeitgenössischen Stilrichtungen und grafischen Techniken: Radierungen, Siebdrucke, Litho- und Fotografien, Zeichnungen, Aquarelle, Kleinplastiken, Objekte und Videos.

Findorff & Walle

Galerie Katrin Rabus: Plantage 13, H Theodor-Heuss-Allee, ✆ 356568. Di – Fr 15 – 18 Uhr, Sa 11 – 14 Uhr. Eine Institution in Bremen; in den loftartigen Hallen präsentiert Katrin Rabus stille, konzentrierte Kunst mit minimalen Formen. Daneben organisiert die engagierte Galeristin regelmäßig Konzerte für Neue Musik und Diskussionsveranstaltungen. Raimund Girke, Jerry Zcniuk und Antonio Scaccabarozzi waren bereits zu Gast.

GADEWE – Galerie des Westens e.V.: Reuterstraße 9 – 11, H Utbremer Straße, ✆ 3807990, Di 15 – 19 Uhr, Do 15 – 21, Fr 15 – 18 Uhr. Produzentengalerie (Malerei, Zeichnungen, Grafik, Skulpturen und Installationen) und Kabarett in einem.

Galerie Reinfeld: Am Weidedamm 7, ✆ 355707, zeitgenössische Kunst.

Bremen-Nord ( )

KITO: Alte Hafenstraße 30, H Bahnhof Vegesack, ✆ 654848, Mi, Sa, So 11 – 18 Uhr. Die *Stiftung Fritz Overbeck* zeigt im Kulturzentrum Werke des Worpsweder Landschaftsmalers.

Galerie Birgit Waller im Haus Lesmona: Am Kappelenberg 5, H Am Kapellenberg, ✆ 621666, bei Ausstellungen Mi und So 15 – 18 Uhr. In der ehemaligen Kaufmannsvilla von 1814 werden Zeichnungen und Kleinplastiken internationaler Künstler ausgestellt. In dem dazu gehörigen Park findet man eine Skulpturensammlung mit Plastiken von Matzinski Denninghoff, H.G. Prager, Giuseppe Spagnulo und anderen.

KUNST IM ÖFFENTLICHEN RAUM

Kunst im öffentlichen Raum als bremische Variante der bundesweiten Kunst-am-Bau-Regelung, nach der zwei Prozent der Bausumme für die Architektur öffentlicher Bauten begleitender Kunst zur Verfügung gestellt werden kann, existiert seit 1973. Ihr Ziel ist es, ortsbezogene und soziale Bedingungen der Stadt in die künstlerischen Arbeiten einzubeziehen und den Zugang zu Kunst zu demokratisieren. Eine besondere Ausprägung erfuhr sie durch die zahlreichen Wand- und Bunkerbilder.

Zwischen Dom und Wallanlagen

Auf einem der wichtigsten Verkehrsknotenpunkte, der Domsheide, steht seit 1988 der **Verkehrs-Turm** von *Per Kirkeby.* Der auf einem quadratischen Sockel ruhende achteckige Turm aus rotem Backstein stellt ein modernes Pendant zur Fassade des traditionsreichen Bremer Veranstaltungsortes Die Glocke dar. Stadteinwärts biegt man rechter Hand auf den Domshof. Hier befindet sich seit 1993 der **Neptun-**

Brunnen des Künstlers *Waldemar Otto* mit seinen Bronzefiguren. Es wirkt, als ob sich Neptuns Zug mit den umliegenden Bank- und Handelshäusern im Schlepptau, direkt auf das Bremer Parlament zubewegt. Ob er auch das futuristisch wirkende *Lokal Alex* mit seinem großen Glasdach mitnehmen will, ist eher ungewiss.

Ob mit oder ohne Kaffeepause geht es geradeaus weiter zur Bischofsnadel und den Wallanlagen. Dort findet man hinter der Unterführung die Plastik **Das Ende** des Künstlers *Bernd Altenstein* von 1978. Es ist eine der in Bremens »Kunst im öffentlichen Raum«-Projekten häufig vertretenen figurativen Bronzeplastiken, die ein Kunstfreund nachträglich mit der witzigen und treffenden Bemerkung »Mit Brille wär das nicht passiert« versehen hat.

Man folgt nun dem Weg rechter Hand am Wallgraben entlang und steht neben der lebensgroßen Skulptur **Rosselenker** von *Louis Touaillon* aus dem Jahre 1902. Die von einer Hecke umsäumte Bronzestatue vermittelt eine lebendige und kraftvolle Verbindung zwischen dem unbekleideten Jüngling und seinem Pferd, das er am Halfter neben sich führt.

Der Weg durch die Wallanlagen gabelt sich hier, und es empfiehlt sich ein kleiner Abstecher nach rechts zu dem **Lidice-Mahnmal – Erinnern für die Zukunft** aus Holz, Eisen und Stahl des Bremer Bildhauers *Jürgen Waller* von 1989. Die symbolischen Überreste des von Hitler 1942 zerstörten tschechischen Bergarbeiterdorfes Lidice stehen im kritischen Bezug zu dem Denkmal **Jüngling** von *Herbert Kubica* aus dem Jahre 1936, welches der Gefallenen des Freicorps Caspari und der Division Gerstenberg des Jahres 1919 gedenkt – und damit die »Helden« der Niederschlagung der Räterepublik ehrt. Sie überdauerte unbeschadet den Krieg und wurde 1955 in den Wallanlagen wieder aufgestellt.

Zurück zum Rosselenker, von wo aus man die kleine Brücke über den Wallgraben nimmt, um zum Präsident-Kennedy-Platz zu gelangen. Hier, am Anfang der Kohlhökerstraße liegen im Eingangsbereich einer Bank die sechs riesigen Kugeln nebst einer kleineren Kugel aus Sandstein und glänzend poliertem Granit des **Boule-Spiels** von *Bernd Uiberall* aus dem Jahre 1983.

Hinterm Wallgraben geht der Mond auf

Freunde von Wandbildern sollten vom Präsident-Kennedy-Platz einen Ausflug durch die Bremer Antiquitätenmeile Fedelhören machen und rechts auf den Rembertikreisel einbiegen: Dort fällt rechter Hand auf einer Brandmauer am Eckhaus Auf den Häfen das große Wandbild *Peter K.F. Krügers* **Blick aus dem Fenster** von 1976 auf. Es zeigt ein altes Ehepaar, das in Ruhe und mit Distanz aus seinem Fenster hinunter auf das hektische Treiben des Stadtverkehrs schaut.

Zurück auf dem Präsident-Kennedy-Platz geht es nun rechts den sich am Ufer des Wallgrabens entlangschlängelnden Pfad zum rechter Hand liegenden Rudolf-Hilferding-

Platz. Hier steht – in Entsprechung zur kolossalen Architektur des *Haus des Reichs* – das 1991 errichtete Skulpturenensemble **Fragment** aus poliertem Granit und Stahl des Künstlers *Hawoli.* Durch die Passage Auf der Brake, unter der Bahnhofshochstraße hindurch, folgt man dem Fußgängerweg geradeaus bis zur Straße An der Weide. Hier steht vor der ehemaligen Hauptpost die auffällige 16 Meter hohe Stahlplastik **Aufgehender Mond** (einschließlich Telefonzelle aus lackiertem Kunststoff) der Architekten- und Künstlergruppe *Haus-Rucker-Co* und *Manfred Ortner.* Besonders in der Dunkelheit erhellt sich dem Betrachter durch künstliche Beleuchtung der Titel dieses Werkes aus dem Jahr 1990.

Man orientiert sich nun links auf den Hauptbahnhof zu und durchquert ihn Richtung Bürgerweide, wo ein Klangkunstwerk, der **Klangbogen** des Berliner Künstlers *Rolf Julius,* die visuelle und akustische Führung über den großen Platz bis zum postmodernen Congress-Centrum übernimmt.

Zurück auf dem Bahnhofsvorplatz folgt man nun der Bahnhofstraße. Unter der Hochstraße auf der Verkehrsinsel, inmitten des Innenstadtverkehrs, steht die graue Stahlskulptur **Eisengitter** von *Norbert Radermacher* (1988). Die an das Unendlichkeitszeichen erinnernde Form des Objektes ist vom Blech der Leitplanken gesäumt und soll zum Nachdenken über Stadtverkehr, Blechlawinen und Smog veranlassen. Geradeaus stößt man etwas weiter am rechts angrenzenden Hillmannplatz auf die Granitskulptur *Ulrich Rückriems* **Der Böse**. Dieses Werk aus unbearbeitetem Stein steht wie ein rohes Stück Natur zwischen den mehrgeschossigen Geschäftshäusern mit ihren glatten Fassaden. In Richtung Innenstadt findet sich rechter Hand am Herdentorsteinweg, Ecke Hillmannstraße eine weitere Skulptur des Künstlers mit dem Titel **Documenta 2 – Aus dem Museum des Steins,** wie Der Böse ebenfalls aus dem Jahre 1988.

Zurück zur Domsheide gelangt man geradeaus über den Wallgraben zu den **Schweinen** des Künstlers *Peter Lehmann,* auf denen seit 1974 beson-

Peter Lehmanns »Schweine« mit ihrem Hirten

ders Kinder gern herumrutschen und -reiten. Die Skulpturen markieren den Eingang zur Sögestraße, durch die einst die Stadtbewohner ihr Vieh auf die Bügerweide trieben (*Söge* = niederdt. Sauen). Der Sögestraße bis zur Obernstraße folgend und dann linksherum über den Marktplatz gelangt man zum Ausgangspunkt zurück.

THEATER, KINO & MUSIK

Die Theaterszene Bremens ist weit gefächert. Neben der großen traditionsreichen Häusern wie *Bremer Theater* und *Ernst-Waldau-Theater* können einige kleinere Bühnen ihren festen Platz in der Theaterszene behaupten. Zudem gibt es zahlreiche unkonventionelle Bühnen, die Spielstätte für diverse Ensembles der freien Theaterszene und für Gastspiele aller Art geworden sind. Im *Musical-Theater* am Richtweg fiel allerdings Ende März 2002 der letzte Vorhang für »Hair«. Ob er sich an dieser Spielstätte überhaupt wieder heben wird, ist noch unsicher.

Eintrittskarten: für Theater und Konzerte gibt es beim entsprechenden Veranstaltungsort oder bei ***Ticket- & Touristik-Service-Center,*** Bürgerweide, © 353-637, im Internet www.tsc-eventim.de oder www.bremen-tourism.de

Das Bremer Theater

Nicht nur Stadttheater, sondern sogar Staatstheater, zeigt es an fünf verschiedenen Spielstätten sein umfangreiches Programm: Das **Musiktheater** mit seinem Repertoire von *klassischer Oper* bis *zeitgenössischem Singwerk* präsentiert sich am traditionellen Spielort, dem **Theater am Goetheplatz.** Vornehmlich Inszenierungen aus dem Spektrum des *Gegenwartstheaters* werden im **Schauspielhaus** gezeigt. Das *Tanztheater* in der **Concordia** hat mit seinen eigenwilligen Produktionen weit über die Stadtgrenzen hinaus Furore gemacht. Auch *Kinder und Jugendliche* sind in Bremen willkommene Theatergäste: Das **MOKS** bietet im Brauhaus eine einfallsreiche Auswahl von Märchen und Aufführungen mit zeitkritischem Hintergrund, im **Brauhauskeller** gibt es zudem Aufführungen, Lesungen und musikalische Darbietungen.

Info: *Theater & Schauspielhaus; Brauhauskeller* und ***MOKS*** hinter dem Schauspielhaus; Ostertorsteinweg 57a, H Theater am Goetheplatz;

Concordia, Schwachhauser Heerstraße 17, H Parkstraße.

Kasse: Am Goetheplatz 1 – 3, © 365-3333, Mo – Fr 13 – 19.30 Uhr, Sa 11 – 14 Uhr. Auf alle Preise (Musiktheater 15 – 42 €, Schauspiel 12 – 21 €, Brauhaus und Concordia 12 €, MOKS 5 – 10 €) gibt es für Berechtigte bis zu 50 % Ermäßigung.

Waldau-Theater

Das Niederdeutsche Theater zeigt vor allem Stücke in plattdeutscher Sprache, Ohnsorgstücke, Musicals, Boulevard- und Kindertheater. Montags findet zusätzlich eine Kleinkunstreihe im »**tik**«, *Theater im Keller,* statt. Die Programme, zwei in jeder Spielzeit, unterhalten mit Witz, Liedern und Musik. Angeschlossen ist ein **Restaurant**.

Info: Waller Heerstr. 165, H Waller Ring, ✆ 3861755, Karten 16 – 22 €, »TiK« 10 €, Kindertheater 8 – 9 €.

bremer shakespeare company

Diese Bremer Institution kämpfte lange ohne öffentliche Zuschüsse um ihr Überleben. Wie der Name schon sagt, spielt das Ensemble vorwiegend Stücke des großen englischen Dichters und nimmt an einem regen Austausch mit anderen Shakespeare-Truppen teil. Auf der Grundlage eigener Übersetzungen werden die Stücke möglichst authentisch inszeniert. So wird das Publikum und der Zuschauerraum ganz im Sinne des ursprünglichen, vergnüglichen Volkstheaters mit in die Aufführungen einbezogen, die ansonsten auf einer spartanisch, fast behelfsmäßig ausgestatteten Bühne in Szene gesetzt werden. Angeschlossen an das Theater ist ein Ort kleinerer Kulturdarbietungen, die **Kneipe Falstaff.**

Info: *Theater am Leibnizplatz,* H Theater am Leibnizplatz, ✆ 500333, 16 €, ermäßigt 10 €, Beginn meist 19.30 Uhr.

Falstaff, ✆ 500226, Di – So ab 18 Uhr, Fr ab 23 Uhr Tanzparty.

Junges Theater

Entstanden aus dem Jugendclub des Bremer Theaters, hat sich diese »jüngste« Schauspieltruppe in Bremen bereits etabliert. Das Junge Theater verbrachte seine ersten Jahre in der Friesenstraße mitten im Viertel und zog dann zum Güterbahnhof um. Seit August 2003 bietet das Ensemble nun im Kunst- & Künstlerhaus Schwankhalle weiterhin freies Theater vom Feinsten. Es werden Eigenproduktionen wenig etablierter junger Autoren gespielt, ergänzt durch Gastspiele, Musik, Festivals und Lesungen.

Info: Buntentorsteinweg 112, H Gneisenaustraße ✆ 700141, 13 €, ermäßigt 6,50 €.

Packhaustheater im Schnoor & Theatrium-Puppentheater

Im Packhaustheater werden vorzugsweise eigene Produktionen von Boulevard-Komödien gespielt. Zudem gibt es Gastspiele von Revuen, Kabaretts und Chansonabende. Unregelmäßig tritt hier auch noch das *Bremer Zaubertheater* auf.

Der Spielplan des **Theatrium-Puppentheaters** enthält nicht nur Stücke für Kinder, sondern zur Hälfte Inszenierungen für Erwachsene, in denen Marionetten, Handpuppen, Tischfiguren und lebensgroße Puppen in einer Kombination aus Puppen- und Schauspiel breite Interpretationsmöglichkeiten (auch für klassisches Repertoire) ausschöpfen. Das Drei-Personen-Theater (!) ist international auf Figurentheatertagen vertreten, ebenso sind andere Bühnen zu Gast im Packhaus. Die Preise sind je nach Aufführung verschieden. Seit 1985 wird im Herbst das *Internationale Bremer Puppentheaterfestival* in loser Abfolge veranstaltet.

✹ **Tipp:** Nach der Vorstellung gibt es für alle die Möglichkeit, einen Blick hinter die Kulissen zu werfen.

Info: Wüste Stätte 11, H Domsheide, ✆ 326054, Karten Di – Fr 11 – 13 Uhr, Di – So 18 –20 Uhr, Karten 16 €, ermäßigt 12 €.

Schnürschuh-Theater

Das Jugendtheater setzt sich mit sozialkritischen Themen zwischen Kindheit und Erwachsensein auseinander und spricht mit seinen theaterpädagogischen Konzepten besonders Schulklassen an. Aber auch für Erwachsene offenbart sich hier ein oft unbarmherzig direkter Blick auf die Welt. Viele Stücke entstehen in enger Zusammenarbeit mit betroffenen Jugendlichen und jungen Erwachsenen. Vereinzelt gibt es auch Gastspiele aus den Bereichen Kabarett und Folkmusic.

Info: Buntentorsteinweg 145, H Gneisenaustraße, © 555410, 8 – 13 €.

Madame Lothár Travestie-Theater

Bremens einziges Travestietheater befindet sich im Schnoorviertel: Das Outfit in Flitter, Glitzer, Taft und Tüll, die Imitationen von Madonna über Nana Mouskuri bis zur Diva Marlene Dietrich oder die ein- bis zweideutigen Kommentare gehören ebenso zu jeder ordentlichen Travestie-Show wie eine gehörige Portion Selbstironie. Alles das, verpackt in verschiedene kleinkünstlerische Darstellungsformen, erwartet die Besucher im Kellergewölbe mit rauchiger Baratmosphäre.

Info: Kolpingstraße 9, H Domsheide, © 3379191, Einlass 20 Uhr, Show Mi – Sa 21.30 Uhr, 17 €, Fr/Sa 25 €.

Theaterschiff

Das umgebbaute Binnenschiff bietet auf zwei Bühnen Musicals, Komödien und verschiedene Musikveranstaltungen.

Info: Schlachte, Arkaden an der Wilhelm-Kaisen-Brücke, H Domsheide, © 790-8600.

Musical Theater Bremen

Von 1998 bis zum Sommer 2001 trieb Mr. Hyde, alias Dr. Jekyll sein Unwesen fast 1000 mal in dem neuen modernen Theater. Dann wurde bis März 2002 das alte Erfolgsmusical »Hair« wiederbelebt. Die Zukunft des Theaters ist zur Zeit nicht geklärt. Spötter schlagen vor, dort ein schönes, zentrales Schwimmbad einzurichten – für Nicht-Bremer: das war das Theater vor seinem Umbau.

Info: Musical Theater Bremen, Richtweg, H Hauptbahnhof, © 0180/5544321.

Kinos

Wie in anderen Städten auch ist die Kinoszene in Bremen stark komerziell ausgerichtet, mit den entsprechenden Kinoansammlungen unter einem Dach oder unter der Regie eines Besitzers. Die nachfolgenden Programmkinos zeigen oft Filme abseits des »main stream«; Programmwechsel ist immer donnerstags:

Cinema Ostertor, Ostertorsteinweg 105, H Sielwall, © 700914, Vorführungen ab 19 Uhr. Dieses Programmkino hat seit 1972 22 Bundesfilmpreise gewonnen. Das Programm wechselt oft täglich, gezeigt werden 4 x täglich Erstaufführungen, Klassiker, Experimentalfilme, ausländische Produktionen, Kult-, Kunst- und Kinderfilme für 6,50 €.

Schauburg, Vor dem Steintor 114, H Brunnenstraße, © 792550. Das zweite Programmkino im Viertel zeigt überwiegend neuere, weniger kommerzielle

Filme. Außerdem finden hier kleinere Konzerte, Theater- und Kabarettaufführungen statt sowie Kinderkino, Café im Foyer.

Kino 46, Waller Heerstraße 46, H Gustavstraße, © 3876731, 5 €, ermäßigt 4 €. Das Kommunalkino in Walle zeigt 3 x täglich hauptsächlich Originalversionen mit Untertiteln, Filmklassiker, Stumm- und Kinderfilme. Oftmals finden themenbezogene Veranstaltungswochen statt, etwa die Literarische Woche oder Länderwochen. Das Programm wird durch Vorträge, Diskussionen und Lesungen ergänzt.

Karo, Reuterstr. 9 – 17, Utbremer Straße, © 392772. Eigentlich eine Kneipe, zeigt aber häufig um 20 Uhr Kinofilme auf einer großen Leinwand. Kultcharakter haben inzwischen die Übertragungen des Bundesligaspiels der Woche am Samstag und der Serie »Lindenstraße« am Sonntag.

Men Seven, Am Dobben 7, H Rembertiring, © 323687, zeigt täglich 11 – 23.30 und So ab 15 Uhr Filme für Schwule.

Atlantis, © 324546, Böttcherstraße, zeigt nachmittags Kinderkino und abends oft Erstaufführungen.

Neues Filmstudio/Atelier, Herdentorsteinweg 39, © 13212.

Gondel, Schwachhauser Heerstraße 207, H Schwachhauser Ring, © 214842. Kinderkino, Matinees (So 11.30 Uhr) und insgesamt eher niveauvolle Filme zeichnen das Programm aus.

City-Filmtheater, Birkenstraße 1, © 165-3100, H Herdentor oder Hauptbahnhof, hier gibt es täglich bis zu 4 Filme à 3 €. Einmal am Tag laufen die Filme in englischer Originalfassung!

Live on Stage

Kulturzentrum Schlachthof

Im 1879–82 errichteten Bremer Schlachthof hat seit 1981 in dem unter Denkmalschutz stehenden Turmkomplex das Kulturzentrum seinen Sitz. Das Gebäude beherbergt Ausstellungs- und Konzerträume – die Kesselhalle bietet bis zu 1000 Zuschauern Platz -, ein Café sowie Magazinboden und -keller. Das Veranstaltungsangebot reicht von Pop- und Rock-Konzerten (oft auch von hier noch unbekannten internationalen Künstlern) über Theaterabende und -festivals vor allem freier Theatergruppen, Kabarett, Filmvorführungen bis hin zu Veranstaltungen für Kinder, Ausstellungen und Parties.

Info: ***Schlachthof,*** Findorffstraße 51, H Theodor-Heuss-Allee, © 377750.

Kulturzentrum Lagerhaus

Außer Theater- und Kabarettgastspielen auch Lesungen, politische Diskussionsveranstaltungen, 1. und 3. Do im Monat Tanzparties, Konzerte, Tanzkurse und Workshops. Im Ambiente der alten Lagerräume und im neu gestalteten Café trifft sich die Viertelszene.

Info: ***Lagerhaus,*** Schildstraße 12 – 19, H Sielwall, © 71562, 702168.

Bürgerhaus Weserterrassen

Hier finden Veranstaltungen jeder Art für Kinder, Jugendliche und Erwachsene statt. Konzerte, Varieté, Spielabende, Vernissagen, Tanzparties, Workshops sowie Kinderflohmärkte, Kinderkino und -theater. Regelmäßig findet eine »Welt-Nacht« statt, in der

Künstler aus anderen Ländern Musik und landeskundliche Hintergründe vorstellen.

Info: Osterdeich 70b, H St.-Jürgen-Straße, © 447238.

Modernes

Der eigenartige Name lockt nicht nur die »Altstädter«, sondern auch Nicht-Bremer auf die linke Weserseite der Stadt. Von außen wirkt die schnöde Nachkriegsfassade eher abschreckend. Der Einfallsreichtum des Architekten hat dem Veranstaltungssaal ein bewegliches Kuppeldach beschert. So manches erhitzte Gemüt, ganz sicher aber der entnervte Nichtraucher, der sich hier bei Disco, Konzert oder Kino die Nächte um die Ohren schlägt, blickt erleichtert zum sich auftuenden Sternenhimmel hinauf, wenn sich die Kuppel zum »Dampf ablassen« öffnet. Das Gebäude hat bereits eine bewegte, abwechslungsreiche Geschichte hinter sich. Vom bürgerlichen Tanzsaal, Vergnügungsort der leichten Muse, Propagandaforum der Nazis bis zum Sexkino war bei der mehrfachen Metamorphose alles vertreten.

Info: Neustadtswall 28, H Theater am Leibnizplatz, © 505553.

MIB-Saal

Seit 1990 besteht die ambitionierte Reihe »Improvisationen« (Free Jazz) der MIB. Die Initiative ist Impuls gebendes Forum für die Bremer Free-Szene, spielt aber auch andere Jazzrichtungen. Zweimal im Monat Konzerte, Do Sessions, meist Jazzrock (Eintritt frei).

Info: *MusikerInnen Initiative Bremen*, Buntentorsteinweg 112, H Gneisenaustraße, © 552141.

Pier 2

Auf dem ehemaligen Werftgelände direkt am Wasser hat sich dieser Mehrzweck-Veranstaltungsort für größere Live-Auftritte etabliert.

Info: Gröpelinger Fährweg, © 6918181, H Use Akschen.

Haus im Park

Schon 1903 wurde auf dem Gelände des **Zentralkrankenhauses Bremen Ost** ein Festsaal für die damalige Psychatrie erbaut, der später auch der Allgemeinheit offen stand. Das ursprüngliche Jugendstilgebäude musste nach einem Brand jüngst abgerissen werden, doch entsteht nun ein neues »Haus im Park«, wo ab Sommer 2004 der Veranstaltungsbetrieb mit Vorträgen und Konzerten wieder aufgenommen werden soll.

Ein paar Schritte entfernt liegen die **Galerie im Park** mit wechselnden Ausstellungen, das **Krankenhausmuseum** zur Geschichte der Psychatrie und ein **Café**.

Info: Züricher Str. 40, H Krankenhaus Bremen-Ost, © 4081757.

Galerie im Park und *Krankenhausmuseum*: © 4081846, Mi – So 15 – 18 Uhr.

Café im Park: Mo – Fr 12 – 20 Uhr, Sa/So 14 – 20 Uhr.

KITO

Das KITO hat sich in den letzten Jahren überregional einen Namen gemacht. 1990 wurde der Name der in den 20er Jahren ansässigen Pappkartonfirma »Kistentod« mit der Gründung des Kulturzentrums wiederbelebt. Vor allem für Liebhaber des musikalischen Experimentalfeldes ist das KITO in Bremen-Vegesack unbedingt empfehlenswert. Schwerpunkt des no-mainstream Programms sind Jazz, Blues und Folk sowie Klassik und Neue Musik. Internationale Jazzgrößen wie Joshua Redman, Ralph Towner oder den Frankfurter Albert Mangelsdorff konnte man in der Vergangenheit in der gemütlichen und intimen Atmosphäre des ausgebauten Dachbodens hören. Daneben finden regelmäßig Lesungen, Theater- und Kabarettvorstellungen statt.

Info: Vegesack, Alte Hafenstraße 30, H Bahnhof Vegesack, ✆ 666660 & 654848 (Tickets).

Aladin, Party-Point & Tivoli

Drei Veranstaltungsorte in einem und die richtige Adresse für Rock- und Popfans. Neben live acts in der *Discothek Aladin* (Achtung: sehr laut!), finden kleinere abwechslungsreiche Konzerte im *Tivoli* statt.

Info: Hannoversche Straße 9 – 11, H Hannoversche Straße, ✆ 435150.

Weserstadion

Zwei-, dreimal im Jahr hat man Gelegenheit, hier große Liveauftritte internationaler Stars zu erleben, trotz massiver Proteste der Anwohner und (inzwischen entkräftigter) Bedenken der Statiker. Die Beschallung reicht auch für ein angenehmes Hörerlebnis von den nahen Weserterrassen aus.

Info: H Weserstadion.

Die Glocke

1997 renoviert und modernisiert, gehört zu den renommierten Veranstaltungsorten. Ihr großer Saal fasst 5000 Personen und verfügt über eine außergewöhnlich gute Akustik, die sich besonders für klassische Konzerte eignet. Neben den Konzertreihen treten hier Tournee-Theater, Broadway Musical Companies, Chöre und Orchester, Musiker wie die Dubliners oder auch einmal Hermann van Veen auf. Wer die Wahl hat, sollte Die Glocke der Stadthalle vorziehen, da hier eine bedeutend angenehmere Atmosphäre herrscht.

Info: Domsheide 6, H Domsheide, ✆ 336699.

Stadthalle

Sie darf zwar in der Liste der wichtigen Veranstaltungsorte nicht fehlen, doch Veranstaltungen wie Holiday on Ice, Konzerte internationaler Stars, gelegentliche Musical-Gastspiele oder ähnliches finden, egal in welcher der Hallen, in einem kalten, unpersönlichen Rahmen statt, die Distanz zur Bühne erfordert ein Opernglas. Angegliedert sind weitere Veranstaltungssäle in den Messehallen und im Kongresszentrum.

Info: Auf der Bürgerweide H Bürgerpark, Karten ✆ 101030 oder 3505330.

Musikfestivals & -feste

Breminale

Was 1987 als Experiment begann, hat sich inzwischen etabliert, ist aber durch Mittelkürzungen schon wieder arg in seinen Entfaltungsmöglichkeiten beschnitten worden. Um *Pfings-*

ten findet auf den Osterdeichwiesen an der Weser zwischen Tiefer und Café Ambiente *das* Bremer Kulturfestival statt. Hier werden Brücken geschlagen zwischen Künstlern und Kulturschaffenden, international renommierte Projekte haben ebenso ihren Raum wie experimentelle Freie Initiativen der Bremer Szene. Daneben gibt es Kunst, Konzerte, Filme, Literatur, Theater, Kinderkultur und Kulinarisches.

Info: Es gibt Dauer- und Tageskarten. Open-Air-Veranstaltungen und Kinderaktionen sind kostenlos. Karten gibt es nur direkt oder im Vorverkauf über Breminale GmbH, ✆ 500503.

Pro Musica Antiqua/Nova

Bekannte und traditionsreichste Veranstaltungsreihe, die seit einem halben Jahrhundert jedes Frühjahr stattfindet und im Wechsel anspruchsvolle neue und alte Musik bietet. Aufführungszentrum ist Die Glocke.

Hier finden bisher auch die Konzerte der *Deutschen Kammerphilharmonie Bremen* statt. Das 1980 gegründete Ensemble zeichnet sich durch ein breit gefächertes Repertoire mit Schwerpunkt moderne Komponisten aus. Das Ensemble arbeitet eng mit bekannten Gastsolisten und Dirigenten zusammen. Zu seinem vielseitigen Repertoire gehören auch Interpretationen von nur selten an die Oberfläche des Konzertbetriebes gebrachten Werken sowie acht Abokonzerte im Jahr.

Info: Karten beim Ticket-Service-Center oder unter 321919.

Musikfest Bremen

Von Ende August bis Anfang Oktober verfällt das klassikinteressierte Pubikum Bremens und »umzu« in Festivalstimmung. Seit es Anfang der 90er Jahre ins Leben gerufen wurde, sind beim Musikfest Bremen bereits Berühmtheiten der klassischen Musikszene wie Lorin Maazel mit dem Pittsburgh Symphony Orchestra und John Eliot Gardiner bis hin zu Liebhaberkonzerten mit speziellen Interessensschwerpunkten zu hören gewesen. Seit einigen Jahren verleiht die Aufführungspraxis an ungewöhnlichen Spielstätten (z.B. in Werften, Fabrik- und Kaffeelagerhallen) dem Musikfest eine besondere Note.

Info: Bremen Musikfest, Obernstr. 62 – 66, ✆ 170425.

Discotheken

Aladin, populäre Musik aller Richtungen von Techno bis Hardrock, auch live acts, ↗ Live on Stage. Mi Charts, Fr Rock und Pop der 70er, 80er, Sa der 90er. Hannoversche Straße 9 – 11. ✆ 435150, Mi, Fr, Sa ab 22 Uhr.

Lila Eule, poppig und chartsorientiert, trotz rund drei Jahrzehnten der Existenz keineswegs in die Jahre gekommen, neu ist das Live-Programm. Funk, Jazz, Soul (Fr). Bernhardstr. 10, H Sielwall, ✆ 78431.

Modernes, Tanznacht oder Motto-Dance-Party (nur Fr und Sa). Adresse ↗ Live on Stage.

Neue Welt, im ehemaligen *Schmizz* gibt es insbesondere Techno, am Freitag mit wechselnden DJs aus aller Welt. Mi und Do stehen im Zeichen von House bzw. Alternative Rock und Indie. Sa wechselnde Veranstaltungen, u.a. dark wave, gothic und industrial. Ungewöhnlich der Beginn des Frühclubs am Sonntag: ab 5.30 Uhr gibt es Techno! Rembertiring 7 – 9, ✆ 320653, Mi, Do ab 22 Uhr, Fr 23 Uhr, Sa wechselnd.

Römer, Di Dans op de Deel, Mi Jazz und Funk, Do Indie und dazwischen alles von den 70ern bis HipHop und Charts. Fehrfeld 31, H Sielwall, ✆ 700964. Di – Fr ab 22 Uhr, Sa ab 23 Uhr.

Shagall, Rembertiring 4, ✆ 321204, H Rembertistr. Garantiert Techno-freie Disco in nettem Ambiente, hier trifft man auch noch Leute über 30. 70er bis 90er Rock und Pop, Blues Mix.

Scala, In der Vahr 64, ✆ 464246, H Kaserne Vahr. Teure Nobel-Disco mit Kleiderordnung, Di kommen Frauen umsonst rein. Di, Fr, Sa ab 22 Uhr.

Stubu-Musikkeller, Traditionshaus mit dem Flair des »remember the sixties«, Do Black music, sonst »quer Beat«. Rembertring 21, H Rembertistraße, ✆ 326398, täglich ab 21 Uhr.

Tower, Herdentorsteinweg 7a, ✆ 323-334, H Hauptbahnhof. Di, Fr und Sa ab 22 Uhr. Alternative (Fr), Night-Clubbing und Rotationclub (Sa), Livemusic an freien Tagen.

Woody's, für jeden etwas, Mainstream bis Independent (Di), Indie bis Crossover (Mi), Pop und Wave (Do), Rocknacht (Fr), Rock-Pop-Fun (Sa) und am Wochenende heißt es dann »Party Zone«. Rembertring 19, H Rembertistraße, ✆ 326837. Di – So ab 21 Uhr.

LITERATURSZENE

Auch wenn man es nicht vermutet hätte: Bremen, das »Dorf mit Straßenbahn«, hat 64 Buchhandlungen! Und ein nicht unwichtiger deutscher Literaturpreis wird hier verliehen. Mit dem von der *Rudolf-Alexander-Schröder-Stiftung* mit 15.400 Euro dotierten **Literaturpreis der Freien Hansestadt Bremen** wurden seit 1953 so bekannte Schriftsteller wie *Peter Weiss, Siegfried Lenz, Ingeborg Bachmann, Jurek Becker* und der Erzähler *Wolfgang Hilbig* für seinen Roman »Ich« ausgezeichnet. Den **Förderpreis** (5100 Euro) erhielten bis dahin weniger berühmte Literaten wie *Maria Erlenberger, Bodo Morshäuser* oder *Irina Liebmann.* Unkonventionell ehrte die Jury in den vergangenen Jahren ebenso Autoren, die in der Öffentlichkeit umstritten waren, so beispielsweise 1980 den politisch verfolgten *Peter Paul Zahl,* welcher zum Zeitpunkt der Preisverleihung noch inhaftiert war. Der 1944 geborene Schriftsteller und engagierte Vertreter der neuen Linken wurde 1976 nach einem Schusswechsel mit der Polizei zu 15 Jahren Haft verurteilt, wo er die so genannte »Gefängnisliteratur« verfasste.

Lesungen finden häufig im *Literaturcafé Ambiente,* in der *Villa Ichon* am Goetheplatz, in der *Stadtbibliothek Neustadt* (häufig Buchpremieren) oder in einzelnen Buchläden statt. Zur Verleihung des Bremer Literaturpreises Ende Januar gibt es regelmäßig eine literarische Woche mit Lesungen der Preisträger, sowie Diskussionen und Filmen.

Lesetipps vom Literaturkontor

Die *Bremer Zeitschrift für Literatur »Stint«*, benannt nach den kleinen, Weserfischen – die (erstaunlicherweise) immer noch geangelt und verspiesen werden – erscheint zweimal jährlich und ist das Forum regionaler Autoren, druckt aber auch Beiträge international bekannter Schriftsteller.

Die Redaktion von »Stint« sitzt im **Literaturkontor in der Villa Ichon.** Im Literaturkontor kümmert man sich nachhaltig um Bremer, die des Schreibens (auf anerkanntem Niveau) fähig waren. Hier existiert z.B. eine Datenbank über Bremer Autoren, die jeder einsehen kann. Sie ist gewissermaßen die Fortsetzung eines älteren Buches: *Literaturszene Bremen/Bremerhaven & umzu. Autor/-innen und Adressen* (Verlag Kellner, Bremen). In welchem Werk welches Schriftstellers Bremen vorkommt, hat Johann-Günther König in Bremen im Spiegel der Literatur zusammengetragen. Von demselben Autoren ist Ende der 90er auch das Insel-Taschenbuch *Literarische Spaziergänge in Bremen* erschienen. Aber auch das Literaturkontor war weiter aktiv. Seit 1995 gibt es hier die **Friedo Lampe Gesellschaft,** die vier Jahre später zum 100ten Geburtstag dieses Autors Texte im Göttinger Wallstein-Verlag veröffentlichte. In Lampes Texten geht es immer um Bremen, auch wenn der Stadtname nie auftaucht. Sie spielen in der Zeit vor dem Ersten Weltkrieg und in den 30er Jahren.

Wer auf Bremer Schauplätze in spannend-unterhaltsamen und teils gesellschaftskritischen Zusammen-

Lesen bildet …

hängen stoßen möchte, sollte zu den Kriminalromanen und Kurzgeschichten von *Jürgen Alberts* greifen.

Literatur live, ebenfalls vom Literaturkontor herausgegeben, informiert jeden Monat über literarische Veranstaltungen, Autorenfortbildungen, Vernetzungen.

Info: Literaturkontor in der Villa Ichon, Goetheplatz 4, ✆ 327943, Mo – Fr 10 – 13 Uhr, Do 15 – 19 Uhr.

Bücher kaufen & leihen

Buchhandlungen

Neben den bekannten Traditionshäusern und großen Buchkaufhäusern mit breitem Sortiment gibt es viele kleine Spezialbuchläden und Stadtteilbuchhandlungen. Besonders im Steintorviertel sind einige thematisch spezialisiert, in vielen herrscht eine freundliche, persönliche Atmosphäre. Verdrängungswettbewerb, Fusionen und allgemeine konjunkturelle Aufs und Abs machen allen zu schaffen, da hilft selbst eine Spezialisierung manchmal nicht.

Bahnhofsbuchhandlung, im Hauptbahnhof. Günter Reinhardt, ✆ 162777.

Balke, Pappelstraße 84a, ✆ 502430.

Blessing, das Schaufenster gehört der Katze, das Regal ausgewählt guter Literatur auch in seltenen Ausgaben. Albrechtstraße 19, H Humboldtstraße, ✆ 76846.

Buchhandlung am Schnoor, Zweigstelle der Dombuchhandlung. Bremensien, Religion, Kinder- und Jugendbuch. Balgebrückstraße 16, H Domsheide, ✆ 324632.

Buchladen in der Neustadt, Kinder, Frauen, Psychologie. Lahnstraße 65 B, H Gastfeldstraße, ✆ 501911.

Buchladen im Ostertor, Literatur, Politik – alternativ bis links –, Psychologie. Fehrfeld 60, www.buchhandel.de/ostertor. H Sielwall, ✆ 78528.

Georg-Büchner-Buchhandlung, Adolf Beruta GmbH, Vor dem Steintor 56 – 58, H Brunnenstraße, ✆ 72073. Reiseliteratur, Hobby, Freizeit, Belletristik, Frauen- und Kinderbücher.

Arthur Geist, Am Wall 161, ✆ 327173, www.buchgeist.de.

Galerie-Kaufhof, Papestraße 5, ✆ 309-50. Hauptsächlich Taschenbuch und modernes Antiquariat.

Grüttefien, mehrere Filialen, u.a. im Hansa-Caré Pfalzburger Straße 41, ✆ 434-9001.

Hagazussa, Frauenliteratur. Friesenstr. 12, H Brunnenstraße, ✆ 74140, Di – Fr 10 – 18.30 Uhr, Sa 10 – 14 Uhr.

Humboldt, Literatur, Psychologie, Medizin. Ostertorsteinweg 76, H Theater am Goetheplatz, ✆ 77721.

Kamloth, Fachbücher. Ostertorstraße 25 – 29, H Domsheide, ✆ 339370.

Leuwer, Reise und Kunst. Am Wall 171, H Schüsselkorb, ✆ 3218-28, -29.

Otto, Conrad Claus, Gerhard-Rohlfs-Straße 22, ✆ 662219.

Otto, Th. & Sohn, Breite Straße 21 – 22, ✆ 666002.

Seekarte, Kapitän August Dammeyer ist auf Seekarten und Schiffsbücher spezialisiert. Korffsdeich 3, ✆ 395051.

Sieglin, mit mehreren Filialen, Vor dem Steintor 162 – 164, H Brunnenstraße, ✆ 790000.

Storm, allgemeines Sortiment, Bremensien; Fach- und Sachbücher zu Geisteswissenschaften, Reise und EDV, CD-ROMs. Langenstr. 10, H Obernstraße, ✆ 321523.

Thalia Buchhaus, Großbuchhandlung mit breitem Sortiment. Sögestraße 46, H Schüsselkorb, ✆ 173590.

Thein, Musikalienhandlung, Kolpingstraße 1B, ✆ 324340, www.thein-noten.de

Thorban, wohl sortierte Stadtteilbuchhandlung in Schwachhausen. Wachmannstraße 52, H Brahmsstraße, ✆ 342933.

Bettina Wassmannn, bei ihr kann man literarische Entdeckungen machen; seit 25 Jahren führt sie den kleinen, feinen Buchladen, ist auch Verlegerin ausgewählter Werke, und jedes ihrer Bücher ist ein eigenständiges Kunstwerk. Am Wall 164, H Schüsselkorb, ✆ 327627.

Antiquariate

... finden sich ebenfalls vor allem im »Viertel«. Im Unterschied zum »Modernen Antiquariat« kann man hier Second-hand-Bücher kaufen. Im Modernen Antiquariat landen meist Bücher, die die Verlage wegen eines Mangels aus der Buchpreisbindung herausgenommen haben oder die speziell für den »Ramschtisch« billig im Ausland produziert wurden.

Akzente, Antiquariat, Vor dem Steintor 128, H Brunnenstraße, ✆ 7943930.

Andere Seiten, dieser neue Buchladen mit Antiquariat im Viertel hat als Schwerpunkt politische und engagierte Literatur. »Eine heute nicht gerade populäre Gesellschaftskritik findet bei uns ein kräftiges Standbein.« Brunnenstraße 15/16, H Brunnenstraße, ✆ 7947381. Di – Fr 12 – 18 Uhr, Sa 10 – 14 Uhr.

Antiquariat beim Steinernen Kreuz, ein Tipp für den erlesenen Buchgeschmack: Herr Seinsoth führt hauptsächlich deutsche Literatur des 20. Jahrhunderts in Erstausgaben, daneben eine gute Auswahl an Kunstbüchern. H Theater am Goetheplatz, ✆ 701515.

Kochan Antiquariat, bietet vor allem ein breites Angebot klassischer Literatur. Vor dem Steintor 179, ✆ 700352.

Bibliotheken

Zentral gelegene Stadtbibliotheken mit einer breiten Palette von Kinder- und Jugendliteratur über Schöngeistiges bis zu Sachbüchern sind die beiden Folgenden (4 Wochen Ausleihfrist, Jahresbeitrag 20 €, Studenten 10 €, Arbeitslose, Schüler und Kinder frei):

Zentralbibliothek, Schüsselkorb 15/16, H Schüsselkorb, ✆ 361-4465, www.stadtbibliothek-bremen.de, Mo, Di, Do, Fr 11 – 18.30 Uhr, Mi 14 – 18.30 Uhr, Sa 10 – 13 Uhr. Sie soll 2004 ins Polizeihaus am Wall umziehen.

Neustadt, Friedrich-Ebert-Straße 101, H Theater am Leibnizplatz, ✆ 361-59281, Mo 13 – 18 Uhr, Di – Do 11 – 18 Uhr, Fr 11 – 17 Uhr, Sa 10 – 13 Uhr.

Zentralbibliothek Musik, Außer der Schleifmühle 2, H Rembertistraße, ✆ 361-59820, Mo, Di, Do 11 – 13, 15 – 19 Uhr, Fr 11 – 16 Uhr, Sa 10 – 13 Uhr. Diese Stelle müsste sich eigentlich »Neue Medien« nennen, denn außer Musik-CDs, können hier DVDs, Videos, CD-ROMs – aber auch Noten und Musikbücher geliehen werden. Vor Ort kann man sich Schallplatten und Kassetten anhören, die nicht mehr verliehen werden.

ESSEN, TRINKEN, FREIZEIT

ETEN & SOPEN

Mit der Bremer Küche ist das so eine Sache. Wir haben sie gesucht und gesucht und – um es gleich zu sagen – nicht gefunden. Dabei gibt es laut Kochbüchern und glaubwürdigen Aussagen von Bremer Bürgern eine gute regionale Küche. Bloß leider nicht in der Gastronomie. Als erstes müssen wir mit der Vorstellung von einer fischreichen Küche aufräumen. Es gibt so gut wie keine maritimen Einschläge, wie man sie in einer Hansestadt erwarten würde.

Jede Küche entwickelt sich natürlich aus den Produkten, die zur Verfügung stehen. Es gab früher in Bremen nur wenige Gemüsegärten, und wenn, dann fast nur Kohlgärten. Man betrieb Viehzucht und Milchwirtschaft auf der Bürgerweide. Fisch gab's reichlich, in der Weser tummelten sich sogar Lachse. Bis zum 18. Jahrhundert wurde die Bremer Küche von Zeitgenossen anderer Regionen und Länder als schwerfällig, fett und eintönig beschrieben. Ab dem 18. Jahrhundert hielt durch den Überseehandel eine angenehme Veränderung in den Bremer Speiseplänen Einzug. So finden sich in alten Bremer Kochbüchern einige ausgezeichnete Currygerichte. Auch heute noch hat man das Gefühl, dass die Bremer voller Begeisterung alles kulinarisch Fremde aufnehmen.

Kulinarische Spezialitäten

Zu den typisch Bremer Gerichten gehören:

- *Brauner Kohl mit Pinkel:* ↗ Rezept.
- *Bremer Bratwurst:* Überall in der Innenstadt zu bekommen (z.B. direkt neben dem Touristen-Informations-Pavillon auf dem Liebfrauenkirchhof); die berühmteste ist die Rostbratwurst von Stockhinger.
- *Bremer Klaben:* Schweres Gebäck aus Hefeteig mit Rosinen, Korinthen, Sukkade; er wird mit Butter und Schwarzbrot gegessen.
- *Bremer Kluten:* Halb mit Schokolade überzogene Pfefferminzstückchen aus weißer Zuckermasse.
- *Bremer Labskaus*: ↗ Rezept.
- *Knipp mit Bratkartoffeln:* Durch den Fleischwolf gedrehtes Fleisch mit Hafergrütze und Gewürzen.
- *Kükenragout:* Traditionsgericht aus Hähnchenbrust, Kalbszunge, Kalbsbries, Spitzmorcheln und Champignons.

Holzschuhmacher auf dem Kajenmarkt an der Schlachte, ↗ Shopping

Kohl und Pinkel

Kaum ist der erste Frost ins Land gezogen, trifft man überall in und um Bremen Menschengrüppchen, die sich auf Anfrage als Zusammenschlüsse von Freunden, Vereinen und Betrieben zu erkennen geben. Die Ansammlung dick in Mützen und Schals eingepackter Menschen fällt durch extrovertierte Fröhlichkeit auf. Kleine Gefäße, die um ihre Hälse baumeln, oft als Eierbecher identifizierbar, werden reihum aus Flaschen voller klarem und rotem Schnaps gefüllt. Auf ein Stichwort hin werden sie gleich

Braunkohl und Pinkel

1,5 kg	Grün-, resp. Braunkohl
1/2 l	Wasser oder Fleischbrühe
150 g	Schweine- oder Gänseschmalz
2 EL	Hafergrütze
1 TL	Salz
5 TL	Zwiebeln, fein gehackt
4 TL	Zucker
1 TL	gestoßener Pfeffer
1	Pinkel, pro Person
1 Scheibe	Kassler
1	Kochwurst

Die Zwiebeln im heißen Schmalz andünsten, dann schichtweise den vorbereiteten Kohl, Hafergrütze, Zucker und Salz hineingeben, die heiße Brühe darüber gießen und alles 10 Minuten köcheln. Dann den Topf gut durchschütteln, fest zudecken und 2 – 3 Stunden sanft schmoren lassen. Das Fleisch und die Würste werden in der letzten Stunde auf den Kohl gelegt und mitgekocht.

Tipp: Aufgewärmt schmeckt's doppelt so gut.

wieder geleert. Einer der Beteiligten zieht einen hölzernen Bollerwagen hinter sich her, der mit reichlich flüssigem Proviant bestückt und mit Grünkohlblättern verziert ist. Das Grüppchen zieht lachend, scherzend, albernd seines Weges. – Merkwürdig, Passanten scheinen das Spektakel kaum zu beachten. Sie haben höchstens zuweilen ein verständiges Lächeln auf den Lippen oder einen Spruch parat, wenn der ausgelassene Haufen ihnen begegnet. Dieser lohnt das Sprüchlein sogleich mit einem gemeinsamen Schluck aus den Schnapsflaschen.

Stundenlang stapfen diese tapferen Gestalten durch das Bremer Umland. Um den Marsch kurzweiliger zu gestalten, haben sich im Laufe der Jahre einige Riten entwickelt, welche mit Freude betrieben werden. Dazu wird die Menschengruppe geteilt. Beide tragen dann Wettkämpfe aus, unter anderem in der Form, kurze Reisigbesen möglichst weit – weiter als die anderen – von sich zu werfen. Jegliches Ergebnis wird zum Anlass genommen, die Trinkgefäßchen erneut zu füllen und zu leeren. Ist man des Besenswerfens müde, werden so genannte Boßelkugeln herausgeholt, um sich diesmal im Weitkegeln zu über-

Bratwurst gehört zu Bremen wie ...?

bieten. Und wieder werden nach jedem Wurf die Trinkgefäßchen gefüllt und geleert.

Hungrig von den heißen Wettkämpfen fallen sie in einen Gasthof ein und essen alle um die Wette fetten Kohl mit Kassler, Kochwurst und – *Pinkel.* Letzteres hat nichts mit der unter diesem Begriff geführten Körperausscheidung zu tun. Es handelt sich hierbei um eine Wurstart. Wer am meisten isst, wird Kohlkönigin oder Kohlkönig und mit einem »Fressorden« ausgezeichnet.

Übrigens: Nur in Bremen heißt der Grünkohl *Braunkohl.*

Labskaus

1 kg	**Pökelfleisch**
1 Blatt	**Lorbeer**
4	**Zwiebeln**
5	**Matjesfilets**
500 g	**eingemachte Rote Beete**
6 – 7	**Salzgurken,** in Scheiben geschnitten
1,5 kg	**Kartoffeln,** geschält
1	**Spiegelei,** pro Person

Die gekochten Kartoffeln zerstampfen. Das Fleisch mit Zwiebeln durch den Fleischwolf drehen und mit dem Fett andünsten, dann das Püree dazugeben und zum Schluss die Salzgurken sowie die in Streifen geschnittene Rote Beete. Je nach Geschmack die Matjesfilets ebenfalls in Streifen schneiden oder extra dazu servieren. Das Ganze in eine *Kumme* (Schüssel) füllen und die Spiegeleier darauf legen.

Labskaus, die schnelle Variante:
Zwei Dosen Corned beef und klein gehackte Zwiebeln in einem großen Topf anbraten. Angerührtes Kartoffelpüree dazugeben und mit dem Saft der eingelegten Roten Beete zerstampfen. Mit Spiegelei, roter Bete, Gewürzgurken und Matjes oder Bismarckhering servieren.

Traditionell liebt man es in Bremen, den »Kolonialwaren« sei dank, auch süß

Schaffen, schaffen, unnen un boven! Unnen un boven, schaffen! So wurden auf den Segelschiffen die Leute unter Deck und an Deck zum *Labskaus* gerufen, dem traditionellen Seemannsessen. Die Segelschiffe waren oft monatelang unterwegs ohne die Möglichkeit, frischen Proviant an Bord zu nehmen. Vor Fahrtbeginn wurden Fässer mit eingelegten Heringen und eingepökeltem Fleisch an Bord geladen. Kartoffeln und eingelegtes Gemüse ließen sich ebenso gut lagern. Somit waren die Grundsubstanzen für ein Labskaus immer vorhanden. – Bei diesem Gericht isst das Auge besser nicht mit!

ADRESSEN FÜR JEDEN APPETIT

Kaffeeklatsch

Traditionskaffeehäuser

Café Knigge, eine Bremer Institution. Spezialität des Hauses ist die Kapuzinertorte. Sögestraße 42 – 44, H Obernstraße, ✆ 13060. Mo bis Fr 9 – 18.30, Sa 9 – 18 und So 12 – 18 Uhr.

Café Stecker, berühmt ist sein preisgekrönte Butterkuchen und die große Auswahl süßer Köstlichkeiten. Zwei Filialen: Knochenhauerstraße 14, H Schüsselkorb, ✆ 12593. Mo bis Sa 9 – 19, So 11 – 18 Uhr. Und die Filiale:

Raths-Konditorei, Am Markt 11, H Domsheide, ✆ 12593. Mo – Sa 9 – 19 Uhr, So 11 – 18 Uhr.

Café Tölke, kleines Kaffeehaus, wunderschön im Schnoor-Viertel gelegen. Schnoor 23a, H Domsheide, ✆ 324-330.

Katzencafé, etwas versteckt und hübsch gelegenes gutes Bistro. Schnoor 38, H Domsheide, ✆ 326621, im Winter ab 12 Uhr, im Sommer ab 11 Uhr geöffnet, Küche 12 – 15 und 18 – 24 Uhr.

Mühle am Wall, Kaffeemühle, streng genommen ist dieses Café und Restaurant noch kein Traditionsbetrieb, weil es erst Ende der 1990er eröffnet wurde. Da aber das Ambiente drumherum mehr als klassisch zu nennen ist, passt es in diese Rubrik. Am Wall 212, ✆ 14466, täglich 9.30 – 22 Uhr Küche geöffnet. Das Preisniveau ist eher gehoben, aber bezahlbar!

Park Hotel, im Café des traditionsreichen Edelhotels am Rande des Bürgerparks einzukehren, hat etwas Hochherrschaftliches. Es gibt ausgezeichneten Kuchen und eine berühmte Pâtisserieauswahl. Bürgerpark/Hollerallee, H Bürgerpark, ✆ 34080. Täglich 15 – 18 Uhr.

Szenecafés

Ambiente, das runde Café am Osterdeich mit Wintergarten und Traumblick auf die Weser ist nach einem Spaziergang am Fluss im Herbst, bei dem einen der norddeutsche Wind so richtig durchgepustet hat, ideal, um sich bei einer Tasse Kaffee oder Tee aufzuwärmen. Im Sommer kann man es auf der Terrasse gut aushalten. Das Café wurde von einer Gruppe ehemaliger Bremer Germanistikstudenten als Literaturcafé eröffnet; literarische Lesungen und andere kulturelle Veranstaltungen finden hier auch heute noch statt. Am Osterdeich 69a, H St.-Jürgen-Straße, ✆ 4989508, täglich 9 – 1 Uhr; Küche Fr, Sa bis 24 Uhr, sonst bis 23 Uhr.

Bürgerhaus Weserterrassen, gleich neben dem Ambiente, die »gesunde« und preiswertere Alternative, ebenfalls mit Weserblick. Am Osterdeich 70b, H St.-Jürgen-Straße, ✆ 447238, Sa – Mo 14 – 24 Uhr, Di – Fr 10 – 24 Uhr.

Café Grün, Ausstellungsort und Treffpunkt der Bremer Kunstszene. Fedelhören 73, H Schüsselkorb, ✆ 326336, täglich 12 – 24 Uhr.

Ferrari, bei Pietro trifft sich der alternative Mittelstand des Viertels zum Cappuccino und Eis. Vor dem Steintor 110, H Brunnenstraße, ✆ 73798. Mo – Sa 10 – 23, So ab 11 Uhr.

theatro, das Caféhaus, Theater am Goetheplatz 1 – 2, ✆ 326080, Mo – Fr 9 – 2 Uhr, Sa 9 – 4 Uhr, So 10 – 2 Uhr. Das Café mit Großstadtflair; hier kann man vor und nach den Veranstaltungen auch als Nicht-Theaterbesucher die Flanierenden und deren Garderobe bewundern.

Schauburg-Café, im Foyer des Programmkinos, aber nicht nur bei wartenden Kinobesuchern beliebt. Vor dem Steintor 114, H Brunnenstraße, ✆ 792-550. Mo – Sa ab 10 Uhr, So ab 14.30 Uhr.

Restaurants

Exklusiv

Das kleine Lokal, französisch inspirierte Küche, kleine feine Auswahl. Besselstr. 40/Feldstr., H Humboldtstraße, ✆ 7949084, Di – So 19 – 23 Uhr.

Grashoff's Bistro, das Bistro ist Teil eines Delikatessengeschäfts mit normalen Öffnungszeiten, abends gibt es hier nichts. Köstliche, schlichte Fischgerichte; seit Jahren ein Michelin-Stern. Contrescarpe 80 (Hillmannpassage), H Hauptbahnhof, ✆ 14740. Küche Mo bis Fr 12 – 18.30, Sa bis 14 Uhr, langer Sa bis 16 Uhr. Reservierung empfohlen.

L'Orchideé, das Beste, was Bremen nicht nur nach Auskunft der Kochlöffel- und Sternverteiler zu bieten hat. Essen und Service sind über jeden Zweifel erhaben. Es herrschen die in diesen Gefilden üblichen Preise. Im Bremer Ratskeller, Am Markt, H Domsheide, ✆ 3347927, So und Mo geschlossen, sonst 18.30 – 22 Uhr.

Ein bunter Querschnitt

Bierlachs, Fischspezialitäten rustikal bis edel, ein muss für Fischfreunde. Im Hotel Westfalia, Langemarckstraße 38 – 46, H Westernstraße, ✆ 59020, Mo bis Sa 10.30 – 14.30 und 18 – 22.30.

BioBiss, Wulwesstraße 18, ✆ 703044, H Wulwesstraße, Mo – Sa 12 – 19 Uhr. Alles, was hier auf den Tisch kommt, stammt aus ökologischem Anbau und aus artgerechter Tierhaltung.

Bremer Ratskeller, altehrwürdige Bremer Institution, seit über 500 Jahren ein berühmter Weinausschank, größtes Angebot deutscher Weine der Welt (sagt man), Qualität des Essens schwankend, aber ein Besuch lohnt sich auf alle Fälle und sei es, um sich die Riesenholzfässer in der Halle mit ihren rund 300 Jahre alten Schnitzereien anzuschauen. Oder an der Wand gegenüber die Priölken (kleine Kämmerchen), in denen früher die Kapitäne mit den Kaufleuten vor dem Auslaufen ihrer Schiffe Geschäfte abschlossen – nicht zu vergessen die Weinkarte, aus der sich jeder über die Qualität »seines« Geburts-(Wein-) Jahrgangs informieren kann. Hier trifft man »echte« Bremer und natürlich Touristen. Am Markt 1, H Domsheide, ✆ 321676. 11 – 24 Uhr, Küche 12 – 14.30 und 18 – 22 Uhr.

Cabra, Kneipe und gutes Bistro am Ziegenmarkt mitten im Viertel, hier kann man sich mittags am Buffet preiswert satt essen. Wielandstraße 1, H Brunnenstraße, ✆ 7948018, täglich ab 10 Uhr.

Carvalho, katalanische Kneipe im Schnoor mit tollen Tapas nicht nur für Krimifans: Pepe Carvalho heißt der berühmte Meisterdetektiv aus den thrillern des spanischen Gegenwartsromanciers Montalbán, der im Oktober 2003 mit 64 Jahren verstarb. Kolpingstraße 14, H Domsheide, ✆ 336-5080. Täglich ab 18.30 Uhr, warme Küche bis 24 Uhr, danach Tapas.

Damas, syrisches Lokal, bekannt für seine *Mozza*, eine vegetarische Vorspeise. Eduard-Grunow-Str. 24a, H Am Dobben, ✆ 76095. Täglich 18 – 24 Uhr.

Kaiser Friedrich, im Schnoor gelegen, gutbürgerliche, rustikale Küche und Bremer Spezialitäten. Lange Wieren 13, H Domsheide, ✆ 326429, Mo bis Sa 12 – 24 Uhr, Küche 12 – 15 und 18 – 23 Uhr.

La Bottega Italiana, es gibt keine Speisekarte. Italienische Küche, klar und einfach, basta. Fedelhören 102, H Schüsselkorb, ✆ 321384. Küche Di – Sa 12 – 15, 16 – 22.30 Uhr.

La Vita, Pelzerstraße 10, ✆ 15753, H Schüsselkorb, Mo – Fr 10 – 20 Uhr, Sa 10 – 16 Uhr. Vegetarisches Restaurant in der City, nicht alles ist aus ökologischem Anbau.

Médoc, immer voll, immer eng, immer gut. Fantasievolle preiswerte Küche mit französischem Einschlag, viele Crêpe-Spezialitäten und Vegetarisches. Friesenstraße 103, H Brunnenstraße, ✆ 73550. Täglich 12 – 2 Uhr, warme Küche bis 1 Uhr.

Mensa Academia, auch Nichtakademiker sind willkommen. Bevor in dieses alte Gebäude zwischen Domsheide und Schnoor die Hochschule für Künste einzog, hatte das Alte Gymnasium hier seinen Sitz. Die stilvolle Esskneipe ist in den alten Kellergewölben untergebracht, die Küche bietet mediterran inspirierte Gerichte. Dechanatstraße 13, H Domsheide, ✆ 3649164, täglich 12 – 15 und ab 18 Uhr.

Napoli, nettes italienisches Lokal mit ausgezeichneten Vorspeisen. Am Wall 164, H Schüsselkorb, ✆ 326710. Di bis Sa 12 – 15 und 18 – 23 Uhr, So 18 – 23 Uhr.

Osteria, Schlachte 1, ✆ 3398207, H Domsheide. »Feine Küche am Fluss«: Es stimmt, hier werden klassische italienische Speisen direkt an der Weser geboten. Mo – Sa 12 – 1 Uhr, So 18 – 1 Uhr.

Pochana Thai, differenzierte, gute Thaiküche. Langenstraße 14, H Obernstraße, ✆ 323484. Mo bis Sa 12 – 15 und 18 – 23.30 Uhr.

Restaurant am Deich 68, unser Lieblingsrestaurant im Künstlerhaus am Deich; die Speisekarte ist nicht nur mit außergewöhnlichen Speisen gefüllt ... Am Deich 68, H Am Neuen Markt, ✆ 5979682, Di bis So 18 – 2 Uhr, Küche bis 23.30 Uhr.

Schröters Leib & Seele, Schnoor 12, ✆ 326677, täglich 12 – 15 Uhr und 18 – 23.30 Uhr, Fr – So 15 – 18 Uhr (nur Kaffee und Kuchen), H Domsheide. Feines Bistro mit frischen Fischspezialitäten im historischen Herzen Bremens.

Tangente, hier ist die Zeit stehen geblieben, Studentenkneipe italienischer Machart mit guter Pizza. Berlinerstraße 41, H Brunnenstraße, ✆ 75222. Täglich 17 – 0.30 Uhr.

Weserpromenade Schlachte: Das gastronomische Angebot an dem neu gestalteten Uferstück ist vielfältig, von gutbürgerlich bis kubanisch, vom Eiscafé bis zum Cocktail und vom Wein bis zum Bier ist alles vertreten. Von April bis September bis 24 Uhr auch draußen.

Tipp für Bier-Fans

Nahe der Bürgermeister-Smidt-Brücke liegt an manchen Tagen der Geruch von Hopfen in der Luft. Hier wird eines der bekanntesten Bremer Produkte hergestellt: **Beck's Bier.** In der Brauerei gibt es ein Besucherzentrum mit stündlichen Führungen, die gute 2 Stunden dauern. Man sieht u.a. das Sudhaus und ein Brauereimuseum. Zum Schluss kann man im Gästeraum eine Warenprobe vornehmen, die es für Autofahrer natürlich auch in alkoholfrei gibt.

Info: ✆ 50945555, Di – Sa 10 – 17 Uhr, So 10 – 15 Uhr, 3 €, Kinder unter 12 Jahre frei.

In Vegesack

Alle Adressen sind mit dem Nahverkehrszug bis Bremen-Vegesack zu erreichen, H Bahnhof Vegesack.

Hotel Havenhaus, 1645 erbautes Hafenmeisterhaus, mit großem Fischspezialitätenangebot; kleiner Hotelbetrieb, bezaubender Charme. Am Vegesacker Hafen 12, ✆ 664093-96. Täglich 12 – 15 und 18 – 23 Uhr.

Jan Tabac, schönes Ambiente in kleinem Haus mit Weserblick. Ein täglich wechselndes Menü aus frischen Zutaten der Region ersetzt eine umfangreiche Speisekarte, kreativ und persönlich in Küche und Service, gehobene Preisklasse. Weserstraße 93, H Gerhard-Rohlfs-Straße, ✆ 662272. Di bis Sa ab 18 Uhr.

La Pasta, die hausgemachte Pasta ist ein Traum, gutes Preis-Leistungs-Verhältnis, sehr kinderfreundlich. Reeder-Bischoff-Straße 36, ✆ 651828. Mo bis Sa 11.30 – 15 Uhr und 17.30 – 23.30 Uhr, So 17 – 23 Uhr.

Loretta am Hafen, Restaurant und Kneipe mit variantenreichem Speiseangebot für jeden Geldbeutel und jedes Publikum. Der Platz zwischen KITO und Loretta hat im Sommer Piazza-Atmosphäre. Alte Havenstr. 29, ✆ 662829. Mo bis Do 15 – 2 Uhr, Fr bis 4 Uhr, Sa 10 – 4 Uhr, So 10 – 24 Uhr.

Strandlust, Hotel und Restaurant, hier feiern die Vegesacker ihre Hochzeiten, zum Kaffee mit Blick auf die Weser empfehlenswert. Rohrstraße 11, ✆ 66090. Täglich 7 – 23 Uhr.

Kneipen

Das »Viertel« – Ostertor- und Steintor-Viertel – ist der Kiez von Bremen, hier tummelt sich die Szene, egal welche. Es ist voller Kneipen und Treffpunkte verschiedenster Kulturen. Es gibt jede Menge ausgezeichneter türkischer Imbisse, mit und ohne Sitzgelegenheiten, die oft die ganze Nacht geöffnet sind. Unser Tipp: einfach losgehen und sich treiben lassen.

Im Viertel ...

Airport, hier wird erst aufgemacht, wenn andernorts geschlossen wird. Am Dobben 70, H Sielwall, ✆ 74512. Täglich ab 23 Uhr bis open end.

Auf den Höfen, am Rande des Ostertorviertels, ist ein schöner großer Hinterhof mit vielen Kneipen und Restaurants, die öfters mal wechseln.

Bandonion, Gertrudenstraße 37, ✆ 718-32, Mo – So ab 18 Uhr, Küche bis 24 Uhr, H Humboldtstraße. Alteingesessene Kneipe von Dimitris mit griechisch beeinflusster Küche.

Café Wienerhof, alteingesessen-alternativ und gemütlich. Weberstr. 25, H Sielwall, ✆ 700419. Täglich 15 – 2 Uhr.

O-Café im Cinema, hier geht man nicht nur nach dem Kinobesuch hinauf, sondern auch, wenn man gerne spielt. Weit mehr als 100 Spiele stehen für gesellige Runden zur Verfügung. Ostertorsteinweg 105, H Sielwall, ✆ 701-976, ab 17 Uhr, Sa, So ab 12 Uhr.

Filz, Horner Straße 90, ✆ 704553, Mo – So 17 – 1 Uhr, Küche 18 – 23.30 Uhr, H Brunnenstraße. Typische Viertel-Eckkneipe mit ausgezeichnetem Küchenangebot.

Lagerhaus Kafe, angenehme, große Kneipe im Kulturzentrum. Schildstraße 12 – 19, H Sielwall, ✆ 702168. Sommer ab 20 Uhr, Winter ab 18 Uhr; Küche bis 23 Uhr, Sa/So bis 24 Uhr.

Litfass, Szenekneipe und -Café. Ostertorsteinweg 22, H Theater am Goetheplatz, ✆ 703292. Mo bis Fr 10 – 2 Uhr, Sa/So bis 4 Uhr.

Maerz, so eng, dass man sich nie einsam fühlt; oft dicke Luft. Sielwall 29, H Sielwall, ✆ 78719. Täglich ab 19 Uhr (So ab 20 Uhr) bis open end.

Türke, echte Viertelkneipe mit guten Biersorten. Der Name geht auf die Zeiten zurück, als ein türkischer Wirt den Laden schmiss und die Kneipe ein legendärer Szene-Treff war. Seit über 10 Jahren versucht die »neue« Besitzerin den Namen *Wild's* durchzusetzen – man geht halt »zum Türken«. Beim Steinernen Kreuz 13, H Theater am Goetheplatz, ✆ 76951. Di – Sa 20 – 1 Uhr.

Zum lustigen Schuster, in dieser Kneipe in einem schmalen Haus aus dem Jahre 1798 schenkte einst eine Schusterfamilie Braunbier und selbst gebrannten Schnaps an Zigarrenmacher aus. St. Paulistraße 1, H Theater am Goetheplatz, ✆ 7948769. Mo bis Sa ab 18 Uhr.

... und anderswo

Die Kneipe, ist, wie sie heißt: altmodisch-schlicht, fürs feine ***Schwachhausen*** ungewöhnlich. An der Gete 149, H Kurfürstenallee, ✆ 442265. Täglich 19 – 2 Uhr, Küche bis 23 Uhr.

Dicker Engel, gemütliches Kneipencafé in ***Findorff*** mit Gesellschaftsspielen und Speisen von Fladenbrot bis Suppen. Münchener Straße 9 – 13, H Lohmannstraße, ✆ 371797. Täglich 18 – 2 Uhr, Küche bis 23.30 Uhr.

Karo, Kultkneipe in ***Walle***, am Sonntagabend gibt's die Lindenstraße auf Großleinwand. Reuterstraße 9 – 17, H Utbremer Straße, ✆ 392772. Mo – Sa ab 20 Uhr, So ab 18 Uhr.

Café Normal, traditioneller Treff links der Weser. Große Johannisstraße 192, H Hochschule Bremen, ✆ 594079. Sommer ab 20 Uhr, Winter ab 19 Uhr. Küche bis 24 Uhr.

Schlachthof-Kneipe, nach dem Sonntagsfrühstück über den Flohmarkt auf der Bürgerweide bummeln oder den kleinen Appetit nach dem Konzert stillen, dafür ist die Kneipe im Kulturzentrum genau richtig. Findorffstraße 51, H Theodor-Heuss-Allee, ✆ 371661. Mo – Sa ab 15 Uhr, So ab 9 Uhr.

Treffpunkte für Frauen

Während es in der ersten Auflage dieses Reiseführers noch vier Adressen für Frauen gab, die gerne mal unter sich bleiben wollen, sieht es jetzt in Bremen recht trostlos aus.

Rat und Tat Zentrum für Schwule und Lesben e.V., Theoder-Körner-Straße 1, H Sielwall, ✆ 700007. Dort auch *Elledorado*, Lesbenkneipe, 3. Sa im Monat ab 21 Uhr.

Treffpunkte für Männer

Bei Informations- oder Gesprächsbedarf sei auf das ↗ *Rat und Tat Zentrum für Schwule und Lesben e.V.,* hingewiesen.

Bienenkorb, ein Restaurant, gemütlich und kuschelig! Rembertistraße 32, H Rembertistraße, ✆ 327229. Mo – Fr 16 – 6 und Sa, So 18 – 6 Uhr.

Bronx, man trägt nicht nur Leder, sondern auch Jeans, legendär ist der Kaffeeklatsch, 1. So im Monat 15 Uhr. Täglich ab 21 Uhr geöffnet, Bohnenstraße 1, H Am Dobben, ✆ 702405.

Queen's + Tom's, kuschelige Tuntenkneipe, wie sich ein Insider ausdrückt. Außer der Schleifmühle 10, ✆ 325912, ab 21 Uhr.

Downtown, Gaststätte mit Table-dance und Eigenschwoof. Außer der Schleifmühle 49, ✆ 0177/2783558, Mi, Do ab 22 Uhr, Fr, Sa ab 23 Uhr.

Zum Draußensitzen

Woran erkennt man in Bremen, dass Sommer ist? Daran, dass der Regen wärmer wird. Aber sobald sich ein Sonnenstrahl am Himmel zeigt, werden überall schnellstens Tische und Stühle herausgestellt, und Bremen bekommt ein fast südliches Flair. Die Kaffeehäuser am Marktplatz stellen dann fast die Hälfte der »Guten Stube« mit Tischen und Stühlen voll, so auch das *Café Stecker* oder *Beck's Bistro* im Schnoor (↗ Adressen für Behinderte). Hier geben wir nur eine kleine Auswahl an Lokalen mit vielen Plätzen an der Sonne. Weitere Gaststätten entlang der Radtouren siehe bei »Ausflügen« und »Parks«.

Café Sand, am besten mit der Hal-Över-Fähre zu erreichen. Beliebtes Ziel bei großen und kleinen Menschen. Fährweg, ✆ 556011. Täglich 7 – 23 Uhr, große Karte, durchgehend warme Küche.

Dammsiel, Niederblockland, romantisches Gartenlokal an der Wümme. Niederblockland 32, ✆ 640733. Di 15 – 23 Uhr, Mi bis Sa 11 – 23 Uhr, So 10 – 23 Uhr, Küche mittags bis 14, abends bis 21 Uhr.

Haus am Walde, ein schöner, großer Biergarten in idyllischer Lage am Ende des Bürgerparks mit rustikaler, zum Teil norddeutscher Küche. Nicht billig. Kuhgrabenweg 2, H Munte, ✆ 212765. Täglich 10 Uhr bis open end, Küche 12 – 14 und 18 – 22 Uhr.

Waldbühne, klassischer Biergarten mit Musik-Pavillon, So ab 11 Uhr Jazz- und Dixieland zum Frühschoppen. Drinnen ist es sehr gemütlich. Im Bürgerpark, H Parkallee, ✆ 217415. Täglich ab 11 Uhr.

Wümmeblick Höftdeich, in ***Ritterhude***, leicht alternatives Gartenflair. ✆ 04292/9516. Do – Mo 11 – 23, Mi 15 – 23 Uhr. Winter Do – So 11 – 23 Uhr.

Zur Schleuse, ***Lilienthal***, traditionelles Ausflugslokal mit kleinem Fährbetrieb im Sommer. Truper Deich 35, ✆ 04298/2025. Mi bis So 10 – 24 Uhr, im Sommer auch Di ab 18 Uhr; warme Küche 12 – 22 Uhr.

SPORT & FREIZEIT

»Werder Bremen« ist sicherlich das erste, was einem zu Bremens Sportszene einfallen wird. Aber so groß das Aushängeschild auch sein mag, es dreht sich in Bremen nicht alles um den »grün-weißen« Ball. Für aktive und passive sportinteressierte Einheimische und Besucher bietet die Hansestadt ein breites Angebot: zu Wasser – schwimmend oder paddelnd –, zu Lande – joggend, radelnd, jegliche Art von Ball bewegend oder vielleicht auf der Rennbahn wettend –, und in der Luft – im Heißluftballon fliegend. Wer seine Freizeit lieber bummelnd verbringt, findet unter den Einkaufstipps sicher so manche Anregung.

Sport zum Zuschauen

SV Werder Bremen

Wie in jeder anderen Stadt auch, meinen wir Bremer, dass gerade unser Verein ganz vorne mitspielen muss. Das klappte ja mit Otto Rehagel bis Mitte der 90er Jahre auch ganz gut. Danach setzte in unserer Stadt die große Leidenszeit ein – nicht nur an den Stammtischen, sondern auch real wurden Trainer entlassen, Spieler ver- und gekauft, um den SV Werder wieder dort hinzubringen, wo er hingehört. Wer sich dieser lokalen Sichtweise anschließen bzw. (unverständlicherweise) einem fremden Bundesligaverein im Weserstadion zujubeln will, erfährt Anstoßzeit und Gegner in jeder Tageszeitung.

Info: Karten gibt es direkt am Stadion, wer sicher gehen will, sollte den Vorverkauf nutzen, ✆ 018505/937337. Die Eintrittskarte ist auch als Busfahrkarte zu nutzen, H Weserstadion.

TV Grambke Bremen

Ja, dieser Verein hat schon mal in der Bundesliga gespielt. Dann haben es die Nordbremer wieder geschafft, sich in der 2. Handballbundesliga zu etablieren. Wer internationale Handballgrößen sehen will, ist beim TV Grambke immer noch richtig, denn noch jeder Verein auch der 2. Liga hat sich mit Topspielern insbesondere Osteuropas eingedeckt, so dass auch in der Vereinshalle Spektakuläres aus der Handball-Trickkiste zu sehen ist.

Info: Im Föhrenbrok 22, H Mittelsbürener Landstraße, ✆ 6441544.

Bremen Roosters

Nachdem andere Bremer Teams aus den Bundesligen für Volleyball, Turnen oder Handball verschwunden sind, ist es einem Nordbremer Team gelungen, in die 2. Basketballbundesliga aufzusteigen. Angefangen als *TSV Lesum-Bugdamm* spielen sie jetzt als Bremen Roosters entweder in der Schule Bördestraße in Lesum oder in der neuen Halle 7 der Stadthalle hinterm Hauptbahnhof.

Info: ✆ 637290.

Euro Classics

Unter Reitsportfans wird dieses große Spring- und Dressurturnier, das seit 1989 jeweils im Herbst in der Stadthalle stattfindet, einfach die »Classics« genannt. So stört es die Spezialisten auch nicht weiter, daß die Classics sich langsam gesteigert haben: als German Classics angefangen, heißen sie mittlerweile Euro Classics, so dass wir gespannt auf die World Classics warten dürfen. Wie in allen Sportarten geht es auch hier um das liebe Geld. Da die Classics zu den höchst dotierten Reitsportveranstaltungen der Welt gehören, kann man natürlich bei Teilnehmern und Zuschauern sehen, was Rang und Namen hat. Auch für »Outsider« des Reitsports sind die Classics ein Ereignis, denn die nicht übermäßig große Stadthalle gibt einem das Gefühl, »mitten drin« zu sein und bietet ihm die Gelegenheit, Wettkampf und Reitprominenz hautnah im Parcours zu erleben.

Das *Pferdesport Festival*, bei dem sich die Elite der internationalen Spring- und Dressurreiter zusammenfindet, findet ebenfalls in der Stadthalle statt, jeweils am zweiten Februarwochenende.

Info: Bremer Stadthalle, H Bürgerpark, © 35050, Karten bei der Bremer Touristikzentrale, © 308000.

Pferderennbahn

Der traditionsreiche Bremer Rennverein veranstaltet seit 1857 Galopprennen. Das Jahresprogramm mit 14 Renntagen beginnt mit Karfreitag und endet im November. Die Bremer Rennbahn zeichnet sich besonders durch ihre faire, großzügige Linienführung aus und zählt – auch bei den Aktiven- zu den schönsten Anlagen Deutschlands. Größtes Rennen des Jahres ist das *Walther-J.-Jacobs-Rennen*. Die Faszination der Galopprennen erschließe sich erst durch die Wette, heißt es. Sicher muss das jeder für sich selbst entscheiden, aber es ist tatsächlich spannend. Alle Plätze haben Zugang zum Führring, zu den Wettschaltern und zum Kinderspielplatz – in Bremen sind Renntage Familienfeste.

Info: Eintritt 8 € Tribüne, 5 € Sattelplatz. Termine beim Bremer Verkehrsverein oder beim ***Bremer Rennverein,*** Vahrer Straße 219, H Rennplatz, © 463307.

Sechs-Tage-Rennen

Als 1964 das erste Bremer Sechs-Tage-Rennen stattfand, hätte man sich bestimmt nicht träumen lassen, dass es einmal über 120.000 Besucher anziehen würde. Die *six-days* starten jeweils am zweiten Donnerstag im Ja-

Ein großes Ereignis: Das 6-Tage-Rennen

Ungefähr alle 14 Tage, zumeist am Samstag, werden in der östlichen Vorstadt Bremens, Eingeborene sprechen auch kurz vom *Viertel*, interessante Bräuche zelebriert, die unbedingt eine Besichtigung lohnen. Der auswärtige Besucher sei jedoch auf einige wichtige Grundregeln verwiesen, die verhindern sollen, dass es bei diesen Feierlichkeiten zu Missverständnissen

kommt. **Erste und wichtigste Regel:** Durchsuche deinen Kleiderschrank nach grünen, besser noch: grünweißen Utensilien und lege sie an. Damit ist gewährleistet, dass du schnell in die Tausende von (meist männlichen) Menschen umfassenden Festgesellschaft integriert wirst. Als Neuling bei solch einem Brauch sollte man dabei etwas dezent vorgehen, denn die Fertigkeiten, die im Verlaufe der Feier von den grün-weißesten Aktivisten erwartet werden, bedürfen einer jahrelangen Übung. Der Festplatz ist nicht zu verfehlen, man geht einfach Richtung *Ostertor* und folgt dann den anderen grün-weiß Gewandeten. Dies ist insbesondere in der dunklen Jahreszeit schon ein besonderes Erlebnis. Grüne und grün-weiße Autos bestimmen das Straßenbild und haben zur Feier des Tages lustige, blau leuchtende Lämpchen aufgesetzt, manchmal unterstützen sie das lauthals zu rufende »Werda, Werda« des Festzuges mit kräftigem Sirenenklang. Störend wirken mitunter einige Spielverderber, die sich demonstrativ andersfarbig kleiden, was natürlich allenthalben als Provokation empfunden wird. Dass man denen gleich die »Lederhosen ausziehen« will, ist jedoch nicht wörtlich zu nehmen, denn erstens haben die gar keine an und zweitens belässt man es meist bei dieser verbalen Attacke. Nach und nach wird die Festgemeinde immer größer und gleichzeitig kann man eine **zweite wichtige Regel** beobachten: man muss in möglichst kurzer Zeit möglichst viel eines gelblichen, schaumigen Getränks zu sich nehmen, das offenkundig zur Verbesserung der Stimmen ausgeschenkt wird. Erste Buden tauchen auf, und wer zu Hause nichts Grün-weißes gefunden hat, hat jetzt noch Gelegenheit, einen solchen Schirm, Schal oder eine Fahne zu erstehen.

Was ist grün und stinkt nach Fisch?

Dann wird es eng, denn durch einen schmalen Tunnel läuft man unter dem *Osterdeich* hindurch direkt zum Festplatz, während oben auf der Hauptverkehrsstraße gar nichts mehr läuft. Wer jetzt aber denkt, nun direkt Zugang zur großen Arena zu erhalten, irrt. Da diese Veranstaltung mittlerweile eine überregionale Bedeutung errungen hat, nehmen die Organisatoren des Festes einen recht stattlichen Obolus von den Besuchern. Manchmal sind alle Karten vergriffen, aber glücklicherweise finden sich dann immer wieder Leute, die Fremden ihre Zugangsberechtigung gegen einen Aufschlag überlassen. Nach dem Vorlegen der Karte passiert man einen Hochsicherheitstrakt mit hohen Stahlgittern und Leibesvisitation wie in anderen Gefilden auf einem Flughafen.

Dann ist es endlich soweit, die große Arena öffnet sich allen Sinnen. Da herrscht ein Schreien und Singen, ein Schunkeln und ein Springen. Konsequenterweise hat man die falsch gewandeten Spielverderber in einer Ecke der Arena zusammengefasst, wo sie sich den Schmährufen der korrekt Gekleideten ausgesetzt sehen. Unter Beachtung der Trinkregel wogen nun die Gesänge und Klänge durch das große Rund, angeheizt durch Musik aus großen Lautsprechern.

Plötzlich wird die Feststimmung unterbrochen, denn in einer offenkundig geheimen Abstimmung werden einige männliche Teilnehmer aus der Festgemeinde ausgewählt, die nun, natürlich in Grün-weiß, das Innere der Arena betreten dürfen, während die schöne Musik verklingt. Auch die anderen stellen Abgesandte, was etwas ungerecht ist, da sie, obwohl eindeutig in der Minderheit, die gleiche Anzahl aufbieten. Im Folgenden geht es nun darum, dass diese Leute in der Arena sich, stellvertretend für den Rest, wechselseitig mit den Füßen einen Ball abjagen und ihn ebenfalls mit den Füßen oder dem Kopf in einem großen Netz unterbringen. Durch diese Fremdbestimmung aus der Stadionmitte leidet die zuvor herrschende Spontaneität gewaltig, nimmt eher regelhafte Züge an. Die Besucher werden zu Beobachtern degradiert, die nur noch darauf zu achten haben, ob die richtig gekleideten Personen nicht unfair behandelt werden. Unklar bleibt für den Außenstehenden, wann was gerufen werden muss. Wenn der Ball im Netz landet, muss man jedenfalls »Tooor« schreien, wobei – und damit kommen wir zur **dritten Hauptregel** – tunlichst zu beachten ist, dass er nicht im falschen Netz gelandet ist, denn dann gilt es, sich möglichst schnell die Augen zuzuhalten und so zu tun, als ob man sich verletzt hätte. Mit einem letzten Pfiff der Organisationsleitung wird das eigentliche Fest wiederaufgenommen, in den umliegenden Schankstätten feiert man mit Gleichgekleideten bis in die Morgenstunden hinein, während die Andersfarbigen wieder dahin zu gehen haben, wo sie hingehören. ◀

nuar in der Bremer Stadthalle. Geboten wird prickelnde Spannung mit den besten Radfahrern der Welt sowie im Rahmenprogramm Prominenz aus Show- und Unterhaltungsszene in fünf Veranstaltungshallen. Wie der Name andeutet, fahren die Sportler (zwei pro Team) 6 Tage, genauer an 6 Tagen jeweils von 20 bis 4 Uhr, beim sonntäglichen Frühschoppen von 10 bis 18 Uhr. Die Kommentare über diese Sport-Veranstaltung sind unterschiedlich: »einzigartige Symbiose aus Sport und Unterhaltung« oder »Bierbudenrummel«, bei dem die Radrennfahrer nur stören – am besten macht man sich sein eigenes Bild.

Info: Eintritt 35 – 50 €, Familienkarte (2 Erwachsene und 2 Kinder) für den Sonntagsfrühschoppen 30 €. Bremer Stadthalle, H Bürgerpark, Kartenvorverkauf ✆ 353637.

Kontaktadresse für Aktive o.ä.: Bremer Sportmarketing GmbH, Bürgerweide, 28209 Bremen, ✆ 352070.

SPORT FÜR AKTIVE

Am und im Wasser

Angeln

Wer diese Sportart ausüben will, muss Besitzer des Bundesfischereischeines sein. Diesen bekommt man an seinem Wohnort, wobei je nach Bundesland eine Sportfischerprüfung Voraussetzung ist. Als Bremer kann man sich mit seinem Fischereischein an die Weser setzen, wo dann mit Glück und Ausdauer Zander, Hecht oder Barsch anbeißen. Als Gast muss man sich für die Weser zusätzlich einen Gastangelschein beim Fischereiamt Bodes besorgen. Wer in den Häfen angeln will, muss sich die Erlaubnis beim Hafenamt holen. Alle anderen Gewässer, selbst der Unisee und die Wümme, sind Vereinsgewässer, für die man sich eine Gästekarte besorgen muss.

Fischereiamt Bodes, Violenstraße 49, H Schüsselkorb, ✆ 3241-44, -45. Hier befindet sich auch das bekannteste Bremer Fischgeschäft – falls das mit dem Angeln nicht geklappt hat!

Hafenamt, Hafenkopf 2, Zimmer 306, H Überseehafen, ✆ 3618275.

Angelzubehör: Weser-Angelshop GmbH, Osterstraße 48, H Wilhelm-Kaisen-Brücke, ✆ 592014

Badeseen

Die Badesaison dauert von Mitte Mai bis Mitte September, in dieser Zeit ist an jedem der folgenden Badeseen eine DLRG-Station besetzt, wobei generell gilt: Baden auf eigene Gefahr! Die Wasserqualität aller hier erwähnten Seen entspricht den EU-Anforderungen, allerdings sollte man sich nach einer längeren Hitzeperiode sicherheitshalber doch nach den **hygienischen Wasserwerten** der Seen erkundigen, ✆ 3615500, Senator für Umweltschutz und Stadtentwicklung.

Achterdieksee, Oberneuland, Baggersee, circa 7 ha groß, maximale Tiefe 15,3 m; Badestrand, Nichtschwimmerbereich und inoffizieller Fkk-Strand, Imbiss. Genügend Platz zum Grillen und für Ballspiele. H Erkelenzer Straße, Auto: Franz-Schütte-Allee auswärts, nach der Autobahnabfahrt Vahr rechts.

Mahndorfer See, Mahndorf, circa 22 ha, maximale Tiefe 13 m; Baggersee. Verboten: Hineinspringen (Unterwasserhindernisse), Segeln, Surfen, Hunde!

Sehr gute Wasserqualität und Lage, umgeben von viel Grün, kleiner Badestrand, Nichtschwimmerbereich, Imbiss, Campingplatz. H Bahnhof Mahndorf; Auto: Mahndorfer Heerstraße, bei Autobahn links rein.

Unisee/Stadtwaldsee, nördlich vom Bürgerpark. Circa 28 ha, maximale Tiefe 15 Meter; Baggersee. Hier tummeln sich bei schönem Wetter nicht nur Studenten, sondern auch etliche Surfer auf dem See, Volleyballspieler am Strand und Kinder im Sand. Der Doppelname verrät: der See liegt dicht an der Uni am Stadtwald. Nach längeren Hitzeperioden meist überlastet, nach Wasserqualität erkundigen. Flächen für Freiluftbeschäftigung; Nichtschwimmerbereich, Fkk-Strand, Imbiss, im Sommer Eisbuden. H Munte; Auto: Parkallee Richtung Uni, hinter dem Bürgerpark links.

Waller Feldmarksee, circa 12 ha, maximale Tiefe 16,5 m; Baggersee. Von Kleingärten umgeben, vor allem als Surfsee beliebt (abgeteiltes Surfgebiet), große Liegewiese, Badestrand, Spielplatz, Nichtschwimmerbereich, Imbiss. Walle/Hohweg; Auto: Waller Heerstraße, Waller Straße über den Rangierbahnhof, durch die Kleingärten über die Autobahn, dann links.

Werdersee, circa 55 ha, maximale Tiefe 3 Meter. Von Weserwasser durchflossener See (nahezu stehendes Gewässer), als Badegewässer weniger empfehlenswert, zeitweise Badeverbot. Zentrale Lage zwischen Zentrum und der Neustadt, Liegewiese, Badestrand, Nichtschwimmerbereich, Imbiss. Beliebt bei Freizeitpaddlern, Surfern und Bootsfahrern (ohne Motor). Habenhausen/Huckelriede; Auto: Friedrich-Ebert-Straße stadtauswärts, links in den Buntentorsteinweg nach der scharfen Kurve links. Weserfähre Hal över, zu Fuß durch Fährweg und Huckelrieder Weg.

Sommer, Sonne – Freibad!

Oyter See, Baggersee. Weg: B 75 stadtauswärts, kurz vor Oyten rechts (Schild!), geradeaus bis zu einem Camping-Hinweisschild, dann rechts. Groß angelegtes Erholungsgebiet mit viel Baumbestand und großer Liegewiese, Nichtschwimmerbereich, Minigolf, Surfen, Segeln, Tretbootfahren (Bootsverleih am Oyter See).

Freibäder

Ob Beach-Volleyball (Schlosspark-, Heidberg- und Waller-Seebad), 80 Meter lange Riesenrutschen (Schlosspark- und Heidbergbad), Tauchkurse (Schlossparkbad), Menschenschleuder und Open-air-Kino

(Stadion-Bad) oder Schwimmen bei Nacht – Bremens Freibädern bieten wahrlich viel Abwechslung. In der Regel öffnen sie im April/Mai und schließen im September. Die **Preise** sind einheitlich: Tageskarte 3 €, Kinder 1,80 €.

Infos: Über die 8 Hallen- und 5 Freibäder, informiert ***Bremer Bäder GmbH,*** ✆ 691510. www.bremer-baeder.de

Horner Bad, Vorstraße 75, H Vorstraße, ✆ 237577. Mo – Mi und Fr 6.30 – 20 Uhr, Do 12 – 20 Uhr, Sa und So 10 – 18 Uhr. Kostenlose Gymnastik für alle im Freibad, Sole, Spielplatz.

Heidbergbad, wie auch das Schlossparkbad Mitte der 90er saniert. Beide Bäder bieten Kindern Spielanlagen, Großrutschen, Matschplätze, Klettergeräte und Plantschbecken; den Erwachsenen Tischtennisplatten und Bodenschach, Beach-Volleyballplätze. Am Heidbergbad 4, H Am Heidbergstift (Nahverkehrszug Richtung Vegesack bis Bahnhof Bremen-Lesum), ✆ 631-637. Mo – So 10 – 18 Uhr.

Schlossparkbad bietet außerdem eine Seilbahn und eine 80 Meter lange Großrutsche. Beim Sattelhof 20, H Sebaldsbrück, ✆ 452408. Mo – So 10 – 18 Uhr.

Stadionbad, neben dem Weserstadion, H Weserstadion, ✆ 490985. Zentral gelegen und mit 10 m Sprungturm, Mo – Fr 6.30 – 19 Uhr, Sa 13 – 18 Uhr, So 10 – 18 Uhr.

Hallenbäder

Freizeitbad Vegesack, mit großem Schwimmbecken, Sprunganlage, Sauna, Strömungskanal, Massagedüsen und Wasserfall, rasanter Wasserrutsche, separatem Plantschbecken und neuem Sole-Bewegungsbad; im Sommer mit zusätzlichem Freibad, das direkt an die Schwimmhalle angeschlossen ist. Wem es nicht reicht, kann in das darüber gelegene Fitnesscenter gehen. Im Fährgrund 16, H Fährgrund (Nahverkehrszug nach Vegesack), ✆ 662240. Mo 15 – 20 Uhr, Di 6.30 – 21 Uhr, Mi, Do 6.30 – 22 Uhr, Fr 6.30 – 20 Uhr, Sa und So 9 – 18 Uhr. Tageskarte 3,50 €, Kinder 2,50 €, Sauna 9 €, Kinder 6 €, für Solebad 1 € Aufschlag; großes Angebot an Solegymnastik.

Aqualand, das salzhaltige Wasser im Solebad hilft wirkungsvoll, (Haut)Krankheiten vorzubeugen, fördert die Durchblutung und den Stoffwechsel. Waller Heerstraße 293 a, H Waller Friedhof, ✆ 691370. Di – Do 6.30 – 22 Uhr, Fr 6.30 – 21 Uhr, Sa und So 9 – 18 Uhr. 3 €, Kinder 2 €.

Uni-Bad, ✆ 2182531, Mo – Fr 7 – 9, Mo Do, Fr 12 – 14 Uhr, Mo Fr 16 – 20, Mi 16 – 21 Uhr, Sa, So 8 – 13 Uhr. 3 €, Kinder 2 €. Sauna: Mo – Fr 15 – 21 Uhr, Sa 8 – 13 Uhr, So 9 – 12 Uhr, 9 €, Kinder 6 €, Di Damensauna.

Saunen

Abgesehen von den Schwimmbädern, die meist auch Saunen haben, gibt es viele eigenständige Saunen:

City-Sauna, im City-Sportstudio I, Falkenstraße 4 – 6, H Falkenstraße, ✆ 171526. Mo – Fr 9 – 21 Uhr; Sa und So 13 – 18 Uhr. 8 € inkl. Schwimmbad und Hot-Whirl-Pool, 13 € inklusive Fitnesstraining und Sonnenstudios. Mo und Fr auch Damensauna. Getrennter Damen-Fitnessbereich, Kinderecke.

Landsauna Lilienthal, Goebelstraße 75, H Auf dem Kamp, ✆ 04298/3231. Finnische Sauna, Blockhaussaunen, Russisch-Römisches-Dampfbad, Sanarium (Kräutersauna), Massagen und Sonnenbänke, Ruheräume, Dachterrasse, großer Fkk-Garten mit beheiztem Schwimmbecken, Restaurant. Mo, Di 13 – 22.30 Uhr, Mi, Do 10 – 22.30 Uhr, Sa, So 11 – 22, Do bis 17 Uhr nur für Frauen. 14 €.

Oase, Im Weserpark, Hans Bredow-Straße 17, H Weserpark, ✆ 4274717. Bietet Saunafreunden die größte Auswahl. Hier gibt es innen und außen 14 verschiedene Saunen mit diversen Zeremonien und Anwendungen. Zwei Schwimmbecken und Whirlpools sorgen neben einem Restaurant für Abwechslung. Angeschlossen ist ein großer Fitnessbereich. Mo – Fr 10 – 12.30 Uhr und So 13 – 19 Uhr Betreuungsangebot für Kinder. Geöffnet So – Do 10 – 23 Uhr, Fr und Sa 10 – 24 Uhr. Tageskarte 16 – 18,50 €.

Steam Sauna, Schwulensauna in Walle, nettes Ambiente. Steffensweg 157, ✆ 3966097. Di – So bis 24 Uhr, Di ab 12, So ab 14 sonst ab 16 Uhr.

Bootfahren & Bootsverleih

Neben der bekannten Schreiber-Reederei, die Rundfahrten durch die Hafenanlagen und auf der Weser anbietet (✆ 321229, ↗ Ausflüge, Wassertouren), gibt es auch noch andere Möglichkeiten aufs Wasser zu kommen:

Schiffsfahrten auf Lesum und Hamme unternimmt die Fähre der ***Ruth Haferkamp Personenschifffahrt,*** ✆ 04404/3514. Zwischen Anfang Mai und Ende September um 9 Uhr ab Vegesack nach Neu-Helgoland (bei Worpswede), hin und zurück 15 €.

Rudern: ***Bootsverleih im Bürgerpark am Emmasee.*** Eine Fahrt mit dem Boot auf verschlungenen Wasserwegen ist recht idyllisch, im Sommer herrscht allerdings reges Treiben im Bürgerpark. Kaution 20 €, maximale Leihzeit 2 Stunden, für die Strecken im Bürgerpark ausreichend. Werktags 6 € für die ersten 30 Minuten, für jede weiteren 4 €. April bis September (außer bei starkem Regen) 14 – 18 Uhr. Der

Bootsverleih am Oyter See vermietet Segelboote, Ruderboote, Tretboote. Mo – Fr nach Vereinbarung, Sa und So 9 – 17 Uhr.

Paddeln: ***Hermann Claus Sporthafen,*** Boots- und Kanuverleih, Werkstatt, Service, Liegeplätze, Auf dem Wummenstück 6, H Universität/NW 1, ✆ 212-912. Für Tages-, Wochenend- oder Urlaubsfahrten kann man hier Boote verschiedener Art mieten, Probe- und Testfahrten machen: Kajaks, Kanu, Motorboot. Einerkajak 20 €/Tag, 45 € fürs Wochenende, 65 €/Woche.

Kanu-Scheune, Bootshandel und Verleih, Hauptstraße 2, 28865 Lilienthal, ✆ 04299/697595, Mo – Fr 10 – 19 Uhr, Sa 9 – 14 Uhr, So 9 – 11 und 17 – 19 Uhr. Verleiht Paddelboote von einem Tag bis »unendlich«. 18 – 23 € pro Tag, Dachgepäckträger und Trailer können geliehen werden, umfangreiches Informationsmaterial und freundliche Beratung gibt es gratis dazu.

Informationen: ***Bremer Kanu-Landesverband,*** ✆ 705606. Dort ist auch die Gewässerkarte »Bremen« zu bestellen.

Literatur: *Kanuwandern in Nordwestdeutschland,* Nejedly, BLV-Verlag.

Deutsches Flusswanderbuch; Kanuwanderbuch für Nordwestdeutschland, Deutscher Kanuverband.

Karten: Generalkarte 1:200.000, Blatt 3/4 und 5.

Deutsche Idealkarte 1:100.000, Blatt 5 und 8.

Surfen

Das beliebteste Surfrevier ist ohne Frage der **Unisee**, ↗ Baden im See.

Surf Shop Charchulla, Ostertorsteinweg 48, H Theater am Goetheplatz, ✆ 323-350. Surfbrettverleih und -verkauf, Zubehör und Surfmode. Je nach Qualität des Materials 20 €/3 Stunden, Wochenendkurs 119 €, Wochenkurs 99 €. Parkplatz Hochschulring, H Wetterungsweg.

Mit und in der Luft

Ballonfahren: Bremen sieht von oben betrachtet übersichtlich und noch schöner aus. Wer schwindelfrei ist und sich den frischen Wind um die Nase wehen lassen möchte: Nach der schriftlichen Anmeldung bei der ***Wefa-Luftwerbung und Flugcenter GmbH,*** Neustädter Hafen, Ballon- und Wasserflugcenter, zum Lankenauer Höft, ✆ 558013, wird der Termin abgesprochen. Die Ballonfahrt selbst dauert 1 – 2 Stunden. Es gibt Ballons für 4, 6 oder 8 Personen. Eine Fahrt kostet 180 € pro Person, egal welcher Größe.

Drachen steigen lassen: Wer diesem Hobby frönt, findet in Bremen genügend grüne Freiflächen, zum Beispiel im Bürgerpark. Gleichgesinnte trifft man am Wochenende auf der Wiese zwischen Uni und Kuhgrabenweg und im Weserufer-Park, Buslinie 24 bis Endstation Rablinghausen. Auskunft geben auch die Drachenläden, ↗ Shopping.

Fliegen: Beim gleichen Unternehmen kann ein 20-minütiger Rundflug über Bremen gebucht werden. Das Besondere sind Start und Landung auf dem Wasser – natürlich mit einem Wasserflugzeug. 100 € pro Person.

Auf 2 Beinen oder Rädern

Fahrradfahren

Pedaltreter sind in Bremen gut aufgehoben. Die City ist überschaubar, und das Umland platt. Bei allen Fahrradverleihern muss der Personalausweis mitgebracht und meist eine Kaution von 30 bis 50 € hinterlegt werden.

Radverleih: Zahlreiche Unterkünfte verleihen Räder an ihre Gäste, ↗ Unterkunft.

Fahrrad Station, die zentralste Stelle am Rand des Bahnhofsvorplatzes. Verleih, Reparatur, bewachtes Parken, Radkartenverkauf. Hier kann man auch Rikschas mieten oder sich fahren lassen. ✆ 302114, ganzjährig Mo – Fr 10 – 17.30 Uhr; Juni – September Di Ruhetag, dafür aber Sa, So 10 – 12 Uhr geöffnet. Ab 8 € pro Tag.

radschlag, Humboldtstraße 16, ✆ 704-105, Mo – Fr 10 – 18 Uhr, Sa 10 – 13 Uhr. Verleih von Rädern guter Qualität, 10 € pro Tag.

Speiche, Fehrfeld 62/Ostertor, H Sielwall, ✆ 700331, Mo – Fr 10 – 18.30, Sa 10 – 15 Uhr. Ab 9 € pro Tag. Wenige Räder, aber auch Tandems, Dreiräder, Kindersitze und -anhänger.

Fish-Bikes, Fedelhörn 47, ✆ 342069, Mo 14 – 18, Di – Fr 10 – 13 und 15 – 18 Uhr, Sa 10 – 14 Uhr. Verleiht Räder und Tandems, 8 bzw. 15 € pro Tag. Verkauft außerdem gebrauchte Räder – eine Alternative für längere Touren?

Radtouren & Infos: ***ADFC***, Mathildenstr. 89 (Eingang von Feldstr.), H Humboldtstraße, ✆ 701179, Mo 10 – 13 Uhr, Di, Do, Sa 16 – 18.30 Uhr. Hier gibt es Informationen rund ums Fahrradfahren, die Zeitschrift »Pedal« des ADFC sowie einen Fahrradstadtplan für Bremen.

Reiten & Kutsche fahren

Wer in Bremen reiten möchte, kann dies als Nichtvereinsmitglied eigentlich nur in Form von Schulstunden tun – für die Experten unter den Reitern ist allerdings ein Ausritt durch den Bürgerpark als Gast im Reitclub möglich:

Reitclub Sankt Georg zu Bremen e.V., 5 Gaststunden etwa 80 €, Kuhgrabenweg 2, H Munte, ✆ 214777.

Reitgemeinschaft Schimmelhof e.V, Osterholzer Dorfstraße 95, H An der Kämenade, ✆ 451148, bietet Besuchern Ausritte in die Osterholzer Feldmark, allerdings nur nach einer Schulstunde. Ab 13 €.

Worpswede: ***Pferde- und Ponyverleih Broka,*** ↗ Ausflüge.

Stuhr-Heiligenrode: ***Islandpferdehof Frank Kasperczyk,*** Kronsbruch 9, PLZ 28816, ✆ 04206/6544. Reitunterricht und Ausritte, ab 10 € pro Stunde.

Inline-Skating, Rollschuhlaufen

Die Asphaltwege am Osterdeich und Werdersee sind zum Rollen gut geeignet, ebenso etliche Wirtschaftswege in den Wümmewiesen. Da allerdings die Wümmedeiche sommers überlaufen und recht uneben sind, seien zwei andere Touren empfohlen:

Deichtouren: Per Bus bis H ***Borgfeld-Mitte***, die Borgfelder- und Katrepeler Landstraße (Rückweg der Radtour nach Fischerhude, ↗ Ausflüge) entlang zum Hollerdeich. Wo dieser in den Hodenberger Deich übergeht, lohnt ein Abstecher links zum Wümmeufer, ansonsten immer geradeaus zum Osterholzer Deich. Vor der Autobahnunterführung bietet sich halblinks der *Bultensee* zum Abkühlen an, jenseits der Unterführung endet der Bultenweg in Tenever, an der H Graudenzer Straße geht es per Straßenbahn zurück in die Stadt.

In Grolland, H Norderländer Straße, liegt der Park links der Weser. Hier rollt man beschaulich auf den Deichen beidseitig der Ochtum dahin; Brücken lassen verschieden lange Runden zu.

Rollsportstadion, Richard-Jürgens-Str. 2, H Verdener Straße, ✆ 445551. Das Rollsportstadion am Osterdeich – gut mit dem Rad zu erreichen – ist eine öffentliche Anlage und somit für jedermann kostenlos zugänglich. Rollschuhe müssen selbst mitgebracht werden. 10 – 16 Uhr, ab 16 Uhr trainieren hier Vereine.

Verleih & Verkauf: ***Vosswinkel***, Weserpark, ✆ 401380.

InterSport, Reeder-Bischoff-Straße, H Bahnhof Vegesack, ✆ 656839, Skates und Zubehör. Inlineskating-Wochenendkurs 30 €.

Skateboard übt und fährt man kostenlos auf den abwechslungsreichen Parcours auf der ***Bürgerweide***, Am Schlachthof, H Theodor-Heuss-Allee. Hier trifft man vornehmlich jugendliche »Boarder«. Abends ist die Anlage beleuchtet.

Skateboardanlage im Sportgarten, neben dem Weserstadion, Sommerdeich 88,

✆ 4919215. Hier kann man für 3 bzw. 1,50 € seinen Tag verbringen. Wer noch keine Ausrüstung hat, kann sie sich ausleihen: Skateboard 2,50 €, Inliner 1,50 €.

Schlittschuhlaufen

Die Bremer laufen gerne Schlittschuh; und wenn es draußen friert, gibt es im Blockland wunderschöne Langlaufstrecken. Ansonsten:

Eissporthalle Paradice, von Oktober bis März geöffnet. Genau genommen sind es zwei große Eisflächen mit zusammen mehr als 3500 m^2. Neben Schlittschuhverleih gibt es natürlich die dazugehörige Gastronomie, Eisdiscos und Lichteffekte stehen ebenfalls auf dem Programm, über das man sich per Telefon oder Internet informieren kann. Waller Heerstraße 293A, ✆ 691370, www.bremer-baeder.de, Mo – Fr 9 – 13 und 15 – 22 Uhr, Fr sogar bis 23 Uhr, Sa, So 10 – 19 Uhr, Sa 19.30 – 23 Uhr. 4,50 €, Kinder/Jugendliche 3 €, Eisdisco Sa ab 19.30 Uhr für 5 €.

Schlittschuhladen: ***Eissport-Lubenow,*** Hastedter Osterdeich 228, am Weserstadion, ✆ 4987815, schleift Kufen und verkauft neue Schuhe.

1, 2 Cha Cha Cha: Tanzen

Tanztee: ***Tanzschule Stegmann,*** Alfred Nobel Straße 7a, H Steubenstraße, ✆ 4984984. Jeden Samstag findet hier ein Tanztee statt, zu dem jeder herzlich eingeladen ist (20 – 23 Uhr). Die Veranstaltung kostet 3 €.

La Cita, Grundstraße 10, ✆ 702691, H Brunnenstraße. Hier bietet der *Club der Rosa Tanzenden Bremen e.V.* Tanzkurse und unregelmäßig Tanztees an, alle netten Menschen sind willkommen, egal ob sie rosa sind oder nicht. ✆ 4349000.

Tango: ***Tanzstudio La Milonga,*** Stader Straße 35, H Stader Straße/Hamburger Straße, ✆ 442284. So 21 – 1 Uhr und Mi 21 – 24 Uhr. Tango und Argentino, 4 bzw. 3 €.

Mit Kugeln und Bällen

Billard: ***Billard Galerie,*** Thedinghauser Str. 36, H Neuenlander Straße, ✆ 557-8250. Öffnungszeiten Mo – So 15 – 2 Uhr. 6 € pro Stunde. Zehnerkarte 40 €. 8 Tische stehen zur Verfügung und Queues können kostenlos geliehen werden. Außerdem kann man hier Dart und Kicker spielen (2 Scheiben, 1 elektronisches Dart).

Pool and Snooker Society, Kattenturmer Heerstr. 28, H Theodor-Billroth-Straße, ✆ 875968. Täglich 17 – 1 Uhr. 8 Tische, 6,60 € pro Stunde. Queues können kostenlos geliehen werden. Dart wird hier ebenfalls gespielt.

Gilde Bowling, ↗ Bowling.

Bowling: ***Gilde Bowling,*** Plantage 5, H Theodor-Heuss-Allee, ✆ 351040. Mo – Fr ab 14 Uhr, Sa, So ab 11 Uhr. Mo – Fr bis 17 Uhr 2,50 €, ab 17 Uhr 3 €. Fr – Sa 40 €; Studententag Mi 1,99 €. Leihschuhe kosten 1,50 €. Bowling-Zubehör-Verkauf, 4 Billardtische (6,50 € pro Stunde)

Kegeln: Neben den zahlreichen Restaurants, die auch ein, zwei Kegelbahnen im Haus haben, gibt es zwei große Kegelzentren mit bis zu 32 computergesteuerten Bahnen.

Kegelzentrum Findorff, Hemmstr. 346, H Innsbrucker Straße, ✆ 351005, täglich 16 – 24 Uhr, 10 Doppelbahnen, 11 €

pro Stunde. Schuhe können kostenlos geliehen werden, außerdem kann man hier gutbürgerlich essen.

Keglerzentrum Duckwitzstraße, (auch H) Duckwitzstr. 71, ✆ 511282, 32 Bahnen, am Wochenende Punktspiele von Bundesligamannschaften. Werktags 16 – 23 Uhr, Sa und So bis 22 Uhr, 16 Doppelkegelbahnen, 10 € pro Stunde. Restaurant und Clubraum.

Golf: *Club zur Vahr e.V.,* Bürgermeister-Spitta-Allee 34, H Bgm.-Spitta-Allee, ✆ 230041. Eine 9-Loch-Anlage in *Bremen-Vahr* und eine in *Garlstedt* (18 Loch). Der Zutritt ist am Wochenende für Gäste nur in Begleitung eines Mitglieds gestattet. Zutritt zur Anlage in Garlstedt für Gäste: werktags vormittags sowie Mo und Fr nachmittags.

Minigolf: *Kleingolf am Emmasee,* ↗ Bürgerpark, Bremen vielfältig.

Haus Wieseneck, MGV – Miniaturgolf Verein, Kuhgrabenweg 30 (↗ Radtour rund um Bremen), ✆ 210291. Mo geschlossen, sonst ab 10 Uhr, 2 €, Kinder 1,30 €. Neuere Anlage mit 18 Bahnen, Restaurant nebenan.

Bahnen-Golf-Club Bremen, August-Bebel-Allee 5c, H August-Bebel-Allee, ✆ 233-698. April – Okt. Di – Fr 14 – 22 Uhr, Sa 14 – 22 und So 10 – 22 Uhr. 2,50 €, Kinder 1,50 €. Die 18 Bahnen sind sehr gepflegt, da sie für Turniere und Mannschaftskämpfe genutzt werden.

Tennis, Squash & Fitness

Bei den hier aufgeführten Sportzentren sollten Buchungen, die nicht eingehalten werden können, 24 Stunden vorher abgesagt werden, sonst wird die Platzmiete fällig! Es sind nur die Niedrig- und Höchstpreise angegeben, sie richten sich nach Uhrzeit und Tag.

Tennis: *Tennis Center Habenhausen,* Steinsetzerstraße 21, H Borgwardstraße, ✆ 832260, täglich 7 – 23 Uhr, 15.5. – 15.9. Sa/So 15 €, Mo – Fr vormittags 9 – 11 €, nachmittags 12 – 15 €, bis 22 Uhr 18 €, bis 23 Uhr 12 € pro Stunde, Leih-Schläger (2 €), Unterricht, 6 Indoor-Plätze, Restaurant.

Badminton: *Tennis Center Habenhausen,* Mo – So 7.30 – 23 Uhr. 4 – 6,50 € pro Stunde und Person, ermäßigt 3 – 4 €. Leihschläger 3 €, 4 Plätze zur Verfügung.

Squash: *City Squash,* Plantage 5, H Theodor-Heuss-Allee, ✆ 3762002. 12 Courts; Mo – Do 10 – 23 Uhr, Fr und So bis 21 Uhr, Sa bis 20 Uhr. 45 Minuten pro Person 6,50 – 8 € inklusive Sauna; Schläger, Schuhe und Handtücher können geliehen werden, Solarien, Massagen, Aerobic und Sport-Shop.

Fitnessstudios: Folgende stadtnahe Studios bieten Tageskarten an und sind gut ausgestattet:

Fitness Company, Plantage 11 (Findorff), H Theodor-Heuss-Allee, ✆ 352030. Mo – Fr 10 – 21 Uhr, Sa und So 13 – 17 Uhr. Sauna, Fitness, Aerobic.

Weser Sport Center, Bürgermeister-Smidt-Straße 55 – 61, H Falkenstraße, ✆ 13315. Mo – Fr 10 – 22 Uhr, Sa 12 – 18 Uhr. Fitness, Karate, Bodybuilding, Step, Aerobic, Sauna, Sonnenstudio. Kostenloses Probetraining.

Sportpalast, Georg-Wulf-Straße 13 – 15, H Flughafen, ✆ 535144. Mo – Fr 9 – 22, Sa, So 12 – 18.30 Uhr. Fitness, Aerobic, Sauna. Sehr großes Studio mit Kinderspielecke.

Fitness & mehr: *Sport Lounge Munte:* Hinter diesem neudeutschen Namen verbirgt sich der alte Sport Park. Neben

Badminton, Squash und Außentennis kann hier an Aerobic- und Fitnesskursen teilgenommen und können Schwimmbad, Sauna und Solarium besucht werden. Zur Munte 23/26, ✆ 202444, H Munte, Mo – Do 9 – 23, Fr bis 22 Uhr, Sa 12 – 19 Uhr, So 10 – 19 Uhr. Sauna und Schwimmbad allein 8 €, sonst im Preis enthalten: Badminton und etwas billiger Squash pro 45 Min/Platz 12 – 18 € bzw. 11 – 17 €, Tageskarte Fitness/Aerobic 10 – 12 €; diverse Kursangebote und Leihschläger.

Sportwelt, Gewerbegebiet Woltmershausen, Hermann-Ritter-Straße 100, H Huder Straße, ✆ 520420, Mo – Fr 8.30 – 23 Uhr, Sa 11 – 19 und So 9 – 21 Uhr. Vereinigt gleich mehrere Sportarten unter einem Dach: Fußball, Squash, Badminton, Fitness und Gymnastik sowie Sauna, Massage, Solarium und Schwimmbad. Sportshop und Restaurant sind vorhanden, Handtücher und Schläger können geliehen werden. Preise sind je nach Sportart verschieden. Squash 6 – 8 € pro Person, Sauna 8 – 10 €, Fitness 11 € pro Tag, Fußball 46 € pro Feld.

Wärmer Bremen e.V., der lesbisch-schwule Sportverein bietet unter anderem Volleyball, Jazzgymnastik, Badminton, Fitness und Schwimmen an. Termine in den Stadtillustrierten.

Trimmen & Lauftreffs: Wer seinen Kreislauf an der frischen Luft in Gang bringen will, findet die Gelenke schonende ***Finnbahn im Stadtwald,*** Einfahrt Universitätsallee gleich nach der Eisenbahnunterführung. Am ***Osterdeich*** und ***Werdersee*** wird ebenfalls viel gelaufen.

Für Spieler

Schach wird in Bremen auf Bundesliganiveau gespielt. Wer den Damen und Herren zuschauen oder mittrainieren möchte, wendet sich an: ***SV Werder Bremen,*** Sportzentrum Hemelinger Str., H Friedrich-Karl-Straße, ✆ 0177/3161930. Bundesligaspieltage gibt es dreimal im Jahr nach Vorankündigung in den Business Logen des Weserstadions (Analyseraum mit Videoübertragung), 10 €, ermäßigt 7 €.

Go: ***Spieletreff BGH Weserterrassen,*** ↗ Bremen vielfältig, Entlang der Weser. Gesellschaftsspiele Mo 19.30 Uhr, Go Di und Fr 19 Uhr.

Glücksspiel: Auch beim Spiel mit der Roulettekugel kann man sicherlich ganz schön ins Schwitzen kommen. Das ***Casino Bremen*** bietet in gepflegtem Ambiente Nervenkitzel beim Roulette, Black Jack oder Knacken des Jackpots. Zu dem Glas Champagner, das, wie man hört, Usus für jeden Spielbankbesucher ist, kann man kleine Leckereien im Bistro zu sich nehmen oder sich (nach Gewinn) mit dem Fünf-Gang-Menü etwas Gutes tun. Böttcherstraße 3 – 5, H Domsheide, ✆ 329000.

SHOPPING
Tipps & Ideen A – Z

Es soll Bremer geben, die zum Einkaufen nach Oldenburg fahren, weil dort alles übersichtlicher ist. Bremen als Einkaufsparadies zu bezeichnen, wäre zwar etwas übertrieben, aber es gibt neben der üblichen Kaufhausmeile doch eine Reihe interessanter Fachgeschäfte und origineller Läden.

Haupteinkaufsorte sind die *City* (Obernstraße zwischen Marktplatz und Brill), die *Sögestraße* und die anhängenden Passagen, die auch bei schlechtem Wetter trockenes Einkaufen gewähren. Im *Viertel*, dem Bereich Oster- und Steintor, finden sich überwiegend kleinere Boutiquen und Fachgeschäfte, jede Menge Kneipen und Cafés, um sich zwischendurch vom Bummeln zu erholen.

Öffnungszeiten: In der Regel ab 9 oder 10 Uhr bis 18.30 Uhr, samstags jedoch nur bis 13 oder 14 Uhr. Die Geschäfte in der Innenstadt haben Mo – Fr bis 20 Uhr geöffnet, Sa bis 16 Uhr. Im Viertel schließen viele Läden um 19 Uhr. Da einige kleine Geschäfte eine Mittagspause einlegen und Öffnungszeiten sich auch mal verändern können, empfiehlt sich im Zweifelsfall ein kurzer Anruf.

In der City

Antiquitäten: Die meisten Antiquitätengeschäfte finden sich im Fedelhören, H Am Dobben, ein besonders origineller Laden ist in der Wulwesstraße 19, H Wulwesstraße, © 704591, dort gibt es auch Tipps zum Restaurieren antiker Stücke.

Art Deco, eine Augenweide für alle, die den Stil der 30er bis 50er Jahre lieben. Art-Deco-Möbel, Lampen, Schmuck, Porzellan, alte Armbanduhren, Musikboxen und original alte Colaautomaten. Die Schätze werden in England, Frankreich und in den USA gekauft. Fedelhören 10, © 325044.

Aal, Leute, kauft Aal! Auf dem Kajenmarkt geht es zu wie auf einem Jahrmarkt

Biokost: Bioläden gibt es in Bremen auf alle Stadtteile gut verteilt, mit der üblichen Auswahl. Zentral gelegen sind:

Schrot & Körner, Humboldtstraße 128 – 132, © 78116, H Auf den Häfen. Breites Angebot ökologisch hergestellter Lebensmittel.

Kraut & Rüben, Wulwesstraße 5, H Wulwesstraße. Ebenfalls großes Angebot ökologisch hergestellter Lebensmittel.

RAAB – Der BioFleischer, Kirchbachstraße 195, © 4940028, H Kirchbachstraße Fleisch aus artgerechter Haltung.

Effenberger, Vor dem Steintor 42, H Brunnenstraße, ✆ 72979. Brot aus kontrolliert angebautem Getreide.

Blumen: Bremen hat einen wirklich sehenswerten, wunderschönen ***Blumenmarkt***, der täglich (!) rund um den Liebfrauenkirchhof stattfindet, 7 – 14 Uhr, ein wahrer Farbrausch und gerade im Sommer ein Gefühl wie in Holland.

Bücher: ↗ Literaturszene.

Buddelschiffe: Wie kommt das Schiff in die Flasche? In einem kleinen Geschäft im Schnoor lässt sich das Geheimnis vielleicht lüften, seit drei Generationen werden hier Buddelschiffe in allen Größen per Handarbeit hergestellt, und auch für alles andere Maritime und Nautische ist der kleine Laden ein Geheimtipp. Bahr, Stavendamm 12, H Domsheide, ✆ 324757.

Comics: ***Pegasos***, außer Comics auch Science Fiction und Fantasy. Feldstraße 10, H Am Dobben, ✆ 74763.

Captain Comic, große Auswahl, auch Fantasy und Englischsprachiges. Vor dem Steintor 153, H St.-Jürgen-Straße, ✆ 73574.

Drachen: ***Windvogel***, ein Paradies für alle Drachenbastler seit 1978. Alles, was die Lüfte bunter macht oder am Himmel fliegt, ist hier zu erwerben, beispielsweise auch Bumerangs oder Frisbees. Es werden Workshops, Ausstellungen und Reparaturen durchgeführt. Marterburg (Im Schnoor), H Domsheide, ✆ 324244.

Drachenschwärmer, Ostertorsteinweg 58, H Theater am Goetheplatz, ✆ 328-044.

Drehorgeln: Verleih von Drehorgeln aller Art, unerlässlich beim Domtreppenfegen und besonders beliebt bei Kohlfahrten, außerdem Verkauf von Spieluhren sämtlicher Modelle und Preisklassen. Schnoor 14, H Domsheide, ✆ 323632.

Esoterik: ***Lichtgarten***, große Auswahl an Literatur, Musik, ätherischen Ölen, Aura, Soma, Pendeln und was die suchende Seele sonst noch begehrt, dazu fachkundige Beratung. In den Runken 13, H Sielwall, ✆ 78766.

Erotik: ***For Ladies***, Erotik-Laden von Frauen für Frauen. Hier kann frau sich ganz in Ruhe in heller, freundlicher Atmosphäre nach allem, was die weibliche Erotik bereichert, umsehen. Es gibt Mode (auch Lack und Leder), erotische Literatur, Kunst, Vibratoren etc. auf Wunsch mit netter Beratung. Ostertorswall 67/68, H Schüsselkorb, ✆ 323040.

Dritte Welt: ***Bremer Weltladen***, Ostertorsteinweg 90, ✆ 7949699. Das Thema Eine/Dritte Welt ist offenbar in den letzten Jahren aus dem Bewusstsein vieler Leute verschwunden und die entsprechenden Einrichtungen in Bremen nahezu ausgestorben. Als Relikt dieser Zeit ist der Bremer Weltladen anzusehen, ein Fachgeschäft für fairen Handel. Von 10 – 18.30 Uhr kann man hier (fair) einkaufen und auch noch die eine oder andere Information darüber mitnehmen, in welchem Zusammenhang zum Beispiel unsere niedrigen Kaffeepreise mit ausbeuterischen Löhnen sowie sozialen und ökologischen Problemen in den Herkunftsländer stehen. Es gibt Lebensmittel, Textilien, Musikinstrumente, Spielzeug, Kunstgewerbe.

Fisch: Unter der abnehmenden Zahl von Fischläden sind für exzellente Qualität besonders bekannt:

Bodes, Bischofsnadel 1 – 2, H Schüsselkorb, ✆ 324144;

Ohmes-Meller, Graf Moltke Straße 40, H Hollerallee, ✆ 345651.

Flohmärkte: ***Entlang der Weser,*** zwischen Wilhelm-Kaisen-Brücke und Bgm.-Smidt-Brücke, jeden Sa Vormittag bis circa 15 Uhr.

Auf der Bürgerweide, zwischen Stadthalle und Schlachthof, So morgens, großer Flohmarkt.

Indianerkunst: ***Silver Moon,*** Beim steinernen Kreuz 12a, H Wulwesstraße, ✆ 702918. Handgearbeiteter Türkis- und Silberschmuck der Navajo-, Hopi- und Zuni-Indianer, außerdem echte Rohhautmokassins.

Kaffee: ↗ Tee.

Küche: ***Spitzsieb,*** Auf den Häfen 11, H Humboldtstraße, ✆ 701339; Originelles, Praktisches und Edles für Koch und Köchin.

Kochkunst, Ostertorsteinweg 87, H Theater am Goetheplatz, ✆ 74353.

Kosmetik: ***Kosmetikbasar,*** hier freut sich auch die Nase beim Einkaufen. Der Wohlgeruch ist gratis, zu erwerben sind ätherische Öle, alles für Bad und Sauna und Cremes fertig oder zum selbst Anrühren. Ostertorsteinweg 25/26, H Wulwesstraße, ✆ 701699.

Kunst: ↗ Galerien, Kunst & Kultur.

Kunsthandwerk: Bei ***Annas'*** gibt es zwar auch viele duftende Teesorten, aber vor allem Kunsthandwerk. Ob Keramik, Papier, Glas, Seide oder Kleidung (Schwerpunkt Naturtextilien), alle Stücke sind Unikate und überwiegend von Frauen hergestellt, denen *Anna Singer* in ihrem gemütlichen Laden ein Verkaufs- und Ausstellungsforum bietet. Beliebte Geschenkartikel sind handbemalte Seidentücher, nach individuellen Wünschen gestaltet (Lieferzeit ein bis drei Tage). Mathildenstraße 89, H Humboldtstraße, ✆ 706800.

Wundertüte, Verdener Straße 51, H Verdener Straße, ✆ 441577. Kunsthandwerk und wunderschöne Perlen aus den verschiedensten Materialien.

Lebensmittel: Den Preis »Schönster Tante-Emma-Laden Deutschlands« hat sich ***Wilhelm Holtorf*** zu recht verdient. Hier scheint die Zeit stehen geblieben zu sein, es gibt Fassgurken, verschiedene Trocken- und Hülsenfrüchte werden aus alten Holzschubladen lose abgewogen, und manchmal greift Herr Holtorf zur Leiter, um Kostbarkeiten aus den obersten Schubladen des alten Holzregals hervorzuholen. Nicht zu vergessen die »Bremer Babbeler«, eine Zuckerstangenart, die nostalgische Gefühle erweckt. Ostertorsteinweg 6, H Sielwall, ✆ 700522.

Grashoff's, Contrescarpe 80 (Hillmannpassage), H Hauptbahnhof, ✆ 14740. Ebenfalls ein Erlebnis. Delikatessengeschäft mit Bistro der Spitzenklasse – auch preislich.

Märkte: Fast jeder Stadtteil hat seinen eigenen Wochenmarkt, besonders schön ist der in ***Findorff*** (Di, Do und Sa vormittags), H Findorffallee, der ***Markt auf dem Domshof*** (täglich bis circa 14 Uhr), H Domsheide, sowie der ***Ökomarkt*** auf dem Berliner Platz, H Brunnenstraße (Mi ab 14 Uhr, Sa ab 8.30 Uhr) und auf dem »O-Weg«, H Wulwesstraße, Di und Fr ab 14 Uhr.

Kajenmarkt: Jeden Samstag 10 – 16 Uhr an der Schlachte. Der Kajenmarkt ist eine Mischung aus Floh-, und Antikmarkt sowie Fisch- und Gemüsemarkt mit unvergleichlicher Atmosphäre, herrlichen Marktschreiern und oft auch mit musikalischer Untermalung. Findet von Mai bis September Samstag Vormittag an der Weserpromenade Schlachte statt.

Mode: Ob schräg und schrill, elegant oder schlicht – Boutiquen und Jeansshops für jeden Geschmack und Geldbeutel finden sich hauptsächlich im Viertel.

Musik: Superauswahl, und immer die aktuellsten Scheiben gibt es bei ***ear***. Vor allen Dingen die gebrauchten CDs sind einen Abstecher wert, die Qualität ist getestet, die Preise sind moderat, selbstverständlich kann überall 'mal reingehört werden. Vor dem Steintor 36, H Brunnenstraße, ✆ 702500.

Papiermodelle: Ein in Norddeutschland einzigartiges Fachgeschäft gibt es im Schnoor: ob der Eiffelturm oder ein menschliches Skelett, alles lässt sich aus den Bastelbögen, die aus aller Welt stammen, zusammenkleben und falten. ***Atelier GAG,*** Im Schnoor, H Domsheide, und Auf den Häfen 12 – 15, H Humboldtstraße, ✆ 701137.

Poster & Postkarten: Postkarten für jeden Anlass, zum Bestaunen und Kaufen, gibt es neben Postern und Rahmen in riesiger Auswahl bei ***Art n' Card,*** Vor dem Steintor 46, H Sielwall, ✆ 76713.

Schilder: Herr Schmitt von der ***Schnoor-Oase*** handelt in seinem kleinen Laden mit Schildern, Dosen, Blechspielzeug sowie mit alten und neuen Plakaten. Außerdem bezeichnet er sich als »weltweit größten Anbieter« von nostalgischen Werbemittelreproduktionen. Für seine Kunden aus ganz Deutschland besorgt der Kenner Blechschilder mit Seltenheitswert. Wüste Stätte 1a, H Domsheide, ✆ 325956.

Schuhe: ***Schuhwerke*** ist Bremens einzige Maßschusterei, und Cäcilie Becker ist eine der ganz wenigen Frauen, die dieses Handwerk ausübt. Auch wer es sich nicht (oder noch nicht) leisten kann, Schuhe nach eigenen Wünschen anfertigen zu lassen, kann der Schusterin gerne bei ihrer spannenden Arbeit zusehen. Fedelhören 66, H Am Dobben, ✆ 320533.

Second-Hand: Gutes aus zweiter Hand gibt es in Bremen reichlich, z.B.:

Brunnenstraße, Brunnenstraße 37, H Brunnenstraße, ✆ 701118;

Mode Markt, ausschließlich Designermode aus zweiter Hand, Fedelhören 39, H Am Dobben, ✆ 323989;

Happy shopping, gleich ein ganzes Kaufhaus mit Second-hand-Ware, auch Haushaltsartikel, Möbel, Musik etc., Kornstraße 81, H Gneisenaustraße, ✆ 552956.

Spielwaren: ***articolo*** – Spiele, Geschenke, Keramik und Papier, Wachmannstr. 46, H Brahmsstraße, ✆ 3498401. Der Schwerpunkt liegt auf dem Bereich Spiele. Man wird individuell und mit viel Sachkenntnis beraten, der Inhaber muss selbst ein begeisterter Spieler sein. Auch Verleih.

Spielerei. Ein Mekka für Spielefreaks. Es gibt Gesellschaftsspiele für jedes Alter und Holzspielzeug. Von jedem Spiel gibt es ein Vorführmodell zum Ausprobieren, viele sind selbst getestet, man kümmert sich um ausgefallene Spielewünsche oder hilft bei der Suche nach Raritäten. Vor dem Steintor 33, H Brunnenstraße, ✆ 704215.

Schuhwerke: Cäcilie Becker fertigt sie nach Maß

Wichlein, Spielwarenladen mit großer, klassischer Auswahl. Generationen von Müttern und Großmüttern haben hier schon für Kinder und Enkel eingekauft. Ostertorsteinweg 57, H Theater am Goetheplatz, ✆ 326705.

Bärenhaus: Tedddybärenfreunde finden hier nicht nur Plüsch- und Holzbären, sondern ebenso alle Zutaten zum Selberbasteln. Stavendamm 9, H Domsheide, ✆ 3378419. Die Besitzerin betreibt mit viel Liebe auch die dicht beieinander gelegenen Spielwarengeschäfte ***Trotzdem*** und ***Rapunzel,*** mit einer großen Auswahl an Marionetten und Puppen. Über dem Trotzdem befindet sich zudem ein kleines, sehenswertes *Spielzeugmuseum*. Im Schnoor 24 und 17, ✆ 320382, 326403.

Tee: Das ***Kassiopeia*** ist nicht nur ein Einkaufserlebnis für Teetrinker, auch Kaffeefreunde finden hier spezielle Röstungen, und bei einer Probiertasse lässt es sich gemütlich mit dem älteren Besitzerehepaar plaudern, beispielsweise über die besondere Auswahl an Edelsteinen, die sie zusätzlich verkaufen. Bismarckstraße 89, H Krankenhaus St.-Jürgen-Straße, ✆ 74400, Sa geschlossen.

Teegarten im Steintor, Vor dem Steintor 108, © 702499, H Brunnenstraße. Verkauft neben gängigen Sorten auch Tee aus kontrolliertem Anbau.

Kaffee- und Teeladen im Ostertor bietet kompetente Beratung und breite Auswahl. Am Dobben 69, H Sielwall, © 78526.

Schnoor Handelskontor, Wüste Stätte 1, © 323867, H Domsheide. In dem winzigen Laden im Schnoor kann man den Tee nicht nur kaufen, sondern im 1. Stock gleich kosten. Dort auch vegetarische Kleinigkeiten.

Weihnachtsdeko: ***Weihnachtsträume,*** © 323262, Marterburg 45, H Domsheide, Mo – So 10 – 20 Uhr. In Bremen steht Weihnachten das ganze Jahr vor der Tür. Auf drei Etagen eines wunderschönen alten Speicherhauses, das sogar noch ein Reststück der Bremer Stadtmauer aus dem 13. Jahrhundert birgt, finden sich am Rand des Schnoors weihnachtliche Dekorationsartikel und Geschenk-Ideen, auch der Osterhase ist vertreten.

Wein: Weinliebhaber schätzen die Jahrhunderte alte Tradition des *Bremer Ratskellers,* aber auch sonst bietet Bremen eine Reihe guter Adressen für edle Tropfen:

Wein Bennecke, Ostertorsteinweg 79, H Wulwesstraße, © 72926.

Gute Weine, wie der Name schon vermuten lässt, gibt es hier nur Weine höchs–ter Qualität, erstklassige Beratung. Ostertorsteinweg 34 – 35, H Wulwesstraße, © 7948289.

Vivo Lo Vin, verkauft Öko-Weine. Duckwitzstraße 54, H Duckwitzstraße, © 518020.

Zelte: Alles für die mehr oder weniger abenteuerliche Reise bekommt man mit kompetenter Beratung bei ***Alles für Globetrotter,*** Ostertorsteinweg 25 (2. Stock), H Wulwesstraße, © 74734.

Quo vadis, hier ist alles größer und oft auch voller, Bgm.-Smidt-Straße 43, H Falkenstraße, © 14778.

Einkaufen in Vegesack

Delikatessen: *Feinkost Scharringhausen,* seit 1862 in Familienbesitz: besondere »Vegesack-Bremensien«, frischer Fisch (von Fischer Fritz direkt gefischt!), Präsentservice. Alte Havenstr. 15, H Bahnhof Vegesack © 662363.

Kitsch: *Hedeler*, maritimer und anderer Kitsch. Zur Vegesacker Fähre 11, H Bahnhof Vegesack, © 663988.

Möbel: Koerber, wirklich angenehm anders! Ein Einrichtungshaus, das zu den schönsten in Deutschland gehört. Stilsicher dekorierte Einzelstücke und stimmungsvolle Gesamtkonzeptionen laden zum Bummeln ein. Die Beratung ist offen, freundlich und kompetent; desweiteren gibt es eine Auswahl aus über 10.000 Dekostoffen. Am Sedanplatz 3 – 4, H G.-Heinemann-Bürgerhaus, © 658560.

Segel: *Meyerdiercks,* hier knarren die Dielen, es riecht nach Seefahrt, aber auch für Landratten ist der Laden ein Einkaufserlebnis; seit 1874 Segelmacherei, zuständig für Schiffsausrüstungen aller Art und original Troyer und Fischerhemden. Alte Havenstr. 37, H Bahnhof Vegesack, © 660290.

(REISE-)ALLTAG

Abfahrt
Departure
Zeit
Zuglauf

NÜTZLICHES FÜR DEN (REISE)ALLTAG

In diesem Abschnitt finden Sie alle notwendigen praktischen Informationen zum An-, Weiter- und Unterkommen in der Stadt. Auch Einheimische und neu hinzugezogene Studenten werden hier allerlei wertvolle Tipps und nützliche Adressen finden. Die selbst erprobten Informationen und Adressen ab Seite 299 werden denen helfen, die mit dem Rollstuhl in Bremen klarkommen müssen und sich sonst über die vielen Unebenheiten, die sich hier mitten im norddeutschen Flachland auftun, wundern müssten.

VERKEHR & TRANSPORT

Anreise

Mit dem Flugzeug

Bremen wird von folgenden Flughäfen im Linienverkehr fünfmal pro Woche bis täglich angeflogen: Amsterdam, Berlin-Tempelhof, Brüssel, Dresden, Frankfurt am Main, Friedrichshafen, Kopenhagen, Leipzig, London, München, Nürnberg, Paris, Stuttgart und Zürich. Der Flughafen ist nicht sehr groß, dafür aber nur knapp 4 km von der Innenstadt entfernt. Die nächste Straßenbahnhaltestelle befindet sich vor dem Flughafengebäude. In 12 Minuten kann mit der Linie 6 die Altstadt, in 17 Minuten der Hauptbahnhof erreicht werden. Am Flughafen stehen über 4500 überdachte und gesonderte Frauen-Parkplätze zur Verfügung.

Info: ***Flughafen Bremen,*** H Flughafen, Infos täglich 6 – 23 Uhr, ✆ 5595-0.

Zugverbindungen

Bremen ist per Bundesbahn über die IC-Strecke Ruhrgebiet – Hamburg stündlich und mit ICE via Hannover alle zwei Stunden gut zu erreichen.

Info: ***Reisezugauskunft und Fahrpreisinformation*** ✆ 1805/996633.

Willkommensgruß in Bremens Hauptbahnhof

Reisezentrum im Hauptbahnhof, Mo – Fr 5.50 – 21 Uhr, Sa, So 7.30 – 21 Uhr, ✆ 2214025.

Gepäckträgerdienst am Service-Point in der Bahnhofsvorhalle, rund um die Uhr besetzt, ✆ 221-4780, -4790.

Mit und ohne Auto

Am Bremer Kreuz treffen sich die A 1 aus Hamburg und Osnabrück/Ruhrgebiet und die A 27 aus Bremerhaven und Walsrode/Hannover. Von Bremen nach Oldenburg muss man zunächst auf der B 75 fahren, die dann ab Delmenhorst zur A 28 wird.

Info: ***ADAC Weser-Ems,*** Bennigsenstraße 2 – 6 (ADAC-Hochhaus), H Bennigsenstraße, ✆ 49940.

Autovermietungen: In Bremen gibt es 45 verschiedene Firmen, die einem helfen, wenn man sich schnell und unabhängig bewegen will. Da wären beispielsweise ***AVIS***, ✆ 558055, ***Europcar***, ✆ 0180/58000, sowie ***Hertz***, ✆ 555-350, oder fahren Sie einmal nobel im Rolls Royce ✆ 664276.

Cambio Stadtauto Bremen, ✆ 792700, bietet rund 80 Fahrzeuge, die für Mitglieder und ortsfremde Carsharer an 37 Stationen bereit stehen. Um Mitglied zu werden, zahlt man eine Aufnahmegebühr (Kaution) und sonst nur für Mietdauerdauer und gefahrene Kilometer. www.cambiocar.com

Mitfahrzentralen: *ADM-Büro,* © 19440, im Mitfahr- und Reisebüro, Körnerwall 1, © 72011, Mo – Fr 10 – 18 Uhr, Sa 10 – 14 Uhr. www.citytocity.de

Stadtverkehr

In der Stadt Bremen kann man sich sehr gut ohne Auto fortbewegen. Von der Bedeutung der Straßenbahn ist schon erzählt worden (↗ Typisch Bremen). Zusätzlich zu den 8 Straßenbahn-Linien unterhält die *Bremer Straßenbahn AG* (**BSAG**) rund 50 Buslinien. Alle Fahrkarten gelten sowohl für Straßenbahnen als auch für Busse. In unserem Reiseführer haben wir alle Haltestellen mit einem H und dem Stationsnamen angegeben.

Fahrtfrequenz: Als Faustregel gilt für alle wichtigen Bus- und (Straßen)Bahnlinien:

Mo – Fr: 5 – 6.15 Uhr alle 15 Minuten, 6.15 – 20.30 Uhr min. alle 10 Minuten, auf vielen Strecken alle 5 Minuten.20.30 – 23 Uhr alle 20 Minuten, bis 24 Uhr alle 30 Minuten, zwischen 0 und 4.30 Uhr einzelne Fahrten.

Sa: 5 – 8.30 Uhr alle 15 Minuten, 8.30 – 16.30 Uhr mindestens alle 10 Minuten, 16.30 – 23 Uhr alle 20 Minuten, bis 24 Uhr alle 30 Minuten, bis 4.30 Uhr jede Stunde.

So & Fei: 7 – 10 Uhr alle 30 Minuten, 10 – 23 Uhr alle 20 Minuten, 23 – 24 Uhr alle 30 Minuten, bis 6.30 Uhr jede Stunde.

✸ **Tipp:** Für alle Linien gilt zu jeder Tageszeit, dass man über den Fahrer an jeder Haltestelle ein Taxi bestellen kann (es gelten die normalen Taxipreise).

Fahrkarten

Einzel- und Kurzstreckenfahrscheine werden direkt in der Bahn oder im Bus gelöst und bei Beginn der Fahrt am Stempelkasten abgestempelt. Wer mehr als 4 Fahrten plant, sollte eine Vorverkaufsstelle der BSAG aufsuchen. Das sind (meist) Kioske oder Zeitschriften- und Tabakwarenläden mit dem BSAG-Zeichen (roter Kreis mit schwarzer Welle plus Schriftzug BSAG). Hier gibt es die günstigeren 4er-Fahrscheine sowie Tages- und 7-Tagestickets. Die folgenden Preise sollen ab 2004 gelten:

Einzelfahrschein: Er kostet 1,95 € für Erwachsene und dazu zählen vür die BSAG alle Menschen, die das 14. Lebensjahr vollendet haben. Kinder zwischen 6 und 14 Jahren zahlen 0,95 €, die ganz Keinen fahren kostenlos. Mit dem Einzelfahrschein kann man, sofern es keine längere Unterbrechung der Fahrt gibt, quer durch das Gebiet der Zone I fahren, etwa von Kattenturm bis nach Horn, Umsteigen inklusive. Wer mit dem Stadtexpress oder, verständlicher ausgedrückt, der Bundesbahn weiter nach Bremen Nord fahren will, muss einen Fahrschein der Stufe II lösen. Dieser kostet 2,40 bzw. 1,15 €.

Kurzstreckenkarte: Mit ihr kann man für 0,80 € drei Haltestellen weit fahren, egal wie groß die Abstände sind, aber nicht in Schnellbahnen oder -bussen. Hier zahlen alle ab 6 Jahren den gleichen Preis.

4er-Tickets: Diese Sammelkarten gibt es nur zum Erwachsenentarif. 4 x Kurzstrecke kosten 2,60 €, 4 x Tarifzone I 6 € und 4 x Zone II 8,40 €.

Tageskarte: Für Tagesbesucher der Stadt empfiehlt sich das ***Tagesticket.*** Dieses gibt es für 4,65 € oder als PLUS-Variante für 5,50 €. Mit diesen Kärtchen können 1 Erwachsener mit 2 Kindern unter 15 Jahren, oder 2 Erwachsene mit 4 Kindern in der Preisstufe I, also im Stadtgebiet, einen ganzen Tag umherfahren. Für Zone II kosten die Karten 5,65 bzw. 6,60 €.

7-Tage-Ticket: Es gilt an 7 aufeinander folgenden Tagen und ist übertragbar. Abends und am Wochenende können es auch wieder 2 Erwachsene mit der oben genannten Kinderschar nutzen. Es kostet für die Stadt 13,30 €, für die Zone II 19,20 €.

Monatskarte: Die übertragbare Monatskarte, die 37,80 € bzw. für Zone II 55,80 € kostet, ist nur an den Vorverkaufsstellen der BSAG zu erhalten ist. Schüler erhalten sie auf Antrag für 27,20 bzw. 41,80 €.

Informations- & Verkaufsstellen

BSAG-Center Domsheide, © 5596-333, Mo – Sa 10 – 18 Uhr. Service hier: An den *Elektronischen Fahrplan-Auskunftsterminals* (EFA) kann man sich seinen persönlichen Fahrplan zusammenstellen und ausdrucken lassen.

BSAG-Center Hauptbahnhof, täglich 6 – 21 Uhr mit EFA.

BSAG-Verkaufsstelle Blumenthal, Ermlandstraße 47, Mo – Fr 6.30 – 19.30 Uhr, Sa, So 8.30 – 16 Uhr.

BSAG-Kundendienst, © 5596-416, täglich rund um die Uhr;

Abonnements und Fundbüro der BSAG: Langenstraße 12, H Obernstraße, © 5596-675, Mo – Fr 11 – 17 Uhr (Fundbüro).

Bike & Ride

So nennt die BSAG ihren Service für Radfahrer: an ausgewählten (End-) Stationen in den Außenbezirken gibt es Unterstellmöglichkeiten für die Räder (auf den Plänen mit einem Grünen Fahrradsymbol oder B+R gekennzeichnet; P+R steht für Autoparkplätze).

Fahrradtransport: Auf allen Strecken der BSAG ist die Fahrradmitnahme erlaubt. Das Fahrrad-Ticket kostet 1,10 € für Zone I und II.

Regionalbusse ins Umland

Dem *Verkehrsverbund Bremen/Niedersachsen GmbH,* **VBN**, gehören 33 Bus- und Bahnunternehmen an, die in einem Radius von etwa 60 km um Bremen fahren, und das zu einheitlichen Tarifen. Das gesamte Gebiet ist in Zonen aufgeteilt, und die Anzahl der zu durchfahrenden Tarifzonen ist für den Fahrpreis maßgeblich. Möchte man von Harpstedt nach Walle in Bremen fahren, so sind das beispielsweise vier Zonen. Man bekommt beim Lösen eine Karte der Zone D, fährt mit ihr bis nach Bremen, steigt am Hauptbahnhof in einen Bus der BSAG und fährt weiter nach Walle. Die Karte gilt, solange man ohne Unterbrechung reist.

Die Regionalbusse fahren unregelmäßig, daher sollten Ausflüge in das Bremer Umland gut geplant werden. Es empfiehlt sich, die Hin- und Rückfahrpläne im Voraus zu studieren. Abends fahren die meisten Regionallinien nur noch in sehr großen Abständen.

Info: *VBN,* Otto-Lilienthal-Straße 23, © 1805/826826 (0,12 € pro Minute).

✸ **Tipp:** Die Bremer Studenten haben es mit der VBN besonders einfach, denn ihr *Semesterticket* gilt im gesamten Bereich und außerdem auf den Bahnstrecken bis an die Küste.

Taxi

Für die Bereitstellung zahlt der Fahrgast 2,10 €, die ersten 10 Kilometer kosten je 1,33 €, jeder weitere angefangene Kilometer 1,25 €.

Taxistandplätze befinden sich unter anderem am Bahnhof, an der Domsheide und bei der Sielwallkreuzung.

Taxiruf: ***in der City:*** ✆ 14014, ✆ 14433; ***Bremen-Nord:*** ✆ 650005, ✆ 600061.

Frauen-Nacht-Taxi: 19 – 6 Uhr, bis zu 30 % ermäßigt gegenüber dem normalen Taxitarif. ✆ 13334.

Weserfähren

Die Eisenbahnbrücke gleich hinter der Innenstadt ist die »letzte Brücke vor dem Meer«. Oberhalb war die Weser bis 2003 nur mit Hilfe von Fähren zu überqueren. Zu Beginn des Jahes 2004 soll nun endlich der Wesertunnel eingeweiht werden und die Fähre Dedesdorf – Kleinsiel ablösen. Die verbliebenen Fähren verkehren im Prinzip tagsüber alle 15 – 20 Minuten. Wer zwischen 0 und 5 Uhr übersetzen will, sollte sich zuvor genauer informieren, denn dann verkehren die Fähren stündlich bis gar nicht. Auch die **Preise** variieren: zur Nordsee hin wird es allmählich teurer. Man zahlt in *Blumenthal* und *Berne* noch so viel wie in *Vegesack:* Pkw inkl. Fahrer 3,40 €, Fahrrad 0,30 €, Erwachsener 0,70 €, Kind 0,30 €. Die Fähre *Sandstedt - Brake* verlangt: Pkw inkl. Fahrer 4 €, Fahrrad 0,20 €, Erwachsener 0,80 €, Kind 0,20 €. In *Bremerhaven* oder *Blexen* kostet es schließlich: Pkw inkl. Fahrer 4,40 €, Fahrrad 1 €, Erwachsener 1,50 €, Kind 0,50 €.

Informationen zu den Weserfährlinien:
Vegesack - Lemwerder, ✆ 690-369
Blumenthal - Motzen, ✆ 690-369
Farge - Berne, ✆ 690-369
Sandstedt - Brake, ✆ 04731/8640
Blexen - Bremerhaven, ✆ 0471/300-3600.

Vegesack – Lemwerder: Eine der wichtigsten Fährverbindungen. Mo – Fr pendeln zwischen 4 und 20 Uhr zwei Schiffe von einem Ufer zum anderen (praktisch alle 10 Minuten), am Wochenende, an Feiertagen und nach 20 Uhr fährt nur noch eins alle 20 Minuten und dieses ab 24 Uhr nur noch im 30-Minuten-Takt.

Sielwall – Werderinsel: Passagierfähre des Vereins ***Hal över***. Eine Fähre verkehrte hier schon, als es die vielen Brücken noch nicht gab. Der Ruhe suchende Bremer – oder Bremenbesucher – kann mit ihr gemütlich auf die andere Seite der Weser schippern, im *Café Sand* einen Kaffee trinken oder bei den Kleingärtnern nach Gartenzwergen suchen.

Ganzjährig, täglich im Sommer ab 7 Uhr bis 23 Uhr, oft auch länger (ist an die Öffnungszeit des Café Sand gebunden); im Winter Mo – Fr 7 – 20 Uhr, Sa, So) – Schluss Café Sand. Auch wenn die Fähre manchmal einen Extrakreis auf der Weser dreht, sind die Preise für alle Fahrten gleich: Erwachsene einfach 1 €, hin und zurück 1,70 €, Kinder 0,50 bzw. 0,80 €. Wer sein Rad dabei hat, zahlt 1,20 bzw. 2 €, Kinder mit Rad 0,60 bzw. 1 €.

Hal över, Sielpfad 3, ✆ 338989.

Schiffsausflüge: ↗ Ausflüge, Wassertouren und ↗ Bremerhaven.

SCHLAFEN & WOHNEN

In Bremen eine günstige Unterkunft zu finden, ist gar nicht so einfach, denn außer der Jugendherberge und dem Campingplatz gibt es nur Hotels und einige etwas günstigere Pensionen. Weitere Hoteladressen vermittelt die Bremer Touristikzentrale, ✆ 19433. Zu Bremerhaven ↗ Bremerhaven.

Hotels, die gut zu erreichen oder behindertengerecht sind und solche, die Fahrräder verleihen, wurden in der folgenden Auswahl besonders berücksichtigt; Rollstuhlfahrer finden ausführliche Angaben im Kapitel ↗ Mit dem Rollstuhl durch Bremen.

EZ, DZ = Einzel- bzw. Doppelzimmer
FV = Fahrradverleih
B = behindertengerecht
App. = Appartement
Fewo = Ferienwohnung

Bis 40 Euro & Camping

Jugendgästehaus Bremen (DJH), Kalkstr. 6 (Zentrum), H Faulenstraße, ✆ 171-369, Fax 171102. 21 – 28 €, nur mit Jugendherbergsausweis. Liegt zentral und ruhig an der Weser. Bis voraussichtlich Sept. 2004 geschlossen.

Jugendherberge Worpswede, ↗ Ausflüge.

Gästehaus Walter, Buntentorsteinweg 86/88 (Neustadt), ✆ 558027, H Gneisenaustraße, FV. Zentral gelegen nahe der kleinen Weser, EZ ab 25 €, DZ ab 40 €.

GastHaus, Bremer Backpacker Hotel, Emil-Waldmann-Straße 5 – 6, 28195 Bremen, ✆ 2238057, Fax 2238102, H Hbf. EZ 27 €, DZ 22 €, im Mehrbettzimmer 16 €.

Privatzimmervermittlung: ***AGP,*** Auwigstraße 11, ✆ 348030, Fax 348011. Privatzimmer und Apartments in Bremen und dem Umland, EZ ab 25 €, DZ ab 35 €.

Bed & Breakfast, Britta Wenzek, Walsroder Straße 2, ✆ 5360771, Fax 5360-772, Privatzimmer im gesamten Bremer Raum, EZ ab 25 €, DZ ab 40 €, auch Familienzimmer und Appartements.

Mitwohnzentrale: ***Home Company,*** Humboldtstraße 28, H Humboldtstraße, ✆ 19445, Fax 703403. Tage- oder monatsweise werden Zimmer und Wohnungen vermittelt, EZ ab 20 € pro Tag, 500 inkl. NK pro Monat zzgl. 28 % Provision, bei längerer Mietdauer erhöht sich die Vermittlungsgebühr.

Camping: ***Campingplatz Bremen e.V.,*** Am Stadtwaldsee 1, H Campingplatz, ✆ 212002, Fax 219857. Ganzjährig. Erwachsene 4,10, Kinder 2,50, Zelt 5 – 6 €, Auto 1,40, Caravan 6, Wohnmobil 8,50 – 10 €. Lage direkt am Uni-See, schöner, gut ausgebauter Platz.

Bis 80 Euro

Haus Klitzke, Regenbogen Appartements, Hastedter Osterdeich 206 (Hastedt), H Weserwehr, ✆ 442769, Fax 443529. 6 Zimmer, EZ ab 37 €, DZ ab 50 €, App., 3 Fewo, FV. Nahe der Weser an stark befahrener Straße.

Hotel Bölts am Park, Slevogtstr. 23 (Zentrum/Bürgerpark), H Blumenthalstraße, ✆ 346110, Fax 341227. 14 Zimmer, EZ ab 35 €, DZ ab 56 €. Nahe Bürgerpark.

Hotel Falk, Osterholzer Heerstr. 154 (Osterholz), H An der Kämenade, ✆ 405600, Fax 4273711. 18 Zimmer, EZ ab 41 €, DZ ab 64 €. Frühstücksbuffet, Hauptverkehrsstraße.

Hotel ETAP, Borgwardstr. 10 (Habenhausen), H Borgwardstraße, ✆ 837350, Fax 838820. 90 Zimmer, EZ 35 €, DZ 42 €, B. Südlicher Stadtrand.

Hotel Hansahof, Brüggeweg 20/22 (Hemelingen), H Christernstraße, ✆ 459-050, Fax 415026. 26 Zimmer, EZ ab 50 €, DZ ab 80 €. Sauna, Solarium, südöstlicher Vorort.

Hotel Heinisch, Wachmannstraße 26, Schwachhausen, H Brahmsstraße, ✆ 342925, EZ ab 36 €, DZ ab 56 €, City und Bürgerpark liegen in der Nähe.

Hotel Landhaus Luisenthal, Leher Heerstraße 105 (Horn-Lehe), H Vorstraße, ✆ 232076, Fax 236716. 60 Zimmer, EZ ab 46 €, DZ ab 80 €. Am nordwestlichen Stadtrand Bremens, gute Ausflugsmöglichkeiten.

Hotel Pension Atlantik Bremen, garni, Hastedter Osterdeich 205 (Hastedt), H Weserwehr, ✆ 432700, Fax 4327044. 11 Zimmer, EZ ab 40 €, DZ ab 50 €, App., Fewo, FV. Hauptverkehrsstraße.

Hotel Pension Domizil, Graf-Moltke-Straße 42 (Schwachhausen), H Hollerallee, ✆ 3478147, Fax 342376. 14 Zimmer, EZ ab 40 €, DZ ab 60 €. Relativ ruhig.

Hotel Pension Haus Bremen, Verdener Straße 47 (Ostertor), H Brunnenstraße, ✆ 432720, Fax 9494110. 12 Zimmer, EZ ab 47 €, DZ ab 64 €, App., Fewo, FV. Ruhige Straße.

Gasthof zur Nordseite, Ritterhuder Heerstraße (Ritterhude), ✆ 04292/1358, 6 EZ, 45 €, 14 DZ, 70 €, FV. Ideal für Radtouren auf den Wümmedeichen.

Pension Galerie, Thedinghauser Straße 46 (Neustadt), H Neuenlander Straße, ✆ 530753, Fax 5579812. 14 Zimmer, EZ ab 29 €, DZ ab 44 €, App., Fewo, FV kostenlos. Hauptverkehrsstraße.

Ab 60 Euro

Atlantic Hotel Vegesack, Sagerstr. 20, H Bahnhof Vegesack, ✆ 66050. 87 Zimmer, EZ ab 75 €, DZ ab 100 €, B, FV. Nahe der Weser.

Best Western Hotel zur Post, Bahnhofsplatz 11, H Hauptbahnhof, ✆ 30590, Fax 3059591. 194 Zimmer, EZ ab 58 €, DZ ab 78 €, FV. Schwimmbad, Sauna, Solarium, Fitness, Dampfbad, zentral gelegen.

Bremen Marriott Hotel, Hillmannplatz 20, H Hauptbahnhof, ✆ 1767-0, Fax -238. 228 Zimmer, EZ ab 62, DZ ab 110 €, B. Nahe Wallanlagen.

Park Hotel, Im Bürgerpark, H Bürgerpark, ✆ 3408-0, Fax 3408-602. 151 Zimmer, EZ ab 155 €, DZ ab 205 €, B, FV kostenlos. Mitten im Bürgerpark.

Golden Tulip Hotel Bremen, August-Bebel-Allee 4 (Vahr), H August-Bebel-Allee, ✆ 23870, Fax 234617. 144 Zimmer, EZ 67 €, DZ 82 €, B, FV. Stark befahrene Straße.

Ringhotel Munte am Stadtwald, Parkallee 299 (Schwachhausen, Nähe Uni), H Munte, ✆ 22020, Fax 219876. 136 Zimmer, EZ ab 70 €, DZ ab 98 €, B, FV. Idyllische Lage am Stadtwald, Schwimmbad, Sauna, Solarium, Dampfbad, Billard.

Treff Überseehotel Bremen, Am Markt/ Wachtstraße 27 – 29, H Domsheide, ✆ 36010, Fax 3601555. 124 Zimmer, EZ/DZ ab 90 €, B, FV. Zentrale Lage.

Hotel Westfalia, Langemarckstr. 38 – 42 (Neustadt), H Westerstraße, ✆ 59020, Fax507457. 65 Zimmer EZ ab 59 €, DZ ab 72 €, B, mit Lift. Hauptverkehrsstraße.

NÜTZLICHE ADRESSEN

Touristen-Information: ***BTZ, Bremer Touristik-Zentrale,*** Findorffstraße 105, neben der Stadthalle, © 19433 oder 308000, Buchungs-Hotline © 01805/ 101030, www.bremen-tourism.de, geöffnet zu den normalen Geschäftszeiten. Es gibt eine breite Palette von Informationsmaterial und Auskünften, die Besucher brauchen könnten, Führungen, Reservierungen und Kartenvorverkauf.

Tourist-Information am Hauptbahnhof: Mo – Mi 9.30 – 18.30 Uhr, Do, Fr 9.30 – 20 Uhr, Sa, So 9.30 – 16 Uhr.

Tourist-Information am Liebfrauenkirchhof, neben dem Rathaus. Übliche Geschäftszeiten und So 9.30 – 15.30 Uhr.

Veranstaltungshinweise: Über das, was in Bremen so läuft, informieren die monatlich erscheinenden ***Stadtzeitungen*** *Mix,* © 4171-071 (kostenlos und weit verbreitet), *Bremer* und *Prinz*.

Viele Veranstaltungen finden sich auch in den ***Tageszeitungen*** *Bremer Nachrichten* und *Weser-Kurier*.

Feste: ↗ Feste © Veranstaltungen, Typisch Bremen.

Stadtführungen: durch die Bremer Touristik-Zentrale täglich 14 Uhr ab Pavillon am Hauptbahnhof.

Stadtrundfahrten: von der BTZ täglich 10.30 Uhr ab Breitenweg/ZOB Bremen-Hauptbahnhof, © 30800-50.

Hafenrundfahrten: April bis Oktober 3 x täglich, © 30800-50.

Reederei Schreiber: ↗ Schiffsausflüge.

Hal över, Sielpfad 3, © 338989. Ausflugs- und Hafenrundfahrten ab Martini-Anleger.

Radtouren: Geführte Radtouren rund um Bremen durch den ***ADFC***, ↗ Sport, Auf 2 Beinen oder Rädern.

Geld, Post & Telefon

Bank: Geldautomaten gibt es bei allen größeren Bank- und Postfilialen.

Die Reisebank, im Hauptbahnhof, © 132-19, Mo – Sa 8 –19 Uhr, So 8 – 12.15 und 13 – 16 Uhr. Geldwechsel zu banküblichen Gebühren, Auslandsüberweisungen in 1 Stunde.

Deutsche Bank, im Flughafen, © 525830, Mo – Fr 9 – 13 und 14.30 – 16.30, Do bis 18, Fr bis 15.30 Uhr. Geld- und Wechselautomat (US$ und GB£).

Post: ***Postamt 1,*** Domsheide 15, © 223-60, Mo – Fr 7 – 19 Uhr, Sa 9 – 13 Uhr.

Postamt 5, An der Weide 50 (Bahnhofsplatz), Mo – Fr 9 – 20 Uhr, Sa 9 – 14 Uhr, alle üblichen Leistungen inklusive Geldwechsel. Der Bau stammt ursprünglich aus den 20er Jahren.

Telefon: ***Vorwahl für Bremen:*** © 0421.

Telekom-Auskunft: © 11833.

Notruf & Ärzte

Polizei: Im Gebäude Karstadt, direkt an der Obernstraße in der Innenstadt, gibt es ein Kontaktbüro der Polizei, das zu normalen Geschäftszeiten besetzt ist, © 3071650. Sonst 362-1 (Präsidium), 362-19003 (Kriminalpolizeiliche Beratungsstelle), © 110 (Notruf).

Feuerwehr: © 30300 (Zentrale), © 303-02 (Rettungsdienst), © 112 (Notruf).

Ambulanzen: ***Giftnotruf:*** © 0551/19240.

Ärztlicher Notdienst, Wachmannstr. 9, H Am Stern, © 19292.

Zentralkrankenhaus: Östliche Vorstadt, St.-Jürgen-Str. 1, H St.-Jürgen-Straße, © 497-0.

Kinderärztlicher Notdienst, Richard Wagner Straße 1a, Ecke Schwachhauser Heerstraße, ✆ 3404444, Bremen-Nord, Landrat Christians Str. 94, ✆ 6098063.

Krankentransport-Zentrale: ✆ 3030-2.

Unfallambulanz, Außer der Schleifmühle 55 – 61, H Am Dobben, ✆ 335500. Duckwitzstraße, ✆ 5986060.

Drogenhilfe-Notruf: ✆ 77777.

Notruf für Mädchen: ✆ 341120.

Notruf und Beratung für vergewaltigte Frauen: ✆ 15100.

Pannendienst: ***AvD,*** ✆ 0800/9909909. ***ADAC,*** ✆ 0180/2222222.

Rat & Hilfe

Hauptgesundheitsamt: Horner Str. 60, H Brunnenstraße, ✆ 361-2424 (Auskunft).

AIDS-Hilfe: Am Dobben 66, H Am Dobben, ✆ 19411.

Anonyme Alkoholiker: Sebaldsbrücker Heerstr. 15, H Bahnhof Sebaldsbrück, ✆ 454585, 19295.

Telefonseelsorge: ✆ 504040, 504141.

Verbraucherberatung: Altenweg 4, H Am Brill, ✆ 160777.

Fundamt: Auf der Kuhlen 1a, H Sielwall, ✆ 361-100-79, -80.

Rat & Tat für Mädchen & Frauen

Mädchenkulturhaus: Holzwerkstatt, Café, Bewegungsraum, Garten, Küche stehen zur Verfügung – Platz für Kreativität, von Selbstverteidigungs- bis hin zu Schlagzeugkursen und Internetcafé. Mo Hexenküche (offener Mittagstisch). Heinrichstr. 21, H Humboldtstraße, ✆ 328798.

Mädchenhaus, Beratungs- und Wohnangebote für Mädchen, die von Gewalt betroffen sind. Mädchenwohngruppe, Kriseneinrichtung und Beratungsstelle. Rembertistraße 32, H Rembertistraße, ✆ 3365444 und Mädchen-Not-✆ 341120.

Café Ziege, feministische Mädchenarbeit der »Gewitterziegen«: für Mädchen ab 8 und junge Frauen bis 26 Jahren. Spielen und arbeiten mit Medien, Hausaufgabenhilfe, Sportprogramm und das Café International (Fr 15 – 17.30 Uhr) gehören zum Angebot. Büro Di und Fr 10 – 13 Uhr. Kornstraße 100, H Gneisenaustraße, ✆ 535180.

Lesbentelefon, Beratung für Frauen, die sich zu Frauen hingezogen fühlen. ✆ 3399046, Do 19 – 21 Uhr.

Nitribitt, ✆ 448662. Treffpunkt und Beratungsstelle für Mädchen und Frauen, die anschaffen gehen, 1987 von (ehemaligen) Prostituierten und Sozialarbeiterinnen gegründet.

Gesundheit: ***Pro Familia,*** Hollerallee 24, H Am Stern, ✆ 3406030. Schwangerschafts(abbruchs)beratung und Rat in vielen frauentypischen Gesundheitsfragen.

Frauentherapiezentrum, Beratung, Therapie und Selbsthilfe für Frauen und Kinder, Mo – Fr 10 – 12 Uhr, Mo 16 – 19 Uhr offene Beratung, Beginenhof 9, H Kirchweg, ✆ 76405.

Frauengesundheitszentrum, Beratung und Information: Mo, Di, Mi 10 – 13 Uhr, Do 16 – 19 Uhr. Elsflether Straße 29, H Bahnhof Walle, ✆ 3809747.

Cara, Beratungstelle zur vorgeburtlichen Diagnostik, bisher die einzige unabhängige Beratungsstelle in der BRD, die über humangenetische Beratungsstellen und Pränataldiagnostik informiert. Mo, Di, Do 10 – 12 Uhr, Große

Johannisstr. 110, H Theater am Leibnizplatz, © 591154.

Lesben & Schwule: Treffpunkte ↗ Eten & Sopen, Cafés & Kneipen. Kino ↗ Kunst, Kultur & Ausgehen. ↗ Sport.

Kultur & Bildung für Frauen

Belladonna, Kultur-, Kommunikations- und Bildungszentrum. Diskussionsveranstaltungen und feministische Stadtrundgänge, umfangreiches Frauenarchiv und Dokumentationszentrum: Bücher, Plakate, Zeitschriften, Presseartikel, Graue Literatur, Ton- und Videokassetten. Sonnenstraße 8, H Am Dobben, © 703534. Archiv Di 13 – 15 und Do 15 – 18 Uhr. Büro Mo – Do 10 – 15 Uhr.

Frauenprojekt, Universität Bremen: Umfangreiche Literatur zur Geschichte der Frauenbewegung. Unibibliothek, 3. Ebene, Bibliothekstr., © 218-3619.

Thealit, hier gibt es leider kein Lokal mehr. Das Kulturlabor bietet Veranstaltungen zu Neuen Medien, Kunst und Wissenschaft an. Das Büro ist besetzt 10 – 15 Uhr, Im Krummen Arm, H Sielwall, © 701632.

Frauen-Lesben-Kalender: ***Trulla,*** nützliches Infoblatt, erscheint monatlich für Bremen und Umgebung und ist im Frauenbuchladen, ***Hagazussa,*** Friesenstraße 12, H, Brunnenstraße, und vielen Kneipen kostenlos erhältlich.

Als Ausländer in Bremen

Offiziell: ***Behörde für »Ausländerangelegenheiten«:*** Zuständige Stelle im Stadtamt, Pfalzburger Straße 69, H Weserwehr, © 361-0.

Ausländerbeauftragte: beim Senator für Kultur und Ausländerintegration. Herdentorsteinweg 7, H Hauptbahnhof, © 361-6835.

Universität: ***International Office,*** Universität, Verwaltungsgebäude, © 218-2732, Anlaufstelle für alle ausländischen Gäste der Universität.

Kultur und Beratung

Der **Dachverband der Ausländer-Kulturvereine,** 1983 gegründet, repräsentiert über 30 verschiedene Ausländervereine und ausländisch-deutsche Initiativen aus 14 Ländern – die wichtigste Adresse in Bremen also! Die DAB hat sich die Förderung der Integration, der Verwirklichung der Gleichberechtigung der in Bremen lebenden ausländischen Familien, Zusammenarbeit mit Kirchen, Gewerkschaften, senatorischen Behörden, Weiterbildungsträgern und Wohlfahrtsverbänden zum Anliegen gemacht, tritt für das Ausländerwahlrecht ein und gibt die Zeitschrift *Stimme* heraus. Aber auch, wer einfach mal wieder seine Sprache sprechen will, findet hier die richtige Kontaktadresse:

Infos: Schiffbauerweg 4, H Use Akschen, © 612071.

Familie & Partnerschaft: ***IAF e.V. – Verband bi-nationaler Familien und Partnerschaften,*** Buntenbtorsteinweg 182 – 196, H Gneisenaustraße, © 554020, 5251104. Rechtsberatung, Seminare und Gesprächskreise, multinationale Kindergruppe.

Menschenrechte: ***biz im Überseemuseum, Bremer Informationszentrum für Menschenrechte und Entwicklung,*** H Hauptbahnhof, © 171910. Forum verschiedener entwicklungspolitischer Vereine und Initiativen, die sich vor allem mit außereuropäischen Ländern befassen, Kultur- Informations- und Solidaritätsveranstaltungen durchführen und gemeinsame Öffentlichkeitsarbeit betreiben.

Sprache & Kultur: ***Institut Francais de Brême,*** Contrescarpe 19, H Theater am Goetheplatz, ✆ 339440, bietet Filme (meist Originalfassung), Vorträge (nicht immer auf Französisch), Sprachkurse und Musikveranstaltungen, unterhält eine Bibliothek mit Lesesaal, in dem aktuelle französischen Zeitungen ausliegen.

Instituto Cervantes, Schwachhauser Ring 124, ✆ 340390, ist das spanische Kulturinstitut für Bremen. Vorträge, Konzerte, Bibliothek und ein Lesesaal mit aktuellen spanischsprachigen Zeitungen tragen zur Kulturvermittlung bei. Ferner werden hier auch Sprachkurse angeboten, ✆ 3403919.

Deutschkurse: ***DAG Bildungswerk,*** Bürgermeister-Smidt-Straße 41, H Falkenstraße, ✆ 320571.

Dialog-Verein für Sprachförderung und Integration von Aussiedlern und Ausländern e.V., Am Schwarzen Meer 20, H St.-Jürgen-Straße, ✆ 49199-95, -96.

Goethe-Institut Bremen, Fedelhören 78, H Am Dobben, ✆ 360810.

VHS, Bremer Volkshochschule, Schwachhauser Heerstr. 67, H St.-Joseph-Stift, ✆ 361-8158, -3624.

Wegweiser durch den Uni-Dschungel

Als Neuankömmling an der Bremer Universität steht man oft wie der sprichwörtliche Ochs vorm Berg. Nur in wenigen Fachbereichen gibt es Einführungsveranstaltungen für Erstsemester. Darum geben wir hier der Reihe nach ein paar wertvolle Tipps:

Fragen zum Studium: ***Studentensekretariat,*** ✆ 2182740, Mo, Di, Do 9 – 11.30 Uhr und Mi 14 – 16 Uhr.

Zentrale Studienberatung im Verwaltungsgebäude (VW), ✆ 2183230, täglich 13 – 14 Uhr.

AStA, Allgemeine Studenten Ausschuss steht bei Fragen zur Verfügung, Studentenhaus Ebene 2, ✆ 218-3315.

Was macht man, wenn man zwar einen Studienplatz, aber keine **Wohnung** hat?

Wohnungsvermittlung, Studentenhaus, Bibliothekstraße, Ebene 0, Mo, Do 10 – 13 Uhr, Mi 14 – 17.30 Uhr, ✆ 220-1122.

Wohnheimverwaltung, Studentenhaus, Ebene 1, ✆ 2201/116-120; Mo und Do 10 – 13 Uhr, Mi 14 – 17.30 Uhr.

Mit-Wohn-Büro, Humboldtstr. 28, ✆ 19445, Mo – Fr 10 – 13 und 15 – 18 Uhr, Sa 10 – 13 Uhr.

Bafög-Unterstützung bieten:

AStA-Bafög-Beratung, Studentenhaus, Ebene 2, ✆ 2183374, Termine erfragen! Wenn man danach schlauer ist, geht man zum

Amt für Ausbildungsförderung, Ebene 0, ✆ 22010; Mo 10 – 13, Mi 14 – 17.30 Uhr, Do 10 – 17.30 Uhr.

Arbeit gibt es über die

Studentenvermittlung Arbeitsamt, Martinistraße 60, ✆ 1781677; Mo – Fr 8 – 12 Uhr, Mo – Do 13 – 15 Uhr.

Jetzt kann es losgehen: **Vorlesungs- bzw. Veranstaltungsverzeichnisse** bekommt man bei der Unibuchhandlung und in allen größeren Buchhandlungen in der Innenstadt. Auf dem aktuellen Stand ist man allerdings, wenn man sich die *Aushänge* im Gebäude der Geisteswissenschaften II (GW II) durchliest. Mehr Informationen zu den einzelnen Veranstaltungen erhält man in den *kommentierten Veranstaltungsverzeichnissen,* die zu Beginn der Semester in den jeweiligen Fachbereichen ausliegen. Wer seinen Raum oder Professor sucht (das soll ja vorkommen), fragt am besten im *Veranstaltungsbüro* im GW II, Ebene 2, nach. Es hat sich bisher alles und jeder wieder eingefunden.

Ein bisschen schwieriger ist es, ein bestimmtes Buch in der **Bibliothek** zu finden. Wie das geht? Entweder suchen …, fragen und sich sehr viel Zeit nehmen oder sinnvollerweise einen der angebotenen

Einführungskurse der Bibliothek wahrnehmen, ✆ 2182615. Mo, Di, Do und Fr 9 – 22 Uhr, Mi 11 – 22 Uhr und Sa 9 – 18 Uhr.

Zu jedem ordentlichen Studentenleben gehört auch das Erlebnis, in der **Mensa** zu essen. Das ist an der Bremer Uni inzwischen angenehmer geworden, seit das neue Mensa-Gebäude fertig gestellt ist. Neben den für Studierende ermäßigten Essen I und II gibt es Salate, Vegetarisches und mehr. Mo – Fr 11.30 – 14 Uhr.

Alternativ stehen die **Cafeterien** im GW I und II und im Sportturm zur Verfügung. Guten Appetit!

Auch diejenigen, die für ihr Studium einen Ausgleich im **Sport** suchen, sind an der Bremer Uni bestens aufgehoben. Broschüren zu den vielfältigen Angeboten des Hochschulsports liegen jeweils zu Semesterbeginn im *Sportturm* aus, oder sind telefonisch zu erfragen, ✆ 2182532. Aufgepasst, rechtzeitig zur Anmeldung gehen, da meistens ein großer Andrang herrscht! Ansonsten ist das *Uni-Schwimmbad* empfehlenswert, das mit seinen 50-Meter-Bahnen das Herz eines jedes Schwimmers erfreut.

Weitere wichtige Uni-Adressen

Universität Bremen, Bibliothekstraße 1, 28359 Bremen, ✆ 2181, www.uni-bremen.de.

AStA und Studentensekretariat BAStA Technik, Neustadtswall 30, H Hochschule Bremen, M-Gebäude, Raum 6-10a, ✆ 5905/641-643.

Studentensekretariat Hochschule, AB-Gebäude Raum 107/108, ✆ 5905-213, -214.

Akademisches Auslandsamt Hochschule, ✆ 5905-640, -148.

BAStA Nautik, Werderstraße 73, ✆ 5905639.

BAStA Sozialwesen, Universitätsallee GW1, C-Gebäude Raum 0180, ✆ 218-3376.

BAStA Wirtschaft, Werderstraße 73, H Wilhelm-Kaisen-Brücke, A-Gebäude, Raum 02, ✆ 5905119.

AStA Künste, Am Wandrahm 23, H Daniel-von-Büren-Straße, ✆ 308900.

Studentensekretariat Künste, ✆ 308-9014.

Frauen an der Uni: ***Autonomes feministisches Referat, Asta Uni Bremen:*** Anlaufstelle für Studentinnen, die Interesse an Frauenpolitik haben. Neue sind hier sehr willkommen. Universität Bremen, Asta Etage, Bibliothekstr., ✆ 218-2515.

Frauen(t)raum, Frauentreff & Café Universität, GW 2, B1330, Mo – Fr 10 – 17 Uhr, ✆ 218-2725.

MIT DEM ROLLSTUHL DURCH BREMEN

Die folgenden Hilfestellungen gegen alltägliche Hürden sind als gezielte Zusatztipps gedacht, alle weiteren, nicht nur für Rollstuhlfahrer wichtigen Informationen sind unter dem jeweiligen Thema – wie Museen, Restaurants etc. – zu finden. Behinderten-WCs und andere, soweit geeignet, sind immer genannt. Sofern sie frei oder mit Schlüssel zugänglich sind, wird das nicht extra erwähnt.

Schlüssel & Infos: ***Club Behinderter und ihrer Freunde (CeBeeF),*** Pallaswiesen Straße 123 A, 64293 Darmstadt, 06151/81220.

Öffentliche WC: ***Toilettenhaus*** auf dem Domshof.

Karstadt (Zugang Obernstraße), 4. Etage (Aufzug).

Galeria Kaufhof, 2. Stock, Schlüssel bei Toilettenfrau oder im Friseursalon.

Anreise und Stadtverkehr

Flughafen Bremen

Der Flughafen ist in allen Bereichen rollstuhl- und behindertengerecht gestaltet und verfügt über Blindenleittafeln und -wege zwischen Terminal und Parkhaus bzw. Straßenbahnhaltestelle der Linie 6.

Hilfe & Information: ✆ 5595-0

Feuerwehr: ✆ 5595-223, da stehen auch flughafeneigene Rollstühle bereit.

In der Regel wird man beim Flugscheinkauf oder der Platzbuchung angeben, inwieweit man auf besondere Einrichtungen und Hilfen angewiesen ist. Dann veranlasst die Fluggesellschaft die notwendigen Maßnahmen am Start- und Zielort.

Die **Türen zum neuen Terminal** öffnen und schließen sich automatisch. Nach dem Check-In im Erdgeschoss kann man mit Rolltreppe oder Fahrstuhl zu den Warteräumen im ersten Obergeschoss gelangen. Beim Abflug von der Fluggastbrücke gibt es keine weiteren Probleme. Bei notwendigen Bustransfers zum Flugzeug kann der Behindertenaufzug im Warteraum benutzt werden. Es gibt einen speziellen Kleinbus für Behindertentransporte.

Auch das **Restaurant** mit Blick auf die Rollbahn ist über Rolltreppe oder Aufzug, die Besucherterrasse nur per Aufzug zu erreichen. Es gibt mehrere gut ausgeschilderte **Behindertentoiletten**.

Vor der Abflughalle gibt es zwei **Behindertenparkplätze** zum Kurzparken mit Parkscheibe. Dauerparker fahren ins Parkhaus 1, dort im 3. Stock neben den Aufzügen oder im Parkhaus 2 im Erdgeschoss gibt es Behindertenparkplätze. Der Übergang zwischen Parkhaus und Terminal ist ebenerdig.

Hauptbahnhof

Die **Bahnhofshalle** mit Reisezentrum (Fahrkartenauskünfte, Tickets), Läden und Bank sind ebenerdig zu erreichen. Auch alle Bahnsteige sind mittlerweile vom Tunnel aus mit Personenaufzügen problemlos zu erreichen. Man kann also mit dem Rolli seinen lieben Besuch abholen. Nur wenn man selbst verreisen will, braucht man noch die Betreuung durch den ***Service Point***, ✆ 2214790, denn dann wird die Hebebühne für das Besteigen des Zuges organisiert. Frühzeitiges Anmelden oder rechtzeitiges Erscheinen sichert eine ruhige Reise.

Warteraum, ***Bahnhofsmission,*** ✆ 221-4786, Mo – Fr 7.30 – 20 Uhr, Sa und So 10 – 18 Uhr, ebenerdig.

Behinderten-WCs (Damen und Herren) im Tunnel bei der Treppe zum Gleis 8, Nordseite.

Gastronomie: Der Lift zum Restaurant Intercity in der 1. Etage, 7 – 23.30 Uhr, reicht nur für schmale Rollstühle (Behinderten-WC).

Busse und Straßenbahnen

In der Regel fahren **Niederflurbusse** und **-bahnen** im Wechsel mit herkömmlichen Fahrzeugen. Die Fahrpläne an allen Haltestellen weisen durch Rollstuhlpiktogramme darauf hin. Der Einstieg erfogt über eine ausfahrbare Rampe oder mittels Hublift an der vorderen Tür, in deren Nähe es auch Plätze gibt.

Fahrpreis: Mit Ausweis für Schwerbehinderte und einem Beiblatt mit gültiger Wertmarke kostenlose Beförderung, ansonsten gilt der normale Fahrpreis.

Informationen: ***BSAG-Verkaufsstellen Domsheide*** und ***Bahnhof***, ✆ 5596333 (Kundendienst).

Fahrdienstforum des Behindertenverbandes »SelbstBestimmtLeben«, Ostertorsteinweg 98, ✆ 704409.

Taxi

Der Taxi-Ruf mit der Telefonnummer 14014 ist auf komplizierte Transporte eingestellt. Für E-Stühle stehen gegen Aufpreis Hänger sowie Großraumtaxen zur Verfügung.

Unterkunft

Preise und weitere Information ↗ Schlafen & Wohnen.

Hotel Westfalia, H Westerstraße, ✆ 590-20, Gästeparkplätze, am Eingang ist eine kleine Stufe zu überwinden. Ein Behindertenzimmer ist mit dem Aufzug in der 2. Etage zu erreichen, im Erdgeschoss das Restaurant sowie ein Tagesraum. Im Untergeschoss ist ein herkömmliches WC zugänglich.

Marriott Hotel, H Hauptbahnhof, ✆ 176-70, ebenerdig zugänglich, Aufzug, Behinderten-WC in der 1. Etage, Zimmertüren und Bad sind für den Rollstuhl etwas eng.

Golden Tulip, H August-Bebel-Allee, ✆ 23870, über eine Rampe zugänglich. Zwei Behindertenparkplätze, ein behindertengerechtes Zimmer, im Erdgeschoss zusätzlich Behinderten-WC. Restaurant, Bar und Tagesraum ebenerdig zugänglich.

Überseehotel, H Domsheide, ✆ 36010, ebenerdig zu erreichen, städtische Behindertenparkplätze (nicht Dauerparker). Über zwei Aufzüge erreichen Sie mit dem Rollstuhl drei Behindertenzimmer. Frühstücks-, Aufenthaltsraum und die Konferenzräume in der 3. Etage sind ebenso zugänglich wie das Restaurant Friesenhof im Erdgeschoss.

Jugendherberge: ***Jugendgästehaus Bremen,*** H Faulenstraße, ✆ 171369. Ein 4-Bettzimmer (2 Etagenbetten) mit Behinderten-WC und die Rezeption ist im Erdgeschoss zu erreichen, alle anderen Einrichtungen nur über Treppen. Telefonische Rücksprache erforderlich.

Camping: ***Campingplatz Bremen,*** H Campingplatz, ✆ 212002, Behinderten-WC und -sanitäranlagen, ebenerdiger Aufenthaltsraum, Camperküche, Supermarkt und Restaurant.

Stadtbesichtigung

Führungen, die auch für Rollstuhlfahrer geeignet sind, beginnen täglich 14 Uhr, an der stufenlos zugänglichen Tourist-Information am Bahnhof, ✆ 1805/1010-30. Auf der ebenen ***Route zum Marktplatz und Schnoor*** liegen folgende Sehenswürdigkeiten: Contrescarpe, Rathaus, Roland, Bremer Stadtmusikanten, St.-Petri-Dom, Schütting, Haus der Bürgerschaft, Böttcherstraße.

Hafenrundfahrten: Abfahrt für Ausflugs- und Hafenrundfahrten ist am Martini-Anleger. Über die Erste Schlachtpforte geht es links eine Straße zum Anleger und dem Fahrkartenhaus der ***Schreiber Reederei,*** ✆ 321229, runter. Über eine Rampe gelangen Sie an Bord, wo es keine festen Bänke gibt.

Hafenrundfahrten ab Martini-Anleger bietet ebenfalls die ***Reederei Hal över,*** ✆ 74859 (telefonisch anmelden) an. E-Stuhlfahrer können nur nach Absprache am Anleger Sielwall aufgenommen werden. Mit der Fähre »Hal över« können Sie mit dem Rollstuhl vom Osterdeich, H Sielwall, Fähranleger Sielwall, kostenlos zum Naherholungsgebiet Stadtwerder übersetzen. Ins *Café Sand* kommen Sie über eine Rampe, Behinderten-WC.

Sightseeing auf eigene Faust

Über das Kopfsteinpflaster am Marktplatz gelangen Sie zu den historischen Gebäuden. Achtung: Straßenbahngleis direkt vor dem Rathaus.

Rathaus: Karten für Führungen im Rathaus bei den Tourist-Informationen. Melden Sie sich bei der Rathausführerin am Eingang Altes Rathaus, Domseite, der Eingang ist gekennzeichnet. Die Führerin zeigt Ihnen den Weg in die obere Rathaushalle. Der Eingang zur unteren Rathaushalle ist über eine Rampe mit dem Rollstuhl zu erreichen.

Dom: Über einen Seiteneingang rechts vom Hauptportal, beim Kirchgang zwischen Dom und »Glocke« finden Sie hinter einer Gittertür (1 Stufe) eine Holzrampe, die in den St.-Petri-Dom führt, in dem Sie sich frei bewegen können. Die angeschlossenen Museen sind nicht zugänglich. ✆ 365040.

Haus der Bürgerschaft: Die Teilnahme an den 20minütigen kostenlosen Führungen für Gruppen sind mit dem Rollstuhl kein Problem (Eingang Marktplatz); bitte anmelden, ✆ 361-12471. Behinderten-WC, zugänglich Mo – Fr 7.30 bis 16 Uhr.

Böttcherstraße: ebenerdig zu befahren, aber oft überfüllt; achten Sie auf Ihre Taschen. Das ***Roseliushaus*** hat am Eingang eine Stufe, dann sind die Räume im Erdgeschoss zu besichtigen. Die 1. und 2. Etage sind nur über eine Treppe zu erreichen – aus Gründen des Denkmalschutzes durfte kein Aufzug eingebaut werden. Dasselbe gilt für die Ausstellungen im ***Paula-Modersohn-Becker-Haus***.

Schnoor: Vom Marktplatz über die Domsheide, Dechanatstraße und Am Landherrnamt gelangen Sie stufenlos zum Schnoor. Dort wird einem Rollstuhlfahrer oder dessen Begleiter schon etwas Geschick abverlangt – hier geht es über holpriges Kopfsteinpflaster.

Museen

Überseemuseum: Zugang an der linken Gebäudeseite, »Klingel für Rollstuhlfahrer«. Nicht ungeduldig werden, es kann etwas dauern, bis ein Mitarbeiter den langen Weg von der Kasse zurückgelegt hat. Man bringt Sie in alle Etagen. Behinderten-WC im Seiteneingang neben der Pförtner-Loge. ✆ 160-38190, 5 €, Begleitung frei.

Kunsthalle: nach dem Umbau ebenerdig zu erreichen. Das Behinderten-WC im Keller ist über einen Lift zugänglich. ✆ 329080, erm. Eintritt 2,50 €.

Gerhard-Marcks-Haus: Das Erdgeschoss ist über drei Stufen zu erreichen. Hier können Sie ebenso wie in einem vier Stufen tiefer liegenden Raum problemlos an die Kunstobjekte 'ranfahren. Falls Sie Hilfe brauchen, so benachrichtigen Sie das Museumspersonal. ✆327200, Eintritt 2,50 € Behinderte.

Neue Museum Weserburg: über die Teerhofbrücke zu erreichen, deren beide Aufzüge mit dem Behindertenschlüssel zu bedienen sind, oder die Bürgermeister-Smidt-Brücke (zwei Behindertenparkplätze). Am Eingang des Museums sowie neben dem Aufzug befinden sich Klingeln, es kommt aber schon mal vor, dass Sie nicht gleich gehört werden, also ruhig öfter versuchen. Man bringt Sie in alle Etagen; Behinderten-WC in der 2. Etage. ✆ 598390, Eintritt 3 € (Begleiter).

Fockemuseum: Die verschiedenen Gebäude sind weitgehend mit dem Rollstuhl zugänglich. Zwei Behindertenparkplätze sind vorhanden. Das Hauptgebäude ist ebenerdig erreichbar und verfügt über einen Fahrstuhl in das 1. Obergeschoss. Behinderten-WC im Erdgeschoss. Ein Café im Backhaus ist ebenfalls ebenerdig. ✆ 3613575, Eintritt 2 € (Behinderte), frei (Begleiter).

Haus Riensberg: über einen Eingang rechts ebenerdig zu erreichen. Signalisieren Sie dem Personal durch ein Fenster am Eingang, dass Sie eingelassen werden möchten.

Haus Mittelsbüren: zwei Stufen, eine Rampe kann angelegt werden.

Theater und Kino

Theater am Goetheplatz: Links neben dem Theater geht es zum Behindertenparkplatz. Sollte der Durchgang durch eine Schranke versperrt sein, so müssen Sie sich an die Kasse wenden. Durch den Eingang »Hausverwaltung« gelangt man ebenerdig in den Theatersaal und zu den für Rollstuhlfahrer reservierten Randplätzen mit gutem Blick. Behinderten-WC im Parkett rechts. Eintritt bis zu 50 % Ermäßigung. ✆ 3653-0 (Zentrale), -333 (Kasse).

Schauspielhaus: über die gleiche Einfahrt erreichbar: Eine zweite Zufahrt nur wenige Meter links führt direkt zum Schauspielhaus. Vom ebenerdigen Foyer (Kasse, Behinderten-WC) gelangen Sie über eine kleine Rampe in den Zuschauerraum, wo Ihnen Randplätze mit guter Sicht zur Verfügung stehen. Ermäßigung und Telefon wie oben.

Concordia-Theater: insgesamt 6 Stufen zu überwinden, dann finden Sie seitlich des Stufenpodiums einen Platz. Im Foyer zugängliche herkömmliche WCs. Ermäßigung und Telefon wie oben.

bremer shakespeare company im Theater am Leibnizplatz: Behindertenparkplatz über Schulstraße erreichbar. Ins Foyer (Kasse, Behinderten-WC, Zugang zum Lokal Fallstaff) und den Theatersaal gelangen Sie ebenerdig, Plätze im vorderen Bereich. ✆ 500333; Kartenvorverkauf Di – Sa 15 – 18 Uhr.

Junges Theater: trotz Umzug zum Tor 48 am Güterbahnhof mit dem Rollstuhl weiterhin gut zu besuchen. Da das Gebäude eine alte Lagerhalle ist, existieren links noch Rampen über die man bis vor die Kasse und von da in die Halle kommt. ✆ 700141.

Kino: ***Kinocentrum Cinemaxx,*** Breitenweg 27, ✆ 3010101, beherbergt insgesamt 10 Kinos. Bis auf Kino 4 und 5 sind alle rollstuhlgerecht eingerichtet. Nur die Begleitperson kommt umsonst hinein.

Programmkino Cinema: am Kiosk im Eingang melden. Man bringt Sie zur Rückseite des Kinos und lässt Sie durch ein Garagentor ein. Über eine Rampe gelangt man in den Kinoraum, wo Sie mit dem (Elektro-)Rollstuhl im Gang stehen können. ✆ 700914.

Kino 46: Das Foyer über einem Einkaufszentrum in Walle ist mit dem Aufzug (Behindertenschlüssel) zu erreichen. Um in den Zuschauerraum zu gelangen, müssen Sie jemanden bitten, an der Kasse (Stufen) Bescheid zu sagen. Man lässt Sie dann durch den Notausgang ebenerdig hinein, Sie können im Gang in Höhe der ersten vier Reihen stehen. Behinderten-WC im Foyer, großräumiges Café davor, ebenerdig zu erreichen, gute Parkmöglichkeiten vor dem Kino und in der Parkgarage. ✆ 387-6731 (Kasse), ✆ -6732 (Büro), Eintritt für Begleitung frei.

Gondel-Filmtheater: komplett ebenerdig. Auch die herkömmlichen WCs sind mühelos zugänglich. Behindertenparkplatz hinter dem Kino. Schwachhauser Heerstraße 207, ✆ 214842, Ermäßigung auf Anfrage.

Konzerte & Veranstaltungen

Die Glocke: stufenlos durch den Haupteingang. Mittels Aufzug im Foyer erreichen Sie den Konzertsaal im 1. Obergeschoss, wo Plätze für Rollstuhlfahrer freigehalten werden. Im Keller sind die Garderoben und ein Behinderten-WC, ebenso über zwei Aufzüge zu erreichen wie die Säle im 1. und 2. Obergeschoss. ✆ 33665, Ticket-Service-Center der Glocke ✆ 336699.

Stadthalle: über den Nordausgang des Bahnhofs zu erreichen. In die Stadthalle gelangen Sie stufenlos. Es gibt keine speziellen Sitzplätze für Rollstuhlfahrer. Gewöhnlich finden Sie einen Stellplatz auf der untersten Ebene zwischen den Tribünen. Gelegentlich wird eine Rollstuhlbühne aufgebaut, die über eine Rampe erreichbar ist. Die Ordner weisen Ihnen dann den Weg. Bei einigen Veranstaltungen, wie etwa dem Bremer Sechs-Tage-Rennen, können Sie auch im 1. Rang neben den Logen-Plätzen vor der Brüstung sitzen. Hierzu müssen Sie allerdings eine Treppe auf der Süd- bzw. Nordtribüne hochgetragen werden. Behinderten-WC in der Eingangshalle neben Damen-WC. ✆ 350-5330, Ermäßigung bis zu 50%.

Congress-Zentrum: über eine steile Zufahrt am Eingang mit dem Rollstuhl ebenerdig zu erreichen. Behinderten-WC im Foyer. Von dort fährt man mit einem gläsernen Aufzug zu den Parkettplätzen im 1. Stock, mit einem weiteren Fahrstuhl zum Rang. Ermäßigung bis zu 50 %, ✆ 35051.

Messehallen: ebenerdig zugänglich. Behinderten-WCs gibt es in sämtlichen Foyers sowie in den Durchgängen zwischen den Hallen 4 – 5 und 5 – 6.

Kulturzentrum Schlachthof: Kesselhalle über eine Stufe, ein Behinderten-WC ebenerdig erreichbar. ✆ 371661,

Kulturzentrum Modernes: Stufe zum Eingang, auf Anfrage kann ein Eingang mit Rampe geöffnet werden. Der Durchgang in den Saal ist ebenerdig, drinnen sind – je nachdem, wo Sie sitzen wollen – eine oder drei Stufen zu überwinden. ✆ 591592.

Spiel und Sport

Casino Bremen: Eingang Böttcherstraße, durch eine vom Pförtner zu bedienende Schiebetür links neben der Drehtür. Herkömmliche WCs im Eingangsbereich und Spielsaal, wohin Sie sich die hohe Treppe hinauftragen lassen können (nicht mit E-Rollstühlen); die Mitarbeiter sind darauf eingestellt. Der Saal ist stufenlos befahrbar. ✆ 329000.

Galopprennbahn: mit dem Rollstuhl recht problemlos. Behindertenparkplätze werden kostenlos zugewiesen. Gleich links vom Eingang führt eine steile Rampe zur Rennbahn und der Tribüne. Gute Sicht haben Sie vom umzäunten Bereich des ehemaligen Zielrichterturms (direkt an der Bahn). Die Wetthalle (Behinderten-WC) und den Führring/Sattelplatz erreichen Sie vom Parkplatz aus stufenlos. ✆ 436316.

Weserstadion: Zu den Spielen von Werder Bremen können Sie – bei rechtzeitigem Erscheinen – mit dem Auto bis zum Eingang Ecke Ostkurve/Nordtribüne vorfahren (Rollstuhlzeichen bereithalten). Einen ebenerdigen Eingang zu den Plätzen an der Nord- und Südtribüne finden Sie am Tor 3A. In der Nähe am Ticket-Center erhalten Sie an den Spieltagen auch Eintrittskarten für Rollstuhlfahrer inkl. Begleitung. Behinderten-WCs finden Sie in den Gängen der Südtribüne an den Übergängen zur Ost- und Westkurve. Ansprechpartner für Rollstuhlfahrer: Wolfgang Ziele, ✆ 849-82-94 -95. Werder Bremen ✆ 1805/ 937337, 9 – 18 Uhr.

Cafés & Restaurants

Bürgerpark und Rhododendronpark sind gut mit dem Rollstuhl befahrbar, die Wege sind ausreichend befestigt, und in beiden gibt es Einkehrmöglichkeiten:

Kaffeehaus am Emmasee, ✆ 344241, ebenerdig, Behinderten-WCs (Damen und Herren)

Waldbühne, nur zum Draußensitzen geeignet, H Parkallee, ✆ 217415, Behinderten-WC im Toilettenhäuschen (Eingang Damen-WC).

Rhododendron Café, H Bgm.-Spitta-Allee, ✆ 235339, über eine Rampe ebenerdig zu erreichen, wenig Platz zum Rangieren. Behinderten-WC auf der Rückseite des Cafés (Schlüssel dort ausleihen).

Innenstadt, H Obernstraße:

Beck's Bistro, direkt am Markt, ✆ 326-553, ebenerdig, aber eng bestuhlt. Täglich 8 – 2 Uhr, Fr und Sa bis 4 Uhr.

Café Meyer, ✆ 327001, der unscheinbare ebenerdige Eingang befindet sich gegenüber der Lloyd-Passage in der Sögestraße, Aufzug in die 1. Etage, im Café ist eine Stufe zu überwinden.

Beck's zur Glocke, ✆ 3366888, ebenerdiger Eingang rechts neben dem Dom, großzügiger Platz zum Rangieren. Täglich 11 – 23, bei Konzerten bis 24 Uhr.

Im Schnoor, H Domsheide:

Beck's in'n Snoor, ✆ 323130, ebenerdig mit dem (Elektro-) Rollstuhl zu erreichen. Ein Teil der Tische ist nur über eine Stufe zugänglich.

Kaiser Friedrich, ✆ 326429, am Eingang und im Innenraum je eine kleine Stufe, mit dem E-Stuhl nur schwer zu überwinden, doch die freundliche Bedienung hilft. Innen norddeutsch-rustikal, etwas eng, aber gemütlich.

Im Viertel:

Bistro Piano, H Sielwall, ✆ 78546, ist gut zugänglich. Hier steht Ihnen mit dem (Elektro-) Rollstuhl ausreichend Platz zum Rangieren zur Verfügung. Die herkömmlichen WCs sind ebenerdig zu erreichen (Münze am Tresen erhältlich).

Bürgerhaus Weserterrassen, H St.-Jürgen-Straße, ✆ 447238, preiswertes Café mit Weserblick, eine Stufe am Eingang, Behinderten-WC.

Café Engel, in einer alten Apotheke, stufenlos. Draußen sitzt man schön unter einem großen Baum. H Theater am Goetheplatz, ✆ 76615.

Hillmann's Garden, H Hauptbahnhof, ✆ 1767244, Untergeschoss der Hillmann-Passage im Mariott-Hotel, mit dem Aufzug erreichbar. Behinderten-WC im Obergeschoss. Täglich 6.30 – 22 Uhr.

Weitere Informationen

Literatur: Wer sich langfristig in Bremen aufhält, braucht den ***Stadtführer für behinderte Menschen Bremen,*** herausgegeben von der Landesarbeitsgemeinschaft Hilfe für Behinderte, Waller Heerstraße 53, H Gustavstraße, ✆ 3877714.

Universität: *Marianne Klaassen* ist Studienberaterin für behinderte Studierende, ✆ 218-2798. Behindertenbeauftragter ist *Prof. Dr. Nils Jaeger,* ✆ 218-2500, -2550.

IG Handicap, Postfach AStA-Etage, Bibliothekstraße, 28359 Bremen, ✆ 218-7252. Büro: GW2, B3270. Eine von Studenten 1993 gegründete Gruppe.

Rollstuhl-Service: Bei einem der zahlreichen Sanitätshäuser, siehe Telefonbuch.

Nageltech – Lebendige Reha Technik, August Str. 67 – 69, H Bahnhof Walle oder H Holsteiner Straße, ✆ 393769, über eine Rampe mit dem Rollstuhl zugänglich. Wichtige Ersatzteile sind vorhanden, telefonische Anmeldung erbeten. Schneller Service, von einer Rollstuhlfahrerin geleitet.

Verbände: ***SelbstBestimmtLeben,*** Ostertorsteinweg 98, H Sielwall, ✆ 704409, Fax 704401. Wird von Behinderten geleitet, vertritt die Interessen aller Behinderten. Behindertenparkplatz vor der Tür, Behinderten-WC. Mo – Di 10 – 13 Uhr, Mi, Do 15 – 18 Uhr.

Blindenbegegnungsstätte, Sielwall 27, H Sielwall, ✆ 74342.

Blindenverein Bremen e.V., Contrescarpe 3, H Theater am Goetheplatz, ✆ 327-733 (Geschäftsstelle), 3266-36, -76 (Beratung).

Gehörlosenfreizeitheim Bremen, Schwachhauser Heerstraße 266, H Friedhofstraße, ✆ 234099, 223133 (Schreibtelefon), Fax 2231138.

Deutsche Multipple Sklerose Gesellschaft, Fedelhören 44, H Am Dobben, ✆ 326-619.

Aktivsport: Über das aktuelle Angebot informiert der ***Behinderten-Sportverband Bremen e.V.,*** ✆ 2778445.

Verein für Hochschulsport, Universität Bremen, Sportturm, Postfach 330440, ✆ 2183457, ✆ 2182532.

Hallenbäder: In folgende Schwimmbäder kommt man mit dem Rollstuhl bis an den Beckenrand (mit überlaufendem Wasser), findet aber keine speziellen Hilfsmittel:

Universitätsbad, beim Sportturm, ✆ 218-2531, ✆ 2182535;

Aqualand, Waller Heerstraße 293a, ✆ 691370.

REGISTER & KARTEN

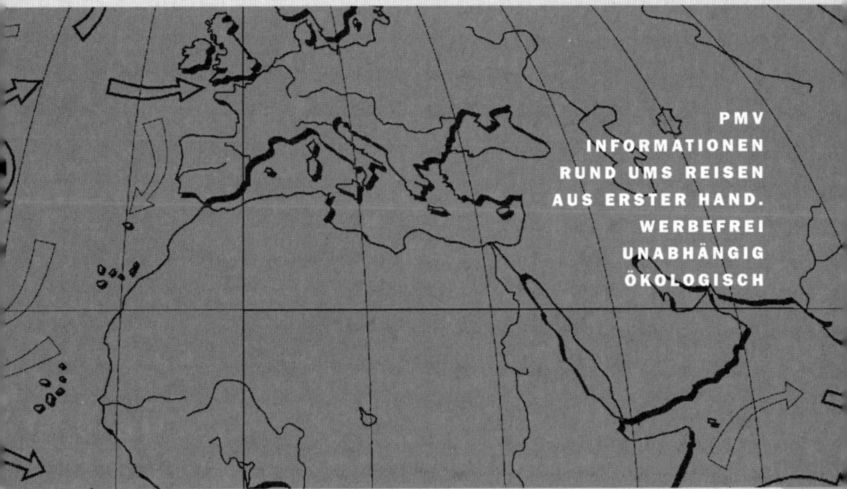

IMPRESSUM

Unsere Inhalte werden ständig gepflegt, aktualisiert und erweitert. Für die Richtigkeit der Angaben kann der Verlag jedoch keine Haftung übernehmen.
Peter Meyer Verlag, Schopenhauerstraße 11, 60316 Frankfurt am Main. http://www.PeterMeyerVerlag.de

Druck & Bindung: Kösel, Kempten; www.KoeselBuch.de
Umschlaggestaltung: Agentur 42, Mainz
Fotos: die Autoren; Verlagsarchiv.
Karten: Peter Meyer Verlag
Zeichnungen: Silke Schmidt, Offenbach
Lektorat & Herstellung: Annette Sievers
Bezug über den Verlag direkt (info@PeterMeyerVerlag.de) oder Prolit Verlagsauslieferungen, Fernwald-Annerod
CH: AVA/buch 2000. A: freytag & berndt.
ISBN 3-89859-126-3

REGISTER

Orte und Sehenswürdigkeiten (fett), Personen (kursiv), Natur (fettkursiv) und Sachbegriffe (normal). Haupteinträge: fette Seitenzahl.

I – J

K

L

Gaststätten

Ausflugslokale, Cafés und Restaurants

U – V

W – Z

Zeichenerklärung für alle Karten

- Information
- Post
- Bank
- Polizei
- Krankenhaus
- Rollstuhlfahrer
- Toilette
- Reisebüro
- Laden
- Buchhandlung oder Bibliothek
- Flughafen
- Bahnhof
- Stadtbus
- Straßenbahn
- Taxi
- Parkhaus
- Parkplatz
- Hafen, Schiff
- Fähre
- Museumsschiff oder Sporthafen
- Bootsverleih
- Fahrradverleih
- Hotel
- Jugendherberge
- Wohnmobil-Camp
- Gaststätte
- Café, Bistro
- Disko
- Kino
- Theater
- Museum
- Sternwarte
- Brunnen
- Natursehenswürdigkeit
- Kirche
- Kirche
- Friedhof, jüdisch
- Denkmal
- Windmühle
- Leuchtturm
- Sendemast
- Aussicht
- Spielplatz
- Hallenbad Badestelle
- Sportplatz
- Reiten

Schnoor-Viertel
Detail der Altstadt
Domsheide
Hochschule für Künste
Lange Wieren
Sankt Johann
Schnoor-Krämerei
Zum Kaiser Friedrich
Mensa Academia
Domsheide
Kleine Strasse
Am Landherrnamt
Ostertorstraße Polizeipräsidium
Hohe Strasse
Souvenirs
Schiffer-Haus
Schnoor-Archiv
Café Tölke
Kolpingstrasse
Carvalho
Susterstrasse
Komturstr.
Buddelschiffe
Puppen
Brunnen
Zuckerstübchen
Bärenhaus
Haus von 1512
Nr. 15
Travestie-Theater Madame Lothar
Stavenstrasse
Stavendamm
Schnoor
Atelier GAG
Drehorgelverleih
Hinter der Balge
Amts-fischerhaus
Sonnenuhr
Pfeifen
Packhaus
Serenadenhof
Kunsthandwerk
Wüste Stätte
Ottjen Alldag
Marterburg
Weihnachts-laden
N
Packhaus-Theater
Katzen-café
Snoor-Huus
1 cm
20 m
Teestübchen
Spieckerbart-strasse
Concordenhaus
Heini Holtenbeen
Beck's in'n Snoor
Hinter der Holzpforte
Windvogel
© Peter Meyer Verlag
Tiefer
Schilderladen
Altenwall

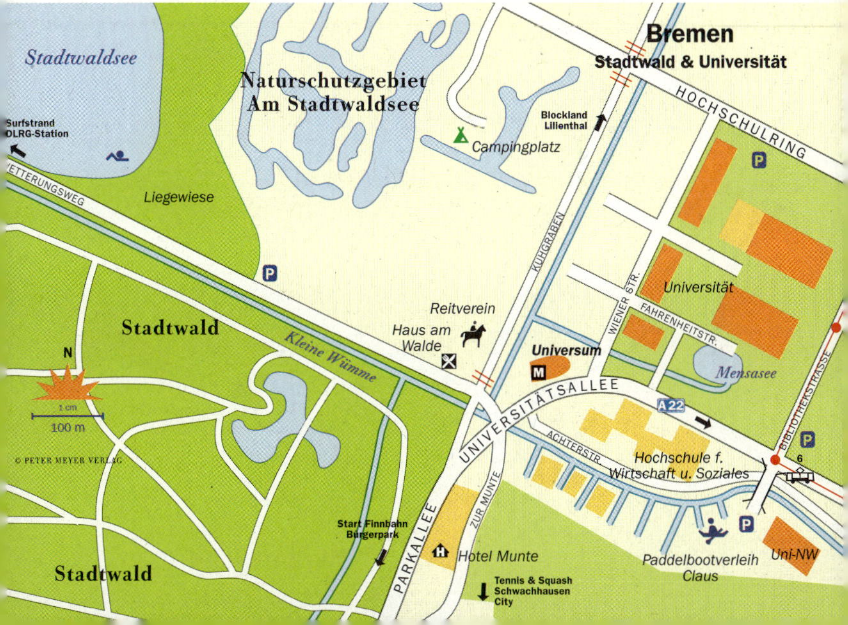
Bremen
Stadtwald & Universität
Stadtwaldsee
Naturschutzgebiet Am Stadtwaldsee
Surfstrand DLRG-Station
Blockland Lilienthal
Campingplatz
Hochschulring
Vetterungsweg
Liegewiese
Kuhgraben
Universität
Wiener Str.
Fahrenheitstr.
Stadtwald
Reitverein
Haus am Walde
Universum
Kleine Wümme
Mensasee
N
1 cm
100 m
Universitätsallee
A 22
Bibliothekstrasse
© Peter Meyer Verlag
Achterstr.
Hochschule f. Wirtschaft u. Soziales
6
Start Finnbahn Bürgerpark
Zur Munte
Parkallee
Hotel Munte
Paddelbootverleih Claus
Uni-NW
Stadtwald
Tennis & Squash Schwachhausen City

Walle
6
A 22
Autobahnzubringer Freihafen
Findorff
N
1 cm
100 m
© PETER MEYER VERLAG
Kissinger Str.
Utbremer Ring
Innsbrucker Str.
Sportanlagen Findorff
Regensburger Straße
Wanfrieder Str.
Further Str.
Jan-Reiners-Fussweg
Utbremer Ring
Ludwigsburger
Hemmstr.
Gothaer Str.
Regensburger Str.
Nürnberger Str.
Haller Str.
Jenaer Str.
Augsburger Str.
Starnberger Str.
Kulmbacher Str.
Landshuter Str.
Leipziger Str.
Kasseler Str.
Göttinger Str.
Jan-Reiners-Lokomotive
Martin-Luther
Weidedamm
Dicker Engel
Münchener Str.
Hemmstr.
Einkaufsmeile
Fernmeldeturm Walle
Lohmannstr.
Gedenktafel
Ansbacher Str.
Würzburger Str.
Kastanienstr.
Walsroder Str.
Lohmannstr.
Eickedorfer Str.
Neukirchstrasse
Wochenmarkt
Orange
Dresdener
Findorff
Bunker
Admiralstr.
Herbststr.
Worpsweder Str.
Torfhafen
Findorff-
Winterstr.
Juiststr.
Findorffallee
Galerie K. Rabus
Plantage
Gilde Bowling
City Squash
Fitness Company
Bunker
Messehalle
Findorffstr.
Kulturzentrum Schlachthof
Th.-Heuss-Allee
Holler-
Congress-Centrum
Güterbahnhof
Stadtwerke Bremen AG
Breitenweg
Bremen-Nord Vegesack
10
Doventorsteinweg
Theodor-Heuss-Allee
Bürgerweide

Bürgerpark
Venloer Str.
Nolteniusweg
Kronesweg
Kuckucksweg
Kleingärten
Gustav-Heinemann-Str.
Esslinger Str.
Waiblinger Weg
Heinrich-Böll-Str.
Utbremer Ring
Am Weidedamm
Torfkanal
Findorff-Allee
Stadtwald
Start Finnbahn
Waldbühne
Universum Universität
Bulthaup-Bank
Meierei
Gerdes-pavillon
Wildgehege
Wildhaus
Busestrasse
Parkallee
Emmabank
Kaffeehaus
Melchers-brücke
Ruderboot-verleih
Emmasee
Minigolf
Laubengang mit Kulenkamp-bänken
Emmastr.
Kuhlenkampf-allee
Spielplatz
Heine-Bank
Schwachhauser Ring
Dyckhoff-pavillon
Römische Bank
Lüderitzstr.
Bürgerpark
Fitgerstr.
Marcusbrunnen
Start Kremserfahrten
Schwachhausen
Hartwigstr.
Beethovenstr.
Park-Hotel
Niemitzbrunnen
Schweizerhaus
Bulthauptstr.
Hans-Thoma-Str.
Hirsch & Afrikan. Wasserbock
Hollersee
Arnold-Böcklin-Str.
Franziusstr.
»Franzosen-weg«
Benquestr.
Wachmannstr.
Stadthalle
Hollerallee
Schwanenteich
Bürgerpark
Park Allee
Thorban
Articolo
Altmannstr.
Parkstrasse
J.-Haydn-Str.

Innenstadt
Altstadt
Alte Neustadt
Schnoor siehe Detail
© PETER MEYER VERLAG
100 m
N
Stadtgraben
Weser
D.-V.-BUREN STR.
AM WALL
FAULENSTRASSE
BÜRGERMEISTER-SMIDT-STR.
MARTINISTR.
OBERNSTR.
LANGENSTRASSE
SCHLACHTE
WESTERSTRASSE
HOCHSTRASSE
CONTRESCARPE
OSTERDEICH
TIEFER
AM DEICH
BMG.-SMIDT-BRÜCKE
WILH.-KAISEN-BRÜCKE
Überseemuseum
Cinemaxx Übermaxx
ZOB
Zur Post
Tourist-Information
Weser Sport Center
Quo Vadis
Eisengitter
Der Böse
Tower
City
Mariott
Kaffeemühle
Grashoff
Hillman's Garden
Documenta 2
Fragment
Haus des Reichs
Baltic Kölln Surfcenter
Sparkasse
Gewerbehaus
Stecker
Galeria
Pur
Knigge
Schweine
Geist
Thalia
Stadtbibliothek
Napoli
Meyer
Karstadt
Markt
Leuwe
Blumenmarkt
Liebfrauen
Raths-Konditorei
Bodes
Rathaus
Neptunbrunnen
Ratskeller
Stadtwaage
Pochana Thai
Storm
Roland
Schütting
Bürgerschaft
St.-Petri-Dom
Das Doppelstück
Nr. 28
Weserpromenade Schlachte
Weserburg
Brauerei Beck & Co
Teerhof
BBV Sailing
Hansekogge
Osteria
Kajenmarkt
St.-Martini
Martini-Anleger
Böttcherstraße
Am Schnoor
Gericht
Hauptpost
Kamloth
Mensa Academ
St. Johann
Westfalia
Bierlachs
Künstlerhaus
Normal
Kleiner Roland
Wasser- & Schifffahrtsamt
Hallenbad Süd
Rollschuhbahn
Falstaff
Königsdrama
Gaukler
LEIBNIZ-PLATZ
DGzRS
Hochschule für Nautik
Planetarium
Bellavista
Rotes-Kreuz-

Das »Viertel«
Barkhof
Ostertor
Steintor
Hauptbahnhof
Buchhandlg.
Elefant
Bölts am Park
Heinisch
DRK-Station
Am Stern
Hollerallee
Wachmannstrasse
Rembrandtstr.
Lürmannstr.
Brahmstr.
Georg-Gröning-Str.
Hermann-Böse-Str.
Hohenlohestr.
Parkallee
Am Barkhof
Parkstrasse
Focke-Museum
Rhododendron-Park
Postamt 5
Aufgeh. Mond
An der Weide
Musik-
bibliothek
Queen's
+ Tom's
Am Dobben
Ausser der Schleifmühle
Schleif-
mühlenweg
Downtown
Schwachhauser Heerstrasse
Graf-Moltke-Str.
Domizil
Uhlandstr.
Concordia
Roonstr.
Galerie
Bismarck
Bismarckstrasse
Dobbenweg
Hochstr.
Woody's
Musical
Stubu-
Musikkeller
Hoppenbank
Adlerstr.
Remberti-
Ring
E.-Glässel-Str.
Ed.-Grunow-Str.
Grünenweg
Albatros
La Bottega Ital.
Präs.-
Kennedy-
Platz
Fedelhören
Remberti-
Ring
Staatsarchiv
Das Ende
Boule-Spiel
Galerie
Ohse
Gertrudenstr.
Bandonion
Bohnenstr.
Meile
Ostendorpstr.
Auf d. Hofen
Sonnenstr.
Frauenkulturhaus
Belladonna
Feldstr.
ADFC
Das kleine Lokal
Feldstrasse
Schönhausenstr.
Filz
Mathilden-
Bessel-
Herder-
Str.
Gesundheits-
amt
Lindhornstr.
Senator
für Inneres
Contrescarpe
Stadtgraben
Meinkenstr.
Salvador-
Allende-Str.
Auf d. Hafen
Heinrichstr.
Kohlhökerstr.
Institut
Français
Lidice-
Mahnmal
Steinernes
Kreuz
Albrechtstr.
Blessing
Türke
Kreftingstr.
Rutenberg-
Villa
Humboldtstr.
Römer
Fehrfeld
Goethestr.
Horner Str.
Speiche
Ostertor
Airport
Piano
Galerie
Öko-Markt
SB
Landweg
Wulwes.
Wagenfeld-Haus
Spiel-
platz
Hohen-
pfad
Engel
Ostertorsteinweg
Cinema
O-Café
Lila Eule
Lagerhaus
Schmidtstr.
Cabra
Médoc
Ziegen-
markt
Friesenstr.
Hagazussa
Horner
Eck
Marcks-Haus
Goethe-
platz
Casablanca
Humboldt
Weltladen
Lustiger
Schuster
Wiener-
hof
Maerz
Ferrari
Schauburg
Vor dem Steintor
Sieglin
Bremer
Theater
Beim Pauls-
kloster
Köpken-
str.
Mozartstr.
Rat & Tat
Alexanderstr.
Weberstr.
MFZ
Andere
Seiten
A. d. Kuhlen
Thealit
Brunnenstr.
Öko-Markt
Tangente
Bremer Str.
Kochan
Bleicherstr.
Kreuzstrasse
Deichstr.
Blücherstr.
Auwigstr.
Sielwall
Taubenstr.
Prangenstr.
Brokstr.
Berliner Str.
Lübecker Str.
Lüneburger Str.
Osterdeich
75

Westfalia
Bierlachs
Künstler-
haus
St.-Martini
Böttcher-
straße
Am
Schnoor
Martini-
Anleger
St. Johann
Velvet
Normal
Kulturtreff
Modernes
Hochschule
f. Technik
Kleiner
Roland
AM
NEUEN
MARKT
Alte Neustadt
Wasser- &
Schifffahrtsamt
Weser
DGzRS
Hallenbad
Süd
Rollschuhbahn
Falstaff
Königs-
drama
Gaukler
LEIBNIZ-
PLATZ
Hochschule
für Nautik
Planetarium
Antiquariat
Akzente
Zentauren-
Brunnen
Neustadt-Anlage
Rotes-Kreuz-
Krankenhaus
Piepe
Delmemarkt
Stadtbibliothek
Buchladen in
der Neustadt
Martinshof
Behinderten-
werkstätte
Roter Zwerg
Gästehaus Walter
Kleine Weser
»Berliner«
Mietshäuser
der 20er Jahre
Neustadt
Friedhof
Buntentor
Sudhaus
Galerie im Buntentor
MIB, Junges Theater
Schnür-
schuh
N
1 cm
100 m
© PETER MEYER VERLAG
Neustadt
LANGEMARCKSTRASSE
WESTERSTRASSE
GRÜNENSTRASSE
GROSSE ANNENSTR.
GROSSE JOHANNISSTR.
NEUSTADTSWALL
FRIEDRICH-EBERT-STR.
WILH.-KAISEN-BRÜCKE
TIEFER
HERRLICHKEIT
AM DEICH
OSTERSTRASSE
ST.-PAULI-DEICH
WERDERSTR.
AM WERDERUFER
FRANZIUSECK
STEINSTR.
FULDASTR.
WESERDEICH
CONTRESCARPE
NEUSTADTS-
MAINSTRASSE
LAHNSTRASSE
PAPPELSTR.
BUNTENTORSTEINWEG
KORNSTRASSE
GASTFELDSTR.
THEDINGHAUSER STR.
NEUENLANDER STR.
KIRCHWEG
GNEISENAUSTR.
HARDENBERGSTR.
GELLERTSTR.
YORCKSTR.
WATERLOO-
MEYER-
GUSTAV-FREYTAG-STR.
LOBSIENSTR.
KARL-LERBS-
SCHOPENHAUER-
EUCKENSTRASSE
NIETZSCHESTRASSE
OTTOSTR.
RASINGSTR.
HERMANNSTR.
KANTSTR.
HEGELSTR.
BACHSTR.
WIESBADENER
BIEBRICHER
HOFFMANN-
SEDANSTR.
GESCHWORENENWEG
MEYERSTR.
LEHNSTEDTER
WULFHOOPSTR.
HERMANNSTR.
SUDERSTR.
GR.-KRANKEN-STR.
75
A1
6

Ostertor
Steintor
Institut Français
Lidice-Mahnmal
Steinernes Kreuz
Blessing
Türke
Rutenberg-Villa
Römer
Gericht
Präsidium
Kamloth
Mensa Academia
Wagenfeld-Haus
Spielplatz
Galerie
Airport
Speiche
Ostertor
Piano
Cabra
Médoc
Öko-Markt
SB
Engel
Cinema
O-Café
Ziegenmarkt
Hagazussa
Marcks-Haus
Kunsthalle
Casablanca
Humboldt
Weltladen
Lila Eule
Lagerhaus
Ferrari
Villa Ichon
Bremer Theater
Lustiger Schuster
Wienerhof
Maerz
MFZ
Rat & Tat
Andere Seiten
Öko-Markt
Thealit
Tangente
Osterdeich
Bellavista
Weser
»Hal över«
DLRG
Wasserturm »Umgedrehte Kommode«
Wasserwerk
Strandweg
Café Sand
Werderinsel
Kuhhirtenweg
Fahrweg
Balance
Weg zum Krähenberg
Zum Kuhhirten
Deichschartweg
Huckelrieder Weg
Deichschart
Sportheim
Tennisanlage
Sportplätze
Dunkakshof
Weserdeich
Strandbad
DLRG-Station
Alabama
Werderinsel
Am Dammacker
Werdersee

Steintor
Ostertor
Cabra
Médoc
Horner Eck
HUMBOLDTSTR.
ST.-JÜRGEN-STR.
Zentral-krankenhaus St.-Jürgen
Ziegen-markt
FRIESENSTR.
Hagazussa
Ferrari
Schauburg
Sieglin
VOR DEM STEINTOR
AM SCHWARZEN MEER
HEMELINGER STR.
Mery's Grill Taverna
Maerz
Andere Seiten
Öko-Markt
Thealit
Tangente
BREMER STR.
Kochan
Östliche Vorstadt
BROMMY-PLATZ
Brommy
ACHIMER STR.
HILDESHEIMER STR.
PRANGENSTR.
BROKSTR.
SIELWALL
TAUBENSTR.
SCHMIDTSTR.
GRUNDSTR.
BRUNNENSTR.
BERLINER
LÜBECKER
LÜNEBURGER STR.
BRAUNSCHWEIGER STR.
HAMBURGER STR.
HENRIETTENSTR.
AUF DEM PETERSWERDER
OSTERDEICH
VERDENER
WERNIGERODER STR.
BLANKENBURGER STR.
TRESEBURGER STR.
MINDENER STR.
BÜCKEBURGER STR.
NIENBURGER STR.
Ambiente
Bürgerhaus Weserterrassen
Weser
DLRG
STRANDWEG
Weser-Stadion
Peterswerder
Werderinsel
Stadionbad
Tennis-Stadion
SOMMERDEICH
OLGAWEG
Sportheim
Sportplätze
N
1 cm
100 m
© PETER MEYER VERLAG
Gartenlokal Henschenbusch
RICHARD-
Weser
STRANDWEG
HABENHAUSER DEICH
DLRG-Station
Werdersee
Vogelinsel
Werdersee
HABENHAUSER DEICH
75

Hulsberg
Östliche Vorstadt & Peterswerder
Hastedt
STRESEMANN-STR.
FRAUENBURGER WEG
AM HULSBERG
RUHRSTR.
BENNINGSENSTR.
FEUERKUHLE
ADAC-Hochhaus
BEI DEN DREI PFÄHLEN
RENNSTIEG
EISENACHER STR.
OBERHOFER STR.
ILMENAUER STR.
STADER STR.
MEININGER STR.
Pro Familia
HASTEDTER
HEERSTR.
LUDWIG-QUIDDE-STR.
Sebaldsbrück
A1
75
DETMOLDER STR.
BODENWEDER STR.
ALFELDER STR.
FAHRSTR.
DEICHBRUCHSTR.
AUF DER HOHWISCH
POELZIGSTR.
GEORG-BITTER-
SUHRFELDSTR.
Israelit. Friedhof
INSELSTR.
Friedhof Hastedt
FLEETRADE
HASTEDTER OSTERDEICH
IM SUHRFELDE
Rollsportstadion
Sport Park
Spielplatz
Jürgenshof
Atlantik
MALERSTR.
6
Hemelingen
Autobahnzubringer
WEHRPROMENADE
Fischtreppen
Neues Weserwehr
Schleusen
KARL-CARSTENS-BRÜCKE
WEHRWEG
NSG Neue Weser
WEHRSTR.
WEG ZUM HASTEDTER BULTEN

Bremen-Nord
N
1 cm
250 m
© PETER MEYER VERLAG
Schwanewede
Aumund-Hammersbeck
Elsfleth
Fähren
Blumenthal
HAMMERSBECKER STRASSE
74
AM RABENFELD
BENTLOGER
GEORG-GLEISTEIN-STRASSE
AUMUNDER FELDSTRASSE
BORCHSHOHER STRASSE
AN DER AUE
Fähr-Lobbendorf
Schönebeck
Blumenthal
Sport- und
Freizeitbad
FÄHRER FLUR
AUMUNDER
MARKT
FAHRGRUND
ZOLLSTRASSE
AUF DEM KRÜMPEL
LINDENSTR.
KIRCHHEIDE
Vegesack
Bürgerhaus
Frauenklinik
GERHARD-ROHLFS-STRASSE
AUMUNDER
WILMANNSBERG
Bremer Vulkan
Ortsamt
BREITE STRASSE
HEERWEG
UHTHOFFSTRASSE
VEGESACKER
WESERSTRASSE
VEGESACKER
JABURGSTRASSE
Bremerhaven
Weser
Stadtgarten
SAGERSTR.
Bahnhof
Vegesack
HERMANN-FORTMANN-STRASSE
Bahnhof
Schönebeck
WESERPROMENADE
Lürssen-Werft
Altes Packhaus
SV Grohn
SCHÖNEBECKER STRASSE
Mittelpunkt-
Schule
Lemwerder
Utkiek
Haven Hööft
RITZENBÜTTELER STRASSE
AN DER FÄHRE
FR.-HUMBERT-STRASSE
Segelschulschiff
Deutschland
Grohn
AM WASSER
Lemwerder
Yachthafen
Grohner Utkiek
DEICH
Lesum
STEDINGER STRASSE
LESUM STRASSE
Schönebecker
Sand
Schwimm- u.
Turnhalle
Sporthafen
Grohn
MBB
Weser
Lesum-
Sperrwerk
DEICH-WANDERWEG
Delmenhorst
Oldenburg
ASL
Brake
Bremen

Vegesack
N
1 cm
170 m
Bürgerhaus
SEDAN-PLATZ
GERHARD-
BREMPOHL-STR.
AUMUNDER HEERWEG
Koerber
A.-ROTH-STR.
HALENBECK-STR.
ROHLFS-STRASSE
VEGES. RAMPE
KIRCHHEIDE
Schulzentrum
Ortsamt
FEDELERSTR.
WESER-STRASSE
Christ.-König Kapelle
BREITE STRASSE
La Pasta
JABURGSTRASSE
WILMANNS-BERG
SAGERSTRASSE
Bus 70/71
VEGESACKER WESERPROMENADE
Stadtgarten
REEDER-BISCHOFF-STR.
ROHR-STR.
Jan Tabac
Weser
Strandlust
ZUR VEGESACKER FÄHRE
Fisch
Souvenirs
Haus am Wasser
Loretta
Segelmacher
Bahnhof
ALTE HAFENSTR.
Altes Packhaus
Hafen
Bremen, Brake, Bremerhaven, Worpswede
Havenhaus
Bus 74
Utkiek
Haven Hööft
Lemwerder
Segelschulschiff Deutschland
Leuchtenburg
kologie-Station
Schönebecker Aue
Schloss Schönebeck Heimatmuseum
M
Holthorst
Friedehorst-Park
UNTER DEN LINDEN
LESUMER HEERSTRASSE
Gröpelingen Bremen-Innenstadt Bremerhaven
74
Bahnhof St. Magnus
Bahnhof Lesum
Böhmers Park
Sankt Magnus
Knoops-Park
Lesum
Fuß-/Radweg Bremen-Innenstadt
AUF DEM HOHEN UFER
ADMIRAL-BROMMY-WEG
Café Knoops Park
Lesum
AM WASSER
DEICH-WANDERWEG
LESUMBROKER LANDSTRASSE
Vogelinsel
Dunger See
Friedhof an der Lesum
Naturschutzgebiet Werderland